新教學原理與設計

呂錘卿　著

五南圖書出版公司 印行

序

　　作者在臺中教育大學（前臺中師範學院）服務多年，並擔任「教學原理」之教學。1996年曾參與林生傳教授的「教學原理規劃與製作」計畫，分析國內外教學原理教科書綱要內容（章節主題）。此計畫歸納教學原理課程綱要11項主題，39項子題。

　　其後，任職臺中教育大學師資培育暨就業輔導處，曾於2014-2015學年主持「建構師資生教學能力指標方案」，探討師資生的教學知識（pedagogical knowledge, PK），其中之一為「教學原理」。邀請全國師資培育之大學擔任教學原理授課教師，提供「師資生應具備教學原理的專業知識、能力及態度」之諮詢。各師培教授針對教學原理的授課主題內容、授課方式及評量要求，提供許多寶貴的意見。

　　由於參與上述二次計畫案，對教學原理有進一步瞭解；加上在學校擔任教學原理授課多年，因而興起撰寫本書的念頭。在臺中教育大學校友總會場合，五南圖書出版公司楊董事長榮川（46級學長）曾多次問及寫書的事。我也期許以寫「教學原理」為目標。然因一直擔任行政職務，行政工作耗去相當多的時間，無法如願。直到退休後兩年，才下定決心撰寫。

　　本書大致是過去教學原理講義、多年授課經驗及兩次計畫案成果之整理，並參酌相關文獻及他人經驗敘述擴增而成。一則是留下個人對教學原理課程內容思考及教學經驗之紀錄，二則可作為師資生修習「教學原理」課程的閱讀材料，期望禆益後進的教師。

　　本書分六部分。第壹部分「教學基礎篇」。介紹教學基本觀念，並對學習和教學進行分析。在教學分析中，將教學粗分為直接教學和間接教學。直接教學乃長久以來教師日常教學中，形成一種可遵循的教學步驟，稱為直接教學法。此一教學歷程與Gagné的教學事件和Ausubel的講解式教學，在性質上相近。而在「教學策略與方法」分析中，指出教學策略是「教師決定要達成某種學習目標，思考運用何種資源和最佳的手段，以促

進學習者達到預期的學習目標。」而教學方法除上述內涵之外，還要有明確且固定的教學步驟貫串整個單元（課）。因此，本書看待「教學策略」和「教學方法」並非同義詞。

第貳部分「教學準備篇」。主要探討單元教學設計問題，以及教學設計之前的教學目標分析和撰寫。事實上，教學準備還有一項很重要的工作，就是「教學計畫」。在教學實務上，教學計畫大都以一個學期爲單位。在大學，須將學期教學計畫上網給學生；在中小學則交教務處存查或公告在網頁，且以教學進度的方式呈現；在幼兒園，則須給家長學期的教學（課程）計畫，甚至於「月」或「週」的教學計畫。至於中小學的「單元教學設計」（教案），通常不會給學生或家長。

第參部分「教學方法篇」。教學方法的分類主要參考黃政傑的觀點，區分爲五類：「思考取向」有概念獲得、問題解決、批判思考及創造思考教學；「情意取向」有價值澄清、道德討論及欣賞教學法；「社會取向」有合作學習和協同教學法；「個別化取向」有個別差異分析與策略及精熟教學法；「創新取向」有MAPS和學思達教學法。

第肆部分「教學理論篇」。這部分可以介紹的學習與教學理論有很多，但限於篇幅及本書的目標，僅介紹Gagné和Ausubel的教學理論。Gagné依據學習內在歷程所對應的教學事件，與Ausubel的講解式教學歷程，在本質上很接近，乃是以教師爲主導的引導式教學，偏於知識性學科的教學。

第伍部分「策略與技巧篇」。首先，介紹最近很夯的教學策略：世界咖啡館和桌上遊戲之運用。其次，介紹作者認爲教學上很重要的教學技巧，有講述、發問及討論三項基本教學技巧。有的教學原理教科書可能把講述和討論，視爲「教學法」，本書則視爲「教學技巧」。「講述」是教師的「基本功」，每一堂課都須教師的「講述」，但「講述」不能占用整節課；「討論」也是教學過程中經常用到的技術，但也須不時穿插其他的教學活動。

第陸部分「教學專業篇」。首先，從國內外的教師專業標準或指標，分析歸納出教師的教學專業素養內涵——素養指標，作爲師資生修習教學原理課程的努力標竿。其次，介紹教學觀察、教學行動研究及教學實驗研究。教學觀察是師資生和在職教師提升教學技巧的重要途徑；後兩者

則為在職教師進一步探討教學專業的方法。

　　最後，作者整理各縣市部分教師甄試試題，以及最近幾年教師檢定考試的題目，作為師資生修習及閱讀教學原理後的練習試題。期望有助於師資生對教學原理課程的理解，以及未來順利通過教師檢定考試。

　　另外，還有「授課教師篇」兩章。首先，討論教學原理課程的規劃，包括課程目標、課程內容、教學與學習方法及學習評量（要求），並附教學原理教學計畫實例。其次，說明教學原理課程的教學實施過程，主要是作者個人教學經驗的敘述，以供教學原理同業者參考。這部分（不放於書本）提供授課教師參考，有需要者請洽五南業務人員索取。

　　本書為作者對教學原理課程內容思考與教學經驗之結果，無法涵蓋教學原理所有範圍。而在內容的陳述與說明，或許有錯誤、偏頗、不足、疏漏等。期盼教學原理授課同業、中小學教師及師資生，提出指正。作者的電郵：lcc@mail.ntcu.edu.tw。

呂錘卿 謹誌
2021年8月8日
於臺中市熊貓帝國

謝　誌

　　本書的完成，要感謝許多人的協助。首先是康軒李萬吉董事長提供許多國中小教科書和教師手冊；向上國中李晉榮主任、溪南國中張倉漢校長提供新版本的教科書。其次是提供參考教案及意見的老師，有本校同仁王金國和曾榮華教授、臺中市大坑國小趙秋英校長、北屯新興國小方玉玲校長、清水國小黃杏媚主任、大同國小呂意仁老師、國安國小謝金蓉老師、五權國中謝惠萍老師、大勇國小李青香老師（退休）、彰化縣文德國小李政穎校長、高雄市苓洲國小李雅涵老師及昇平五洲園林政興團長。

　　本書引用的教案示例，感謝老師的配合修改，有李雅涵老師、方玉玲校長、李青香老師。而作者設計的國小五下社會「投資活動」教案，感謝大坑國小趙秋英校長推薦，賴足免主任進行三節課試教，並提供修改意見，非常感謝！

　　另外，本書有一節介紹「MAPS教學法」。王政忠老師為本校課程與教學研究所畢業生，本校傑出校友。因這層關係，王政忠老師特別提供MAPS教學法，最新調整作法的資料供本書參考，非常感謝！

　　本書文稿撰寫完畢，感謝內人王月英老師（大勇國小退休）的仔細校稿，並提供修改意見，前後校稿四次，非常辛苦！

　　最後，感謝五南圖書出版公司楊董事長榮川的關心與督促，燃起作者寫本書的動力。確定寫作後，感謝五南圖書出版公司副總編黃文瓊的聯繫處理相關業務，並耐心等候作者文稿的拖延。稿件完成後，感謝五南圖書出版公司編輯李敏華小姐費心且專業的編排，以及校稿者的細心與專業，讓本書得以順利出版。

　　一本書的完成，需要很多人協助，感謝以上人員的貢獻，在此一併致謝！

呂錘卿 謹誌
2021年8月8日
於臺中市熊貓帝國

目　次

表　次

圖　次

壹 教學基礎篇

本篇內容

緒論

　　「教學原理」是我國師資培育教育專業課程中的教育方法課程。介紹與討論教學的概念、過程、技巧、策略、方法、媒體運用等問題，同時探討有效教學、激發與維持學生學習動機之問題。在教師資格檢定考試中，是屬於「國民小學課程與教學」及「中等學校課程與教學」的內涵。本課程在各師資培育大學大都列為必修或「必修之一」。此乃因中小學教師主要的工作是教學，教學專業知識、技能及態度，為教師勝任其工作的關鍵素養之一。

<h2>第一節　教學的意義與內涵</h2>

一、教學的字源與意義

在中文，「教學」一詞出現很早。《禮記・學記》有「古之王者，建國君民，教學為先。」中文的「教學」一詞，也可拆開來解釋，如《說文解字》的解釋為：「教，上所施，下所效也；學，覺悟也（知不足）。」這種解釋，泛指教學者對於道德品格和知識涵養的教導，讓學習者有所覺悟的歷程。

教育部《重編國語辭典》對「教學」一詞的解釋有兩項：一是「教師把知識與技能傳授給學生的過程」，這樣的解釋僅提到知識和技能的傳授，有所不足；不過，加上第二項「教誨、感化」，則將情意包含進來，較完整。

近代學校教育的教學概念，是來自西洋教育的觀點。英文的「teaching」和「instruction」，意義相近但並非完全相同，習慣上交替使用，可翻譯作「教學」。這兩個字的解釋與learn、token、impart三個字意義相通。Learn是「學習」之意，即用以指那些被傳遞的事實、信念及內容。Token是「表徵物」之意，即利用信號或符號去引發某人對事物的反應。Impart是「注入」之意，即由某人傳授知識或技能給另一個人。（林寶山，1988；沈翠蓮，2001）

二、教學的定義

教學是中小學學校教育的主要活動。換個角度說，學校教育包括學校的教學活動和其他的活動與施為。因此，「教育」是「教學」的上位概念。準此，對教學的定義，必須符合教育的規範。英國教育哲學家R. S. Peters（1919-2011）指出教育規準有三：認知性、價值性及自願性。（引自歐陽教，1977：14-17）Peters認為可用這三個規準來批判學校教育活動的適切性。違反或不符此三個規準的教育活動，教育人員應及時調整或捨棄。因此，對教學的定義也要符合這三個規準。

「教學」一詞的定義如何？有的定義期望包含完整的過程和學習內容。如「教學就是教師經由詳細的計畫和設計，運用適當的技術和方法，

以指導、鼓勵及激發學生自動學習，以獲得生活上所必須的知識、技能、習慣和理想的一種工作或活動。」高廣孚（1988：8）這個定義強調教學前的計畫，並明確指出目的在讓學生獲得知識、技能及態度。

有的定義指出要依據原理原則，但不指出學習內容，僅概括敘述在過程中的策略和引導。如「（教學）是教師依據學習的原理原則，運用適當的方法技術，刺激、指導、鼓勵學生自動學習的活動。」（方炳林，2005：1）

這兩個定義都指出教學是一種「師生」的活動，強調過程的引導和學生的學習。教學的定義，若要概括性（外延）大些，則不具體指出「教師和學生」。如，教學的意義可視為「施教者利用各種方法使學習者獲得知識和技能的過程」。（林寶山，1990：7）此一定義，以「施教者、學習者」取代「老師、學生」，可涵蓋較廣泛情境的教學定義。歐陽教則以「施教者、受教者」二對等語詞，對教學的定義為：「施教者以適當的方法，增進受教者學到有認知意義和有價值目的的活動。」（歐陽教，1990：9）

分析這四個教學的定義，就其文字表述的教學內容或目的，符合「認知性」及「價值性」兩個規準。至於「自願性」規準，前兩個定義有「學生自動學習」的敘述，符應此一規準；後兩者則隱含在教學過程中。從教育實務上瞭解，自願性規準應當從教育或教學過程中的實際作為，才能作判斷。

綜合上述教學定義之分析，作者認為教學的定義，應包含理論原則、方法及內容外，概括性也要廣泛，不限定在教師與學生。因此，「教學」概念定義為：「施教者依據教育及教學理論與原則，運用適當的方法、策略及技巧，指引並激發受教者學習，以增進其社會與生活之知識、技能及態度的互動過程。」

三、教學的內涵

分析上述教學的定義，有幾個重要的語詞，包括互動過程、理論與原則、方法策略與技巧、增進知識技能與態度及激發學習。這些重要語詞即顯示本教學定義的內涵。茲說明如下：

(一)教學是施教者與受教者的互動過程

　　此一涵義顯示，教學是一互動過程，不僅止於施教者單向的講述、告知及傳遞，而是受教者與施教者彼此之間有互動的過程。其次，施教者不僅止於學校的教師，校外的專業工作者、傳統藝術師、企業家等，有時也到學校作為專題的教學者；而社會上也有很多職業講師，大型企業內有教育訓練人員，則是企業員工在職教育的教學者。另外，受教者也不一定是學生，社會人士、教師、業界人士等，也經常要到學校或其他機構參加某種課程的學習。

(二)教學應依據教育及教學理論與原則

　　心理學研究人類心智的發展和學習的現象，已建立了許多理論與原則。教育即依據這些理論與原則，發展運用在教育情境的教學理論與原則，以作為施教者從事教學的依據。教學應依據理論與原則，因此，教學是一種科學，符合教育的認知性規準。

(三)教學要有多樣的方法策略及技巧

　　學習的內容是多樣的，包括知識、技能及態度，因此，教學須根據不同的內容，運用不同的途徑。而且學習的層次也不同，有的只是記憶瞭解、有的要應用、有的更要綜合及創造，教學的方法與策略就要符應學習的層次。又，同一內容，因應不同學生程度的學習，也要有多種呈現教材的方式，充分讓學習者瞭解。

(四)教學應讓受教者獲得具備社會與生活的素養

　　教學乃在讓受教者獲得及增進知識、技能及態度，以提升職場素養或生活素養。學校則依據課程綱要的課程目標理念，教導學生具備現代國民的素養，以能解決自身生活問題及適應社會。因此，教學應符合教育的價值性規準。

(五)教學是「工作—成效」的概念

　　從認知歷程言，「認知是一種歷程，也是一種結果」（歐陽教，1990：5）。即一項訊息「A」在我腦中完成認知歷程，則我腦中即有

「A」的概念或知識。因此，認知是一種「工作—成效」的概念。教學是一種認知活動，是認知的「下位」概念，所以教學也是一種「工作—成效」的概念。（歐陽教，1990：5-6）

從另一觀點分析，施教者（教師）的「教」是依存於受教者的「學」。就語詞之對應言，沒有了學生，就沒有教師的概念；反之，沒有教師，就沒有學生的概念。就實際情況言，「教」的核心工作是要學生有「學」的結果。換言之，教師的任務就是增進學生「學」的工作——教導學生怎麼學。（李咏吟、單文經，1995：8-10）

因此，教學的概念，施教者應當讓受教者有「學」的事實；否則，教學是不成立的。然而，這種工作—成效的概念，也是有程度的差異，但至少要有基本的成效水準。在過去剛實施九年國民教育不久，因升學壓力，國中多採階梯式能力分班（兩段或三段）。在極端情形下，教學專業素養不足，教師碰到後段班（放牛班或壞班），形成所謂的三板教師——天花板、地板、黑板。嚴格而言，此時教學並不成立，教師僅止於履行其鐘點時間。因此，將教學原理課程學好，並具備教師專業素養的現代教師，應不會到這步田地。

第二節　教學的規準

教學的定義和內涵分析如上。而教師在班級教學中，除了應符合教育的規準：合認知性、合價值性及合自願性外，也應具備教學的三個規準：目的性、釋明性及覺知性。（歐陽教，1990）茲說明如下：

一、目的性

目的性（purposiveness）指任何一種教學，都是有意向、計畫或有明確結果的活動。這項目的就是要能讓學生學習，且其目的是有認知意義和價值的。目的性的規準範圍有大小，終點有遠近，包括一學期（年）的課程目標、一個單元的目標及一節課的目標。例如：國小中年級國語課，教師設定本學期的目標可能是：(1)能仔細聆聽一段話或報導歸納出要點；(2)說話用詞正確、語意清晰、內容明確；(3)能用五大文體的記敘文、抒

情文、應用文簡單寫作。在國語一個單元的教學,則要隨時記住本單元的目標,尤其留意認知、技能(能力)及情意目標的兼顧。而在一節課的教學中,因教學節奏進展快速,且受學生及教師個人喜好因素的干擾,常會偏離上課的主題或目標。因此,教師在教學過程,「目的或目標應常存心中」。

　　因此,教師應隨時心繫教學的目標,包括一節課、一個單元、一學期課程。在國民小學導師甚至要思考:兩年後學生的語文、數學等的學習,要達到何種具體表現的成果。

二、釋明性

　　釋明性(indicativeness)是對教師而言。釋明性簡單地說,就是能夠講清楚、說明白要傳遞的教學內容。教師對於要傳授或引導學習的知識、技能及態度,不管運用何種方法或途徑,要能陳述清楚、解說明白及示範明確。如此才能達到「傳道、授業、解惑」的功能。

　　教學要有釋明性,教師需有兩項重要的功夫:一是教材分析,二是教學內容陳述。在教材分析方面,教師要先熟悉單元教材,並將單元教材分析成細目或目標,以符合學生能學習的順序。在教學內容陳述方面,教師要有明確的意圖,運用各種方法或途徑,引導學生最有效的學習。除講解說明外,還須搭配分析、比較、批判、圖示、列表、證明、演示、實驗、觀察……,讓學生能有效的學習。在這方面,教師需要運用資訊科技來說明並呈現教材。例如:在立體圖形教學中,教師在電腦上呈現立體圖形旋轉、展開、堆疊,讓學生清楚暸解立體圖形的表面積和體積。

三、覺知性

　　覺知性(perceptiveness)是對學生而言,但主要責任在教師。覺知性是指教師教導某一學習內容時,如數學,要讓學生覺得數學很重要,生活上與工作上都用得到,且數學也很有趣。如此,學生自然會想把數學學好。這是引發學生學習的興趣與意願。

　　此外教師在教學時,也應考慮學生的認知能力和先備知識。若學生的認知能力不足或準備度不夠,不管老師如何深入淺出地分析說明,學生仍

無法瞭解，因而失去學習動機。因此，教師應確知學生具有先備知識，並引導學生有學習的認知和意向。

　　這三個教學規準，提供簡單三個大方向，讓預備成為教師者，很容易以這三個規準來思考或觀察教學的適切性。例如：所設計的教學活動，是否能達成設定的目標；觀察一位老師的教學，是否能引發學生的學習。

　　這三個規準也是現職教師檢視自己教學之適切性。例如：自己陳述教材內容，是否夠清晰明瞭且有條理。當然，作為教師教學依據的規準，還有較詳細的有效教學行為指標、教師專業標準及教師專業評鑑指標。

第三節　有效的教師與教學

　　「教學」一詞本身就包含成效概念。教學是一種認知的活動，而認知是一種歷程，也是一種結果。教學的活動，包含學習歷程（認知歷程），以及學習的結果（成效）。因此，教學必然包含認知和成效的活動。（歐陽教，1990：5-6）有效的教師就是要能掌握教學的成效。

　　另外，從「教學」概念的要素來分析。教學包含「教導者」和「學習者」，兩者缺一，就無法構成「教學」的概念。若教導者無法引起學習者的學習，等於沒有學習者，或教師喃喃自語。因此，教學必須有師和生，以及兩者的互動和結果——成效。

　　然而，教學成效不是「有」或「無」的問題，而是程度的問題。教學成效因教師、學生、教材、評量、教學場域……諸多因素，而有很大的差異。提出「有效教學」的概念，在於強調教師要運用教學方法、策略及技巧，以及現代的資訊科技，來提升教學成效。因此，有效的教師就是要掌握有效教學行為，以幫助學生學習，達成預期的學習目標。

　　什麼是有效教學行為？Borich（2011: 7）歸納過去三十年的研究，指出教師有效教學的關鍵行為有五項：清晰授課、多樣化教學、任務取向、引導學生投入及確保學生成功率。茲說明如下：（郝永崴、鄭佳君、何美慧、林宜真、范莎惠及陳秀玲譯，2007：12；Borich, 2011: 7-16）

一、清晰授課

　　清晰授課（lesson clarity）是指教師的教材陳述。教師能清楚呈現教學重點，讓學生易於明瞭；對於概念能清晰解釋，依邏輯順序，循序解說；在表達上，口齒清晰，音量語速適中，能吸引學生的注意力。

二、多樣化教學

　　多樣化教學（instructional variety）是指教師能運用多種的教學方法、策略及技巧，以引導學生主動學習。多樣化教學也顯示教師對教學媒體、設備、資源、空間及環境的掌握與運用，讓學生有較真實和體驗的學習。

三、任務取向

　　任務取向（task orientation）是指教師對所授的學科單元，在課堂上投入的時間和心力。因此，教師應積極：1.隨時留意教學方向——不偏離教學目標和重點。2.充分運用時間來講課、提問，並引導學生獨立思考與探究。3.充分運用時間讓學生練習並進行形成性評量，瞭解其學習表現。

　　除此之外，應做好課前準備，組織好教學架構以幫助學生學習。時間（上課節數）是教學的寶貴資源，教師須課前準備好，課堂中充分運用時間，不延宕虛度上課時間。

四、引導學生投入學習

　　引導學生投入學習是指教師在課堂中，能將學生的專注力聚焦於學習活動，而認真投入學習。此一關鍵行為與「任務取向」有關，但不全然。例如：教師認真教學，但有的學生心不在焉，或無聊或講話。因此，還要看教師的教學是否活潑多樣化，是否能引起學生的興趣，是否能講解清晰讓學生瞭解。此外，教師還要運用監督和管理的技巧，例如：行間走動、制定學習規則等，以導引學生於課業的學習。

　　學生投入學習行為多寡，表示學生在課堂的投入學習時間，可經由觀察學生的學習行為來估計。根據C. W. Fisher研究發現：學生在課堂投入學習的時間，從50%-90%不等。（引自張芬芬，1994：52）作者觀察國

民小學教師（6-30年資）在上午的班級教學，學生的課堂投入學習的比率平均82%。（呂錘卿，1997）這算是好的課堂學習表現。

五、確保學生成功率

　　學生成功率是指學生能理解學習內容及正確完成練習或作業的比率。學生的成功率與學生的投入學習，可能產生循環的關聯。即學生因有高的成功率（瞭解學習內容），因而能夠參與學習並投入學習。因此，相關研究顯示：學生在課堂的投入學習的時間越多，學生的成功率則越高。（郝永崴等譯，2007：19）

　　確保學生成功率，除了具體的作業表現、評量成績外，還應包含學生課堂回答、報告、展示、表演……機會。讓不同學習能力與特質的學生，在課堂上均有表現而受讚美與肯定的機會。

　　上述五項有效教學的關鍵行為，可作為教師從事教學的重要指針。其中「清晰授課」是符應教學規準的「釋明性」；「多樣化教學」和「引導學生投入學習」乃在引發學生的「覺知性」；「任務取向」則在掌握「目的性」；而「確保學生成功率」更能強化學生的「覺知性」。

第四節　教學的要素分析

　　教學活動初淺來看主要是教師、教材內容及學生三部分。然而教學是一複雜的師生互動過程，進一步分析則不僅止於這三部分。教學要素分析是指對教學活動加以剖析，找出所有教學活動的共同要項；且缺乏此要項，則教學難以成立。依此思考來分析教學過程中，會發現有些要項性質相近，就將它們合併為一種要素。例如：課程、教材、教科書三項。課程綱要的目標揭示，屬於「目標」要素；課程綱要的學習表現和學習內容則要轉化為教科書，皆可納入「教材」要素。因此，分析教學複雜活動的要素有八項：學習者、教學者、目標、教材（課程）、時間（進度）、方法、情境（空間）及評量。（林生傳，1988：46；黃政傑，1997：22）。

一、學習者

　　學習者，就學校言是學生群體，是在學校中被安排的受教者。這種群體的組合一般情形是以班級型態呈現，每班約30人左右。為達到某種教學效果，學生群體可有不同的組合：個別、2人一組、4-6人一組、10-15人一組，甚至於大班（70人以上）的教學。

二、教學者

　　教學者一般而言是指成熟且具有某種專業的成人，通稱為教師。在國中小學階段，教學者與受教者，其年齡差距較大。隨著學校層級增高，教學者與受教者的年齡差距越小，甚至於沒有差距或反過來。不過，在學校教學中，有時同儕夥伴也是教學者，而學校以外的其他專業人員，也可成為教學者。換言之，教學者不一定就是學校的教師。

三、目標

　　任何教學都是有計畫、有安排的一種活動。教學者對學習者有一指引的方向，期望受教者在教學活動過程中或結束後，學到預期的結果或改變。這種預期的結果或改變就是目標。目標從簡單到複雜有層次之分，也須兼顧不同面向，如認知、情意及技能。後面有「教學目標」專章討論。

四、教材

　　在教學活動中，教師要傳遞或引導學生學習的內容，以教師的觀點稱為教材。教材的多寡與範圍，隨學習的目標需求與對象而定；教材學習期程的長短，則從幾週到一學期或一學年。這種針對特定目標與對象，規劃出一套的學習內容（教材），即是課程。因此，「課程」與「教材」是關聯的；有時會合併稱呼「課程教材」。

　　學校教學的課程，大都以一個學期或一學年為單位。教師即應規劃學期或學年的課程，並編（選）或安排各週的學習教材。對中小學而言，學習教材以學校選定的教科書為依據，教師僅須加以增刪或調整順序即可。而學校或社會上短期的研習或學習，即使僅兩、三週的學習活動，教學者仍須依據自己的專業，規劃課程並撰寫教材。

　　在中小學的教學環境中，教材的呈現大都為教科書，部分為補充教材或講義。而教師在教室進行教學，經常運用簡報軟體（PPT）來呈現教材，有時用影片輔助以提升效果。另外，在資訊科技時代，有時教師也將教材放置於網頁或網路平臺上，便於學生隨時閱讀。

五、時間

　　時間是學校的課程與教學很重要的資源。各學科一學期（學年）要安排多少的學習時間，在課程綱要有明確的規範。以「國語文」的教學時間言，國小中高年級每週有200分鐘、國中有225分鐘，合計國小中高年級一學期有66.7小時、國中有75小時。（依據十二年課綱之規範）這表示：教師須在這樣限定的時間，教導規定的課程內容以培養學生應有的能力。因此，教師要妥善安排各週的單元進度，有效掌握各節的教學節奏。因此，「時間」要素也就是教學的「進度」。

　　教學時間要素的掌握，教師要思考的是：一學期或學年的學習時間、各週的教學進度及各節教學時間的掌握。至於學習落後的學生，則要思考如何增加其學習時間。

六、方法

　　方法即如何引導學生學習。教學者在教學過程中，必須運用一些教學技巧、策略、方法等，以引導學生學習。方法是如何讓學習達到目標的通稱，可能是教學方法、策略或技巧。針對特定目標且有一定程序的教學歷程，稱為「教學方法」。例如：合作學習教學法，可以培養學生的合作能力。有時，教師為培養學生某種能力，採取某種措施或方向，沒有固定的步驟，稱為「教學策略」。例如：以「多閱讀或大量閱讀」（策略），來提升學生的「英文能力」（目標）。另外，在教學上，經常以一種具體作為來達成或加強學習效果，稱為「教學技術」。例如：運用「討論技術」以加強學生參與學習並培養口語表達能力；運用「分組獎勵」以促進學生學習動機。

七、情境

　　情境是指教學過程中所安排的空間、環境、場所等，以及相關的布置。一般而言，學校的教學大都在教室、專科教室、實驗室、圖書室等。但有時為達到某種教學效果，教學的場所會在教室外，如校園、圖書館（校外）、博物館、政府機構、寺廟、社區、山林河流海岸等。在較真實的情境中學習，學生才比較容易將課本的知識，與現實世界對照，強化其認知。例如：地理課談到河流切割作用，帶學生到河床觀察颱風過後，河床的深溝或小峽谷後，更能體會河流的侵蝕作用。

　　在自然科學的教學中，對大自然現象發生的當下或過後，我們無法或不便觀察。例如：火山的噴發與災難，我們無法也不便到現場觀察。但教學中提供紀錄影片，也是一種真實的認知。社會現象或事件，也是如此。例如：廟會的進香繞境活動，多數學生無法參與，但觀看完整介紹進香繞境的影片，對民間廟會活動會有較真實的認識。因此，配合教材內容提供影片，是很好教學情境的安排。

八、評量

　　評量是指教學過程或結束後，教學者為確認學習者是否達到預期的結果，進行一系列的形成性評量和總結性評量。評量是整個教學活動很重要的回饋訊息。尤其評量所顯示的訊息和數據，可調整教學的目標、教材、方法及情境。但關鍵是教師對此有所認知與調整，並給予學習落後者多一點學習時間，或強化其先備知識。

　　以上敘述教學的八個要素，分析教學要素有幾個作用：第一，教師在進行教學設計時，掌握教學的要素，則教學設計會有較完整的安排。第二，教師在進行備課、觀課及議課（教學觀察）時，較能有條理地來思考和討論教學活動。第三，可根據教學要素來調整教學，以因應學生特性、教學情境、學習教材……之需求。例如：學生群體差異大，教師就要設定不同的目標，教材也要補充或簡化等。

第五節 教學的相關概念

　　教學是教育領域中很重要的活動，是教育的下位概念。林寶山（1990：9-10）在介紹教學的相關概念時，列了教育、課程及學習三個概念；周新富（2014：3）則說明八個與教學相關的概念：教導、訓練、灌輸、制約、宣傳、恐嚇、說謊、身體威脅。此處擬從概念的包含與交集的關係，以及從教育的觀點，分析與教學相關的概念有：教育、學習、課程、訓練、宣傳及制約作用。

一、教育與教學

　　前面說過，教學是教育的下位概念；反過來說，教育是教學的上位概念。在邏輯上，上位概念所包含的對象或範圍，大於下位概念。教育是指在學校接受師長所安排的所有學習活動，包含班級的教學活動、各種儀式、比賽活動、參訪交流活動、社團活動等。教學則指教師針對某一學習領域所進行的引導學習活動，大都以班級為單位來進行。

　　本書所談的教育活動，大都指學校的正規教育（formal education）。至於非正規教育或社會教育中，所談的「教育」和「教學」概念，其包含關係與此相同。

二、學習與教學

　　學習指學習者自行尋找相關資源，或經諮詢他人，自己主動對知識、技能或態度的探討而有所得。教學則指在教師的安排下所進行的知識、技能或態度的學習活動。因此，學習泛指自己所進行各種提升自身學識或專業素養活動；教學則必有教師的引導，有師與生的互動，才構成教學。

三、課程與教學

　　課程是指一套學習某一類知識、技能或態度的規劃架構、綱要或內容陳述。教學則為教師依據這些設定好的架構或綱要，蒐集或編寫教材，運用各種方法和策略傳遞給學生。換言之，課程是指「教什麼」的層面，

包括哪些領域和何種學習重點。教學則指「如何教」的層面，包括如何轉化學習內容、運用何種方法或策略等。有時候，一套課程發展實施一段時期，就不用了，形成有課程無教學，而成為歷史的課程，如民國八十二年（1993年）的課程標準；而教學則必須依據課程，無論是長期的課程還是短期的課程。

四、訓練與教學

訓練是比較偏向技能或技術的反覆操作練習，以達到熟練精巧。常見學校各種運動技能的培養、樂器演奏或歌唱的學習、職業學校的技能操作等，都必須由簡至繁，有系統地反覆訓練，在過程中可能會強制要求。不過，超越學生體力或能力之外的要求，就不能算是教學或教育。過去軍隊新兵訓練有所謂：「合理的要求是訓練，不合理的要求是磨練。」目前軍隊的士兵訓練比較講求人性化，教育更不容許不合理的訓練。

技能的學習表現，須在沒有提示下一氣呵成，才算達成熟練的目標。況且，有時要參加檢定或比賽。因此，技能的學習強調訓練，畢竟技術或技巧的熟練是優先。當然，在練習某項技能前也應有基本的認知；且隨著技能熟練，教練（師）應逐漸提示相應的態度。而一般的教學則涵蓋認知、情意和技能的整體學習。

五、宣傳與教學

宣傳是針對所要傳達的訊息或概念，透過不斷重複的過程，以達到不知不覺中注入吸收之效。因此，宣傳只是單向的訊息傳遞，不重視訊息的雙向互動。宣傳的樣態很多，包括電視、廣播的商業廣告，政府透過電視、廣播的政策宣導；街頭候選人宣傳車的廣播。學校校園內也有類似的宣傳，例如：早晨廣播要求學生注意校園安全、放學時廣播要學生注意交通安全、透過廣播請學生遵行防疫守則等。

校園內有時會張貼一些標語或活動的海報，也是一種宣傳。不過，在校園內所進行的宣傳，大都會要求教師在班級內，有相應的教學活動。教學則強調師生面對面的互動過程，且要引導學習者主動參與。

六、制約作用與教學

　　制約作用（conditioning）是行為主義心理學解釋學習歷程的概念。制約作用是指個體在某種刺激情境下所產生的行為反應。（張春興，1996：172）即原本不會引起個體反應（按壓）的刺激（槓桿），在某種情境（斯肯納箱）的安排下，重複出現。最後，老鼠看到「槓桿」，就會有「按壓」槓桿的動作。（張春興，1981：121）

　　制約作用是一種歷程，其結果則為刺激（槓桿）與行為反應（按壓槓桿）連結的完成。制約作用普遍運用到教育和教學。例如：原本不太愛閱讀的學生，在學校和老師的安排下，看了一本故事書，說出書中的幾個角色，受到老師和同學的讚美，從此開始喜歡閱讀。又如，原本內向不肯答問題的學生，經同學的鼓勵，回答一簡單問題，得到同學的掌聲，終於會舉手回答問題。然而，教學上除運用制約作用來建立學習歷程外，還須運用觀察學習、認知學習……，來建立不同性質的學習歷程。

　　上述六個與教學相關的概念，加上「教學」本身共七個概念。讀者閱讀這六個概念的內涵敘述，並簡要與「教學」概念內涵做比較。應當約略可知道這些概念範圍（外延）的大小，並分析這七個概念之間的交集或包含的關係。進一步運用數學集合圖，將這七個概念的關係繪出來（如圖1-1），這就是范氏圖（Venn Diagram）。范氏圖就是運用圖示來呈現概

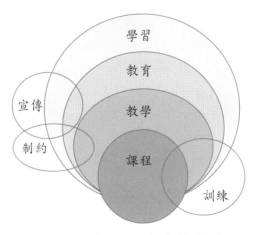

　圖1-1　教學相關概念范氏圖解

念外延的集合之關係，以釐清概念之間的關係。（何秀煌，1989：240）
（參閱第五章第一節）

　　上述六個概念的外延關係分析，讀者可能有不同認知，有時因對概念
的定義有廣義或狹義，以及觀點的解釋不同，繪製出來的圖解也就有所差
異。不過，對於教育概念，透過這種分析和圖示，可讓讀者對教育概念的
掌握更清晰。

第六節　本書架構

　　本書內容分六篇，各篇有二至五章，每章有若干節，篇幅視內容多
寡，長短不一。教學方法篇原本含實作取向教學，因準備與資料不足，暫
時割捨。本書各篇與章的名稱與架構如下：

壹、教學基礎篇
　　第一章　緒論
　　第二章　學習與教學分析

貳、教學準備篇
　　第三章　教學目標
　　第四章　教學設計

參、教學方法篇
　　第五章　思考取向教學
　　第六章　情意取向教學
　　第七章　社會取向教學
　　第八章　個別化取向教學
　　第九章　創新取向教學

肆、教學理論篇
　　第十章　Gagné的教學理論
　　第十一章　Ausubel的教學理論

伍、策略與技巧篇

第十二章　教學策略

第十三章　教學技巧

陸、教學專業篇

第十四章　教學專業素養

第十五章　教學研究

此外，還有附錄「教學原理參考試題」，包括十八個主題的測驗題和問答題，供師資生學習與教師教學評量參考。

第二章

學習與教學分析

◆ 本章內容
第一節　學習經驗層次分析
第二節　直接教學與間接教學
第三節　教學策略、方法及原則

　　教師如何教學？要看學習者如何學習及學什麼內容而定。因此，R. M. Gagné將教學定義為：「就預期不同的學習結果，安排適當的學習條件，以便支持（學習者）內在學習歷程的運作。」（引自張新仁主編，2003：265）學什麼是學科領域的學習與教學問題，但一般性的學習結果或層次，則是各領域學習與教學的共同問題。本章偏重學習與教學的共通性問題，做簡要分析與敘述，包括學習的經驗層次分析、直接與間接教學、教學策略、方法及原則。

第一節　學習經驗層次分析

　　學生的學習結果，依據B. S. Bloom的區分，認知領域的學習，從簡單到複雜有：記憶、理解、應用、分析、評鑑及創造六個層次（見第三章教學目標）。很明顯地，分析、評鑑及創造的學習，是在記憶、理解基礎之上，為較複雜且深入的學習，是高層次的學習。從學習的觀點，這六個層次的學習都很重要且有依存關係。但從學習者與教學的角度言，後面層

次的學習與教學則較為複雜且困難。技能領域的學習也是如此，態度培養
與教學更為困難。

　　教學除依據學生的學習結果之分析外，更重要的是依據課程綱要的規
範，要培養學生何種能力或素養。而素養的培養，需要學校與教師提供充
分的學習經驗。

一、課程綱要的能力與素養

　　1994年教育改革的口號之一是：「培養學生帶得走的能力，而不是
背不動的書包」，即強調培養學生的能力，而不僅止於學科知識的記憶
與考試。此一口號，反應到《國民中小學九年一貫課程綱要》中，於總
綱中揭示「培養現代國民所需的基本能力」。此項基本能力有十項，包
括：(1)瞭解自我與發展潛能；(2)欣賞、表現與創新；(3)生涯規劃與終身
學習；(4)表達、溝通與分享；(5)尊重、關懷與團隊合作；(6)文化學習與
國際瞭解；(7)規劃、組織與實踐；(8)運用科技與資訊；(9)主動探索與研
究；(10)獨立思考與解決問題。（教育部，1998）

　　所謂能力，就是能將知識和技能用在生活上或解決問題。這樣的學習
當然不僅止於會考試的學習。因此，在課程上要有一些統整的主題，在教
學上可進行協同教學。

　　《十二年國民基本教育課程綱要》則指出：以「核心素養」作為課程
的主軸。所謂核心素養是指一個人為適應現在生活及面對未來挑戰，所應
具備的知識、能力與態度（第3頁）。此綱要並揭示三面九項核心素養為
課程與教學實施的方向。三個面向為：自主行動、溝通互動、社會參與。
九項核心素養為：(1)身心素質與自我精進；(2)系統思考與解決問題；(3)
規劃執行與創新應變；(4)符號運用與溝通表達；(5)科技資訊與媒體素
養；(6)藝術涵養與美感素養；(7)道德實踐與公民意識；(8)人際關係與團
隊合作；(9)多元文化與國際理解。（教育部，2014）

　　所謂素養，除知識和能力（技能或技術）的表現外，還須展現適配的
態度。在此九項核心素養內涵，也包含大部分的十項基本能力。有的項目
雷同，如，「文化學習與國際瞭解」（九年一貫）與「多元文化與國際理
解」（十二年課綱）。有的項目是加以重組，如，十二年課綱的「規劃執

行與創新應變」，包含了九年一貫的「規劃、組織與實踐」（規劃執行）和「欣賞、表現與創新」中的「創新」。有的項目著重點稍有差異，如，十二年課綱的「系統思考與解決問題」，強調系統思考；九年一貫的「獨立思考與解決問題」，著眼點是獨立思考。十二年課程綱要用「核心素養」來表示，九年一貫課程綱要用「基本能力」，在理論上或概念內涵來看，以「核心素養」一詞來表述學生的學習結果，是比較完整。

　　無論是要培養學生「帶著走的能力」，還是「核心素養」，就學習者言，必須提供充分的學習經驗。我們每一個人從過去的學習經驗中，應當有這種體會：「我聽了，我忘了；我聽＋看了，我知道了；我說了，我理解了；我做了，我記住了」。也就是說，學習必須有「聽、看、說、做」多種且完整的學習經驗──抽象到具體的經驗，才能讓知識變成能力或素養。在此，Edgar Dale的經驗金字塔可作為學習與教學的基礎。

二、Dale經驗金字塔

　　經驗金字塔（cone of experience）是美國視聽教育學者Edgar Dale（1900-1985），在1946年出版《視聽教學法》（*Audio-visual methods in teaching*）所提出的。經驗金字塔是圓錐形的，底下代表提供或獲得經驗的具體且真實，越往上層則越趨抽象。也就說，由圓錐底部至錐尖是由具體而至抽象。

　　Dale的經驗金字塔有十層，包括各種教學方法和媒體（如圖2-1）。茲說明如次：

(一)直接、有目的經驗

　　直接、有目的經驗（direct, purposeful experiences）是指可經由直接且有意識的活動而獲得的，是有目的的，最充實、最具體、最豐富的整體經驗，是由看、聽、感覺、品嚐、嗅覺等實際體驗中所獲得的。

(二)設計經驗

　　設計經驗（contrived experiences）又稱模型的經驗。模型是實際事物的化身，形態較小，結構也較簡單。為了達到教育的目的，可以將模型

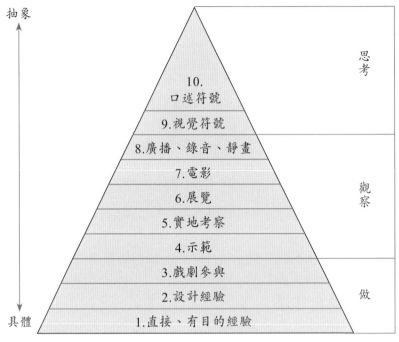

圖2-1　Dale的經驗金字塔

資料來源：Dale, 1996, p.171；張霄亭，1995。

加以適切設計，使它較所代表的事物更容易瞭解。模型可以代替一些複雜、巨大、難以理解或眼睛無法看到的事物。

(三)戲劇參與

　　戲劇參與（dramatic participation）可以幫助我們接近某些無法經驗到的事物，可以在戲劇中參與重編的經驗，藉著扮演戲劇中的角色來體驗歷史上的生活。參與戲劇是直接經驗，觀賞戲劇是間接經驗。戲劇具有對真實事物的教育功能，可以獲得更深切的體會和領悟。

(四)示範

　　示範（demonstrations）是使學習者瞭解某些事物如何進行的另一種教學方法。由教師示範，亦可由學習者示範。

(五)實地考察

實地考察（fields trips）是到現場實地觀看體會。此種教學方法，包括主學習、副學習及輔學習的功能，更能促進人際關係。參觀旅行可獲得較為直接的經驗。

(六)展覽

展覽（exhibits）是一種很好的教學方法，展覽有現成的和自製的。現成的展覽多半是展覽實物、標本、模型、照片、圖表，也有利用簡報投影、錄影、影片製作、電腦等，學習者透過參觀與操作而獲得經驗。自製的展覽含有設計、製作、蒐集、創作與展出方式等，學習者親身參與，對學習者來說，是多種能力的培養。

(七)電影

電影（motion pictures）或動畫，指可以提供視覺畫面和聽覺聲音的媒體。現在有很多的影音媒體可運用在教學上，包括電影、DVD、YouTube、其他網路影音，以及自拍的影音等。這些影片皆可呈現影像和聲音給學生，讓學生獲得替代性的參觀經驗和體驗，以發揮教學效果。

(八)廣播、錄音、靜畫

廣播、錄音、靜畫（radio, recordings, still pictures）。廣播是指利用收音機收聽的節目，當然也包括了播音。錄音包括所有的錄音媒體。靜畫範圍很大、包括照片、圖片、簡報畫面等。廣播、錄音為聽覺媒體，靜畫則為視覺媒體，皆能提供學習者具體或替代性的經驗。

(九)視覺符號

視覺符號（visual symbols）係指代表事物的抽象符號，如文字、$、%等。以抽象的視覺符號來傳播思想、陳述觀念、敘述經驗等。學生在校的學習材料，大都屬於視覺符號，如教科書、補充教材或參考書。

(十)口述符號

口述符號（verbal symbols）指語言與聽覺媒體。口語傳播是經由聽覺感官來接收訊息，是最重要且接收訊息最多的思想傳播媒體之一。它的特點是單線進行且說完就消失，較難去回顧。因此，純粹口語傳播，其學習保留量極少。

上述十層的經驗獲取中，可分為三類：一是思考：僅是語言聲音和文字符號的抽象層次思考。二是觀察：又分兩層，一是具象或替代性的經驗，包含廣播、錄音、靜態圖片及影片；二是具體直接經驗，包括展覽、實地考察及示範。三是做（實作），包括戲劇參與、設計的模擬經驗及真實情境中直接操作、體驗及實際表現之經驗。

Dale的經驗金字塔，是提供教師在教學設計中，選擇媒體的指導原則。例如：社會課介紹流水的侵蝕、搬運及堆積作用，在口說和文字介紹概念後，應輔以圖片、影片，甚至帶到河川觀看峽谷和堆積的砂土。學生透過層層引導，對流水的三大作用，從知道「侵蝕」等名詞到形象的認識，進而有動態影像的瞭解或感受，最後有現場觀看的體會與崇敬大自然。因此在教學上，直接經驗（親臨現場或做）最佳，替代性經驗（觀看影片）其次，若兩者皆無法提供，至少應有圖片。

三、學習金字塔之迷思

Dale的經驗金字塔經過多年的應用與流傳，衍生出「學習金字塔」（cone of learning），並在不同層級的學習加上了學習保留（記憶）的百分比，如聽講有5%、閱讀10%、觀看視聽影片有20%等（如表2-1）。此學習金字塔傳遍世界各地，網路上有各種的圖片和說明。

此項學習金字塔學習保留量，最常見到的引用來源是「緬因州國家訓練實驗室」（National Training Laboratories (NTL), Bethel, Maine, USA）。可惜，在NTL官網沒有找到相關的文章。

當初，Dale提出此概念並無明確賦予經驗金字塔各層學習結果的數字。僅在1969年的教學研究中指出，在以講述教學之後數週，學生僅能回憶5%所聽到的知識；而透過閱讀、看影片及參觀展示教學後六週，約能回憶三分之一以內的訊息。（引自Lord, 2007）因此，這些層級的學習

┌表2-1┐　學習金字塔與學習保留比率

學習性質	經驗層級	學習保留
被動學習	聽講（listening to lecture）	5%
	閱讀（reading）	10%
	看視聽影片（watch audiovisual）	20%
	參觀展示（watch a demonstration）	30%
主動學習	參與小組討論（engaged in a group discussion）	50%
	實作演練（practice by doing）	75%
	教他人／立即運用（teach others/ immediate use）	90%

資料來源：Al-Nasr, Al-Badrawy A. Abo, 2017; Wikipedia-Learning pyramid, 2020. 12. 28.

保留比率數字，是後來的人製造出來的。（Jackson, 2016）甚至認為學習金字塔各層學習保留率的數字是無效的，因為並沒有實證的研究數據。（Dwyer, 2010）

　　不過，也有教師或研究者，應用學習金字塔的概念進行教學研究，都顯示採用學習金字塔下層的學習或教學方式，能產生較佳的學習效果。馬國俊（2016）以學習金字塔模型教學為實驗，應用於電腦科學與技術專業的三維動畫製作學習，對照傳統練習式教學的效果。結果顯示實驗組學生在理論及作品設計考核成績，顯著優於對照組。另外，對兒童物理治療實習生的臨床教學，採用包括視聽資料、示範、實作擬真及教別人做之學習方式。研究結果顯示，可以提升整體的學習成效。（馬國華、王雲充、黃純政、陳怡君、吳至翔及吳姵錡，2017）另一研究也應用學習金字塔的觀念，採用「主動學習法」（active learning approaches, ALAs）來探究工程設計課程的學習效果。研究發現：實施主動學習法對工程設計的學習有明顯的加乘效果。（Al-Nasr, 2017）

　　甚至有研究者試圖驗證學習金字塔的學習效果。Lord（2007）在非科學主修的班級中教導學生解拼圖（puzzle）。他依照學習金字塔的層級，將學生區分為七組各12-13人，分別是：1.講述如何拼圖；2.閱讀拼

圖說明：3.講述加圖片；4.展示如何拼圖；5.給予拼圖去操作；6.給予拼圖小組學習；7.教導他人（一人先學會再教導其他人）。研究結果顯示與學習金字塔學習結果的數字頗為符合，如表2-2。

表2-2　不同學習層次拼圖學習結果回憶比率

學習層次	學習結果（%）
1.聽講	4-8
2.閱讀	6-10
3.看視聽影片	12-18
4.參觀展示	20-45
5.給拼圖獨立操作	45-65
6.小組學習	60-80
7.教導他人	80-98

資料來源：Lord, 2007.

　　上述是Lord以拼圖研究的結果，不能據此推論到一般的學習結果。不過，這顯示了學習金字塔也有幾分的事實根據，與我們的經驗印象雷同。因此，學習金字塔與學習保留比率表，廣為教師及學者所引用。

四、學習金字塔之應用

　　學習金字塔各層學習保留比率的數字，雖然沒有普遍的實證研究數據，上述Lord（2007）的研究僅是拼圖的學習。但提出來之後，普遍受到教師在教學上的廣泛應用，甚至進行研究。其原因是此學習金字塔層級，由上至下學習的累加效果，與我們的學習經驗或教師的教學經驗符合。

　　國內張輝誠（2015：64）老師和王政忠（2016：98）老師也用學習金字塔作為其翻轉學習的立論基礎。張輝誠的學思達教學步驟中，大都會進行小組討論，更要求學生口語表達出來；王政忠的MAPS教學步驟中，要求學生同儕鷹架（教導他人），以及口說發表。兩種教學法的要求都達到經驗金字塔中的「做」的層次，也是引導學生主動學習——

學生中心的教學。兩人在教學理念的陳述中，都強調翻轉課堂（flipped classroom）。他們的翻轉課堂，就是改變學校中普遍以教師為中心的教學，轉為以學生為中心的教學。

不過，經驗（學習）金字塔在教學上的應用，有幾點需要說明。

第一，並非經驗金字塔最上兩層的「口說・聽」和「文字・閱讀」學習效果不好。許多抽象概念或基本知識之學習，是以聽和閱讀開始。學生若在資質之上且用心學習，對抽象概念或知識的學習，透過閱讀和聽講也可有效地學習。作者過去在初中和師範專科時代，接受的國文科教學，即屬這種情形。教師在課堂上清楚有條理地逐字、逐詞解釋，並逐句、逐段精彩地講解，必要時輔以文本背景有趣地口頭補充，對課文大致都能理解。

不過，當時是經過篩選的中等以上資質學生，且教師講述清楚生動。目前在國民中小學常態編班情況下，此種教學方式，恐有一半以上學生無法學習。而且僅止於聽和閱讀的學習，學生的「口說・表達」和「寫作」明顯不足，無法培養學生的語文素養。

第二，觀察或被動的學習層級（靜畫到示範），也可轉變為主動或參與的學習。提供圖片、觀看影片、看展覽及參觀旅行，是一種「觀察・被動」的經驗。若在這些經驗提供前，教師提示觀看的重點和問題，觀看後要求學生討論和發表，就變成「做・主動」的經驗。

第三，提供越具體和真實經驗之學習，要與上層的抽象概念連結並統整，否則容易形成零碎的經驗或歡樂的活動。例如：在有關輔導、藝術人文或語文課程中，教師讓學生上臺表演「即興戲劇」。學生上臺前，教師應設定方向：人際溝通、激發創意、解決問題、口語表達、面對失敗或挫折的處理等，並提供該次表演的口語基礎訓練。否則，表演完後，學生不知道學了什麼，或僅止於歡樂遊戲。

第四，教學上應提供學生完整的經驗，並引導學生主動學習。從經驗金字塔來看，學生的學習是綜合多種感官的學習，必須耳、眼、口、手、身全到，並從被動訊息提供到主動涉入的學習。有諺語云：「告訴我，我會忘；教導我，我會學；讓我涉入，我就記住了！」被動的學習，大都為訊息直接傳遞與被動的接受，容易忘記；主動的學習，則涉入情境中並要說出和實作，印象深刻記得牢。

第二節　直接教學與間接教學

　　上述經驗金字塔將學習者獲取經驗，從抽象到具體區分為三層：思考、觀察及做。越趨上層，學習者獲取經驗越趨被動；越往下層，學習者獲取經驗越趨主動。前者一般稱為直接教學，後者為間接教學。

　　有關教學的類型區分，Borich（2011）從學習結果類型來區分，他認為學習結果有兩類：一是事實、規則及行動程序；二是原則、模式及抽象觀念（p. 220）。因此，教導知識的獲得，包括事實、規則及行動程序，稱為直接教學（direct instruction）；而教導探究和問題解決，包括概念、模式及抽象，稱為間接教學（indirect instruction）（p. 223）。前者偏向認知、技能及情意基礎層次的學習，如記憶、理解及應用層次的事實、概念及程序知識；後者則偏向高層次的學習，如分析、評鑑、創造及品格形成。

　　從另一觀點，也有學者主張把學習區分為兩種：簡單學習與深度學習（deeper learning）。前者是機械式學習或步驟式學習。深度學習則為有意義、多面向及複雜性的學習，並具有可應用與轉移，以及基於先前經驗、個性化需求、社會互動與協作及情境化學習之特點。（李俊湖，2020：226-227）

　　也有將教學類型分為直接（explicit）教學和領悟（understanding）教學（李詠吟、單文經，1995：345）。然而教學類型若區分為兩類，則直接教學另一相對的類型應是間接教學，這樣的區分比較符合邏輯關係。以下敘述直接教學和間接教學。

一、直接教學

　　教師的任務在引導學生獲得認知、技能及態度。在認知、技能及情意基礎層次的學習，如事實、概念及程序知識的記憶、理解及應用，技能的認識及熟練，以及價值的認識與理解等。教師傾向以提供學生文字資料（教科書）閱讀，並以口頭講解，輔以展示、示範，引導學生練習等，將知識技能以原本的形態傳遞給學生的過程，稱為直接教學。

　　直接教學也稱解釋教學或教誨式教學（expository or didactic teaching）。此種教學，教師是主要的資訊提供者，故稱教師中心教學。

教師的角色在於盡可能採最直接的方式，傳遞學生事實、規則或程序性知識。具體作法，係採解釋說明、舉例示範等演講式教學，並提供學生練習與回饋的機會。（王文科，2007：377；丘立崗主譯，2006：540；周新富，2019：295）

　　直接教學有其限制，但在學校教學整體上扮演重要角色。（Joyce, Weil, & Calhoun, 2015: 340）直接教學是有班級教學以來，教師在日常的教學活動中演繹而來，成為一種傳統的或約定俗成的教學類型，而有一定的效果。過去占據教學大部分時間，未來還是扮演教學重要的角色。五十多年前（1967-1969）作者在初中的國文、數學、歷史、理化等課堂學習中，教師的教學大抵是：講述解釋、舉例說明、示範練習、作業或考試……歷程。而在2013-2015年臺中市校務評鑑期間，作者觀察教師的班級教學，直接教學仍占班級教學主要部分。不同的是，過程中教師有提問、運用PPT呈現圖片、影音等；也有運用小組討論、分享、表演等學生涉入的學習活動。因此，一節課中不全然都採直接教學策略，而有穿插一些間接教學策略。

(一)直接教學的運用時機

　　運用直接教學在適當時機，可教導適切的教材，以達成合適的教學目標或功能。下列情況是直接教學運用的時機。（Borich, 2011: 226）

1. 要將基礎教材有組織地傳遞給學生時

　　當教師要教導記憶、理解、應用等基礎層次的認知，如事實、概念、原則、程序性知識等單元教材，可採直接教學。且教師可依據自身對單元教材組織的架構，依序講解陳述給學生。這種教學策略，可快速地提供學生有組織的基礎層次教材。

2. 要激發學生的動機與興趣時

　　教學開始要引導學生專注於學習內容，通常會先引起動機並陳述學習目標與學習重點。若學生對教材覺得乏味或認為不重要，教師就要補充有趣的材料，並陳述學習內容對未來教材學習的關聯性，以及在生活上的實用性。這些都須教師生動的直接教學策略。

3. 要學生精熟或過度學習基礎教材時

在各學科中，都有重要的基礎知識，學生必須精熟，甚至過度學習。如數學的分數加減乘除。教師必須在課堂時間，引導學生主動練習。在陳述教材內容後，立即提供練習並加以回饋，再提供額外練習與回饋。多次練習與回饋，學生較能精熟教材內容。

4. 教師要能掌控教學節奏時

在直接教學的過程，主要是以教師為中心的講解與說明。簡單的教材，進行速度快；較難的部分，則會詳細解釋、舉例說明或提供練習，進行速度較慢。整個教學節奏的快慢，都在教師的控制中。

(二)直接教學的過程

直接教學是教學類型二分法之一，與間接教學對應。如前所述，直接教學是長久以來教師的日常教學中，形成一種可遵循的教學步驟，稱為直接教學法。不過，此教學法與國語科的直接教學法並不同。國語科的「直接教學法」是指在語言的教學過程中，教師以學生學習的目標語言，來教導學生學習該語言；即用國語來解說和傳授國語，用英語來解說和傳授英語，不借助其他語言來翻譯。（何澍，2000b；許學仁，1996）

不同的教科書或學者，所提的直接教學法步驟不盡相同。（王文科，2007：378-380；丘立崗主譯，2006：550-562；沈翠蓮，2001：276-282；周新富，2019：302-307；Borich, 2011: 225; Estes, Mintz, & Gunter, 2011: 66-75; Joyce, Weil, & Calhoun, 2015: 348; Rosenshine, 1986）。閱覽直接教學法，其中以周新富、Borich、Rosenshine及Estes等人的步驟較完整相似。作者綜合歸納直接教學法為七個步驟，說明如下：

1. 每日複習

上課開始先花5-8分鐘複習上次所教內容，並檢查家庭作業或測驗。若發現學生尚有不瞭解，或有共同的錯誤，則用不同方式再教學一次。

2.陳述教學目標與重點

　　引發學生的注意（引起動機），並告知學習目標，讓學生對學習結果有所期待，必要時喚起學生的舊經驗。讓學生進入準備學習狀態，即在心理上和起點行為已準備就緒，可進行學習。

3.呈現新教材

　　進入新教材的教學，先提供概覽課文重點。接著以細緻的步驟呈現教材內容，一次聚焦一個重點（或技能），逐步引導並提供視覺化的圖示和詳細的說明。過程中檢視學生的瞭解情形。

4.引導練習

　　教師依據教材內容充分提問，並讓學生共同練習；在開始學習之初提供適切的提示。所有學生都有機會對問題或練習做反應，並得到回饋；讓教師能檢視學生的瞭解情形，進而評量學生的學習反應。持續練習直到學生有穩定的正確反應，期望有80%以上的學習成功率。

5.回饋與訂正

　　學生的回答或練習是正確的但顯得遲疑，應給予肯定回饋以生信心；若學生的回答或練習為錯誤，應指出錯誤所在並提供正確的要領；若回答或練習反應是正確的，則給予讚美或肯定，以增強其行為。對於錯誤的訂正，可透過簡化問題、給予線索、解釋、複習教學步驟、重教前一步驟等。必要時，細化教學步驟重教一次。

6.獨立練習

　　在課堂中提供獨立練習，運用過度練習以達整體熟練和自動化程度；確認能應用所學或熟練技能；期望達到95%以上的正確率。若課堂時間不足，則指定家庭作業，俟下次上課時再檢視學習成果。

7.每週、每月複習

　　每週或每月複習所教內容，必要時再教一次。或許可每週一複習上週所教的內容；每月第四個週五複習本月所教的內容。

二、間接教學

　　教師的任務在引導學生獲得認知、技能及態度。如前所述，認知、技能及情意基礎層次的教導偏向直接教學。因此，間接教學是指在認知、技能及情意較高層次的學習，如認知學習的分析、評鑑、創造，技能學習的調適與創新，以及價值組織與品格形成，教師無法僅以口頭講述直接告知學生，必須引導學生從所提供的資料、情境或其他資訊中，主動涉入並透過各種途徑學習，以形成結論和獲得新知或經驗。簡言之，間接教學是指在認知、技能及情意較高層次的學習，教師不直接告知學生，而引導學生主動探究以獲結論。（沈翠蓮，2001：56）

　　從邏輯上講，間接教學是對應直接教學而來。因此，泛指直接教學以外的教學方式皆可視為間接教學。因此，間接教學範圍很廣，有時稱為策略，如翻轉課堂策略、同儕教導策略等；有時形成一種教學方法，如問題解決教學法、合作學習教學法等。Borich（2011: 264）在對照直接教學後，指出間接教學策略有六種。原書列了七種，但第三種「運用正例和非正例」是概念探究活動的一部分。

(一)內容組織

　　對於簡單或複雜的教材有不同的組織方式。複雜而抽象的教材，須安排出順序和整體架構。對即將學習的教材或概念，應提出學習內容上一層概念，以顯示學習內容與上層概念的關聯，形成有意義的架構，如同Ausubel的前導組體（advance organizer）。

(二)概念探究活動

　　概念的探究有演繹式和歸納式。教師或學生必須蒐集很多例子，一則推理演繹以驗證其假設而獲得類化，一則分析共同特徵以歸納出概念。在過程中教師或學生須提出正例和非正例作區辨，作為驗證和歸納的材料。

(三)問題探究

　　在直接教學中，問題的答案較確定，可以從教材中找到。而在間接教學中所提的問題是擴散性（水平式）的問題、啟發性的問題、創造性的問

題等沒有一定的答案。主要是在探究過程中，培養學生系統思考與問題解決的能力（素養2）。

(四)用學生經驗與想法

在教學中，運用學生的經驗與想法，可增強學生的興趣和參與。在問題探究中，教師可鼓勵學生用自己的經驗作例子來建構意義；以自己所知的事物來說明或分析問題性質；分享自己的想法與觀點來匯集更多及有效的策略。這樣的過程，促使學生更為主動，涉入學習的程度越深。

(五)生自我評鑑

在基礎層次的直接教學中，正確答案固定且大都來自教材。在較高層次的學習中，答案的可能性有很多，學生需要自己評斷自己的回答，說出理由，以對自己的學習負責。有時對問題正確（或最適）答案的探究，可讓學生共同討論評斷以獲致正確（或最佳）的答案。如此學生就可逐步參與學習評鑑。

(六)小組討論活動

討論活動在經驗金字塔中是「做」的層次，是一種主動學習。在講述教學中，課堂的焦點為老師，學生為被動吸收資訊。在小組討論的教學中，課堂的焦點為各小組的發表者，小組每一成員為準備接續發表而聚焦聆聽，並組織自己的觀點。因此，小組討論不僅是深度學習教材內容，且透過小組討論和表達，也是培養學生團隊合作（素養8）與溝通表達（素養4）的素養。

就學習的觀點言，要學生獲得高層次的認知學習，如分析、評鑑及創造，教師必須先讓學生具備基礎知識，再提供相關的訊息、案例或情境，並在師生或同儕互動中進行學習。

又如要培養學生的態度與習慣，如遵守交通規則，講解並閱讀或觀看交通規則的圖片、影片，僅能有交通規則「知識」的學習。至於態度與習慣的培養，應進一步安排討論、發表、經驗分享等活動；甚至是示範、演練、角色扮演，以及日常生活實踐的觀察與紀錄。

三、教學上的運用

　　教學概略區分為直接和間接教學。也許讀者就會問：「直接教學和間接教學何者較有效？」教育界或教師也許會直覺認為，間接教學應比直接教學有效。因為教育界過去到現在，經常推動或強調，以學生為中心的有效教學、翻轉課堂等教學策略。也有國外學者歸納「直接教學」與「領悟教學（間接教學）」教學效果的研究文獻：直接教學（13筆文獻）的效果有0.55、間接教學（20筆文獻）的效果有0.71。（引自李詠吟、單文經，1995：345）此文獻顯示間接教學效果優於直接教學。然而，這是概括性的比較，並未描述是何種性質或類型的學習效果。本小節說明有關直接與間接教學之研究，再陳述其在教學的運用。

(一)直接教學的研究

　　就閱覽的文獻，有幾篇以直接教學運用在特殊教育學生，探討基礎認知層次的學習，都顯示其效果。例如：可提升國小智能障礙學生性騷擾防治知能的學習成效（何素華、黃德州，2009）；對二年級識字困難學生，在識字與造句的學習表現有明顯進步（宣崇慧、盧台華，2010）；對國中學習障礙學生英語字彙學習有立即成效和保留成效（陳漪真、佘永吉，2018）；對國中英語學習落後的學生，直接教學組的瞬識字認讀和字母拼讀能力之進步，顯著地高於原本教學組的學生（曾世杰、陳瑋婷、陳淑麗，2013）。這些是特殊教育學生在認知領域基礎層次學習，所顯現的效果。

　　另外，有一項研究，探討二語（中英）詞彙學習中元（後設）認知的直接教學，對詞彙學習的效果。此研究以兩班初中（國中）生為對象，實驗組實施後設認知策略的直接教學，控制組為後設認知策略的一般教學。研究結果顯示：經過十週的後設認知策略直接教學，對學生在中英詞彙學習的促進作用非常顯著。（余中榮、劉志慧，2005）此研究的直接教學是採用「認知成就的語言學習策略」（The Cognitive Academic Language Learning Approach, CALLA）的五個步驟：準備、呈現教材、練習、評量回饋及遷移應用，與本節的直接教學步驟接近。（任慶儀，2019：16-17）

(二)直接與間接教學的研究

　　在直接教學與其他（間接）教學的比較，大都是有關健康與體育的研究，結果顯示間接教學比直接教學效果好。如，羅玉枝（2008）探討不同教學法對高中生的籃球競賽活動之批判思考，研究結果顯示：合作學習教學法的學生在籃球競賽的假設辨認、歸納與批判思考的成績顯著高於直接教學法的學生。廖宏勳、黃美瑤（2009）以高二學生兩班實施問題導向與直接教學，研究結果發現：問題導向教學比直接教學更能有效提升學生的身體活動量。陳光紫、曾瑞成（2017）的研究結果也顯示：問題導向學習（PBL）在桌球正手平擊發球、學習動機及學習態度之學習表現，顯著地優於直接教學組。另外，有一項對六至八年級學生的學習動機和學習投入研究，比較專題本位學習（project-based learning）和直接教學的差異，結果顯示：專題本位學習的學生在學習動機和學習投入均顯著高於直接教學的學生。（Carrabba, & Farmer, 2018）

　　上述的研究中，批判思考是認知領域較高層次的學習，因此合作學習教學優於直接教學；而學習動機、學習態度、身體活動與學習投入（行為習慣）是態度中較高層次的養成，因而顯現問題導向教學優於直接教學。若是較低認知層次的學習，其結果可能不同。周建智、黃美瑤、蘇晏揚（2009）探討直接教學法與專題導向教學法對健康體適能認知之比較，結果發現：兩者皆能顯著地提升學生健康體適能認知測驗（記憶理解）的成績；但在這兩種教學法下，學生的成績差異並不顯著。此研究顯示在認知領域基礎層次的學習，專題導向教學與直接教學並沒有差異。

　　從以上的研究，大略可看出：在認知領域較高層次的學習，以及態度和行為的養成，間接教學比直接教學有效；在認知領域基礎層次的學習，直接教學有其效果，間接教學與直接教學就沒有明顯的差異。

(三)直接與間接教學的運用

　　分析相關研究後。回到先前的問題：「直接教學和間接教學何者較有效？」這樣的問題，應先問「有效」是指什麼？或者要問：「是指對何種學習層次或何種性質的學習有效？」從理論上言，直接教學對事實、概念及程序知識的記憶、理解及應用之學習，以及技能的認知與熟練，有其功

效。而較高層次的學習，如分析、評鑑、創造及品格形成，則須較複雜的間接教學策略。

　　長久以來的學校教育，直接教學有其重要的角色，作者認為有三個主要原因。

　　第一，認知、情意及技能的基礎層次的學習與熟練，是學生在學校學習的基礎。這部分比較需要直接教學的講述、說明、示範、練習等，且應當讓學生有80%-95%的精熟，直接教學扮演重要的角色。

　　第二，直接教學（講述）的運用有其價值。直接教學主要以教師講述方式呈現。講述教學的價值有三：一是便利性，在大部分時間，任何場地都可運用。二是經濟性，包括人員較少、教學設備與耗材不多、場地簡單，因此所需經費較省。三是省時，講述僅須講解、說明、舉例、練習等，教師能掌握整個教學節奏；若改以討論、問題探究、建構教學，就需要較多時間，且時間較不能掌控。

　　第三，可將教材有組織、有系統地傳遞給學生。教師對教材若有充分的掌握和準備，則教師傳遞給學生的單元教材，就會有組織、有條理。

　　另一項直接教學角色重要的原因是評量與測驗。學校對學生的學習成效評量，以及升學的會考和學測，若偏向認知基礎層次的紙筆測驗，則更顯直接教學角色在學校教學中的重要性。

　　學校的教學若太偏重直接教學，則不符教育的理想與價值。學生在學校的學習，不僅止於認知、情意及技能基礎層次的學習，更重要的是「帶著走的能力」或「核心素養的培養」。因此，在教學上要運用各種間接教學策略與方法，來培養學生較高層次的認知與素養學習。

　　例如：在九年一貫課綱和十二年基本教育課綱，都強調「解決問題或問題解決」。學生須先具備學科的基礎知識，並認識問題解決的過程與方法。這些基礎工作可運用直接教學方式來達成，當然也可運用自學、探究或討論獲得這些知識。但要培養學生的解決問題的素養，則必須找到待解決的問題，讓學生實際去搜尋、調查、實驗等，取得足夠的訊息，以演繹或歸納推理來解決問題。若要培養學生團隊合作解決問題的素養，則還要設計小組合作學習的情境，在團隊協作情形下解決問題。這種情況下，必須運用多種的間接教學策略或方法，始能達成。

第三節　教學策略、方法及原則

　　前一節將教學概略區分為直接教學和間接教學兩種類型，在此兩種類型之下包含很多的教學策略與方法。教師在教學過程中，可能會混合運用多種教學策略和不同教學方法。另外，教師在教學過程中一些例行的活動，如引起動機，則為教學基本原則——準備原則的運用。本節先說明教學策略與方法是什麼，再介紹幾項重要的教學原則。

一、教學策略與方法

(一)教學策略的意義

　　策略（strategy）是如何達到目的之最佳途徑或手段的指導。而教學策略（strategies of teaching），有的認為是指為協助學習者達成每個教學目標的詳細計畫（陳李綢，2000a）。這樣的解釋是把「策略」解釋為「是一種計畫」。當然，為達到目標的行動方案，具體形諸文字，也是一種計畫。有認為教學策略泛指教師運用提供教材的方法、程序及技術，以達成有效的成果而言。（王文科，2007：376）這樣的解釋是指教材如何有效傳遞至學習者，它包含了傳遞教材的方法、程序及技術。因此，策略應當強調方法、程序、技術之有效性，但也應顧慮適切性，達到最佳化。

　　就此分析，作者認為教學策略是指：「教師決定要達成某種學習目標，思考運用何種資源和最佳的手段，以促進學習者達到預期的學習目標。」分析這樣的解釋有幾層意義：第一，策略泛指教師運用的手段（或途徑），而且應是最佳的，包含有效和適切。第二，策略的運用也包含何種資源及如何運用，如王文科定義中的「運用提供教材的……」。第三，策略的運用包含合適目標的設定，例如：從不會到會——不敢開口說英語到與同學自在說英語；從識字量1500-2400；成績從50-75分等。在企業中，策略的目標設定很明確，從A到B，A可能是目前的銷售量，B是要達成的銷售量。

　　例如：要四年級學生的識字量，從原本的識字量1500個字提高到2400個字，教師運用線上自學策略——電腦線上學習和測驗，並由參與

同學及教師或家長檢核學習情形。此策略的目標很明確是2400個字，途徑是自學方式，資源是線上學習系統，而此策略很重要的是督促與檢核機制，包含檢核者、過程及增強機制等。

又如，要讓學生體諒和感恩父母，教師運用觀察和體驗策略：首先，觀察記錄「父母為我做的事」活動，並要求學生週日「做一至三件家事」並記下體會。其次，隔週上課在班級小組或全班面前分享心得和體會。此策略的目標A和B不是很明確，僅靠教師和家長的觀察與感覺，途徑是觀察紀錄和體驗，不必有什麼資源，但過程的督促和結果的檢核與分享是關鍵。

從上面教學策略意義的分析和舉例，可以瞭解到教學策略包含廣泛，且有很多創新的可能性。

(二)教學方法與策略的區別

至於「教學方法」與「教學策略」兩個語詞，如何區分？有人將兩者視為同義詞。如陳李綢（2000a）在解釋「教學策略」詞條時指出：「在教法上，一般將教學策略視為與教學法的同義字，是教材和學習者之間轉達訊息的媒介。」若兩個語詞是同義，則我們在文章的陳述時，僅須選「教學方法」或「教學策略」兩者之一或交替使用，不必兩個語詞並用。

在討論教學的書籍或文章中，經常可看到「教學方法與策略」或「教學策略與方法」，將「方法」與「策略」兩個語詞並用。例如：「教師應適當運用多元教學『方法』與『策略』」（中華民國教師專業標準指引：指標4-1說明），這表示教師在「教學方法」之外，還要運用「不屬於教學方法」的「教學策略」。又如黃光雄主編（1990）的《教學原理》一書，在情意領域的「教學方法與策略」中，介紹「道德討論教學法」等五種方法之外，又加上「情意領域的教學策略」。從這樣語詞運用的意義中顯示：在教學專業中，「教學策略」與「教學方法」是可區分的，且並列為教師教學實施的依據。

基於此，本書將區分教學方法和教學策略。教學策略的意義如本節前面所述：「教師決定要達成某種學習目標，思考運用何種資源和最佳的手段，以促進學習者達到預期的學習目標。」教學方法除上述內涵之外，作者認為教學方法還有兩項主要內涵：一是有明確且固定的教學步驟貫串整

個單元（課）；二是步驟中有特定的要素、機制及準備。

　　第一，有明確且固定的教學步驟。此步驟是教師、研究者、實驗團隊經過多年的教學試驗與修改，所獲得最後的具體可行步驟。如合作學習教學法的學生小組成就區分法有五個步驟（參見合作學習教學法）、MAPS教學法有九個步驟（參見MAPS教學法）。不過，這並不意味著某一教學法的步驟固定後絕不能改變。原則上教學步驟有其邏輯系統的順序，但教師可因教材與學生特性增減其步驟，或將步驟再細化。這是老師的教學經驗與藝術的顯現。

　　第二，步驟中有特定的要素、機制及準備。例如：精熟學習教學和MAPS教學都訂有精熟的標準（要素）；合作學習、MAPS及學思達在教學前要將學生做異質分組（要素），且學生對此種教學要有某種認知與心理的準備（要素）。合作學習教學、MAPS教學、學思達教學等，都有計算進步分數、獎勵或轉為平時成績的設計（機制）。教學方法的步驟中，也須有特定的準備，如精熟學習教學法、合作學習教學等，須準備各單元的題庫以製作單元評量試卷；概念獲得教學則必須準備有關概念的許多正例和非正例；學思達教學和MAPS教學，教師製作講義的準備更多。其實教師的日常教學，或宣稱運用某種教學方法或策略，配合教學的程序（或步驟）多少都必須準備。

　　學者方炳林（2005：2）歸納教學法的意義為：一種有目的、有系統的步驟，教師用以刺激、指導、鼓勵學生自動學習，以達成教學目標。此定義顯示「系統步驟」的內涵，而如何「刺激、指導、鼓勵及自動學習」則須有規範的要素和機制的設計。

　　另外，有些書本或論文會以「教學模式」（model of teaching）一詞取代教學方法，或者交替使用。例如：王財印、吳百祿及周新富（2009）的《教學原理》第四篇介紹「教學模式」內容有五種「教學方法」，此時兩者似乎是同義詞；張玉山（2000）指出科技創造力教學模式有三階段十一個步驟，此教學模式也可視為教學方法。國外學者Joyce, Weil及Calhoun（2015）有關教學的著作書名為《教學模式》（*Models of teaching*），而內容介紹教學方法也常以「模式」為名稱，如「探究訓練模式」（The inquiry training model）。本書將統一以「教學方法」為名稱。

(三)教學方法與策略的內容

　　將教學方法與教學策略加以區分後，接著會問：教學方法與教學策略有哪些？在討論教學方法時，有的學者會將它們分類。例如：區分為三類：認知領域、情意領域及技能領域的教學方法與策略（黃光雄主編，1990）；有的區分為五類：思考啟發取向、情意陶冶取向、實作取向、合作取向及個別化取向的教學方法（黃政傑主編，1997）；Joyce, Weil及Calhoun（2015）將教學方法也分為五類，不過與國內學者的區分很不相同，包括：基本訊息處理、特別目的訊息處理、社會家族（social family）、個人家族（personal family）及行為家族（behavioral family）的教學方法（該書稱model）。

　　本書看待教學方法之分類，偏向參考黃政傑（1997）的觀點，將教學方法區分為六類：思考取向、情意取向、實作取向、社會取向、個別化取向及創新取向，每類介紹二至四種教學方法。這樣的分類事實上彼此有重疊之處，例如：社會取向的合作學習教學也須思考討論；創新取向的學思達教學，也有合作和思考的內容。如此的分類是強調其社會取向和創新的性質。

　　在教學策略方面，範圍很廣，種類很多，若要分類更形困難。然而學者難免要對教學策略列舉介紹或分類。例如：沈翠蓮（2001）將教學策略分成兩群，直接教學和間接教學。直接教學策略有講述教學、示範教學、作業活動；間接教學策略有前導組體、歸納和演繹、正例和非正例、探究質問、團體討論（54-62頁）。將教學策略區分為：直接教學和間接教學，在邏輯上很周延；但會形成間接教學策略範圍廣且多種，直接教學策略就狹窄且侷限性。

　　一般教學原理的書，大都有介紹一些教學策略。例如：張清濱（2020）列舉介紹教學策略有：發問、小班教學、適性發展及班級經營四大策略（236-265頁）。王財印、吳百祿及周新富（2009）則介紹五類教學策略，包括引起學習動機、講述教學、發問技巧、班級經營及教學媒體應用（115-209頁）。上述的策略中，有的應屬教學技巧，如引起動機、講述、發問；有的範圍太大，如小班教學；有的可視為教學方法，如歸納和演繹式概念獲得教學法（沈翠蓮，2001：395-397；Borich, 2011: 277; Estes, Mintz, & Gunter, 2011: 88-93; Joyce, Weil, & Calhoun, 2015:

141）。本書僅介紹若干個別化教學策略（第八章）。

二、教學原則

在教學上，教師除運用教學方法和教學策略外，還須依據一些基本的準則或規範，來擬定教學計畫和進行教學活動，不管是過去或現在，仍然是重要且應遵循的法則，稱為教學原則。這些教學原則是基於某種學習理論、教學理論、或教育理念所衍生的法則。（何澍，2000a）

閱覽學者對教學原則的介紹。方炳林（2005）是較早期的學者，他提出常用的七項教學原則：準備、類化、自動、興趣、個別適應、社會化及熟練。李祖壽（1980：25-42）將教學「基本原理」分為三大原則二十八項要求，三大原則是：心理化、科學化及社會化；其中比較特殊的是在科學化原則指出教師應做記錄保存工作，以為後續教學之應用。高廣孚（1988：207-256）用兩章篇幅介紹八項教學原則，在方炳林的七項原則外，增加同時學習原則。何澍（2000a）介紹了八項教學原則，內容與高廣孚所介紹相同。張清濱（2020：170-175）介紹十項教學原則，除上述八項外，多了增強原則和接近原則兩項。徐南號（1996）介紹六項學習原則和五項教學原則，不過都可視為教學原則；其中與前述不同的有思考原則、系統化原則、視聽做原則及評鑑原則。

作者閱覽這些教學原則或要求，歸納為十項教學原則：準備原則、興趣原則、自學原則、熟練原則、增強原則、類化原則、個別適應原則、同時學習原則、社會化原則及記錄與反省原則。茲依序簡單說明如下：

(一)準備原則

準備原則（readiness principle）指學生在學習前的預備就緒狀態，包含心理的準備和學習的準備。心理的準備是指學生要有學習動機。若學生缺乏學習動機，教師要設法加以引導。通常在單元教學一週（或一天）前，教師會提出與單元有關的問題、案例等，讓學生思考以引起動機；或者在上課開始運用動機技巧，引導學生進入學習狀態。

學習的準備是指學生要具備學習單元的「起點行為」—— 先備知識、經驗及技能。若學生未具備學習單元的起點行為，教師要設法加以補

足；否則長期下來學習落後的差距加大，成為「班級的客人」。此準備原則意涵與E. L. Thorndike（桑代克）（1874-1949）學習三律之一的「準備律」相同。其他為練習律和效果律。

　　準備原則也包含教師的準備工作，包括教材組織、講義製作、問題設計、補充材料、教學媒體、實驗器材、評量試題等之準備。教師準備越充分，教學的節奏越順利。

(二)興趣原則

　　興趣是持續追求事物的內在心理動力狀態，是成功的必要條件。興趣原則（interest principle）指學生對領域或科目有持續學習的內在心理驅力。學生若對教材有興趣，教師的教學則事半功倍；反之，事倍功半，師生都會感覺倦怠。學生的興趣可能源自先天的智力傾向，如數學、音樂天分好，對數學、音樂的學習興趣就比較高。這種興趣傾向先天的與自發的，是William H. Kilpatrick（克伯屈）（1871-1965）所謂之直接的興趣。另一項是間接的興趣，即努力的興趣。（高廣孚，1988：225）教師的重要任務是帶出學生間接的興趣。這需要教師在教學過程中運用各種教學方法、策略及技巧，激發學生學習的興趣，並引導學生在學習過程中獲得成就而產生樂趣，即由後天的努力產生興趣。例如：學生對數學不會、沒有興趣，教師運用遊戲或桌遊，讓學生在遊戲中學習數學。久之，學會了數學，不再討厭數學，進而喜歡數學。

(三)自學原則

　　自學原則也稱自動原則。「自動」與「被動」相對，意謂自己主動。自學原則（self-learning principle）即自己主動學習，指學生自己產生學習的欲望，能夠主動學習新知、探求問題等，不必靠外在的增強，也不必教師或他人的督促。學生在幼年學習階段，尚未形成內在學習驅力，必須靠教師外在的增強或提供各種誘因，引導學生學習。隨著年紀的成熟和學習的進展，教師應逐漸取消外在增強或誘因，引導學生從學習成功率中形成內在的學習動機。學生在學習新的領域或困難的學科，也是如此。

(四)熟練原則

熟練原則（mastery principle）是指學生對教材內容的學習要達到精熟的程度。在基本知識的學習，如語文識字、書寫、聽說，數學的計算，科學儀器操作等，需要達到精熟的程度；藝能科的音樂、繪畫、體育、舞蹈等技能，更要達到熟能生巧，甚至於創造的層次。

熟練原則源自Thorndike學習的「練習律」。Thorndike認為學習者練習次數越多，越能達到熟練階段。（張清濱，2020：173）。此外，練習律還特別強調應用性、接近性及相似情境之練習，效果會較好。（李祖壽，1980：28）

H. L. Morrison（莫禮生）（1871-1945）提出熟練原則，認為學生的學習須達到純熟的程度，才算達到教學目的。他的熟練原則是：學前測驗→教學→測驗→調整教學→再教學→再測驗→直至熟練為止。（李祖壽，1980：33；林寶山，1988：26-27）這也是精熟學習教學和個別化（差異化）教學的歷程。而技能的熟練也依循此原則：教學→教師示範→練習→回饋修正→再練習→學生觀摩與修正→再練習。單一技能的練習可依此直線式進行，技能到表演或比賽層次的練習，更形複雜且花時間。

(五)增強原則

增強原則（reinforcement principle）指學習者有正確的反應或好的表現，教師給予學習者喜好的增強物或移除嫌惡的增強物。這是行為學派操作制約「增強作用」的運用。對學習者言，喜好的增強物如糖果、文具、口頭讚美、記優點、加分、表揚等；嫌惡的增強物如體罰、口頭斥責、禁止下課（活動）、取消優點、記警告等。教師在教學及班級管理上的操作方式有給予和移除。因此，增強原則之運用有四種方式：(1)當學生有好的表現，則給予喜好的刺激，這是操作制約的正增強，與獎勵相同。(2)學生作業拖延須於下課補寫（禁止下課），於是認真寫完，則移除嫌惡刺激，這是操作制約的負增強。(3)學生於校內以肢體攻擊同學嚴重，教師口頭斥責且學校給予記警告，這是教育上常用的懲罰。(4)學生在打躲避球故意違規嚴重，教師請他到「死球區」（比賽區外）之教師視線內「反省」，這是「隔離」或稱「剝奪式懲罰」。（張春興，1996：185-186）其運用方式如表2-3。

表2-3　增強物性質與操作方式

操作方式＼增強物性質	喜歡	嫌惡
給予	好行為 （正增強）	禁止行為 （懲罰）
取消	禁止行為 （隔離、剝奪式懲罰）	好行為 （負增強）

(六)類化原則

類化原則（principle of generalization）指學習者將所學的概念或技能連結到性質相近的事物或情境，這是行為學派學習類化現象的運用。例如：學生學會兩位數的加減，也會做三位數的加減；教師介紹修辭的「明喻」——目光如炬，學生則舉出「月亮似銀盤」；學生學會了躲避球，將技巧應用在手球上。這些都是學生依據先前所學的概念或經驗，類化應用到新的情境。因此，類化作用也是一種學習遷移。有時候孩童認識了「蘋果—紅色的」，看到了水蜜桃也稱為蘋果。孩童是運用了類化原則。這時需要指導孩童對蘋果和水蜜桃加以「辨別」——嗅覺、觸覺、形狀細節等，最後實際吃吃看——味覺，就能加以區分了。因此，在學習上，辨別與類化同等重要。

(七)個別適應原則

個別適應原則（principle of individual adaption）指教師應認識學生的智力和非智力的個別差異，在教學上運用個別化教學策略或調整教材，讓學生獲得適合其能力與個性的學習。這也是孔子的因材施教理念。班級學生在學習能力、先備知識、家庭環境、文化背景等難免有差異，因此「教師依據學生學習特性之差異，彈性調整教學設計、教材內容、教學進度與教學活動。」（中華民國教師專業標準3-2指標說明，教育部，2016a）針對學生這些差異，教師需要運用各種個別化教學方法和策略。

（參閱第八章第一節）

(八)同時學習原則

同時學習原則（principle of simultaneous learning）指學生在一時間內從教師課堂中所獲得之學習是多方面的，包括認知、技能及情意。同時學習是W. H. Kilpatrick（克伯屈）（1871-1965）提出的概念。她認為教師的教學通常包含三種學習，即主學習（primary learning）、副學習（associate learning）及附學習（concomitant learning）（也稱輔學習）。主學習指單元教材的內容，包括知識和技能；副學習指與單元教材相關之其他領域的知識或技能；輔學習指與單元教材相關的情意部分，包括態度、價值觀念、品德等。（李祖壽，1980：34；高廣孚，1988：252-254；張清濱，2020：175）例如：教導〈今夜看螢去—南方朔〉（康軒國文一下2020版）一文，教師應教導本課的作者、字詞、詩句、賞析、寫作手法等，為主學習；其次引導學生認識螢火蟲及其生態為副學習；第三，引導學生喜歡欣賞螢火蟲、喜歡野外、愛護生態環境等，為輔學習。

同時學習原則另一項含意是：教師教學不僅止於知識傳遞，而有多重任務。韓愈〈師說〉一文提到：「師者，所以傳道、授業、解惑也。」授業和解惑是知識的傳遞為經師，傳道是為人處事的啟發為人師，且韓愈把傳道擺第一位。

美國的「全國專業教學標準委員會」（National Board for Professional Teaching Standards, NBPTS）在優秀教師五項核心主張（Five Core Propositions）中指出：「老師的使命不僅止於培養學生的認知能力。」（1-4）強調教師應致力於學生性格的發展，以為成功的未來做好準備。（NBPTS, 2016）另外，十二年課綱強調核心素養——兼重知識、能力及態度的培養。這些都是同時學習原則的應用。

(九)社會化原則

社會化原則（socialized principle）是指教師的教學應充分運用學生群體以發展學生的群性。學校內學生群體有多種組織方式，包括班級內小

組、班級群體、學年（學科）群體及全校群體。班級是一小型社會，教師應將班級組織起來，安排既競爭又合作的小組或團體學習情境。透過這種小組或團體的情境進行教學，可發展學生的群性，包括人際關係、團體觀念、民主素養、合作素養、社會規範等。十二年課綱核心素養之一「人際關係與團隊合作」之培養，學校與教師須充分運用社會化原則。

　　《禮記・學記》云：「獨學而無友，則孤陋而寡聞。」的確，學生在校的學習需要友伴，可相互模仿學習與分享經驗，在人際上比較有歸屬感和相互肯定。而且在小組合作學習教學中以及同儕的協助，也可提升雙方學生的認知學習。有關社會取向的教學請參閱第七章。

(十)記錄與反省原則

　　記錄與反省原則（principle of recording and reflection）是指教師應保存自己的講義和教學資源，並記下教學日誌或教學札記、學生表現等，累積成自己的教學檔案，並據此自我省思教學，以調整教學。教學檔案、教學札記等是教師專業成長重要的途徑，藉此可調整教師的課程與教學設計、教學方法、學生輔導等。生涯中有教學省思可累積教師的經驗和智慧，十年後變成有「十年經驗」的專家教師，而不是十個「一年經驗」的教師。

　　然而，教師教學、帶班、行政等工作忙碌，無法做此記錄。事實上，教學日誌可僅對重要的教學事件做記錄，可每日或每單元記錄。教學札記可採主題式教學札記（吳和堂，2003），例如：初次嘗試合作學習教學法之情形、學生對「異分母分數加減」單元（康軒數學國小五上）之學習產生困難等。

貳　教學準備篇

本篇內容

教學目標

◆ 本章內容
　第一節　學習結果與教學目標
　第二節　教學目標分類
　第三節　教學目標敘寫
　第四節　能力指標與學習表現分析

　　所謂目標（aim, goal or objective）是一種預期要達到的結果。教學目標（teaching objective）則是教師預期學生在教與學歷程之後，所要達成的預期學習結果。（陳李綢，2000b）從教師的觀點稱為教學目標，從學生的觀點則是學習目標或學習結果。教學目標是教學者溝通教學意向給學習者，以及有關的人員，它具有明確特定的方向。

　　教育學術中，依目標的抽象高遠到具體切近，由上而下適用於各教育層次，而有不同的名稱，依次為教育宗旨、教育目的、教育目標、課程目標、教學目標、單元目標及行為目標。教學目標層次以下的用詞，是教師在進行教學計畫時，必須分析處理的問題。本章分四節，包括學習結果與教學目標、教學目標分類、教學目標敘寫及能力指標與學習表現分析。

第一節　學習結果與教學目標

教學如何進行？要看學生學習結果（learning outcome）如何分類，以及學習層次如何劃分而定。換言之，學習結果之分類及層次的區分，是作為擬定對應的教學目標之依據。因此，如前所述，就學習者言是學習結果，就教學者言是教學目標。

早在二十世紀初期，美國教育家Kilpatrick將教學目標分為主學習（primary learning）、副學習（associate learning）及輔學習（concomitant learning）。這是從教學觀點區分學習的形式，包含單元本身知識、技能的學習，還應包括單元相關知識、技能的學習，以及單元相關態度與品格的培養。（李祖壽，1980：34；林寶山，1988：189；高廣孚，1988：252-254；張清濱，2020：175）

Borich（2011: 220）在探討教與學的分類時，將學習結果分兩類：一是事實、規則及行動程序，二是原則、模式及抽象概念。（郝永崴、鄭佳君、何美慧、林宜真、范莎惠及陳秀玲，2007：193）這樣的分類是對應他將教學區分為直接教學和間接教學策略的觀點。但是這種二分法，對學習結果的認識可能還不夠。

Gagné則認為學習結果可分為五類，分別是：心智技能（intellectual skill）、認知策略（cognitive strategy）、語文訊息（verbal information）、動作技能（motor skill）及態度（attitude）。說明如下：（張新仁，2003；Gagné, Briggs, & Wager, 1992: 43-49）

心智技能：指學習者對日常生活基本符號，如語言、文字、圖形、數字等的認識，並在環境中運用這些符號來解決問題。

認知策略：指學習者用來調整其注意力、學習、記憶、思考……內在歷程的能力，這包括了注意力策略、編碼策略、回憶策略、思考策略……。

語文訊息：指可用語言說出或用文字寫出一些訊息，即知道是什麼的敘述性知識，包括一個名稱、一件事實、一個命題。

動作技能：指學習者需要使用到肌肉肢體活動的外顯行為，包括日常生活食衣住行、各項運用、實驗操作、音樂與表演……肢體顯現。動作技

能需要有外顯肢體行為表現，才算完成，否則僅止於「知」而已。

　　態度：指學習者對事物好惡，或行動抉擇的內在心理傾向。態度通常包括認知、情意及行為結果三種成分。

　　B. S. Bloom, D. R. Krathwohl及J. S. Simpson三人於1956年先後將教學目標分為三大領域，分別是：認知（cognitive）、技能（psychomotor）及情意（affective），在三大目標領域下區分若干層次，各層下也有不同層次的目標。此種目標分類涵蓋性大，層次分明，算是完整，普遍為教育界所採用。本章第二節即以此分類架構來分析。

第二節　教學目標分類

　　目前普遍採用的教學目標分類，在認知領域（cognitive domain）是依據Bloom等人於1956年發表的認知領域目標六層次，以及2001年修訂的二層面目標分類。在技能領域（psychomotor domain）是依據Simpson於1972年的分類，將技能領域的目標分為七個層次。在情意領域（affective domain）是依據Krathwohl等人於1964年發表的情意領域目標五層次。（引自黃光雄，1990：92-110；陳李綢，2000b）本節分三部分敘述這三領域的教學目標。

一、認知的領域

　　認知領域的目標，強調知性的、學習的及問題解決的工作。這個領域的學習，其範圍包括從完成簡單的回憶工作，到安置已學過之材料於新情境，以及綜合所學的資訊知識成為種種體系。

　　依B. S. Bloom（布魯姆）（1913-1999）在1956年所編的《教育目標分類第一冊：認知領域》（*Taxonomy of educational objectives, handbook 1: Cognitive domain*）的附錄「認知領域的扼要敘述」中，將認知領域分為六個層次，包括知識（knowledge）、理解（comprehension）、應用（application）、分析（analysis）、綜合（synthesis）、評價（evaluation）。（黃光雄等譯，1985）

　　2001年由Anderson, Krathwohl等人將認知領域目標加以修訂。主要

有二點：

第一，把原先的單一層面分類改成雙層面分類。此雙層面是認知歷程向度（cognitive process dimension）和知識向度（the knowledge dimension）。

第二，將原來目標的類別名稱由名詞改為動詞，作為認知歷程向度層次之稱呼。

認知歷程向度包含記憶、瞭解、應用、分析、評鑑及創造共六個層次。認知的知識向度包含事實知識、概念知識、程序知識及後設認知四類。此處先介紹知識向度，再介紹認知歷程向度。（鄭蕙如、林世華，2004；Anderson, & Krathwohl, 2001）

(一)知識向度

知識向度是指對知識內容範圍的區分，是一種便於學習者掌握知識的分類。此一向度是名詞屬性。這種區分是基於認知科學和認知心理學對知識的陳述。知識向度區分為四類，包括事實知識（factual knowledge）、概念知識（conceptual knowledge）、程序知識（procedural knowledge）及後設認知知識（meta-cognitive knowledge）。依序說明如下：（鄭蕙如、林世華，2004；Anderson, & Krathwohl, 2001: 45-60）

1.事實知識

指學生應知道的學科基本元素，用以認識此一學科，以及進行溝通或用來解決有關問題的知識。事實知識包括兩類：

1.1. 術語知識（knowledge of terminology）：例如：字母、各學科術語與符號。

1.2. 特定細節和事件的知識（knowledge of specific details and elements）：例如：甲午戰爭、比馬龍效應。

2.概念知識

指類別、分類及彼此間關係的知識，以及它們之間形成較複雜、組織化的知識形式。概念知識包括三個層次：

2.1 分類和類別的知識（knowledge of classifications and categories）：例如：氣候區分熱帶、溫帶、寒帶。

2.2 原則和概括化的知識（knowledge of principles and generalizations）：原則是指兩個概念之間的關係。例如：海拔越高，溫度越低（趨向溫帶或寒帶）；智力與學業成正相關。

2.3 理論、模式及結構的知識（knowledge of theories, models, and structures）：構成一套或一系統的知識。例如：畢氏定理、市政府組織、板塊構造、太陽系。

3. 程序知識

指知道如何做某事的知識，其範圍從非常例行的行為，如穿鞋子，到解決新的問題，如執行一項研究。程序知識通常的形式是有一套或一系列遵從的步驟，它需要一些技巧、演算、技術及方法等知識，以匯集成為一套程序。程序知識包括三類：

3.1 特定學科技能和演算的知識（knowledge of subject-specific skills and algorithms）：例如：寫書法、主持班會、解二次方程式計算、測量距離、跳高動作。

3.2 特定學科技術和方法的知識（knowledge of subject-specific techniques and methods）：例如：專題探討的方法（解決問題步驟）、科學家尋求問題解決之技術、各種文學批評方法、評估投資風險。

3.3 在程序中決定規準的知識（knowledge of criteria for determining when to use appropriate procedures）：例如：選用標準以決定用哪一方法解代數方程式；以何標準提出人際衝突解決的策略；選定標準以決定用何種統計程序來處理實驗結果資料；運用指標以評定教師專業表現。

4. 後設認知知識

指對一般認知的知識，以及對自我認知的覺察與知識。後設認知知識包括三類：

4.1 策略知識（strategic knowledge）：例如：複習技巧以保留訊息、運用符號之記憶術、運用概念構圖、運用圖示解數學應用題（文字題）。

4.2 認知任務知識，包括脈絡和情境的知識（knowledge about cognitive tasks, including appropriate contextual and conditional knowledge）：例如：知道回憶任務比再認任務須較多的記憶系統；知道看地圖比純背文字更易記憶方位；知道簡單的記憶任務僅須複誦；知道精細的策略如做摘要或改寫，能有較深層的理解。

4.3 自我知識（self-knowledge）：例如：知道自己擅長A領域而非B領域；知道自己在某些情境傾向依賴某一類型的「認知策略」；知道自己的能力在某一特殊任務的表現須精確的而非誇張的；知道自己在工作表現的目標、興趣及有關價值的判斷。

(二)認知歷程向度

認知歷程向度（cognitive process dimension）是指對知識從保留（retention）到轉化（transfer）不同歷程之表現，這種表現有單純的到複雜的不同層次。認知歷程是動作狀態，以動詞作為名稱，分為六個層次，由低至高依序是：記憶（remember）、瞭解（understand）、應用（apply）、分析（analyze）、評鑑（evaluate）、創造（create）。其中記憶與學習保留具密切關聯，而其他五種則與學習遷移有關（Anderson, & Krathwohl, 2001: 66）。

2001年版之修訂與1956年版的差異是：將「知識」（knowledge）改為「記憶」；將「理解」（comprehension）改為「瞭解」；將「評鑑」改為第五個層次；將「綜合」改為「創造」放到第六個層次。六個層次依序說明如下：（鄭蕙如、林世華，2004；Anderson, & Krathwohl, 2001: 66-88）

1.記憶

指從長期記憶中提取相關知識。記憶分兩個層次。

1.1 再認（recognizing）：搜尋長期記憶，找出與所呈現的資訊符合之知識。如認出臺灣割讓給日本的年代。

1.2 回憶（recalling）：當提示問題出現，能從長期記憶中提取符合知識來回答。

2.瞭解

從教學的訊息中建構意義，包含用口頭、書寫、或圖表以進行溝通。瞭解又分七個層次（或類別）。

2.1詮釋（interpreting）：從一種知識表徵形式轉換為另一種形式，如從數字資料轉換為口語陳述（或文字敘述）；從圖表轉換到文字或口語；從文字敘述轉換為圖畫。

2.2舉例（exemplifying）：對一種概念或原則，能舉出一個特定的範例或例證。舉例包含兩個層次：一是瞭解概念或原則的定義內涵，二是能依此內涵來選擇或建構一個特定的例子（或自己經歷或看過的實例）。例如：月亮似銀盤為明喻。

2.3分類（classifying）：指認出某物（特定的例子）隸屬於某一特定類目（概念或原則）；將所觀察到的事物，區分為幾個群組。例如：指出鴨子是家禽。

2.4摘要（summarizing）：對所呈現的資訊，做出簡要的陳述，或提取出一個主題。例如：對一個描述事件的影片中，能寫下簡短摘要。從課文二至三段的敘述中，給一個主題名稱。

2.5推論（inferring）：從一個陳述的訊息中，描繪邏輯的推論。從英文學習的例句中，推論出文法規則；從〔檸檬是酸的，西瓜不是檸檬→西瓜不酸〕中，判斷此推論有誤。

2.6比較（comparing）：指認兩個或多個實體（物件、事件、想法、問題、現象）間的異同，常與推論與實行並用。

2.7解釋（explaining）：能建構及使用系統中因果模式來說明。此模式可能導源自科學的正式理論，或是根源於研究或實驗。

3.應用

運用程序或步驟，以執行練習或解決問題。應用與程序知識緊密關聯，分兩個層次。

3.1執行（executing）：可用一組例行的程序，來完成所碰到的熟悉任務。此熟悉的任務通常有足夠的線索，導引選擇合適的程序來使用。例如：運用合作學習教學法，進行例行的教學。

3.2實施（implementing）：須選擇並運用合適的程序，來完成所碰

到不熟悉的任務。由於要做選擇，學習者須瞭解遭遇問題的類型，以及可供選擇的程序，或直接採用或加以修改採用。「實施」之運用與其他認知過程「瞭解」和「創造」關聯。例如：碰到數學學習障礙學生，運用診斷—調整教學—再評量之歷程，當中有很多變數。

4. 分析

指將整體的材料分解成部分，並指出各部分的屬性及其相互間之關係，以及各部分與整體結構的關聯。分析又分三個層次。

4.1 辨別（differentiating）：指在一個結構中（如一篇文章），能區辨出有關的與無關的，或是重要的與不重要的部分，而提取或注意到有關的或是重要的資訊。例如：寫出或指出在所提供材料中最重要或最有關聯的部分。

4.2 組織（organizing）：在一個溝通或情境中的各元素，能指出這些元素的關係可連結在一起，形成一統合的結構。即學習者能將陳述的各片段訊息間，建構成統整的且相關的連結。

4.3 歸因（attributing）：指學習者能夠查明在一項溝通中的觀點、偏見、價值及意圖。歸因涉及解構的過程，學習者能夠辨識他人陳述訊息的意圖。與詮釋（2.1）對比，詮釋是對陳述訊息意義的瞭解；歸因則超越基本的瞭解，進而推論陳述訊息底層的意圖與觀點。

5. 評鑑

根據規準（criteria）和標準（standards）作判斷。

5.1 檢查（checking）：檢視一項運作進程或產品之內部，是否一致性或有邏輯上的謬誤。例如：學習者檢驗結論是否依循其前提？資料是否支持其假設？陳述資料各部分是否互斥？

5.2 批判（critiquing）：根據外部強勢的指標或標準（即可靠的指標），來評斷一項產品或操作程序。依此，學習者能指出此項產品正面和負面的特性，據此特性做出判斷「好／壞」的程度，或接受與否的決定。

6. 創造

指將各個元素組裝在一起，形成一個相關聯且具功能的整體。創造是

學習者做出新的產品,即將一些元素精巧地重新組織,或將部分融入成一新的結構。創造有三類。

6.1 產生（generating）：指陳述問題的表徵,在滿足特定規準以形成多種可能性或假設。即給予一個問題的陳述,學習者必須產生可能的選擇性解答或方案。

6.2 計畫（planning）：指規劃能滿足問題規準的一種解決方案,也就是發展一種解決問題的計畫。在解決問題計畫中,學習者必須建立次目標,或分解任務成可執行的次任務。

6.3 製作（producing）：指執行計畫解決既定的問題,以滿足一定的規範。其他如製作出新的或有用的產品,而符合一定的要求。

上述「認知歷程」六個層次的敘述,在四類「知識向度」的用詞區分,舉例代表性的「動詞」如表3-1供參考。

表3-1　新版2001年教育目標二維分類及用詞（動詞）示例

知識向度	認知歷程層次					
	記憶	瞭解	應用	分析	評鑑	創造
事實知識	列出	摘要	分類	順序	排序	組合
概念知識	描述	說明	實驗	解釋	評估	計畫
程序知識	列表	預測	計算	分辨	結論	組成
後設認知知識	使用	執行	建構	達成	行動	實踐

Ps.格內的用詞,係不同知識向度的認知歷程,各層次的用詞(動詞)。

二、技能的領域

技能是指必須透過肢體動作和眼睛協調完成動作的技能。此項技能有簡單的,有非常複雜的;有些動作細小精微,有些須大動作和體力。技能領域包括運動技能、歌唱表演、演說朗讀、樂器演奏、書寫、繪製設計、機械（工具）操作、實驗操作……。對一項技能的學習,學習者應先認識該技能的知識,再經長期的練習和訓練,最後才表現在肢體動作。

技能領域（psychomotor domain）的分類係依Simpson在1972年所撰〈技能領域教育目標的分類〉（The classification of educational objectives in the psychomotor domain）一文譯述而成。技能領域的教學目標分為：知覺、準備狀況、指導的練習反應、機械、複雜的明顯反應、調適及創作七個層次。此項分類，此處僅就肢體動作而言，略去認知部分。茲依序說明這七個層次的目標：（黃光雄等譯，1985；黃光雄主編，1990：106-110；簡紅珠，2000a）

1. 知覺

知覺（perception）是指學習者藉著感官注意到事物，及其性質或關係的過程。這是動作活動的必要條件，但非充足條件。這一層次可分為三類。

1.1 感官刺激（sensory stimulation）：我們的身體有五種感官接受刺激，而技能領域主要是肌肉的運動。因此，強調肌肉運動的刺激。感官刺激共有六項：聽覺的、視覺的、觸覺的、味覺的、嗅覺的及肌肉運動知覺的。

1.2 提示（或線索）的選擇（cue selection）：依據學習者的經驗和準備度，選擇和情境有關的提示作為行動的指導，忽視無關的提示。

1.3 轉換（translation）：是連結知覺與行動以進行一項動作。學習者接受符號、訊號、語言等提示，由此線索形成的動作心像，在心裡演練或實際表現。

2. 準備狀況

準備狀況（set）是學習者對於某種特定事物或活動，有初步的適應或準備程度，可分為三方面。

2.1 心理的準備狀況（mental set）：在心理上準備學習某項技能，包含基本的技能認知。

2.2 身體的準備狀況（physical set）：指身體的感官知覺和肢體已就緒，學習者已有先備的動作技能，並已集中注意力和準備肢體位置。

2.3 情緒的準備狀況（emotional set）：指學習者已有學習此項技能的意向，會盡力表現此項動作技能的態度。

3. 指導的練習反應

　　指導的練習反應（guided response）是發展技能的早期步驟。這裡強調構成複雜技能的各種能力。指導的練習反應，乃是學習者在教學者指導之下，所表現的明顯行為動作；或是學習者依照評判其行為表現的規準，自我練習或表現的明顯行為動作。明顯行為動作，是指技能的學習大都為能觀察的行為動作。

　　3.1 模仿（imitation）：學習者依照示範的動作，分段逐一完成動作，進而能做整體（或連續）動作。在此階段的初始，學習者做動作前，腦中可能會閃出「提示」聲音或「心像」畫面，以引導動作。

　　3.2 嘗試錯誤（trial and error）：在符合技能動作表現的規範下，嘗試種種動作反應，以符合動作技能的規範。逐漸擺脫聲音或影像的提示，嘗試找出最佳的動作技能表現方式。

4. 機械

　　機械（mechanism）是指所學的技能反應已成為習慣。即學習者在表現技能行為時，已達到自信和熟練的程度。學習者表現動作時，不必思考動作的步驟或如何進行，即如行雲流水般地進行。

5. 複雜的明顯反應

　　複雜的明顯反應（complex overt response）層次是技能已經獲得熟練。行為的完成順利而有效，亦即花費最少的時間和精力，而完成技能行為。

　　5.1 解決模糊的順序（resolution of uncertainty）：能排除技能動作表現的障礙點或增加有利的條件，使技能表現更順心。此一層次，學習者應已突破技能學習的高原障礙，更進一層次。

　　5.2 自動的表現（automatic performance）：學習者能非常流暢地表現技能，且肌肉控制自如，即能自在地控制肌肉的使力與放鬆，表現出高度協調的動作行為。此時，技能表現如行雲流水，看起來輕鬆順暢。

6.調適

調適（adaptation）是指學者（此時已接近專家了），已能改變動作技巧以應付新情境的需要。對於某些動作技能，因應表現情境的需要，須加以修改、調整或變化，以有優異的表現。

7.創作

創作（origination）是指學習者（可稱為專家），對專精的技能領域，已發展出悟性，進而產生新的動作行為，或設計出一套技能動作之表現（演）。

三、情意的領域

情意的領域（affective domain）是指有關態度、價值及鑑賞，強調個人對於人、事、物的感覺、情緒、態度、興趣及鑑賞各方面的學習。情意領域的分類方法係根據Krathwohl等人在1964年的分類方式，共區分為五個層次：接受或注意、反應、價值評定、組織及依據一種價值或價值體系形成品格五個層次。（邱淵等譯，1989：534-544；587-594；張霄亭等，2001：189-195；黃光雄等譯，1985；黃光雄主編，1990；高廣孚，1988：87-89；郭玉霞，2000a；簡紅珠，2000b）

1.接受或注意

接受或注意（receiving or attending）是指學習者對於某種事物或活動存在的感知情形，亦即學習者願意接受或注意到這些事物或活動。

1.1 覺知（awareness）：是一種認知的行為，但不是知識。覺知是指學習者在適當的機會只要意識到某一事物即可，即他考慮事物的情境、現象、對象或範圍等，但不必然做客觀的認識。

1.2 願意接受（willingness to receive）：指學習者對事物保持中立或不做判斷，忍受而不排斥。學習者不必然去搜尋或注意此事物，但保有此學習機會。在較佳情形下，學習者願意注意此事物，聆聽他人對此事物的交談、討論。

1.3 控制的或選擇的注意（controlled or selected attention）：指學習者對事物已有意識狀態，他控制其注意力在此事物，不理會其他缺乏吸引

力的事物，而選擇並注意其喜愛的事物。

2. 反應

反應（responding）是指學習者不只注意到或接受某事物，且已有反應，這種反應超過對事物的注意。此時，學習者不只是「願意注意」，而是「積極的注意」。這是情意學習「意念」發動的時機點，學習者在行為上表現出積極參加學習。

2.1 勉強反應（acquiescence in responding）：行為的開始含有被動的性質，「順從」師長或父母而學習。因為包含較多的接受，較少的抗拒，只是照約定或規則行事。

2.2 願意反應（willingness to respond）：學習者對事物已有自願學習的動機。他專注於展示其行為，這並不是由於怕懲罰，而是出於自願。

2.3 樂意反應（satisfaction in response）：本項在「願意反應」層次之上，表示另有其他要素，如伴隨著滿意的感覺，情緒的反應是愉快的、有趣味的、喜歡的……。

3. 價值評定

價值評定（valuing）是指對一個事物、活動、行為等，判斷是重要性或可欲的（認為有價值）。這種抽象的價值概念，一部分得自個人評價的結果，但是大部分係一種社會或家庭的產物。在教師引導下，學生逐漸加以內化或接受，而成為自己的價值規準。

3.1 價值的接受（acceptance of a value）：一種事物顯示一種價值。學習者根據其充分思考而認為有適當的理由，在情感上接受某一事物。在此層次，學習者對某事物的反應表現是前後一致的，他人也能夠認明其所抱持的價值信念；同時學習者也願意被他人這樣認定。

3.2 價值的偏愛（preference for a value）：學習者不僅接受某一事物的價值，個人更進一步喜好這一價值，而追求這一價值。

3.3 堅信（承諾）（commitment or conviction）：堅信含有高度確信的性質，可能近似信仰──即依據非理性的理由，在情感上堅決的相信某種信念。

4. 組織

組織（organization）是指學習者逐漸將各種價值內化的時候，他會遭遇到多種價值相關的情境。因而會有統整的歷程：(1)建立支配的及普遍的價值之需要；(2)確定各種價值的彼此關係；(3)將各種價值組成一個體系。這種價值體系是逐步建立的，也會因新價值的加入而隨著改變。

4.1 價值概念的建立（conceptualization of a value）：在前一層次已是價值的一致性和穩定性，此一層次加上抽象或概念建立的性質。即學習者發現當前的價值與他已有的價值，如何產生關聯。

4.2 價值體系的組織（organization of a value system）：這是指學習者須將各種價值組成一個複合體的目標，並將這些不同的價值構成彼此井然有序，內部一致的平衡關係。

5. 依據一種價值或價值體系形成品格

依據一種價值或價值體系形成品格（characterization by a value or value system）：這是一種內化的層次。各種價值在個人的價值層階上，已占據一個位置，組成某種內部相互一致的體系。此價值體系支配個人的行為已歷經一段時間，且他已適應以這種方式表現其行為。

5.1 一般態度的建立（generalized set）：指學習者對所堅信事物的價值，進而類化到此價值相關的情境或對象，表現一種持久而一致的反應，而建立一般的態度。個人依此態度能夠簡化和整理其周遭的世界，能夠在此複雜的世界裡，一致而有效的表現其行為。

5.2 品格的形成（characterization）：在「一般的態度」建立之上。這是情意領域的最高層次，包含較大的內涵，如學習者的態度、行為、信念、觀念等，且有內在的一致性。此時學習者已建立自己的人生觀、哲學觀、世界觀，而形成品格。

第三節　教學目標敘寫

教學目標是指教師在教學時，所預先設定學生應達到的方向之敘述。若是描述某領域／科目一學期（學年）應達成的方向，則為課程目

標。若是描述某個單元應達成的方向，則為單元目標。為確保單元目標之達成，通常會再分析出行為目標（具體目標），據以設計教學活動。當教師在討論單元教學設計時，會區分單元目標和行為目標兩個層次；但在一般的教學對話時，我們會用「教學目標」一詞來統稱上述兩者。本節先敘述單元目標，再說明行為目標，並加以比較。

一、單元目標

新手教師在準備單元的教學時，首先會詳細閱讀課本的單元內容。國小國語課本，各單元只有課文的內容，新手教師看完課文，也許不知如何教學。因此，教師必須參考教師手冊。在教師手冊每單元（課）最前面，都會列出「單元（課）目標」（以下統一稱「單元目標」），有的稱為「教學目標」。國中的國文課本，在課文前面則列出「學習重點」，此學習重點就是這一課的學習目標。教師在進行教學或計畫時，應當時時記得單元目標或學習重點，如此，做計畫或教學才不會偏離主題。

一般而言，一個單元的教學可能有三到七節課，或更多。然而單元目標的陳述不能太龐雜，多到十幾點。比較合適的目標數大概五到七項左右，以方便教師掌握單元的整體圖像。因為單元目標的敘述不能太龐雜，目標的動詞用語就比較抽象些，內容的表述涵蓋範圍也較大。例如：

1. 瞭解詩句運用的寫作技巧與趣味性。（康軒國小六上國語第五課山的巡禮）
2. 理解平行四邊形面積的求法，進而形成計算公式。（康軒國小五上數學8面積）
3. 認識〈空城計〉的故事背景以及寫作特色。（康軒國中二上國文第九課空城計）

這三個單元目標動詞用語「瞭解」、「理解」、「認識」有些抽象，可能包括能說出某種寫作技巧的意義、特色、舉例等；可能是說出什麼是平行四邊形、找出底和高、算出面積等；可能為說出當時的歷史和地理環境等。

在目標內容的表述上，單元目標僅用「寫作技巧」(1)、「平行四邊

形面積的求法」(2)及「故事背景及寫作特色」(3)，來概括地提示學習內容。因為一個單元的學習內容可能很多，目標的陳述必須具有概括性，例如：以「平行四邊形面積的求法」來概括平行四邊形的意義、分割、底高、面積計算等。

　　上述三個單元目標都是知識的學習。然而，教師的使命不僅止於培養學生的認知能力，還應致力於學生性格的發展，以為成功的未來做好準備。（NBPTS, 2016）因此，教導學生獲得知識與情意態度的培養，同等重要。二十世紀初美國教育家Kilpatrick倡導同時學習原則，即主學習、副學習及輔學習，而輔學習即指情意態度部分。（高廣孚，1977：253）在第二節教學目標分類中，Bloom等人將學生的學習結果（教育目標）分為認知、技能及情意三個領域。Gagné則將學生的學習結果分五類，其中前三類相當於Bloom等人的認知領域。因此，學習結果的歸類，目前通用區分為認知、技能及情意。

　　基於此一分析與瞭解，單元教學目標應當包含認知、技能及情意。因此，單元目標的呈現方式，有的會分認知、技能及情意（態度）三類列出。這樣可以清晰看出此單元有這三類的教學目標。例如：高職商科會計學單元——會計之基本概念，單元目標之陳述（王財印、吳百祿、周新富，2009：81），作者略加修改如下：

〔認知目標〕
1.瞭解會計的意義、假定及功用。
2.認識會計專業的領域。
3.明白會計與簿記的區別。
4.知道會計在企業經營管理上所扮演的角色。
〔技能目標〕
5.熟練會計處理的基本能力。
〔情意目標〕
6.增進學習會計的興趣。

　　然而因年級、科目及單元性質的差異很大，有的單元偏重認知部分（基本知識的學習），有的單元偏重技能部分，有的單元偏重情意態度的

引導。因此，單元目標就會依單元內容的邏輯順序列出，技能及情意之內涵會融入各目標項目，或必要時獨列一項。例如：國中二下國文第六課「今夜看螢去」，依據學習的邏輯順序，列出四項學習重點（單元目標），其中第二項前半可視為Kilpatrick的副學習，第四則為輔學習（情意目標）：

1. 認識南方朔及其創作特色。
2. 瞭解螢的生態與作者賞螢的心得。
3. 學習記敘與抒情交融的寫作手法。
4. 培養親近大自然的習慣，以豐富美感經驗。

（康軒2020.2四版）

二、行為目標

(一)行為目標的意義

單元目標陳述完畢後，教師對此單元的重點和教學方向有一整體圖像。接著就規劃細部教學活動，引導學生逐一達成學習結果。如何進行細部規劃教學活動，則須進一步解讀單元目標內涵，並思考學習者透過何種途徑，能有效地達到此目標。因此，單元目標必須進行下一層次的分析，分成若干個行為目標。

行為目標（behavioral objective）又稱具體目標，它是敘述學習者能「做」什麼的句子。（任慶儀，2013：197）學生在行為上能做的，包括說、寫、演、唱、作（操作）……行為，這些都是可觀察或具體的行為。因此，行為目標可定義為：「學習者具有可觀察或具體的行為表現之簡要敘述。」

一個單元的教學，若單元目標是第一層，則行為目標為第二層（下一層）。因此，一個單元的行為目標項目會很多，而且很細。一般而言，教師的教學計畫或教學過程中，不會告知學生行為目標的項目與內容，但要讓學生知道單元目標（學習目標）。

　　從上述單元目標和行為目標的敘述，發現兩者的差異可從四方面來說明：目標層次、內容範圍、抽象性及提示性，如表3-2。

表3-2　單元目標與行為目標差異比較

單元目標	行為目標（具體目標）
1.目標層次較高。	目標層次較低。
2.內容涵蓋範圍大（大於行為目標）。	內容涵蓋範圍小（小於單元目標）。
3.敘述抽象性高。	敘述抽象性低或非常具體。
4.可告知或提示學生。	不必告知學生。

　　既然單元目標的層次和範圍大於行為目標，就邏輯關係言，一個單元目標至少應分析出兩個以上的行為目標。否則，第二層目標只有一項，那就應當與第一層目標相同，沒有必要分第二層的行為目標。進一步言，若一個單元目標，它下一層的行為目標只有一項，若其敘述與單元目標不同，且抽象層次或範圍大小也不同，這樣就不合邏輯了。

(二)行為目標的敘寫

1.行為目標三要素

　　行為目標如何敘寫？美國學者R. Mager指出此項目標的敘述應當包含三部分：(1)表現：描述學習者要「做一動作」什麼，例如：說出、寫出、比較等。(2)情境：描述行為表現的條件或環境，例如：依照課文、在1分鐘內⋯⋯。(3)標準：描述行為應當達到的水準或程度。（引自任慶儀，2013：197；李咏吟、單文經，1997：105；林寶山，1998：105）

　　依據Mager行為目標三要素「表現一情境一標準」來敘寫，則寫出來是這樣：

例1.　在[講解練習後]能[作答][對七題以上]（有10題）。（包含情境一表現一標準）

　　但這樣的敘述，看不出內容。到底是數學計算題，還是數學應用題，還是猜謎題？因此，一般都會把「表現」何種內容指出來，也就是動

作的結果。例如：

例2. [學生]能[從給定的圖形中][正確的][指出][三角形]。（任慶儀，
　　2013：203）

　　此例子指出動作的結果是「三角形」，而此「三角形」則為學生要學習的概念。

例3. 能正確[說出][公園內][六種][植物名稱]。（林寶山，1998：106）

　　這個例子也指出動作的結果是「植物名稱」，即「說出植物名稱」。而「六種」為主要的標準，因為公園的植物很多，教學的重點應當是認識各種植物的名稱，且越多越好，此目標要求六種以上。而「正確」在此處應當僅是篩選的依據，即說正確才算。不過，有些行為目標的敘述，會把[正確]當作標準，因為學習指向一種內容，不是很多種。例如：

例4. 能[正確][做出][蛙式的游泳動作]。（林寶山，1998：106）

　　此例子的[正確]要素，則是重要的標準。而正確的標準會有程度的差別，全憑教師體育專業的判斷。但此行為目標沒有「情境」要素，主要是我們理所當然地認定是在游泳池，而不是在墊上。

　　2.行為目標五要素

　　從上述幾個行為目標的分析，其實已包含行為目標敘寫的三到五個要素。因此，有時學者認為，比較完整的行為目標敘寫方式是採用五要素，包括對象、行為、結果、情境及標準。茲說明如下：（黃光雄主編，1990：83；郭生玉，1989：180；王財印、吳百祿、周新富，2009：104）

　　(1) 學習者：指要完成行為動作的主體，通常是指學生。

　　(2) 行為：指學習者達到目標的具體行為動作。通常以動詞表述，如說出、指出、寫出、設計、比較、證明、演唱……。這是代表學習者的一種內在能力，又可表現於外的行為，可加以觀察評量。

　　(3) 結果：指學習者表現出可以見到或可以評量的行為表現或作品。通常是行為動作之後的名詞，例如說出「意義」、指出「差異」、寫出「句子或文章」、設計「實驗方案」、比較「優劣（口頭或文字）」、證明「相等」、演唱「歌曲」……，都是行為目標結果的敘述。通常是對學習者最後表現出來的具體行為或具體事物加以說明。這也是教學上，要學

生學習的內容、概念、技能等。

　　(4) **情境**：指學習者表現該行為與結果的環境與條件，如「在講解說明後」、「在班級面前」、「在10分鐘內」、「運用字典」、「在看完影片後」……。

　　(5) **標準**：指行為表現結果的水準，如正確、完整、答對題數（比率）、完成幾項、達成程度、依照程序、大部分（80%）的學生……。

　　依照五要素敘寫行為目標，舉例如下：（[楷體字]表示要素）

例1. <u>學生</u>[對象]能利用<u>字典</u>[情境]<u>查出</u>[行為]<u>正確的</u>[標準]<u>生字字義</u>[結果]。

例2. <u>在教師講解臺灣地形後</u>[情境]<u>學生</u>[對象]能<u>完整</u>[標準]<u>說出</u>[行為]<u>臺灣五大山脈</u>[結果]。（國小五上社會1）

例3. <u>學生</u>[對象]能<u>在10分鐘內</u>[情境]<u>寫完</u>[行為]<u>小考試卷</u>[結果]<u>10題對8題</u>[標準]。

例4. <u>學生</u>[對象]能<u>參考投資報導和課文</u>[情境]<u>列舉</u>[行為]<u>五種以上</u>[標準]<u>投資方式</u>[結果]。

例5. <u>看完影片後</u>[情境]<u>大部分</u>[標準]<u>學生</u>[對象]能<u>說出</u>[行為]<u>自己的感覺</u>[結果]。

例6. <u>90%</u>[標準]<u>的學生</u>[對象]能<u>在小組中</u>[情境]<u>說出</u>[行為]<u>自己未來的職業（志業）或創業</u>[結果]。

　　在學校中，「學習者」都是指學生，為簡化行為目標之敘述，可將「學習者」省略。而行為目標的「情境」大都為學校的教室情境等，若沒有特殊要求，也可簡略。如此，避免行為目標敘述過長。因此，行為目標的敘寫，可簡化為三要素：「行為」、「結果」及「標準」。上述五項行為目標，改寫成例7-12如下：

例7. 能<u>正確查出生字字義</u>。

例8. 能<u>完整說出臺灣五大山脈</u>。

例9. 能<u>答對小考試卷8題以上</u>。

例10.能<u>列舉五種以上投資方式</u>。

例11.能<u>說出看完影片的感覺</u>。

例12.能<u>說出自己未來的職業（志業）或創業</u>。

　　上述修改的行為目標敘述，例7和8的標準「正確」、「完整」也可

省略，也可保留。例9和10的標準則是重點。就例9而言，題目答完不是重點，答對題數才是教學的目標，因此要設定答對的題數（標準）；例10的重點則要學生認識各種投資方式，越多越好，因此要設定數量。類似這種行為目標，可能都需要特別強調標準，例如：「能設計五種以上商標」、「寫出五個譬喻語句」，都有「標準」要素。而例11和12則只有「行為」和「結果」兩要素，其標準是描述學生的百分比，可以略去，由教師在教學過程中判斷。

　　因此，「標準」要素若無特別需要，可以省略。但教師在敘寫行為目標時，心中還是要有一把「尺」（標準），於教學過程的形成性評量時使用，或在教學設計的「評量」欄位中交代。

3. 行為目標敘寫的功能

　　行為目標的分析思考與敘寫，應有兩項功能：

(1) 有助於教師教學的精緻性與邏輯性

　　有助於教師教學的邏輯思考。這樣的思考，可協助教師：「瞭解在一項教學活動中，『學生應表現哪些行為結果？達到何種標準？在什麼情境下？』」這樣的思考歷程，有助教師教學的精緻性與邏輯性。而將這樣的思考結果，寫在教學設計的「評量」欄位中，可提升教學過程的形成性評量更精準。

(2) 精簡提示學生的學習表現

　　綜合上述行為目標五要素和三要素之分析，行為目標的敘述可簡化為三要素：「行為」、「結果」及「標準」，或是僅呈現「行為」和「結果」兩個要素，如例7至例12所示。如此，這種簡化的行為目標，可精簡提示學生應有的學習表現——行為結果。

第四節　能力指標與學習表現分析

　　課程改革有其延續性。《十二年國民基本教育課程綱要》的「核心素養」延續了十大基本能力的主要內涵，此核心素養取代原有（九年一貫課程綱要）十大基本能力的表述。（國家教育研究院，2015：56-57）而

國家教育研究院在解釋「學習表現」與九年一貫課程「能力指標」的差異時，指出「學習表現」的內涵，在性質上非常接近九年一貫課程中的分段能力指標，它包含認知歷程向度、技能向度及情意向度各層次的學習。（任慶儀，2019：27；國家教育研究院，2015：9）因此本節將先進行能力指標分析，再做學習表現分析。

一、能力指標分析

在《國民中小學九年一貫課程綱要》中，各學習領域的綱要以「能力指標」來陳述。而各學習領域學習階段，係參照該學習領域之知識結構及學習心理之連續發展原則而劃分，每一階段均有其能力指標。

九年一貫課程綱要的能力指標敘述，其內涵有大有小。有些較大的能力指標應分析成較小的教學目標；有些較小的能力指標，可直接當作教學目標來運用。例如：社會領域能力指標：

「5-3-3瞭解各種角色的特徵、變遷及角色間的互動關係。」

「角色」是指社會上對於擔當某一特定職位者或身分者的一套期待或規範。（林生傳，2000：207；陳奎憙，2001：132）這個能力指標應是要學童瞭解社會上各種職位的角色行為特徵，以及這種角色的變遷和彼此的互動關係。而社會上的職位（行業）很多，僅能介紹幾個與社區有直接關係且為學童較熟悉的行業。

因此，這個能力指標範圍很廣，可作為一個單元來教學，必須先將此能力指標分析成較小的教學目標（單元目標）。作者試著將它分析成五個教學目標（單元目標）：

1.瞭解社會上各種行業工作的特徵與貢獻。

2.瞭解一個人角色的發展（生涯的縱貫面）。

3.瞭解一個人角色的改變與多重角色（生涯的橫斷面）。

4.瞭解不同角色人員之互動與互補。

5.能平等對待各行業的人。

上述五個單元目標，還是有些概括性，可再細分若干項行為目標，讓教學的內容與程序更細緻化。單元目標1：「瞭解社會上各行各業工作的特徵與貢獻」，可試著分析出七項行為目標：（列舉五類學童較熟悉的行

業人員）

　　(1)能說出教師的工作特徵和貢獻。

　　(2)能說出農夫的工作特徵和貢獻。

　　(3)能說出清潔工的工作特徵和貢獻。

　　(4)能說出醫護人員的工作特徵和貢獻。

　　(5)能說出警察人員的工作特徵和貢獻。

　　(6)能進一步搜尋其他行業人員的工作特徵與貢獻。

　　(7)體會生活中各行業之貢獻並表達感謝的語言。

　　而有些能力指標的範圍很小或很具體，則不必再分析。例如：語文領域「3.說話能力」部分，有一指標：

　　「3-1-1-2能簡單介紹自己。」

　　這個能力指標非常具體，範圍也較小，可以當作一個教學目標來看待。教師可設計一個教學活動，例如：「介紹自己，認識別人」。

　　九年一貫課程綱要，以分段能力指標，作為教材編輯及教師教學之依據。雖沒有特別指出素養或態度，但教師本於自身的專業理解，依據Kilpatrick的同時學習原則，會將態度部分的學習納進來。例如：前述的行為目標「5.能平等對待各行業的人」。教師的教學是否能超越認知學習之外，關鍵在於教師的教學專業知能（方法），以及專業態度（理念）。即：教「會」比教「完」重要；教「好」比教「會」有價值。

二、學習重點分析

　　在《十二年國民基本教育課程綱要》（十二年課綱）中，強調素養導向的教學。教師的教學實施須根據核心素養、學習內容、學習表現及學生差異性需求，各學習領域的學習重點則包含學習表現和學習內容。

　　然而，十二年課綱並非以核心素養取代能力指標，而是有延續性，且有其重要內涵。國家教育研究院（2015：56-57）指出：核心素養是取代原有十大基本能力的「表述」，但仍延續十大基本能力的「主要內涵」。但突顯三個重要概念：(1)三面九項核心素養，是指國民能夠在現代社會中扮演積極公民角色所需具備的素養。(2)三面九項核心素養，強調的是跨領域、跨科目的能力養成；也就是一方面重視各領域的學習，另一方面

也重視跨領域素養的養成。(3)核心素養概念中的「核心」，是希望所有的國民都應能具備一些重要的、基本的素養。因此，十二年課綱的核心素養是強調：現代社會公民的素養、跨領域的素養及國民的基本素養。

　　各學習領域綱要以「學習重點」來表述各領域之內涵。此項學習重點由「學習內容」和「學習表現」組成，即納入教材大綱（教學內容）與能力指標（能力表現）兩個概念。其中學習表現是強調以學習者為中心的概念，重視認知歷程、情意與技能之學習展現，代表該領域／科目的「非具體內容」向度，能展現或呼應該領域／科目核心素養。就此意義來說，「學習表現」的內涵，在性質上非常接近九年一貫課程中的分段能力指標。（國家教育研究院，2015：9, 57）

(一)學習表現之分析

　　由此解讀十二年課綱各領域的「學習表現」（或可稱表現指標），與九年一貫課程綱要的「能力指標」類似。換言之，十二年課綱是以「學習表現」的敘述，類似過去的「能力指標」之敘述。例如：十二年課綱數學的學習表現：

　　[例1]「n-I-3應用加法和減法的計算或估算於日常應用解題」（「數與量」第一學習階段第三項）。

　　與九年一貫課程綱要的能力指標N-1-02類似：

　　[例2]「N-1-02能理解加法、減法的意義，解決生活中的問題。」

　　又如，十二年課程綱要國語的學習表現：

　　[例3]「2-III-3靈活運用詞句和說話技巧，豐富表達內容」（「口語表達」第三學習階段第三項）。

　　這樣的學習表現項目之呈現，與能力指標的敘述方式相似。

　　因此，十二年課程綱要各領綱的學習表現之陳述，與九年一貫課程綱要的能力指標性質類似或相同。教師也應引導師資生直接研讀十二年課程綱要的學習表現，並練習加以分析。例如：在社會領域「態度及價值」構面，「敏覺關懷」項目，第二學習階段（國小中年級）學習表現：

　　[例4]「2a-II-2表達對居住地方社會事物與環境的關懷。」

　　分析此學習表現，是要學童表達對居住地方的關懷。而要學童關懷居

表3-3　十二年課綱社會領域「2a-II-2學習表現」之分析

單元目標	行為目標
1.瞭解居住地方有哪些重要的社會事物。	1-1 描述至少三項居住地方的重要社會事物。 1-2 描述至少一項過去曾與居住地方社會事物有關的經驗。
2.瞭解居住地方有哪些重要環境特色。	2-1 描述至少三項居住地方的環境特色。 2-2 描述至少一項過去曾與居住地方環境特色有關的經驗。
3.培養環保的態度及價值觀念並於日常生活中落實。	3-1 能舉出三項在教室中能實施的環保實例。 3-2 能舉出三項在家中能實施的環保實例。
4.能對居住地方產生認同感並主動參與地方活動。	4-1 參與至少一項地方所舉辦的活動。 4-2 能以海報或簡報的方式分享參與社區活動的經驗。

資料來源：修改自106-1臺中教育大學師資生：董育如。

住地方之前，應先瞭解居住地方的社會事物有哪些？居住地方的環境特色是什麼？由此，分析出四項單元層次的目標及八項行為目標，如表3-3所示。

(二)學習內容之分析

在九年一貫課程綱要中，領域的能力指標，能明確知道其能力指標的內容。例如：國語能力指標：「5-2-3-1能認識文章的各種表述方式（如：敘述、描寫、抒情、說明、議論等）。」其內容為語文的五大文體；數學科的能力指標：「N-3-15能認識比、比值與正比的意義，並解決生活中的問題。」其內容為「比」和「比值」；自然科的能力指標：「2-3-2-1察覺植物根、莖、葉、花、果、種子各具功能。」其內容為植物的根、莖、葉、花、果及種子。

而十二年課綱指出，學習表現是重視認知歷程、情意與技能之學習展

現，代表該領域（科目）的「非具體內容」向度。然而，十二年課綱的學習表現，仍然顯示其學習內容，如上述的「例1、例3及例4」。不過有些學習內容，在形式上也可視為「學習表現」的呈現方式。例如：自然科有關「構造與內容」第二學習階段的學習內容項目：

「INb-II-6常見植物的外部形態主要由根、莖、葉、花、果實及種子所組成。」

此一學習內容在句首加上「知道或瞭解」，即可視為學習表現指標的形式。

「INb-II-6<u>（知道）</u>常見植物的外部形態主要由根、莖、葉、花、果實及種子所組成。」

這一「表現指標」可分析出四項單元層次目標，以及八項行為目標如表3-4。

表3-4　十二年課綱自然領域「INb-II-6學習內容（表現）」之分析

單元目標	行為目標
1. 認識葉子外型的特徵。	1-1 能比較植物不同葉形。 1-2 能辨別平行脈和網狀脈。
2. 瞭解根、莖構造與形態。	2-1 能列出根、莖的不同形態並舉例。 2-2 能說出根莖的功能。
3. 認識花、果實、種子的構造。	3-1 能說出花的組成有花瓣、雄蕊、雌蕊及花萼。 3-2 能說出花、果實、種子的關聯性。
4. 認識並愛護校園植物。	4-1 能說出校園五種以上植物名稱及外部特徵。 4-2 能欣賞並愛護校園植物。

資料來源：修改自106-1臺中教育大學師資生：陳怡文。

透過這一學習內容（表現）的探究，從植物外型的各種特徵，將植物作分類，以進一步認識各種植物。這樣的探究應可達到：「tc-II-1能簡單分辨或分類所觀察到的自然科學現象」的學習表現指標。

結語

　　教學目標是教師教學設計前應思考的工作，預期學生的學習結果是什麼？一般以B. S. Bloom的教學目標分類為依據，將學生的學習結果分為三大領域：認知、技能及情意。

　　其次，要瞭解三類學習結果的層次。在認知領域的認知歷程向度包含記憶、瞭解、應用、分析、評鑑及創造六個層次；在知識向度包含事實知識、概念知識、程序知識及後設認知知識四類。在技能領域有知覺、準備狀態、指導的練習反應、機械、複雜的明顯反應、調適及創作七個層次。在情意領域有接受或注意、反應、價值評定、組織及依據一種價值或價值體系形成品格五個層次。

　　再次，瞭解教學目標的層次及要素，有助於教師撰寫教學目標。在教學設計的目標陳述中，包含單元目標和行為目標兩個層次。行為目標的敘寫，建議可簡化為三要素：「行為」、「結果」及「標準」；或再簡化為「行為」和「結果」，而「標準」僅在教學設計中的評量呈現。

　　最後，師資生也要能解讀課程綱要的能力指標、領域的核心素養和學習表現，並能從能力指標或學習表現中，分析下層的教學（單元）目標及行為目標，作為進一步教學設計的依據。

教學設計

◆ 本章內容
第一節 教學設計的意涵
第二節 教學設計的模式
第三節 教學設計的內容與格式
第四節 教學設計的類型與示例

　　教學是科學也是藝術。就科學言,應思考教學要處理的要素,將教材、方法與策略、資源、評量預先構思妥為安排;就藝術言,指教學過程會依學習者特性、表現、情境變化等,調整改變,而不是即興進行。教師在教學前進行的系統思考與安排即教學設計。本章分四節,分別是:教學設計的意涵、教學設計的模式、教學設計的內容與格式,以及教學設計的類型與示例。依次說明如下。

第一節　教學設計的意涵

　　本節陳述教學設計的意涵,包括教學設計的必要性、定義及功能。

一、教學設計的必要性

　　為什麼要進行教學設計?學生在學校主要任務是學習,包括各領域或學科基礎知識的學習,以及高層次的問題解決、溝通表達等素養的學習。

而學生在校期間有六年或三年，各學習階段的學習內容、表現及核心素養，課程綱要業已規劃。然而，這些學習內容、表現及核心素養，如何在學習階段、學年及學期有限的時間內進行，學校和教師應妥為規劃安排，這是教學設計的第一個原因。

其次，教學過程是可以預先構思安排，使教學進行順暢。教師是專業人員，接獲教學任務，對該學習階段學生的學習心理、先備知識應進行瞭解，並熟悉必要的教學方法與策略，掌握可運用的資源。因此，對學期課程如何教學，要預先進行設計規劃。即在開學前進行備課或共同備課，對各單元或主題如何學習，做較詳細地思考。

第三，有準備的教學會帶來滿意的結果。《中庸》云：「凡事豫則立，不豫則廢。」任何事情皆然，教學亦如此。有系統之教學設計與準備的教學，相較於無準備的教學，較能掌握預期的學習結果，促進學生的發展。（任慶儀，2019：9；李宗薇，1997：71-72；林進財，2004：127；張世忠，2015：184）

瞭解教學設計的必要性之後，也應認識教學上的設計，與一般行業的設計，性質可類比，但規模與專業分工則有所不同。教師在學校進行教學，如同營造工程人員在工地興建樓房。興建樓房須依據建築設計，教師也須先有教學設計（或教學思考）才進行教學。但在建築的專業分工下，建築師負責建築設計，營造工程人員負責工地興建建築——建築行為。而在學校教育中，教師負責教學實施，同時也是教學設計者之一。

二、教學設計的定義

「設計」（design）是指對事物預先構想和規劃。設計是為了有效解決問題，各行各業都需要不同的設計，如建築設計、室內設計、工業設計、服裝設計、展場設計、廣告設計等，在事物執行前，都須先規劃出藍圖。即這些事物都先有藍圖，再去執行實現。因此，設計與執行是分工的。設計的藍圖須經評估再執行，執行過程會修改調整，執行結果也會回饋到後續的設計。

教學設計（instructional design），簡單地說就是一種系統規劃教學的歷程與結果之方案或藍圖（何澍，2000；沈翠蓮，2001：29；徐照麗，2002：112）。而此教學藍圖的內涵為何？有的認為要研擬教學目

標、運用教學方法與策略、規劃教學評量、安排教學活動。（張清濱，2020：177）有的認為要考慮四個要素：學習者、目標、方法及評量。這四個要素的思考是：學習者具有哪些特質？期望學習者能夠表現什麼？過程要用哪些最佳方法？用哪些方法和標準來衡量？（任慶儀，2013：114）

　　李宗薇（1997：70-71）分析教學設計的定義後，綜合歸納指出：教學設計是描述教學系統規劃的過程，設計者的工作主要是回答三個問題：(1)我們要到哪去？(2)我們怎麼去？(3)我們怎知已抵達目的地？這三個問題就是教學目標、教學策略與方法、教學評量與修正的思考。

　　分析上述教學設計的思考要項有：學習者的特性、教學目標、教學方法與策略、教學評量等四項。不過，學科或教材內容的分析也是重要的項目。分析教材內容以確認符應的教學目標，並據此選擇教學方法與策略，進一步構思教學活動。而教學媒體的選擇也是思考要項，它須配合教學方法、策略及教學活動。

　　因此，綜合上述的分析，作者認為教學設計的定義是：「對教學的整體思考規劃之歷程，衡量學習者的特性，依據課程綱要和表現指標擬定教學目標，分析教材內容，選擇教學方法和媒體，構思教學活動與學習評量，組織成有效引導學生學習之教學方案。」

　　分析此教學設計的定義，有幾個重點：(1)教學設計是一種歷程，也是結果—方案呈現；也可以說，教學設計是教師教學準備的歷程和結果。(2)教學設計應思考整體教學的要素。(3)教學設計應有系統的程序。(4)教學設計最終是要幫助學習者的學習。

　　教學設計在中小學教學實務上，1950年代之前，習慣稱為「教案」。（徐照麗，2002：119）目前教學設計大都以單元或主題為單位，稱為「單元教學設計」，也通稱為「教案」。（張世忠，2015：185）而單元教學設計的教學過程，強調由若干活動組合而成，又稱「單元教學活動設計」。後來又受到行為目標教學的影響，強調以行為目標的敘寫方式，稱為「行為目標教學活動設計」。（徐照麗，2002：119-120）在十二年課程綱要強調學生的核心素養，則稱為「素養導向教學設計」。（教育部，2014：1）

　　另外，「系統化教學設計」（systematic instructional design）是伴

隨常見的語詞。此一用詞，刪除「系統化」修飾詞，就與「教學設計」相同。其實教學設計原本就有系統之意，加上系統化一詞只是再次突顯，以吸引讀者重視。（李宗薇，1997：69）兩者的關係，就像「有效教學」與「教學」兩個語詞的關係。

三、教學設計的功能

　　分析上述教學設計的定義，已涵蓋李宗薇（1997：70-71）所提要回答教學設計的三個主要問題：(1)我們要到哪裡去？這是指擬定教學目標。(2)我們如何去？這是指運用教學策略和方法，安排哪些教學和學習活動，以及教學和學習的內容。(3)我們如何知道已達目的地？這是指教學過程和結果的評量。

　　教學設計除了回答這三個問題外，教學設計的過程，以及教學設計結果的文件，也有其功能。歸納教學設計的功能有以下幾點：

(一)指出教師教學的方向

　　教學若比喻為登山，則教師為登山的領隊，學生為登山的山友。領隊規劃登山行程前，會先設定要登頂的山頭；教師設計教學也要先擬定教學目標。教學如同登山，要先設定目標，再思考規劃如何達成目標。至於教學目標擬定的思考，那是另一項的討論問題。

(二)為教師的教學作準備

　　中小學教學有既定的教科書為內容，但配合學生、學區特性與教學任務，可能需要準備額外或補充的教材。而配合教材的呈現及教學目標的要求，也要選擇或製作教學媒體。另外，為使教學節奏進行順暢，也須在腦海中模擬教學方法或策略如何操作，以及教學活動進行的細節。

(三)為編製評量工具的依據

　　單元教學過程的形成性評量，在教學設計完成後，就已有對應教學活動的評量方式與內容。但教學變數很多，教師要事先掌握「如何確知學生學會」的學習點，才能視學生的學習表現調整或增加評量點。而整個單元的教學設計內容與活動，也是後續總結性評量的依據。

(四)作為相關人員溝通的依據

　　中小學的教學設計，大都以單元或主題為單位，有時僅設計一節課的教學。在學校教學實務上，有實習教師的教學演示，經驗教師或輔導團專家教師的教學觀摩，或例行性一般教師的觀課。教學設計的文件（教案）即作為教學者、輔導者、行政人員及參觀者溝通依據。在教學前的「說課」（或教學觀察前會談），以及教學後的「議課」（或回饋會談），教學設計的文件是對話的依據。說課時，可瞭解即將進行的教學或提出調整意見；觀課時，可對照教案易於理解教學過程；議課時，有觀課註記的教案，便於據此回饋與修正建議。一般而言，教學設計文件僅給教學專業相關人員，不提供給學生和家長。

(五)作為學校教育的歷史文獻

　　教師在教學過程中實施過的教學活動設計，是學校中教學的歷史資料，保存此時此刻學校課堂教與學的活動樣貌。時過境遷後，各領域、各階段的代表性教案與學校所發展的課程（彈性課程或特色課程）和教材，都是學校教育的重要歷史文獻。

第二節　教學設計的模式

　　在討論教學設計時，一般認為主要思考的要素有四項：學習者、目標、方法及評鑑。（中國視聽教育學會，1988：8；任慶儀，2013：114；沈翠蓮，2001：29；張清濱，2020：178）若進一步思考，這些要素仍可以再細分。因此，不同的教學設計者，著眼點不同，對教學設計思考的要項就有所不同。而對這些要素作邏輯的思考，使成為相互關聯的步驟與回饋修正，一般稱為模式。本節介紹Kemp教學設計模式和Dick-Carey系統方法模式，再思考其在國內教學設計的應用。

一、Kemp教學設計模式

　　Kemp教學設計模式引進國內，有視聽教育學會介紹1985年版教學設計的詳細內容（中國視聽教育學會，1988：9-10, 21-214）。其後李宗薇

（1997：94-96）介紹1990年代的版本。本書以2019年第八版為依據，並參考過去的版本作簡要介紹（Morrison, Ross, & Kemp, 2007; Morrison, Ross, Morrison, & Kalman, 2019；周新富，2014：94-96）。

　　2007年版的作者群是：Morrison, Ross及Kemp，周新富稱MRK模式。2019年版作者群沒有J. E. Kemp，但封面標示「Morrison Ross Morrison Kemp」，應當是紀念Kemp（1921-2015）之故。此模式的外形與本質和過去的模式相似，因此本章仍以最早提出者的姓氏，簡稱Kemp教學設計模式。它適用於商業、軍事、醫療、政府情境，以及幼兒園和中小學到高等教育的情境。（Morrison, Ross, Morrison, & Kalman, 2019: xi）Kemp的模式包含三個環形，內圈有九個要素。（如圖4-1）內圈的九個要素之間沒有箭頭連接，表示模式進行過程中是彈性的可隨時回饋修正；且在不同情境的教學設計不必考慮所有要素。茲說明如次：

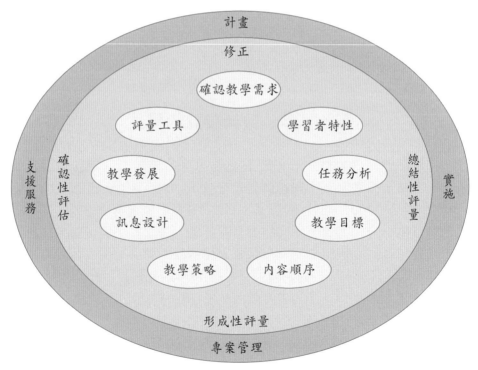

┌圖4-1┐　Kemp教學設計模式

資料來源：Morrison, Ross, Morrison, & Kalman, 2019, p. 3.

1. 確認教學需求

　　主要在評估學習的需求，進行教學目標分析，以及表現評量之問題與介入的方法。

2. 學習者特性

　　即學習者和情境分析。首先分析學習者特徵的類型，例如：學業成就（先備知識）、特殊的能力、學習風格、人格和社會特性、生活和文化的差異、學習缺陷等。其次分析情境，包括學習或教學與情境的適配性、情境中資源運用的便利性等。

3. 任務分析

　　在教育情境的工作分析，是指學科內容的分析。此項工作須與學科專家（subject-matter expert）共同思考，依照需求評估和情境分析以確定主題內容，或學習內容項目。

4. 教學目標

　　依主題內容或學習內容項目，訂定明確的教學目標。並將目標依據認知領域目標、技能領域目標及情意領域目標來撰寫，成為有條理和層次的教學目標敘述。

5. 內容順序

　　即設計教學與學習活動的順序。學習活動順序設計有三種思考：與學習者有關、與世界有關及與概念有關。與學習者有關的順序，例如：從最熟悉的訊息、從較不困難的、從最有興趣的等內容開始。而後兩種順序的思考，則視單元內容的性質而定。例如：與世界有關的順序安排，可從空間、世俗的、身體的等切近相關的內容開始。與概念有關的順序，則要思考概念之間的關係。

6. 教學策略

　　即設計教學的策略或方法。教學內容的性質多樣，包含事實、概念、原則、程序、人際技巧、態度等。如何將性質各異和層次高低的學習

內容，讓學習者吸收學習，設計者要有不同的處方（策略或方法）才能奏效。

7. 訊息設計

即設計教學的訊息。教學內容的訊息如何有效地傳遞給學習者，包含文字訊息的設計、圖片圖形的呈現。

8. 教學發展

此處教學發展是指開發指導的材料（教學與學習的指引）。在教學策略確定之後，此時須將教學方法或策略轉化為詳細的教學進行歷程之敘述，以及學習大綱。其成果可成為電子資料，或在小組進行發表。

9. 評量工具

即設計評量工具。評量工具應包含三方面：一是知識的測驗，尤其是教學目標與評量結果的關聯性。二是技能的類型與測驗，行為表現的評估或觀察。三是態度的評量，如觀察、軼事紀錄、問卷或量表等。

評量是在瞭解學習者達成學習目標的程度，其結果可作為評估教學設計和教學適切性的指標之一。評量包含在過程中形成性評量之問題設計，以及一個階段後總結性評量的設計。

上述為環形內圈九項要素的說明。此九項要素雖有邏輯順序關係，但不是一個步驟完成才能進行下一個步驟，而是可反覆進行思考加以調整。且因教學情境和學習內容性質差異，不一定全盤考慮九項要素，而可捨棄部分要素。

此模式的第二圈（由內向外）包含形成性評量、總結性評量之設計與修正，以及最後的確認性評估。第三圈（最外圈），左半部呈現教學設計者的角色，包括整個教學設計的計畫、專案管理及相關的支援服務。最右邊則為實施，即教學設計完成後之教學實施。

據該書前言所述，《有效教學設計》（*Designing effective instruction*）課程作為初階的入門者，可著重在第一到第九要素，以及形成性與總結性評量，此為一般教學的基本設計要素。而在進階課程，則側重探討評量、設計科技本位教學、專案管理、設計者角色及（專案）實

施等，第二圈和第三圈的設計。（Morrison, Ross, Morrison, & Kalman, 2019: xii）就此思考，國內中小學教學情境，運用Kemp的教學設計模式，可參考者為內圈的九項因素。

二、Dick-Carey系統方法模式

Dick-Carey系統方法模式（systems approach model）的教學設計廣為知曉，可應用在學期課程和單元，甚至於一堂課的教學設計。此模式對教學設計影響很大，並廣為教育和工商企業界所採用。（李宗薇，1997：92；Gagné, Briggs, & Wager, 1992: 21）。國內也有多人介紹Dick-Carey的模式。（任慶儀，2013：124-125；林進財，2004：141-144；李宗薇，1997：92-94；沈翠蓮，2001：37）

閱讀Dick, Carey和Carey（2015）對此模式的介紹，以及相關文獻（Gagné, Briggs, & Wager, 1992: 21-31; Seel, Lehmann, Blumschein, & Podolskiy, 2017: 52-54），並參酌上述國內學者的介紹，簡要說明Dick-Carey模式的教學設計：

1. 確認教學目標

陳述學習者預期應獲得的目標，包括技能、知識及態度的描述。Dick-Carey教學設計模式，由「確認教學目標」開始，見圖4-2。

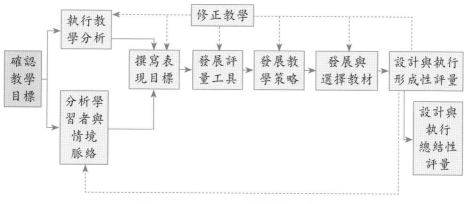

［圖4-2］ Dick-Carey教學設計模式

資料來源：Dick, Carey, & Carey, 2015, pp. 1-2; 任慶儀，2013，125頁。

2. 執行教學分析

　學習者須先具備的特定知識，或學習者必須能表現的特定任務。

3. 分析學習者與情境脈絡

　確認學習者的一般特性，包括先前知識技能、先前經驗及基本背景資料；確認所要教導的知識技能之特性；對學習表現和學習情境進行分析。

4. 撰寫表現目標

　目標的描述包括行為、條件（情境）及標準。描述目標要素的標準，將作為判斷學習者表現的依據。

5. 發展評量工具

　針對行為項目加以評量（測驗），包括前測、後測及遷移的練習。

6. 發展教學策略

　教學前的特定活動（準備）、教材的呈現、學習者之參與、評量等。

7. 發展與選擇教材

　發展套裝的教材，以及依據目標、學習者及內容選擇教材。

8. 設計與執行形成性教學評量

　描述形成性評量工具和規劃，並蒐集學科教學專家之回饋、視導者之觀察及學習者之觀察與態度等資料。（Dick, Carey, & Carey, 2015: 287-288）其回饋資料作為「修正教學」之依據，並重新檢視學習者與情境脈絡的分析。

9. 修正教學

　依前述回饋資料，以修正教學分析、表現目標、評量工具、教學策略、教材選擇。

10. 設計與執行總結性評量

總結性評量設計有兩個階段：專家判斷（expert judgment）和影響（impact）——實際教學。專家判斷要決定的有：教學是否符合組織的需求和目標？教材是否完整、正確、新穎？在這些教材中，是否清楚顯示學習、指導及動機之原則？

而在實際教學的影響有：學習者的成就和動機水準，是否符合教學要求？學習者是否能將知識、技能及態度遷移到工作情境或後續的教學單元？學習者行為的改變，是否有正向地符合組織的任務與目標？（例如：降低輟學、辭職；促進出席、成就；提升產能、等第）組織是否持續這種正向轉變氛圍？視導者的態度和行為是否支持這種轉變？（Dick, Carey, & Carey, 2015: 346）

此模式要素的形成性評量和總結性評量的差別是：形成性評量目的在發現教學的缺點而加以修正，提升教學的有效性；總結性評量目的在提出教學優點和弱點的資料，以決定哪些可以持續或採用，以獲得一個好的教學方案。（Dick, Carey, & Carey, 2009: 328）因此，模式圖的「形成性評量」有回饋到前面六個要素的歷程，但「總結性評量」則作為下個教學設計的參考。

上述兩個模式的教學設計，應是指範圍較廣且嚴謹的教學系統設計（instructional systems design）。不但納入相關教育專業人員：教師、學習專家、學科教學專家、視導者及管理者，且包含設計和執行（教學）。如同Gagné、Briggs和Wager（1992: 20）的觀點，認為教學系統設計是教學設計及其實施的教學發展歷程。

然而，教學設計並非能經常用於全國範圍的計畫。一般是指較小的教學系統（instructional systems）之設計，例如：課程、課程內的單元、或一課。雖然規模和範圍不同，但不同層級課程的教學系統設計之歷程，其特徵是共通的。只是較小範圍（如單元、課）的教學設計，僅聚焦在教學本身，而不是整個教學系統。（Gagné, Briggs, & Wager, 1992: 21）本書的教學設計，也僅以學科（領域）的單元（或主題）及課為範圍。

第三節　教學設計的內容與格式

　　教學設計的內容應包含哪些？分析Kemp和Dick-Carey教學設計中所關注的要素（Dick, Carey, & Carey, 2015; Morrison, Ross, Morrison, & Kalman, 2019），以及國內學者對教學設計或教案應包含的要素之見解（王財印等，2019：68-72；任慶儀，2019：40；林進材、林香河，2012：15-19；林進材，2004：138-140；周新富，2014：125-132；徐照麗，2002：135）。作者歸納教學設計的內容有八項要素，包括學習者特性分析、教學分析、教學目標分析、選擇與編輯教材、教學方法與策略、教學活動與流程、選擇教學媒體及教學評量。本節以教科書的單元（或課）為範圍的思考，逐一敘述教學設計內容八要素，再說明教學設計的參考格式。

一、教學設計的內容

(一)學習者特性分析

　　教學設計主要目的，是讓學習者在教學過程中參與學習，並獲得預期成效。因此，在思考單元教學各項安排前，應先分析學習者的各種特性。學生對教師的教學是否有學習的意願，涉及學生特性的因素有很多。不過針對一項單元的學習，要分析學習者的特性，是指學生的「課程經驗」和「生活經驗」。學生的生活經驗有的稱為學生的文化背景。

1.課程經驗

　　課程經驗是指在課程的安排上，學生已經學會了哪些教材內容。特別是學習此單元必要的相關知識和技能。這種在學習某一單元前，應具備的基礎知識，稱為「先備知識」。例如：國民小學數學第九冊第五單元「異分母分數的加減」（康軒版，2019）。本單元的主要目標為「能解決異分母分數加減問題」，其課程經驗有：

- 認識擴分、約分及通分，並比較分數大小。（本冊第三單元）
- 認識等值分數，並做簡單異分母分數比較。（第八冊第三單元）
- 能做同分母分數加減及解決真（假）分數的整數倍。（第七冊第七單元）

又如，國小社會五下第四單元第二課「投資活動」（康軒版，2020），本單元（後續行文皆以「單元」稱呼）主要目標為：認識投資方式與風險，以及投資自己的重要。其課程經驗為：（見本章第四節表4-5「投資活動」教案）

- 學生在前一課已瞭解理財的意義，認識計帳的方法；且大多數學生已會計帳，認識一些儲蓄的方法。

國民中小學主要依據選定的教科書進行教學，理論上學生對單元教學前的先備知識應學習過。但實際上可能有學生未具備或已遺忘，因此教師要分析本單元的先備知識有哪些。對已遺忘者喚醒其記憶即可；對未具備者，可能要課前做基礎補強的工作。教師在教學前，若能做到此細膩的準備，以及教學前確保學生的先備知識，則學習落後的情形將減少很多。

2. 生活經驗

生活經驗是指學生的生活背景與習慣、居住環境、社會經驗、經歷的事件……。學生的生活經驗的分析，特別是針對語言、社會、自然、文化、藝術等之學習。學生的生活經驗不足，對單元的學習往往僅止於表面，無法深入瞭解或體會，自然談不上態度的培養。例如：國民中學國文二下第六課「今夜看螢去—南方朔」（康軒版，2020）。本課的教學目標之一有「感受今、昔與古典情境中相同的愛螢心情」。因此，學習本課，學生的生活經驗可能是：

> - 在鄉下或山野曾住過（或旅遊），傍晚或夜間到野外觀賞過螢火蟲。
> - 住在都市，父母曾帶他（她）們到郊區山野欣賞過螢火蟲。

　　若學生沒有賞螢的經驗，則學習本課，可能僅止於課文的語文知識、修辭及寫作技巧；至於夜間賞螢的情趣及親近大自然的美感經驗，只能靠學生的想像力。

　　在目前資訊時代，若學生缺乏相關的生活經驗，有時可透過網路搜尋教師指定的訊息、圖片及影音，指定學生課前觀看。必要時，教師在課堂提供影片等，補足其生活經驗。

(二)教學分析

　　目前教科書的編輯，有以單元的方式呈現，例如：國小數學五上有十個單元（康軒版，2019）；有以「課」的方式呈現，並組合二至四課成為一個大單元，例如：國小國語五下有十四課分四個大單元（康軒版，2020）。教師進行教學設計時，雖有教科書課文和教師手冊詳細的教材分析。但這是編輯群的教學知識，教師仍要進行閱讀並加以分析，才能掌握單元內容對學生的適配情形。教學分析可包括教材性質分析、教學重點及聯絡（延伸）發展。

1.教材性質

　　教材性質即是要瞭解本單元教材的類別、重要性、難度等性質。例如：國小數學五上第八單元「面積」。分析此單元的教材性質有：

> - 國小數學四類學習內容的「空間與形狀」。
> - 面積公式是抽象的，但可透過操作來理解。
> - 複合圖形面積對多數學生可能有難度。

　　若所做的教學設計是大單元中的一課，則應分析其與大單元的概念或主題的關聯性，才能顯示大單元所要傳遞的概念。

在第四節表4-5「投資活動」教案的教材性質分析為：

> • 本單元屬於個人理財（或投資）規劃，也呈現個人的價值選擇與投資。

2. 教學重點

教學重點即呈現本單元教材的主要內容。教學重點的呈現可採用分點陳述，必要時加上架構圖示，以呈現單元重要概念的關係。例如：國小數學五上第八單元「面積」（康軒版，2019）。分析此單元的教學重點有：

> • 認識九章數學中圭田、邪田面積計算是本單元的內容。
> • 認識平行四邊形、三角形、梯形面積的求法，是以長方形為基礎，將圖形轉換成等積的長方形，據此推導面積的計算公式。
> • 瞭解透過切割拼組的操作，並應用上述公式去求出複合圖形的面積。
> • 領悟面積公式之間的推導關係，係透過切割拼組的幾何操作，以發展面積的計算公式。

有些單元教材內容，除陳述重點之外，也可加上表列或圖示呈現，讓教學重點的呈現更清晰。以本章第四節表4-5「投資活動」教案為例，其教學重點分析如下，而教學重點架構如圖4-3。

> • 首先認識投資的意義與投資方式；
> • 其次認識投資風險進而瞭解投資自己；
> • 第三，檢視自己的時間和零用錢資源，投資自己學習的情形。

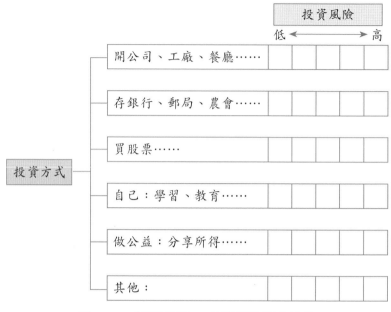

〔圖4-3〕 「投資活動」教學重點概念架構

(三)教學目標分析

單元教學設計的教學目標,稱為單元目標。單元目標的功能為指引教師教學和學生學習。中小學教科書的教師手冊,在每個單元前大都有不同形式的單元目標陳述。有的明確寫出單元目標,有些呈現單元學習的重點。這些單元學習的重點是以學生的立場陳述,事實上就是單元目標。教學目標的分析,可分三個步驟來思考。

1. 確認單元目標

以學科領域單元的教學設計,先找出單元的單元目標,或將單元學習的重點,轉化成以學生觀點的單元目標。有些教科書的教師手冊,在單元前面會列出「教學目標」(單元目標)。例如:國小國語六上第五課「山的巡禮」,教師手冊列出的教學目標有六項,改寫簡化如下:(康軒版,2018)

1.查詢林煥彰和劉克襄的作品，以增廣閱讀。
2.聆聽朗讀詩歌，找出詩中景物的特色與情意的表達。
3.認識本課生字新詞的意義與用法。
4.瞭解詩句運用的寫作技巧與趣味性。
5.能與同學共作童詩並透過不同形式朗誦詩句。
6.培養欣賞大自然之美，並珍惜大地的環境。

　　有些教師手冊並無直接呈現「教學目標」，但從單元架構重點或教學重點中，加以摘述改寫，就成為單元目標。例如：國中社會科二上第三單元「民主國家的公民參與」（公民與社會）第一課「國家與民主政治」，在教師手冊的課程架構重點，修改後即成為單元目標如下：（康軒版，2020）

1.認識國家的形成與目的。
2.瞭解國家與政府的區別與關係。
3.知道民主政治的特色。
4.體認並珍惜民主國家的價值。

　　而本章第四節表4-5「投資活動」教案，其單元目標係作者參考課文和教師手冊的說明，撰寫四項單元目標如下：

1.能認識投資的意義與方式。
2.能認識投資與風險。
3.能瞭解投資自己的重要與選擇。
4.能理解做公益的重要。

2.分析第二層目標──行為目標
　　上述前三個目標（投資活動），事實上就是三個小主題，包含範圍較

大。教師實際進行教學前，應將單元目標再拆解成較細的目標，並形成具有邏輯順序的關聯，以利教學進行。此即對單元目標作第二層分析，為一般所說的行為目標分析。教師的教學即根據行為目標安排各種活動，可能是一段講述、一個提問與回答、一次討論與分享等。將上述的單元目標，進行第二層分析，示例如表4-1。

表4-1　「投資活動」單元目標和行為目標分析

單元目標	行為目標
1. 能認識投資的意義與方式。	1-1 能說出投資的意義。 1-2 能列舉投資方式的種類。 1-3 能依利率計算不同行局的獲利情形。 1-4 能說出股票賺與賠的情形。 1-5* 能說出未來可能的職業（志業）或創業方向。
2. 能認識投資與風險。	2-1 能說出風險的意義。 2-2 能列舉低風險的投資行為。 2-3 能說出高風險的投資行為。 2-4 能說出如何降低投資風險。
3. 能瞭解投資自己的重要與選擇。	3-1* 能說出什麼是投資自己，以及它的重要。 3-2* 能思考自己哪些方面的能力素養需要投資。 3-3* 能思考自己有什麼資源可以投資自己。
4. 能理解做公益的重要。	4-1 能說出捐獻（錢）做公益的理由或意義。 4-2 能樂於做公益。

*為第二、三節價值澄清教學的目標。

此一示例，將每一單元目標，分析出二至五個行為目標。行為目標是後續安排教學活動，以及形成性評量的依據。教學目標如何分析，會隨教師對學生、教材、社會及哲學觀的差異，而有不同的分析結果，教學呈現也就不一樣。因此，單元目標的分析，反應教師的教學理念與哲學觀點。本單元的教學，作者從投資的觀點，引導學生瞭解投資自己（學習）的重要，並透過價值澄清技巧，檢視自己「想的」與「實際行動」的落差情形，以提醒自己努力的方向。

單元教學目標的分析，是教師對單元教材內容架構的邏輯思考結果，讓教師的教學陳述更有條理和層次。而情意的目標雖然在教學過程中較難呈現，但教師會在學生獲得知識、技能（能力）學習之後或同時，提

出一些情意的問題讓學生思考，表達觀點與心得。然情意與態度的評量，較難在課堂中進行，須於課後的觀察或生活的反映中，評量其態度與行為表現。雖然如此，教學設計中的目標分析，仍應兼重認知、技能及情意三類的學習目標。

　　因此，教師也可根據Bloom的學習目標區分，將單元教學目標分別從認知、技能及情意三部分來敘述。例如：國小國語第十一冊第十課「少年筆耕」（南一版，108再版），本單元的教學目標分析如表4-2。

┌表4-2┐　「少年筆耕」的認知、技能及情意單元目標分析

1. 認知
　1-1能理解課文內容並思考說出教師提問的答案。
　1-2能推論課文內容並討論問題提出自己的觀點。
　1-3能同理分析主角與父親的心情。
2. 技能
　2-1能分析並排列主角與父親的心情向度。
　2-2能繪製出心情轉折的折線圖。
3. 情意
　3-1能反思日常生活中的家庭問題。
　3-2能培養團隊精神與合宜行為。

李雅涵提供，見表4-6教案。

　　有些單元的內容單純範圍較小，單元目標的陳述可採簡單的條列式陳述。例如：在進行「布袋戲是什麼？」的單元教學中（文化體驗教育計畫），一個單元僅兩節課，其教學目標敘述單純，也不必硬性區分三類目標，如表4-3。（修改自2019年「昇平五洲」的教案）

┌表4-3┐　「布袋戲是什麼？」的單元目標分析

1. 認識布袋戲與布袋戲發展。（知識）
2. 瞭解布袋戲基本角色。（知識）
3. 認識與操作布袋戲偶技巧。（知識、技能）

　　此教學為第一次上課，偏重知識與技能的認識。但情意部分的引導，則在過程中強調戲偶製作精巧與美感的欣賞，以及對戲偶角色的喜好等。

3.對應領綱學習重點與核心素養

　　以表4-5「投資活動」教案為例，分析「投資活動」的單元目標和教學內容，其所對應的十二年課程綱要中，社會領域的學習內容、學習表現及核心素養，陳述如下。

　　(1) 對應社會領域的學習內容

　　分析本單元的教學內容，對應社會領綱的學習內容有兩項。其中部分的學習內容，本單元教學並未涉及。因此，刪除此項內容後修改其敘述如下：

　　　・個人的價值觀會影響金錢與時間運用的選擇。（Aa-III-1）
　　　・個人依據價值觀做選擇時，須評估風險與結果，並要承擔責任。
　　　　（Da-III-1）

　　(2) 對應社會領域的學習表現

　　本單元的教學對應領綱之學習表現有一項。本單元僅探究個人內在部分，不涉及探究社會的層面。因此，修改學習表現之敘述如下：

　　　・反省自己的價值觀，思考其重要性並加以調整。（2c-III-1）

　　(3) 對應社會領域的核心素養

　　本單元的教學可以呼應到社會領域核心素養有三項：

　　　・覺察人類生活相關議題，進而分析判斷及反思，並嘗試改善或解決
　　　　問題。（社-J-A2）
　　　・運用文字、語言、表格與圖像等表徵符號表達人類生活的豐富面
　　　　貌，並促進相互溝通與理解。（社-J-B1）
　　　・理解不同時空的科技與媒體發展和應用，增進媒體識讀能力，並
　　　　思辨其在生活中可能帶來的衝突與影響。（社-J-B2）

(四)選擇與編輯教材

　　單元教學設計中的教材來源有幾種情形：

1.教科書的教材

　　以教科書內容及教師手冊的補充內容為依據，必要時再補充其他文章、社會新聞、雜誌的新知報導等。

2. 自編單元教材

　　教師依據自己對學科教學專業能力與經驗，以課程綱要的規範要求，擷取教科書的主要內容，加上自己對學科專業的理解，編輯成適合學生學習的單元教材。累積學期的單元教材，即可編輯成完整的學科教材，作為教師教學和學生學習的材料。

3. 自編主題教材

　　國民中小學有「彈性學習課程」。有時教師須發展學校特色課程的主題教學，或進行議題的教學。此時，沒有教科書作為學生學習的教材，教師就必須自行發展主題，自編學習教材，作為教學與學習的依據。

(五)教學方法與策略

　　教學方法是指貫串整節課或單元的教學進行方式。例如：合作學習教學法、問題解決教學法、MAPS教學法等。其他情形的教學，可能運用一些策略或技巧，例如：案例教學、六六討論法、影音連結等。教學方法與策略的決定會依據教學目標和教材的性質而定，有幾項原則可供參考：

- ・教學的目標偏向知識、概念及原則的熟練與應用，則可採用直接教學法或策略、精熟學習教學法等。此種學科基礎知識的學習，必須要求學生達到某種精熟的程度。
- ・教學的目標偏向分析、評鑑、創造及問題解決的學習，則應安排學生有討論、探究、製作等機會。這種學習應採取問題解決、批判思考、創造思考等間接教學策略的教學法。
- ・語文及其他技能操作的學習，則應提供示範、練習、回饋修正的反覆練習機會。並提供課堂的獨立練習，以及安排課後的遷移練習機會。
- ・運用學習金字塔。在認知、技能各層次的學習，能引導學生主動學習；在態度的培養，則須參與討論、模擬情境，甚至於有直接的經驗。

(六)教學活動與流程

　　教學內容如果偏向學生在基礎知識技能的熟悉，則採用目標導向的

教學活動；若是偏向高層次或問題探究的學習，則採用建構導向的教學活動。

1. 目標導向教學活動與流程

目前在教育現場，很多教學設計的教學活動都區分為「準備活動」、「發展活動」及「綜合活動」。任慶儀（2019：32）指出這三者是「單元教學法」的步驟，而不是教案的格式。然而，許多教案的設計，已把「準備活動」、「發展活動」及「綜合活動」視為教學的三大步驟，底下再分若干較細的步驟或活動。至於單元教學法之推動與教學歷程，請參閱任慶儀（2019：120-128）的著作。

教案的教學活動若套用上述三個大步驟，有一觀念須澄清。即「準備活動」相當於直接教學法的「陳述教學目標與重點」，或是Gagné教學事件的前三步驟「引起注意、告知學習目標、喚起舊經驗」。這是教學開始前幾分鐘的引起動機。而教師和學生在單元教學之前，要準備的事項或工作，應是「課前準備」。換言之，準備活動是上課鐘聲響起，已開始進行教學了。

至於要設計何種教學活動，則視教材的性質（認知、技能、情意），以及學習的層次而定。教學活動中所應用的教學方法或策略，參考前頁「(五)教學方法與策略」之原則。

教學流程設計與安排，可依目標分析中行為目標的順序，逐一思考教學活動與流程。教學活動與行為目標之對應，不必然是「一對一」；有時多個行為目標相依，可設計成一個活動；有時一個行為目標的內涵較多，可細分為兩個活動或分散到不同的活動。以本章第四節表4-5「投資活動」教案為例來說明。

(1) 多個行為目標對一個教學活動

在「投資活動」的教學活動中，合併1-2, 1-3及1-4三個行為目標，設計成「認識投資—小組討論」活動的四個問題。

(2) 一個行為目標有多項教學活動

例如：行為目標「2-3能說出高風險的投資行為」，在教學活動「認識投資風險—小組討論」已初步認識。但為了讓學童體驗投資風險，設計「虛擬股票投資—買進」教學活動，虛擬練習買股票。後面又設計「虛擬

股票投資－賣出」教學活動，虛擬賣出前次買的股票。在一進一出當中，讓學童真正瞭解高風險的投資行為。因此，「行為目標2-3」跨越三個活動。

(3) 一個行為目標一個活動

例如：行為目標「3-1能說出什麼是投資自己，以及它的重要。」此行為目標在強調什麼是投資自己，以及它的重要性。因此，單獨設計一教學活動「瞭解投資自己」——全班討論：什麼是投資自己？為什麼要投資自己？

若教學設計的單元目標分認知、技能及情意三類來寫，則設計教學活動仍然依單元教材內容的邏輯順序來思考與安排。只不過在設計認知的目標時，會涵蓋後面技能或情意的目標。

例如：本章第四節表4-6「少年筆耕」教案，教師在教導認知目標的教學活動「講解並進行生字遊戲」中，包含1-4能正確念出本課生字和新詞的字音，以及1-5能正確說出本課生字和新詞的意義，也要注意技能目標「2-3能正確寫出本課生字和新詞的字形」，以及情意目標「3-2能培養團隊精神的合宜行為」。

若單元目標分析以條列式呈現，教學活動的設計，也是按照教材的邏輯順序來設計與安排。但要留意的是，教學目標雖看不出情意的內涵，教師在引導過程中，仍要帶出學生的欣賞、喜愛及行為表現。

例如：「認識與體驗布袋戲」的單元目標2－瞭解布袋戲基本角色。教師以各角色戲偶介紹後，可指出戲偶製作之美與精巧之處，引發學生欣賞的讚嘆聲。

2. 建構導向教學流程

建構導向的教學偏向高層次原則及問題解決的學習。在課堂內的建構式教學，大都是較小的問題解決或探究學習，在一、二節課內可完成。其教學流程為，呈現問題及解題過程之反覆歷程。以數學文字題的解題為例，其教學的流程大略步驟如下：（徐照麗，2002：462）此教學過程，也可套用陳龍安（2006：148-150）的創造思考教學模式：「問、想、做、評」。

- 教師布題。（問）
- 小組討論解題（或個別解題）。（想）
- 發表解題方法。（做）
- 討論：質疑和辯證，修正解法。（評）
- 歸納：正確而有效的解題方法。

另舉一個國民小學五年級數學，「小數乘以小數」的教學例子來說明。此單元為陳維民（2019）設計與教學，有三節課。學習目標為：「理解小數乘法的意義，能做直式計算與應用。」其中第一節主要目標在，引導學生建構「大於1的小數計算規則」。其教學引導歷程如下：

- 引導估算：拋出問題讓學生估算大約的值
  *$4.2 \times 2.1 \fallingdotseq$？；$12.3 \times 4.2 \fallingdotseq$？（取整數估算約為：8和48）
- 合理猜測：引導學生猜測小數位置
  *$4.2 \times 2.1 = 861$；$12.3 \times 4.2 = 5166$（先將整數相乘）
  *問：小數點，點在哪裡？為什麼？（進行小組討論）
- 進行練習：出更多的題目讓學生練習
  *以表列方式呈現計算結果：「題目、估算、整數相乘、小數點」四欄
- 歸納：小數計算規則
  *前述表列四欄中，右側再加「被乘數小數位數、乘數小數位數、積小數位數、檢查」四欄
  *歸納原則：積小數位數 = 被乘數小數位數 + 乘數小數位數

(七)選擇教學媒體

教學開始的引起動機如何進行？可講述一則故事，可展示圖片或實物，可播放一小段影片。教學過程中呈現教材給學生，最簡便的方式是閱讀教科書或教材的課文與圖表。但為強化效果或聚焦學生的注意力，將教

科書或教材的重要內容和圖表，用PPT呈現，會有較佳的效果。

　　有些教材內容，僅用文字說明或圖片觀看，還是難以瞭解，必須輔以影片，才能讓學習者恍然大悟。例如：介紹土石流、熔岩流、蜜蜂八字舞等，須輔以影片。而有些立體圖形、立體構造、機器內部構造，介紹這類教材，若用立體圖形逐一呈現，或有模型剖面解說，將讓學習者了然於心。教學設計應視教材性質與學習目標，找尋適當的教學媒體，必要時，教師得自行蒐集或設計。

(八)教學評量

　　教學過程的評量設計，主要在瞭解學生是否真的學會所教內容，它是一種形成性評量。單元教學若是採用目標導向的教學設計，在行為目標中已經有明確且邏輯清晰的敘述。因此，教學評量的設計上，原則上在行為目標的敘述中加上「標準」即可，並對應到該項教學活動。例如：在「投資活動」教案的行為目標「1-2能列舉投資方式的種類。」其評量可為「能列舉五種以上投資方式」。

　　然而教學時間有限，我們不可能逐一詢問學生，教師可指名不同程度學生各1-2位來回答即可。教師也可依據對學生學習程度的瞭解，在一項教學活動結束後，提三種不同難度的問題，考驗三類程度的學生：「難的」問優秀生，「中的」問中等生，「易的」問後段生。若三種難度的問題，三類程度的學生都會回答，也可據此確認學生大致學會了。

　　但是經驗顯示：在第一時間學生「表示」會了，可能還不夠，要再確認一下。教師可出相似但較難的問題再考驗學生，若學生也能解答，才可確認學生學會了。這也是在直接教學法過程中的獨立練習。

　　在認知領域學習中，有時教師會在一個小單元或一節課結束前，出一份小考來測驗學生。以瞭解全部學生學習情形，並作為平時的學習成績。

　　在所有教學過程中，教師要評量學生的問題或小考，以及評量方式，如口頭、觀察、實作、紙筆測驗等，在教學設計的評量欄位中，要有明確的敘述。

二、教學設計的格式

　　上面敘述教學設計的八項內容要素，除此八項要素外，教學設計還要有基本資料的形式要件，並連結到十二年課程綱要的核心素養與學習重點。因此，完整的教學設計，其格式內容應包含基本資料、教學分析、教學方法、學習者分析、教學目標（單元目標與具體目標）分析、教學流程（含目標、教學活動、時間預估）、教學媒體、教學評量、教學準備等，以及本單元（主題）可達成的領域核心素養和學習重點，融入的議題和其他領域的連結。

　　上述的基本資料應包括學校名稱、學年度、標題；領域／科目名稱、單元名稱、教學節數、教材來源；教學年級、設計／教學者及設計日期。完整的基本資料，可讓後人閱讀時能理解其時空背景，而成為學校教學的重要文獻。依此教學設計的內容加以組織，本書歸納教學設計格式如表4-4，以供參考。

〔表4-4〕單元教學設計格式

（學校名稱）○○學年○學期　單元教學設計

設計完成日期：　　年　　月　　日

領域／科目		教學節數／日期		教學年級	年　　班
單元名稱		教材來源		設計／教學者	
單元教學分析	教材性質： 單元重點： 教學方法： 聯絡與發展： 學生經驗： 1.課程經驗： 2.生活經驗：				
領域核心素養					

學習重點	學習表現	
	學習內容	
議題融入	實質內涵	
	所融入之學習重點	
與其他科目的連結		

A-單元目標	行為目標
1.	1-1 1-2
B-單元目標	（註：單元目標可採二層次的分析，如A；或一層次的陳述，如B。視教材層次而定。）
教學準備	教師： 學生：

目標編碼	教學流程	時間分配	教學資源	評量

註：自行發展的主題教學設計，在標題後可增加：主題／課程設計理念、主題／課程架構及教學實施——方法與策略、情境、資源、評量等。

【單元教學設計格式補充說明】

1. 「聯絡發展」是指本單元的內容，延伸到後續加深和加廣的學習單元。可能是同一學期的後面單元，可能是下一學年或下一個學習階段。

2. 本教學設計格式的「教學目標分析」提供A和B兩種選擇。

A：在學科知識或技能結構層次分明的單元，可將單元目標再分析第二層的行為目標。如此將單元目標進行有層次的邏輯分析，有助於教師將教材細緻化，逐層依序設計活動提供學習材料，有助於學生能拾級而上有效進行學習。

B：單元目標僅是範圍大小或包含較多情意目標，不易區分層次，則僅依教材順序，列出單元目標；或依照認知、技能、情意三類分別列出單

元目標。

3. 自行發展的主題教學設計。教師自行發展的課程主題，可在標題與教學設計格式間，加上自己所需要表達的理念與內容，例如：主題名稱、設計理念、主題架構、教學實施（方法與策略）、情境、資源、評量等。

4. 本教案格式參考過去的經驗，並納入十二年課綱教學設計所需的內容，作為一般性教學設計參考。若學科有特殊性，依學科的特性加以修改或自行發展。

第四節　教學設計的類型與示例

在第一節教學設計的定義，約略指出教學設計是對教學的整體思考規劃之歷程及結果。所謂「教學的整體」可以是一學年課程，或一學期課程的教學系統。但本書討論教學設計，僅以較小範圍的教學系統 —— 即單元為範圍 —— 的教學設計。在此思考下，參考其他學者對教學設計類型之區分，綜合教學設計的形式和內容區分為：詳案設計、簡案設計及思考設計三種。（王財印、吳百祿、周新富，2019：57-64；林進財，2004；徐照麗，2002：114-117）

一、詳案設計

前面指出教學設計是一種歷程，也是結果。此結果即為教學設計的書面文案。以單元為內容所形成的教學設計，即為單元教學設計。

教學設計的詳細內容（詳案）是要包含教學設計的各項內容，且寫出每一個與教學有關環節的細部內容。一項完整的教學設計內容要素，如第三節所述。而在教學設計實務上，詳案內容的呈現順序應包含教材性質、單元重點、教學方法、聯絡發展、學生經驗、教學目標（單元目標與行為目標）分析、教學流程（含目標、教學活動、時間預估）、教學媒體及教學評量等細部設計，以及說明教材來源和教學準備事項。最後分析單元與課程綱要的領域核心素養、教學內容及學習表現之關聯性，呈現在教學目標之前。

　　因此，撰寫詳案是較完整且深入的教學備課思考歷程與成果。進行此工作主要的原因有三項：

　　第一，以文字和圖示紀錄教師對單元教學的思考，促進教師熟悉單元教學內容，幫助構思教學歷程，以作為準備教學媒體和評量的依據。

　　第二，教學設計結果有詳細的教案——備課之成果，便於與他人溝通分享。教師間相互分享教案，可節省備課的時間。

　　第三，方便日後繼續使用並更加精進。根據單元教案的教學經驗與學生學習結果，對該單元教案加以修正補充，讓日後的備課較輕鬆，且教學更精進。（徐照麗，2002：116）

(一)詳案設計的情境

　　詳案設計提供較完整且具體的一個單元教學思考，適用的情境有下列四種：

1. 師資培育階段的職前教育課程學習

　　師資培育階段的師資生，應學習並熟練完整的教學設計（詳案）。在「教學原理」課程中是一般性（通用）的教學設計；「分科教材教法」課程則為適用該科的教學設計。師資生要撰寫詳案的情形有三：(1)在教學實習課程，安排進入班級試教前須提供詳案，以便讓輔導教師瞭解即將進行的教學。(2)通過教師檢定後的教育實習階段，在領域單元的第一次教學應設計詳案，以對輔導老師和學生負責。(3)進行教學演示時，須提供詳案，便於參觀後的討論與指導。

2. 初次進行學科或單元的教學

　　國民小學的教師是不分科別的，但在教學實務上經常會擔任非專長領域學科的教學。此時，教師不但要事先研讀該學科的教材內容並分析知識架構外，更應針對每個單元進行較詳細的教學設計。這樣上起課來才有自信，對學生的學習才有保障。而對於專長領域學科或已有教學經驗之教師，初次教學的單元，仍應有較詳細的教學設計。（徐照麗，2002：118）國高中的教學現場，因配課的關係，教師的教學也有類似的情形。

3. 教學觀摩

學校有經驗的（或專家）教師，以及縣市學科輔導團專家教師，為提升教師的教學專業或推展某種教學方法，進行教學觀摩時，應有詳案的設計。讓觀摩者可從參觀中對照教案內容，獲得更多的學習。且在觀摩後，教學者與觀摩者、學科教學專家、視導人員等，在進行說明、討論及回饋時有所依據。

4. 教師共同備課時

在《十二年國民基本教育課程綱要》的教學實施中，要求教師「共同備課」。這需要有同年級同領域，或同領域不同年級教師2人以上。教師可先對領域中關鍵的單元共同備課。備課時進行的工作有：分析學生經驗，分析教材性質與教學目標，準備符合學生需求的教材內容，思考運用的教學方法與策略，設計細部的教學活動，思考提問或討論問題，蒐集或製作教學媒體等。（十二年課綱，32頁）這些思考的內容，也是教學設計思考的主要內容項目。教師們共同備課時，將單元的教學思考規劃形諸文字和視覺化——詳案。如此，教師的教學將更精練，且能有效幫助學生學習。

上述四種情形，師資生或教師應做詳案設計。但教學設計除了是自己教學的藍圖外，也應能夠讓他人使用。有三個思考點可讓教學設計具備分享和再使用的價值。第一，思考代課老師閱覽此教案，是否能掌握單元教學內容和活動，順利進行未完成的教學。（徐照麗，2002：115）第二，隔年（或兩年後）自己再進行此單元的教學，閱讀此教案，是否能形成清晰的教學圖像，只須稍加修改後即可再進行教學？第三，同儕教學專業人員閱讀此教案，是否能瞭解你的教學內容，掌握你的教學流程，形成一個教學圖像，與你的圖像接近？

(二)詳案設計示例

以社會領域國小五下第四單元第二課「投資活動」（康軒2020四版—九年一貫課程）為例，進行詳細的單元教學設計。本單元雖是九年一貫課程社會科的單元，但有關「投資理財」仍然是小學高年級重要的學習

內容。本教案採用兩層次的教學目標分析：單元目標和行為目標。在教學上強調小組討論與表達、實際操作（虛擬股票投資）體會、實作（等級排列及生活餡餅書寫）練習及價值的選擇投入與承諾，其詳案設計如表4-5。

表4-5　國小社會科五下「投資活動」單元教學設計

（臺中市北屯區大坑國民小學）109學年下學期　單元教學設計

設計完成日期：110年2月17日／5月12日修

領域／科目	社會	教學節數／日期	三節120分鐘 110.5.4; 5.11	教學年級	五年乙班
單元名稱	第四單元第二課 投資活動	教材來源	康軒五下教科書與教師手冊（2020年）	設計／教學者	呂錘卿 賴足免主任

單元教學分析

教材性質：本單元屬於個人理財（或投資）規劃，也呈現個人的價值選擇與投資。

單元重點：首先認識投資的意義與投資方式；其次認識投資風險進而瞭解投資自己；第三，檢視自己的時間和零用錢資源，投資自己學習的情形。

	教學方法：第二節採用價值澄清法—等級排列和生活餡餅。 聯絡與發展：國三有「家庭的經濟生活」的學習內容，與理財投 　　　　　　資有關。 學生經驗： 1. 課程經驗：學生在前一課已瞭解理財的意義，認識計帳的方 　　法；且大多數學生已會計帳，認識一些儲蓄的方法。 2. 生活經驗：學生過去有在郵局存款的經驗。
領域核心 素養	・覺察人類生活相關議題，進而分析判斷及反思，並嘗試改善或 　解決問題。（社-J-A2） ・運用文字、語言、表格與圖像等表徵符號表達人類生活的豐富 　面貌，並促進相互溝通與理解。（社-J-B1） ・理解不同時空的科技與媒體發展和應用，增進媒體識讀能力， 　並思辨其在生活中可能帶來的衝突與影響。（社-J-B2）

學習 重點	學習表現	・反省自己的價值觀，思考其重要性並加以調整。 　（2c-III-1）
	學習內容	・個人的價值觀會影響金錢與時間運用的選擇。 　（Aa-III-1） ・個人依據價值觀做選擇時，須評估風險與結果， 　並要承擔責任。（Da-III-1）

單元目標	行為目標
1. 能認識投資的意義與方式。	1-1 能說出投資的意義。 1-2 能列舉投資方式的種類。 1-3 能依利率計算不同行局的獲利情 　　形。 1-4 能說出股票賺與賠的情形。 1-5* 能說出未來可能的職業（志業）或 　　創業方向。
2. 能認識投資與風險。	2-1 能說出風險的意義。 2-2 能列舉低風險的投資方式。 2-3 能說出高風險的投資行為。 2-4 能說出如何降低投資風險。
3. 能瞭解投資自己的重要與選擇。	3-1* 能說出什麼是投資自己，以及它的 　　重要。 3-2* 能思考自己哪些方面的能力素養需 　　要投資。 3-3* 能思考自己有什麼資源可以投資自 　　己。

目標編碼	教學流程	時間分配（分）	教學資源	評量
	4.能理解做公益的重要。		4-1 能說出捐獻（錢）做公益的理由或意義。 4-2 能樂於做公益。 *爲第二、三節價值澄清教學的目標。	

教學準備	教師：於前一週教學時：1.介紹股市網並模擬買進股票；2.數學課事先教導百分比和繪製圓餅圖。3.教師準備Pad（若有最好）。 學生：1.課前蒐集有關投資活動的介紹與報導。2.準備手機；若無，教師提供Pad。

目標編碼	教學流程	時間分配（分）	教學資源	評量
	【第一節】 *學生爲4人一組的座位			
1-1	一、引起動機 教師指示學生取出所蒐集的投資介紹或報導，進行小組分享。 教師抽籤或各組推派1人分享（在原組起立）。 教師提問：投資是什麼？	5		·能正確說出投資的意義。（1-1）
1-2	二、認識投資 (一)小組討論 教師引導學生閱讀並觀察課本第60、61頁課文和圖片。閱畢，小組討論下列問題，試著用自己的話來說。 1.投資的方式有哪些？ 2.我們可以將金錢存放在哪些地方（金融機構）？	10	PPT呈現討論問題	·能列舉五種以上投資方式。（1-2）
1-3	3.將錢存放在這些地方可以怎樣獲利（實際計算出）？			·80%學生能算出獲利或損失。（1-3）
1-4	4.購買公司股票可能的獲利和損失情形如何？			·全部學生能說出買股票賺／賠的情況。（1-4）
	(二)小組分享 1.討論結束。各組代表依序分享討論結果：第一組—第1題，第二組—第2題，……；接著組員再補充。最後他組補充或提問。	8		

	2.各組提問：各組對內容有疑問處提出來，教師回答。 3.教師小結：(1)投資意義與方式；(2)試算利率和獲利與損失。		ＰＰＴ呈現利率與股票賺賠情形。	
2-1	三、認識投資風險 (一)小組討論 教師引導學生閱讀並觀察課本第62頁課文和圖片。閱畢，小組各分配一問題討論。 1.什麼是風險？（風險的意義）	5	PPT呈現討論問題	・能說出風險的意義。（2-1） ・能列舉三種以上低風險投資。（2-2） ・能說出高風險投資行為。（2-3） ・能說出三種以上降低風險的方式（含投資自己）。（2-4）
2-2	2.將錢存放在銀行（或郵局）的獲利與風險情形如何？（也是儲蓄）			
2-3	3.將錢用來買股票的獲利與風險情形如何？（合併2和3：認識獲利與風險的關係）			
2-4	4.如何降低風險投資？ (二)小組分享 1.討論結束，各組代表依序分享討論結果，接著組員再補充，最後他組提問或補充。 2.各組提問：各組對內容有疑問處提出來，教師回答。 3.教師小結：風險意義與降低方式。	10	PPT小結	
	四、教師總結 1.投資的方式：存郵局或銀行、買股票、投資自己、公益等。 2.獲利高，風險也較高。 3.思考如何投資自己，下節課討論。 4.作業：未來的職業（創業）學習單 ====第一節結束====	2	PPT總結：並呈現學習單說明 「未來的職業（創業）」學習單（帶回家）	

	五、虛擬股票投資—買進 （學生需手機/Pad；或2人一組） 1. 教師介紹Yahoo股市網頁，說明如何看盤。 2. 學生上網選一支股票，記下名稱、代號、股價、張數及日期。 3. 於下週上課，再上股市網，看自己選股的股價，計算結果如何。 * 教師思考：此活動是否適合本學區。 ===本活動於前一週完成=== 【第二節】 *學生為4人一組的座位。 *學生每人須有手機或Pad。		（本活動於前一週進行） PPT連結Yahoo股市網頁 【價值澄清教學過程】畫線為價值澄清教學標示	・能評估風險選擇股票。（2-3）
2-3	六、虛擬股票投資—賣出 (一)計算投資結果 1. 學生上網看盤（或2人一組），查上次虛擬買進的股票，現在的價格。 2. 計算自己投資股票賺／賠情形。 (二)分享自己投資結果與心得。	8	股市網頁 【1.引起動機】	・能從虛擬買股的賺賠中，說出風險的體會。（2-3）
3-1	七、瞭解投資自己 (一)全班討論 教師引導學生閱讀並觀察課本第63頁文和圖，並試著用自己的話回答下列問題。 1. 學生應該進行哪一種投資？為什麼？（引出投資自己和公益） 2. 什麼是投資自己？為什麼要投資自己？	4	【2.呈現教材】	・大部分學生能說出自己應當做何種投資。（3-1） ・大部分學生能說出投資自己的重要性。（3-1）

	(二)教師歸納 從模擬股市投資結果有賺有賠，但投資自己不會賠。 <u>「投資自己不但不賠，且持續增值。」</u>		【3.提出價值問題】	
	八、投資自己分析 (一)思考與排列 取出「未來的職業（創業）」學習單。經過在家的思考與搜尋資料，完成學習單的問題。			
1-5	1.思考自己未來可能的職業或創業是什麼？ <u>完成後，再向組員分享（公開）。</u>	5		·90%的學生能說出未來的職業（志業）或創業。（1-5）
3-2	2.為達此目標，自己需要投資哪些能力？例如：英語、體能、口才、唱歌、電腦……（至少三項）。	8		·所有學生能說出自己需要投資的能力項目。（3-2）
	3.再思考這些能力的重要順<u>序，進行等級排列</u>，並列出具體作法。	10	【4.價值澄清活動—等級排列】	
	(二)分享 與小組分享：職業（創業）、<u>等級排列及具體作法</u>。	5	【5.小組分享】	
	====第二節結束====			
	【第三節】			
	九、如何投資自己 (一)全班討論 教師提問：就學生言，要投資自己，有哪些資源可以運用？ 提示：金錢（零用錢或儲蓄）和時間	3		
3-3	(二)「金錢」投資自己的分配（個人） 1.如果有1萬元，根據前述急需投資自己的能力項目，你會如何分配？	8	【4.價值澄清活動—生活餡餅—金錢運用分配】	·大部分學生能說出自己的金錢投資分配。（3-3）

3-3	2.寫出百分比，並畫出圓餅圖（生活餡餅）。 (三)「時間」投資自己的分配（個人） 1.以一週為單位，將時間運用概括分為：睡眠、上課、寫功課、休閒等，加上投資自己能力的時間。 2.根據需要投資自己的能力項目，分配時間的運用並繪製圓餅圖。	15	【4.價值澄清活動－生活餡餅－金錢運用分配】	・所有學生能說出自己的時間之投資分配。（3-3）
	(四)分享與實踐 與小組（全班）分享自己對金錢和時間的運用，以及如何去達成。	6	【5.小組／全班分享】 【6.反省與實踐】	
4-1 4-2	十、公益也是投資 (一)全班討論 1.為什麼社會上需要有人捐錢來做公益？ 2.學生可如何做公益？分享你的做公益心得和感覺。 捐零用錢、投入時間幫忙等。	6		・能說出做公益的理由。（4-1） ・部分學生能說出做公益的心得和感覺。（4-2）
	(二)教師總結 投資有風險，投資自己永遠在增值，投資社會獲得快樂和意義。	2		
	====第三節結束====			

二、簡案設計

　　教學設計僅呈現主要內容項目，且部分教學流程僅呈現簡略名稱或說明，即是簡案設計。簡案設計通常是有經驗的教師課前準備之用。簡案設計的重要內容應包含教材性質、單元重點、學生經驗、學習目標、教學流程、教學資源及評量等。而在教材性質分析、學習重點及教學流程的敘述，比起詳案較簡略些。（徐照麗，2002：116）簡案的設計，在教學流程可僅敘述活動名稱、順序，以及關鍵的引導提問問題。教師也可思考針對單元教學中較困難的一節課，且能顯示某種教學方法或策略之運用，以詳案方式設計，供他人參考。

　　教師教學前的備課，可從單元教學設計的簡案開始。將上述的教學思考做系統而簡要地記錄，並納入蒐集到的輔助教學資源，以利教學並提升學生學習效果。有時教師以簡短的文字或符號，在課本（或筆記本）適當的地方，註記備忘文字，以提醒或引導自己的教學。（林進財，2004：134）作者在國民小學服務期間，也曾採用此方式提醒要進行的教學活動和內容。

　　然而，現在教師的教學專業要求提高，家長會關注學生的學習過程與成效。教師的備課就應當更專業，在單元的教學準備上，至少應以簡案設計，系統思考教學的內容並做紀錄（或備忘）。

　　目前學校推動教學觀察（觀課），教學者若能提供單元教學設計的詳案，對觀課者的學習更大，至少應提供單元的簡案設計。這種簡案設計，如上所述：對進行觀課那一節的教學，詳細設計；而非教學的幾節課，為簡案設計。如此，可讓參觀者能瞭解整個單元的教學內容、過程及脈絡。

(一)學科單元的教學演示

　　這種情形主要在學科教學的教師。十二年課程綱要總綱要求教師「……進行共同備課、教學觀察與回饋……」，因此，可選擇任教學科的單元來進行同儕教學觀察。以國小國語六上第十課「少年筆耕」（南一108年版）為例，一位國小教師在學校進行這一課第四節公開課的簡案設計，如表4-6。

〔表4-6〕國小國語科六上「少年筆耕」單元教學設計

高雄市九如國民小學108學年上學期　單元教學設計

設計完成日期：108年11月20日

領域／科目	國語	教學節數／日期	共五節演示第四節／108.11.26	教學年級	六年三班
單元名稱	第十課 少年筆耕	教材來源	南一版六上第十一冊第十課（108-1）	設計／教學者	李雅涵 李雅涵

單元教學分析	一、教材性質 (一)特色：闡述父子之間深摯的親情。 (二)文體：小說。 二、單元重點：描寫一個貧苦家庭中的少年，為了幫助家庭收入，瞞著父親接下父親的抄寫工作，一方面隱瞞事實，一方面又要隱瞞父親的誤會和責難。對少年的懂事和孝順感到欽佩。 三、教學方法：問答法、講述法，以及小組討論。 四、聯絡與發展：將來發生誤會時能懂得如何解決較為適當。 五、學生經驗 (一)課程經驗：已先學過繪製折線圖的經驗、已先分組導讀過父親和兒子的事件。 (二)生活經驗：有過好意為他人著想的行為但卻被誤會的經驗、有曾在新聞或社群媒體上看過相關的事件。
領域核心素養	（略）

學習重點	學習表現	（略）
	學習內容	（略）
議題融入	實質內涵	（略）
	所融入之學習重點	（略）

與其他領域／科目的連結	數學領域—折線圖：父親與兒子的心情連續變化。

單元目標	1. 認知 1-1 能理解課文內容並回答教師所提問題。 1-2 能推論課文內容並討論問題提出自己的觀點。 1-3 能同理分析主角與父親的心情。 1-4 能正確念出本課生字和新詞的字音。 1-5 能正確說出本課生字和新詞的意義。 1-6 能說出本課主旨。 1-7 能說出本課文章結構。 1-8 能說出課文的文體或表達方式。 1-9 能說出課文修辭的特色。	2. 技能 2-1 能排列主角與父親的心情向度。 2-2 能繪製出心情轉折的折線圖。 2-3 能正確寫出本課生字和新詞的字形。 3. 情意 3-1 能反思日常生活中的家庭問題。 3-2 能培養團隊精神的合宜行為。

教學準備	教師：小白板、白板筆、板擦、示範圖、學習單、情緒卡組、文字條、作業學習單 學生：課本、習作、書寫用具、字典

目標編碼	教學流程	時間分配（分）	教學資源	評量
	壹、準備活動 1. 教師分享自己過去原本是好意的行為，卻被對方誤會的經驗。 2. 教師請學生分享自己身邊周遭原本是好意的行為，卻被對方誤會的經驗。	3		能專心聆聽並積極回答。
1-7	貳、發展活動 一、介紹作者—亞米契斯 二、概覽課文 以角色扮演朗讀課文，並帶入解釋文章結構（背景→開始→發展→轉折→高潮→結局）。	5 14	課本 課本	能專心聆聽。 能在時間內讀完課文，並找出文章結構。
1-1	三、試說大意 (一)教師提問，引導學生回答並歸納出課文大意：（三個問題，略去）。	8	課本	能從課文中找出答案並回答問題。

1-6	(二)歸納全課大意、主旨並作筆記。 參、綜合活動 一、讓學生用自己的話歸納主旨、本文大意。 二、回家作業：查生字 【第一節完】	8 2	課本 字典	能歸納主旨、本文大意。
1-4 1-5 2-3 3-2	壹、準備活動 詢問上次的本課大意。 貳、發展活動 一、講解並進行生字遊戲 透過課前的回家功課查生字，老師會說出生字的相關意義和延伸意思，請學生小組討論猜是哪一個生字，並在小白板上寫上生字的字、注音、部首，最後再造詞解釋，提醒生字常錯部分。 *生字：敘、拮、据、誌、抄、　幣、躓、嚥、辯、歇、　懊、啜、諒、吻、喘、　吁、醐。	2 25	課本 小白板 白板筆 板擦	能積極參與課堂活動，並在小組討論時能分工合作。 能專心聆聽老師的講解補充。
3-2	二、生字接龍 選出幾個生字，請各組接力完成一篇短文。 參、綜合活動 一、詢問補充成語的意思，並挑重要生字詢問意義。 二、回家作業：字詞本第九課生字。 【第二節完】	10 3		能積極參與課堂活動、小組討論。 能回答出老師的問題。
	壹、準備活動 詢問上次補充的成語和生字延伸意義。 貳、發展活動 教師請學生念課文的過程中，在各段落邊講解以下內容：	3		

1-8	一、文體介紹—小說—記敘文 二、段落提問	2	課本	能根據問題推測課文內容並回答問題。
1-2	（提問四個問題，略）	12		
1-9	三、修辭介紹 講解課文中的各種修辭的運用，特別統整「轉化」修辭種類，並介紹「形象化」。	10	課本	能專心聆聽老師的講解補充。
	四、筆耕典故介紹 （班超投筆從戎等四個典故，略）	10	課本	
	參、綜合活動 一、總結 (一)爸爸對敘里奧的態度變化。 (二)幫爸爸抄寫訂單時，敘里奧的內心轉折。 二、回家作業：圈詞、成語抄寫國語作業簿。 　　　　【第三節完】	3	課本	能統整出課文內容。
	【教學演示節次】 〔課前準備〕 課本、學習單、小白板、白板筆、板擦、情緒卡、示範圖、文字條、作業學習單。 壹、準備活動 提問本課的課文結構安排為何？ （背景→開始→發展→轉折→高潮→結局）	2	課本	能分析課文回答問題。
	貳、發展活動 一、「心情折線圖」活動 (一)告訴學生現在要分析主角／父親在這些事件中的心情／情緒。	1		能專心聆聽老師講解、積極參與課堂活動，並在小組實作時能分工合作。
	(二)請學生派代表來拿情緒卡、學習單（第1、2、3組拿父親的部分；第4、5、6組拿兒子	3	學習單情緒卡	

	的部分)，並簡單介紹情緒卡的排列（高漲到低落）。（羅素—情緒環）			
1-3 2-1	(三)請小組根據學習單上的課文事件感受當事人的心情，從情緒卡裡討論選出最符合的情緒寫在學習單上並挑出來，其他的放回袋子中，並依照心情向度排列順序。	5		
2-2 3-2	(四)完成後各組發下小白板、白板筆、板擦，教師示範如何將學習單上的資料畫成折線圖，並請各組學生合作完成各組的折線圖，完成後貼在黑板上。 1.先將折線圖的縱軸、橫軸畫出來。 2.在縱軸下寫上事件代號；在橫軸上先將已排列完成的心情向度放上。 3.對應事件和心情找出交點標記，並將所有交點連成線。	7	小白板 白板筆 板擦 示範圖	
2-1	(五)讓學生欣賞其他組所畫出來的折線圖，並在黑板上以其中兩組為例，分別找出爸爸和兒子情緒高漲、低落的事件分析心情。	7	文字條	能專心聆聽老師講解並依情緒讀出轉折事件的內容。
	(六)從課本中找出對應的段落，讓學生標記起來，想像主角中的情緒，並以此種情緒念出該段落。	6	課本	
1-1	(七)討論問題：他們的這些情緒變化主要是因為誤會而產生，那會有這種誤會是因為他們之間缺乏什麼？（良好的溝通／未能善用溝通技巧）	2		能根據老師的提問回答合理的答案。
	(八)找出課文中他們缺乏良好溝通的段落。	2		

3-1	二、問題討論 讓學生思考「如果在生活中你想做的事跟家裡人對你的期望產生衝突時，你會跟家裡人怎麼溝通解決？」教師先舉可能發生的例子和提出溝通原則，最後請他們回家完成作業學習單。	3	課本	能專心聆聽老師講解並思考問題。
	參、綜合活動 一、教師統整 從我們畫出來的心情折線圖中可以發現父子之間的情緒會受到對方行為的影響而變化，而像在敘里奧和爸爸缺乏良好溝通的狀態下，就容易產生誤會或衝突，但我們可以透過良好的溝通討論出讓雙方都能接受的決定。	2	課本	能專心聆聽老師講解。
	二、回家功課：作業學習單 【第四節完】		作業─學習單	
1-1 1-2	壹、準備活動 複習／回憶父子的情緒影響關係。 貳、發展活動─完成習作 帶著學生一起完成較難的部分，並以問答的方式進行。先讓學生自行思考後分享答案，而後全班共同檢討答案。 (一)課文問題回答 (二)四字詞語練習 (三)故事軸分析 (四)閱讀測驗 參、綜合活動 回家作業：國語習作第十課 【第五節完】	 10 10 10 10	習作PPT	能根據老師的提問回答合理的答案並完成習作。

(二)自訂主題的觀課

　　中小學的校長是專業的行政人員，不擔任學校的教學。然而，校長畢竟是學校的課程與教學領導者，帶領教師進行課程發展與教學實施，責任重大。因此，十二年課程綱要總綱要求「校長及每位教師，每學年應在學校或社群整體規劃下，至少公開授課一次，並進行專業回饋。」

　　校長不擔任學科教學，就必須思考以自己的專業且重要的主題，設計一至二節的教學。以下是一位校長以「成長與祝福」的理念，延續國語六下第十課〈追夢的翅膀〉之學習，以《歐巴馬給小朋友的10堂課》為教材，設計兩節課的教學。此教學是教學者自行構思設計，因此在教案前面，陳述自己的教學理念或構想，其教案設計如表4-7。

┌表4-7┐　國小國語六下「追夢的翅膀－延伸學習」主題教學設計

臺中市北屯區新興國民小學109學年下學期　單元教學設計

設計完成日期：109年03月20日

領域 / 科目	語文	教學節數 / 日期	二節 / 110.4.7	教學年級	六年各班
主題名稱	追夢的翅膀~ 延伸學習	教材來源	《歐巴馬給小朋友的10堂課》新苗文化，2009.10	設計 / 教學者	方玉玲
					方玉玲
教學構想	六年的國小生涯即將畫下句點，期勉學生能具備實踐夢想的能力。因此針對康軒國語六下第十課〈追夢的翅膀〉一文，進行延伸學習。透過閱讀《歐巴馬給小朋友的10堂課》名人的小故事，運用焦點討論法（ORID）策略，學生能提出對實踐夢想所需能力的感受，說出其看法，並激發學生與自己的生活情境相連結，能有實作的能力，激勵學生「做中學」（learning by doing）。				
單元教學分析	教材性質：現代散文。 單元重點：把美國第一位黑人總統歐巴馬擁有的十種能力教導給小朋友，幫助小朋友實踐夢想。 教學方法：講述、小組討論及發表。 聯絡與發展：學生日常對文本所提實踐夢想所需十種能力，已有基本的概念。藉由本主題讓學生能提出自己的感受與看法，並激發學生與生活情境連結，具有實作的能力，激勵學生「做中學」。				

	學生經驗：
	1. 課程經驗：康軒國語六下第十課〈追夢的翅膀〉，學生學到「閱讀」、「勤勞」、「興趣」是追夢的翅膀。 2. 生活經驗：文本所提實踐夢想所需十種的能力，如閱讀、希望地圖、為更好的我而努力、勇氣、樹立具體目標、領導力、發表能力、關懷他人、積極力量、對健康負責等，學生日常已有基本概念。

領域核心素養	（略）	
學習重點	學習表現	（略）
	學習內容	Ad-III-3故事、童詩、現代散文、少年小說、兒童劇等。
議題融入	實質內涵	品E1良好生活習慣與德行。
	所融入之學習重點	無
單元目標	1. 會運用焦點討論法ORID策略。（A2） 2. 能理解作者要傳達的主題，並能提出證據。（A2） 3. 透過他人的真實故事，能提出對實踐夢想所需能力的感受，並說出其感受的看法。（B1） 4. 透過他人的真實故事，能有實作的能力，激勵「learning by doing」。（A2、B1） 5. 能將歐巴馬的成長故事與自己的生活情境相連結。（A2）	
教學準備	教師：班書《歐巴馬給小朋友的10堂課》、電腦、單槍投影機、PPT、學習單 學生：班書《歐巴馬給小朋友的10堂課》	

目標編碼	教學流程	時間分配	教學資源	評量
	一、引起動機 　　複習文本：內容簡介，歐巴馬叔叔十種實踐夢想的能力。 二、發展活動～歐巴馬叔叔給我的啟示	5分	《歐巴馬給小朋友的10堂課》PPT	能專注聆聽
1	(一)介紹ORID討論法 引導學生認識「ORID焦點討論法」之學習策略。	10分	ORID焦點討論法PPT	

1	【O】Objective：客觀，事實 What do I see? 你看到了什麼？ 【R】Reflective：感受，反應 How do I feel? 有什麼地方會讓你很受感動或重要？ 【I】Interpretive：意義，價值，經驗 What do I learn/found/realize? 為什麼對我們很重要或感動？ 【D】Decisional：決定，行動 What shall we do next? 你會採取什麼不同的行動？ (二)應用ORID討論十堂課 透過學習單，讓每位學生思考並學習掌握ORID的四大重點，以「邏輯思維」分析事物。 1.分組討論：全班分五組，每組二堂課。 　第一堂課「廣泛閱讀」 　第二堂課「畫出希望地圖」 　第三堂課「為更好的我而努力」 　第四堂課「有勇氣挑戰」 　第五堂課「樹立具體目標」 　第六堂課「培養領導力」 　第七堂課「培養發表能力」 　第八堂課「培養關懷他人」 　第九堂課「培養積極力量」 　第十堂課「自行對健康負責」		學習單	
2	(1) 每生各自思考並完成學習單，回答下列問題： 　Q1.在歐巴馬叔叔的十堂課中，提到了十種在人生中需要培養的重要能力。請對其中二堂課分別說出你看到了什麼？例如：歐巴馬遇到什麼困難、誰的小故事？【O】	20分		能獨立思考完成學習單

3	Q2.在這二堂課分別有什麼地方讓你覺得感動或重要？【R】		
3	Q3.為什麼有這樣的感受？【I】		
4	Q4.你會採取什麼行動來達成這能力？【D】		
	(2) 組內分享：每人分享自己思考完成的學習單內容。	5分	能分享自己的看法
	(3)組內討論歸納。	3分	
	2.小組報告—對全班	20分	能參與討論並歸納組內的看法
	3. 提問：請學生思考與發表這十堂課所述能力之間有何關係。	2分	
5	三、綜合活動～尊敬的人 (一)提問：引導學生思考生活中自己尊敬的人，與其值得學習的特質，自己該如何做到。 　　Q.請說出你尊敬的人，有什麼特質值得學習？你應該如何做到？ (二)小組分享發表。 (三)總結：鼓勵學生「努力做好準備、實現自己未來的夢想」。	15分	能分享自己的看法

(三)非教學專業的主題教學

　　文化部為促進文化與教育資源整合，增加學生接觸及體驗藝文內涵之機會，與教育部共同推動「文化體驗教育計畫」。此計畫是將社會的藝文資源，帶進國民中小學校園，讓學生認識與體驗，以充實學生藝文學習的內涵。在此情況下，社會的藝文團體藝師，有豐富的藝文知能與經驗，但要如何帶給學生，則需要學習教學設計與教學。

　　以108年度「昇平五洲園」的〈作伙玩戲偶〉主題為例。此主題區分為四個單元，每單元二節課，共100分鐘（含下課時間）教學。其主題規劃及第一單元「認識與體驗布袋戲」教學設計示例如表4-8。雖然文化部109年度有不同的教案格式，本章提供108年度教學後的修正教案作參考。（註：昇平五洲園將109年度主題名稱改為「戲偶文化體驗」，內容不變。）

　　⌐表4-8⌐　國小文化體驗「認識與體驗布袋戲」單元教學設計

國立彰化生活美學館108年文化體驗教學設計

註：內容取自昇平五洲園108年計畫執行後之修正；
提供者：林政興團主；呂錘卿改寫

課程主題：作伙玩戲偶
課程理念：本劇團規劃文化體驗內容，期盼復甦布袋戲魅力，提升學童對布袋戲之喜愛。本課程著重於「戲劇」與「實作」，不僅帶領學童認識布袋戲，更讓他們每位都成了創作者。透過分組編寫劇本，製作偶頭和偶衣，最後上臺演出，讓學童享受「參與」與「體驗」之樂！
課程目標：1.認識布袋戲及布袋戲角色特性。
　　　　　2.實際操作與體驗各種戲偶的身段與走位。
　　　　　3.認識與編寫布袋戲劇本。
　　　　　4.製作布袋戲偶與瞭解戲偶之美。
　　　　　5.分組演出與欣賞，體會布袋戲之樂趣。
教材性質：屬於文化資產及表演藝術類，適合國小中高年級學生。
課程架構：1.認識與體驗布袋戲；2.布袋戲口白練習與劇本編寫；3.戲偶製作；4.劇本排演及表演。四個單元各二節，100分鐘。

（本教案為第一單元示例）

團體／個人	昇平五洲園	合作學校	雲林縣平和國小	教學年級	四年級
單元名稱	認識與體驗布袋戲	教材來源	自編	教學日期	108.10.15
教學者	林政興、林珮瑜	設計者	林政興、林珮瑜	教學時間	100分鐘

單元目標	1.認識布袋戲與布袋戲發展。（知識） 2.瞭解布袋戲基本角色。（知識） 3.認識與操演布袋戲偶技巧。（知識、技能） 4.會喜歡和欣賞布袋戲。（情意）			
教學準備	1.過去布袋戲演出的影片；2.傳統、金光、電視戲偶各一；3.傳統戲偶若干個；4.上課前學生4人爲一小組；5.學校內一般教室（必要時到布袋戲館參觀）。			

單元目標	教學活動	時間分配	教學資源	評量
	【準備活動】 (一)教師提問 1.小朋友看過布袋戲嗎？有什麼人物？ 　請學生舉手發言，並點幾位小朋友回答，以瞭解學生的布袋戲知識基礎並激發學習動機。		*回答良好者給小禮物	
認識布袋戲	【發展活動】 (二)布袋戲是什麼 1.教師講解什麼是布袋戲，並以眞實的戲偶來介紹。 2.播放本團過去演出的布袋戲片段。	10分	過去演出的影片	能說出布袋戲是什麼
認識布袋戲發展	(三)布袋戲的發展歷程 1.教師講解布袋戲發展歷程爲：傳統、金光、電視。 2.教師逐一介紹三階段的布袋戲發展，助手配合操演三階段代表的戲偶示範。	10分	傳統、金光、電視三階段代表戲偶	所有學生能說出布袋戲發展三階段名稱
瞭解布袋戲基本角色	(四)布袋戲基本角色 1.布袋戲基本角色有：生、旦、淨、末、丑。 2.教師逐一講解說明各角色的意義和特徵。 3.助理操演各角色戲偶之動作與說話特徵，讓學生認識。	20分	各種傳統戲偶	大部分學生能說出布袋戲一至二種角色特徵

認識布袋戲偶之操演	(五)傳統戲偶操演技巧與練習 1.分發每位學生一個傳統戲偶。 2.教師逐一示範生、旦、淨、末、丑角色的戲偶身段與走位。	20分		
練習布袋戲偶操演	3.每一角色示範操演技巧後，學生開始練習。 4.助手（助教）巡視行間指導、糾正，並留意操演較佳的學生。	25分		大部分學生能操演一至二種角色技巧
	(六)學生操演觀摩 1.教師指名操演較佳者2-3位上臺示範，並再給予指導。 2.徵求自願的同學或小組推代表上臺示範。	10分	*操演較佳3人贈送布袋戲偶	
會喜歡並欣賞布袋戲	【綜合活動】 (七)教師歸納 教師以提問方式整理本單元上課重點，由學生搶答；答對者，給予小禮物。 1.你喜歡布袋戲嗎？為什麼？ 2.你喜歡哪個階段的布袋戲？為什麼？ 3.你欣賞布袋戲哪一個角色？它有何特色？ 4.你今天會操演戲偶，感覺如何？ [本單元結束]	5分	*認真回答或回答良好者給小禮物	大多數學生能回答問題

三、思考設計

　　思考設計是教師在教學前，在心理上構思教學內容和進行程序，而不以文字記錄的方式呈現。（林進財，2004：134；徐照麗，2002：117）有經驗的教師會根據以往的教學經驗，想好教學內容、重點及活動，並揣摩過程中學生可能的反應，但並沒有寫出完整的教學流程，僅在內心構

思。在中小學教學現場，教師在教學前，通常採用思考設計方式做教學準備。（王財印、吳百祿、周新富，2019：61）

　　教師在進行一個單元的教學前，應做好教學準備。要進行詳案的教學設計，還是簡案，或者僅作思考設計，端看教師對該學科或單元的熟悉和經驗程度。原則上，初次接觸的單元、教學觀摩、教學演示等，應進行詳案設計；有經驗的教師進行熟悉學科或單元的教學，則可採用思考設計的方式。

結語

　　教學是科學也是藝術，但教學要達到藝術化，須以堅實的科學為基礎。（林進財，2004：5）教學設計是教學的系統思考與安排，是教師教學準備的思考歷程和結果，是教學的科學基礎。有此基礎，教學才能依情境變化與學生反應，彈性調整與因應改變，教學節奏仍然順暢，而表現教學的藝術。經驗和專家教師，或許能調整與因應教學情境的變化，然實習教師、初任教師及新科目新單元的教學者，更須做好教學準備，進行詳細完整的教學設計。

教學方法篇

本篇內容

思考取向教學

◆ 本章內容
第一節　概念獲得教學法
第二節　問題解決教學法
第三節　批判思考教學
第四節　創造思考教學

第一節　概念獲得教學法

　　概念（concepts）一詞為大家耳熟能詳的語彙，它是學科知識的核心單位。我們學習各學科的知識，就要先認識各學科經常使用的「語彙」或「專有名詞」——概念。對學科概念有清晰的瞭解，才能掌握該學科的內涵。教師要使學生的概念清晰，除有合適的概念教學法之外，也要提供學生適當「概念知識」（conceptual knowledge）。本節分別敘述概念的意涵、類別、定義及概念的教學法。

一、概念的意涵

　　我們要認識這個學科、那個學科的概念，應先瞭解「概念」的相關知識，才能熟悉地處理「概念」的問題。本小節敘述概念的意義與重要性。

(一)概念的意義

　　一般人在日常生活中，經常使用「概念」這一語詞，如他對理財很有「概念」、她對身體保健和養生的「概念」非常正確。可是要進一步瞭解其意義和內涵，則要花一點心思，並有心理學、邏輯、哲學等學科的知識才能深入瞭解。一般人對概念的瞭解為：是一個名稱、一個符號，用以表示存在的事物或現象的共同特徵。（李宗薇，1994；李緒武、蘇惠敏，1984：173；吳知賢，1984：376；張春興、林清山，1991：133）

　　張春興（1990）認為「概念」有廣義和狹義兩種解釋。他所說廣義的概念，乃強調個體對同類屬性事物有一概括性的經驗。這時個體也許不會用「名稱」或「符號」來稱呼它，也許無法明確說出其屬性。因此，廣義的概念顯然是對概念較模糊的瞭解階段。狹義的概念是「**以一概括性的名稱或符號，用以代表具有共同屬性的一類事物之全體。**」（317頁）。這時個體已能精確使用「名稱」，來稱呼此類具有共同屬性的事物。因此，狹義的概念解釋，應是對概念較清楚的一種解釋。在這個定義中，有兩項重點。

　　第一，概念所包含的事物是指某一類事物，而非不成類的單一物體或名稱。例如：車輛、桌子、時鐘、星星、自閉症、資賦優異……，是一類的事物，可成為概念；而太陽、地球、莫札特、孔子……，則為單一的物體或名稱，不能成為概念。就語文而言，前者泛指一般的名詞，後者則為專有名詞。

　　第二，強調同類事物的「屬性」是形成概念的關鍵。所謂「屬性」（attribute）是指可以對事物辨識的共同性質或特徵。舉凡事物之形狀、顏色、大小、質料……，以及個體的身心特質，均可構成概念的屬性。（張春興，1990：318；2009：221-222）。

　　而構成概念的屬性有主要和次要的分別。主要屬性是指缺少此類屬性，則不成為此一概念；次要屬性是指缺少此一屬性，此一概念仍然能成立。以「時鐘」概念為例，「時針」、「分針」（或顯示時和分的數字）、「能顯示時刻」為時鐘的主要屬性；至於擺錘、秒針、形狀、發出聲音、可掛牆上、可放桌上等，為次要屬性，缺少一項仍可稱為「時鐘」。又如，「三角形」是一個概念，此一概念只有一個「形狀」屬性是必要的，指由三條直線構成的封閉圖形；而圖形之大小及形狀的特徵，均

不在必要屬性的範圍之內。

(二)概念的重要性

1. 概念對生活的重要

　　當我們用「概念」來代表具有共同特徵的一類事物之全體，就語文來說即「語詞」。而後我們碰到具有同一特徵的此類事物，便用此一語詞（概念）來稱呼它。這時我們不但學會此一語詞，我們也知道對此類事物之分類。（李緒武、蘇惠憫，1984：172-173；張春興、林清山，1991：132）這也是語文學習的過程。

　　事實上，語文的重要功能之一是傳達概念。除了極少數專有名詞（如人名、地名）等外，我們學習語文，就等於學習概念。在國語文課裡，教師說明「時髦」一詞，說是一種「大家相互仿效的、新的行為或穿著」；社會課裡教師講解「過去的人所留下來的，而能代表那個時代的特色與歷史意義的建築物」稱為「古蹟」。從語文的觀點來看，學生是在學習「語詞」；從知識的觀點來看，學生是在學習構成知識的「概念」。我們能使用語文溝通意見，其主要原因是由於使用的語文符號，在人我之間具有一致性的意義，也就是說語文所傳達的內涵是人我之間共同的概念。（張春興、林清山，1991：133）

　　概念對生活之所以重要，主要是概念有兩種功能。第一種功能是分類或區別（classification or discrimination）事物的作用。當我們學會「好人」和「壞人」兩個概念時，我們碰到人，就想把他歸類為好人或壞人。從認知心理學訊息處理的觀點言，我們將周圍事物當作訊息來處理時，在編碼與儲存的過程中，就是將收受的訊息按概念來分類處理的。因此，在認知心理學上，有時將概念形成（concept formation）與分類（categorization）視為同義詞，都是指經由對事物屬性之辨別，而獲得認知的心理歷程。（張春興，1990：318）

　　第二種功能是產生一組聯想（a set of association）的作用。當我們把人分成「好人」和「壞人」之後，遇到類似的人，便會產生種種的聯想和反應。「好人」長得面目清秀、面帶和藹、眼神正直，可放心地相處和作朋友；「壞人」長得面目猙獰、面帶詭異、眼神閃爍，要小心相處並防

止受害。（李緒武、蘇惠憫，1984：173）因此，概念有助於我們對事物的分類，以及對此分類後之反應，而節省我們思考的時間，尤其是在緊急狀況的時候，更能幫助我們反應。然而概念的內涵，會隨社會變遷而改變；個人所認知的概念，也會隨人生閱歷成長而有所調整。

2. 概念是學習的基礎

　　就教育的觀點，我們教導學生，安排各種課程的學習活動，主要之目的在產生有益的學習結果。Gagné主張學習者所學到的有五類習學結果，其中的心智技能（intellectual skill）涉及人們對一些符號的使用，包括語言、文字、數字等。Gagné根據符號使用的複雜程度，把心智技能再度區分為五個類別，並指出前一類是後一類的基礎。（張新仁，1991）這五類心智技術，作者在此併為四類，如下：

　　第一，辨別（discrimination）：指能區分物體的形狀、顏色、大小、粗細、味道、聲音等特徵的差異，這也是學習概念的基礎。

　　第二，概念（concept）：分為具體概念（concrete concept）和定義概念（defined concept）。具體概念是指一名稱或符號所指涉的對象，可以直接觀察、指認，如貓、狗、黑板、窗戶等。定義概念一般稱抽象概念（abstract concept），與具體概念相對，指無法看見直接指認但存在的現象，如學業成就、學習動機、誠實……。

　　第三，原則（rule）：指兩個或兩個以上概念之間關係情形的陳述。例如：「學習動機」與「學業成就」是兩個分別的概念，但它們是有關係的。我們把這種關係指出來，就是原則：「學習動機與學業成就呈正相關」。這個原則陳述兩個概念的明確關係，也就是：學習動機越高（好），學業成就也越高（好）；反之，學業成就越低。

　　第四，高層次原則（high-order rule）：即問題解決。指能應用至少兩個以上的原則來解決一個難題，例如：「透過合宜飲食、減少含糖飲料及增加運動來控制體重」。

　　依Gagné的意見，前一類心智技能是後一類的基礎。另外，在這四類心智的學習結果中，前二類是屬於概念層次的學習，後兩類才是原則的學習。因此，概念在知識層次中有承上啟下的功用：概念使得知識層次底層的事實有意義，而且為建立較高層原則和理論所必須。教學上的問題解決

和批判思考能力的培養，都須依據我們對概念的理解。而在情意目標如信念、態度、價值及技能目標的培養，有關的概念也須事先釐清。因此，概念是組織人類經驗最有力且最有效的工具，是各科課程最重要的核心。（李宗薇，1994）

二、概念的類別

概念包羅萬象，舉凡語文中的「字」、「詞」、「詞組」都傳達一種概念。所有學科，如自然科學、社會科學等所有知識，也是由許多概念組成。對概念再加以細究，從不同的區分方式，有不同的概念類別。若能掌握不同概念種類，也有助於我們對概念的瞭解。概念可從其複雜程度及內涵與外延，區分為不同類別的概念。

(一)從複雜程度區分

從概念的複雜程度，分為「簡單概念」和「複合概念」。

1. 簡單概念
指單一現象或事物的概念。例如：智力、人、時鐘、三角形……。

2. 複合概念
是指由兩個以上的簡單概念所構成另一新的概念。因邏輯語法不同可分為四種：（周新富，2014：321-322；張春興，1990：321）
(1) 連言概念（conjunctive concept）：指概念中的屬性可用相連的方式來說明者。例如：「清官」是指那些在政府部門從事公職而又不貪汙的人。此概念是指：「官吏」（公務員）和「廉潔」兩個概念的交集。
(2) 選言概念（disjunctive concept）：指概念的屬性之組合，可以兩者選一或兩者兼具的情形。在棒球比賽時，裁判使用「好球」一詞，就是選言概念。此概念是指：「好球區」和「揮棒」兩個概念的聯集。
(3) 條件概念（conditional concept）：指以某屬性作為條件來說明語意的情形。例如：你想上大學就得先參加大學甄選。此時，「大學甄選」是「上大學」的條件概念。

　　(4) 雙條件概念（bi-conditional concept）：指概念中之屬性合於「若
P則Q，若Q則P」的形式者。例如：有興趣而讀書，因讀書而有興趣。此
時，「興趣」和「讀書」二概念互為條件，也就是互為關聯、互為因果。

(二)從內涵與外延區分

　　從概念的內涵、外延及關係的不同，也可將概念做不同的分類。
（陳祖耀，2003：35-41）

1.個體概念和類概念

　　個體概念是指一個特殊的個體，如張三、孔子、臺中教育大學、日月
潭……；類概念是指此一特殊個體所屬那一類的全體，如男人、先哲、教
育大學、湖泊……。這一區分也可稱為「單稱概念」和「全稱概念」。

2.具體概念和抽象概念

　　具體概念是所指涉的對象是看得見、感覺得到、摸得著、指得出物
體，如椅子、電扇、電視……；抽象概念是指無法直接看到但存在的現
象，如愛情、智力、信念……。（朱筠、劉智穎、晉耀紅，2015）Gagné
將這兩類概念區分為具體概念和定義概念。

3.積極概念和消極概念

　　積極概念指概念所表達的是陳述某種存在的事物或現象，如認真、
生物、金屬；消極概念所表達的是「排除此一概念的事物或現象」，如不
認真（懶惰）、非生物、非金屬。這一區分也可稱作「正概念」和「負概
念」。

4.矛盾概念和反對概念

　　矛盾概念是指兩個概念之間互不相容，互相排斥。矛盾的典故來自
《韓非子》的故事：「楚人有賣盾與矛者，說，此盾堅固，沒有東西能刺
穿；又說，此矛很利，能刺穿任何東西！觀者好奇地問，以你的矛刺你的
盾，會怎樣？楚人無法回答。」矛盾概念在科學實證很有用，例如：A和
B為矛盾概念，若證實A概念，則可否證B概念；或是拒斥虛無假設，則

要接受對立假設。

反對概念是指兩個同一層次的概念，分屬兩個極端，中間有不同程度的差異，如黑與白、善與惡、聰明與愚笨等。黑與白之間有不同程度的灰色；善與惡、聰明與愚笨也是如此。瞭解兩個概念之間是反對關係，有助於我們思考：事情並「不是」「非善即惡」或「非惡即善」。

5. 相對概念和絕對概念

相對概念是指一個概念的存在必須和另一相關概念比較，才能成立。例如：上與下、父與子；絕對概念是指此一概念的存在不必與其他概念相關聯，例如：日、月、星、山、海等。

6. 同義概念與歧義概念

同義概念是指兩個概念雖名稱不同，但外延完全相同。例如：「文盲」和「目不識丁」；歧義概念是指一個概念有兩種以上的意義，例如：「左傾」、「民主」……。

7. 屬概念和種概念

這是就兩個概念的比較關係而言，也是前述相對概念之一。屬概念的外延較大，種概念的外延較小；且屬概念包含種概念，種概念包含於屬概念。換言之，「屬概念」是「上位概念」，而「種概念」是「下位概念」的關係。這樣的名稱是來自生物的分類，從大到小依次是：界、門、綱、目、科、屬、種。

三、概念的定義

瞭解概念的種種之後，接著我們探討如何對概念下定義。一般來說，我們對概念的定義大都是屬於語意定義（semantical definition）。定義一個概念應有三個部分：被定義概念（被定義端）、下定義概念（定義端）及連結詞。這個「連結詞」在語言上有不同形式，如「是」、「是指」、「的意義是」、「的定義為」；用數學符號表示為「＝」。因此，定義的形式是：（殷海光，1988：152-162；2020：167-171）

被定義端 = 定義端（種差 + 屬概念）

這個敘述的「＝」（等於），是指左右兩邊所陳述的，在定義上是相等的，即它們的外延（範圍）相同。若兩邊不相等，此定義就不合。如例1：「三角形是幾何圖形」，此定義的「定義端」＞「被定義端」，為不正確的定義。又如例2：「三角形是三個邊相等的幾何圖形」，此定義的「定義端」＜「被定義端」，也是不正確的定義。

因此，一個定義是否正確清楚？關鍵在「等號」右邊的「定義端」（定義概念）。若我們把被定義概念當作「種概念」，那麼定義一個概念應先找出被定義概念的「屬概念」（上位概念），然後再找出被定義概念（種概念）和其他同位概念的差異（種差）。例如：「三角形是三條直線構成的幾何圖形」（例3），此定義的「定義端」＝「被定義端」，是正確的定義。三個例子的定義對照如表5-1，讀者可以更清楚瞭解。

[表5-1] 三種定義分析比較

	被定義概念	連接詞	定義概念	判斷
例1	三角形	是	幾何圖形	錯誤定義
分析：	被定義端	＜	定義端	外延擴大
例2	三角形	是	三個邊相等的幾何圖形	錯誤定義
分析：	被定義端	＞	定義端	外延縮小
例3	三角形	是	三條直線構成的幾何圖形	正確定義
分析：	被定義端	＝	定義端	外延相等

有時具體的名詞，反而不容易定義。例如：如何對「人」下定義是不容易的。一般對人的定義是這樣：「具有理性思考的動物」（人 = 理性 + 動物）。另一種具體概念就比較容易定義，例如：「潛水艇」就是「在水中航行的動力船隻」。在這兩例子中，「人」和「潛水艇」都是種概念；「動物」和「船隻」是屬概念；而「理性」和「在水中航行」則是種差。（譚大容，1989：53）因此，定義一個概念方法之一，要先找到它的「屬概念」，再思考此概念「與其他種概念的差別」。

　　在上述的定義中，「下定義概念」就是一個定義的內涵。有時其內涵只是由兩個概念組成，有時由較多的概念組成。組成「下定義概念」的概念越少，則此一定義的內涵較少；反之，則內涵越多。一個概念定義的內涵越少，則其外延越大；反之，一個概念定義的內涵越多，則其外延（範圍）越小。

　　以「人就是理性的動物」的定義來分析，「人」的內涵包括「有生命、能動、理性」；而「動物」的內涵為「有生命、能動」。因此，「動物」的外延大於「人」的外延。用范氏圖（Venn Diagram）來呈現兩個概念外延的集合之關係，如圖5-1。（何秀煌，1989：240）

　　　　圖5-1　　「人」與「動物」二概念關係

　　一個人是否學會某一個概念，可從他對此概念的使用中得知。對概念的使用包含三種層次：一是能區別指認，二是在語文上下文中運用，三是陳述概念的定義內涵。若一個人在這三方面的使用都沒有問題，則我們認為他對此一概念已有清晰的瞭解。

　　第一層次「區別指認」：也就是能在許多不同的對象中，選擇出正確的答案。譬如學生能在一大堆不同的幾何圖形中，正確地選擇出大小不一、顏色各異的等腰三角形，就算是學會了「等腰三角形」這個概念。

　　第二層次「運用在語文上下文中」：也就是能用文字或口語在一個陳述句或段落中，正確使用此一概念。例如：學生會說：等腰三角形不管如何轉動，兩腰與第三邊的夾角都相同；兩個等腰直角三角形可拼成長方形。

　　第三層次「陳述概念內涵」：也就是能用適當的語詞陳述此一概念的特性。如「等腰三角形」就是兩個邊相等、兩個角相等的封閉三角形。（吳知賢，1984）

　　能有第三層次的使用，則可以說熟悉此一概念，且能清楚地從事定義工作。

四、概念的教學法

　　社會科學的概念大都來自日常語言，在日常生活中經常被使用，也經常被曲解或誤用。自然科學的概念雖有一些被使用在日常生活中，但很多的情形是：該領域特有的概念，非該領域的人很少使用。即使比較嚴謹的自然科學，都有學者認為其概念也多具有朦朧性，（徐綺穗，1995：200）更何況社會科學。自然科學的許多概念，可經由操作性定義，應用儀器及測量方式將概念界定清楚，社會科學則無法做到。此外社會變遷急遽，人際互動瞬息萬變，觀點和概念也時常在改變，造成社會科學概念學習的困難性。（李宗薇，1994）

　　由於社會科學的特性，使得其概念的學習相較於自然科學較困難。林生傳（1997）對國小學童概念發展的研究中發現：六年級自然和社會文化領域概念的學習中，具體概念層次的精熟度，兩者相當；而形式概念層次則社會文化優於自然。除此之外，大都是自然概念的學習優於社會文化概念。而何俊青（2003）運用建構式的概念教學，發現可提升學生社會科的概念發展層次。

　　概念教學是協助或提供學生對特定事物或現象的概念化（conceptualization）經驗。在此過程中，學生要能辨認概念的屬性；教師則要將概念的屬性，用例子——正例和非正例加以具體化和形象化。（李緒武，1997；李緒武、蘇惠憫，1984：192-97；郭建鵬、彭明輝、楊淩燕，2007）

　　一般而言，概念的教學模式有兩種模式：一是演繹說明式，二是歸納發現式。演繹說明式教學是先呈現定義給學生，再舉出例子來說明，又稱「推論式概念教學」；歸納發現式教學是先呈現一連串的正例和非正例給學生，再引導學生歸納出概念，又稱「歸納式概念教學」。參考相關的文獻，整理這兩類概念教學過程如下：（丘立崗主譯，2006：396-400；沈翠蓮，2001：391-401；林生傳，1996；周新富，2014：325-327；Joyce, Weil, & Calhoun, 2015: 125-141）

(一)演繹說明式

　　演繹說明式的概念教學，是運用演繹法來教導學生獲得概念。教師在上課之前，先分析教材內容，建立觀念架構；其次，瞭解學習者概念發展

水準。教學過程大致區分如下：

1.選定學習目標

　　根據單元教材的內容，選定一個重要或主要概念，對學生提示要教導的概念名稱。例如：以社會科的「角色內衝突」概念為例。教師提示概念後，接著對概念下定義：「角色內衝突」是指兩個團體對某一角色有不同的要求或期待，以至於使角色扮演者無所適從。

2.列出概念的關鍵屬性

　　接著，教師舉出概念的關鍵屬性。例如：「角色內衝突」此一概念的主要屬性有：「一種角色（R）要面對兩個以上的團體（1和2）」、「兩個團體各有不同的要求或期望（R1和R2）」、「這兩個要求或期望無法並存，或本質上即有矛盾（R1和R2不相容）」等。

3.舉出正例

　　接著，教師要先舉出正例，以正例確認具備上述屬性。

例1.　教育局(1)行文學校，要求校長要確實實施常態編班（R1）；學校家
　　　長會(2)卻強烈要求校長要想辦法實施能力分班（R2）。在此例中
　　　「教育局」和「家長會」對學校編班的要求不同，且這兩種要求間
　　　本身就是矛盾，身為校長（R）夾在兩者之間不知如何是好。
*簡化：校長（R）面對教育局(1)和家長會(2)要求不同（R1和R2）之衝
　　　突。

　　這個例子中，具備上述的屬性：「校長」面對教育局和家長會，教育局和家長會要求不同，兩種要求不同且有矛盾。「校長」因此產生衝突。當然，校長可運用智慧來化解衝突，這是另一個話題。

4.舉出對比的非正例

　　接著，教師舉出非正例，以確認非正例沒有上述的屬性。

例2. 李大年（R）參加本年大專盃排球賽（R1），他本身又是這次的裁判（R2）。（簡略描述）

*簡化：李大年（R）為參賽者（R1）和裁判者（R2），會混淆及有失公正。

　　這個例子的情形是：李大年擔任兩種角色，而不是一種角色。

　5. 整理概念屬性

　　引導學生用他們的語言，歸納出此概念的屬性。「角色內衝突」就是指「一個人擔任某一角色，有兩個以上團體對此同一角色有不同的要求或期待，且這些要求難以並存或有矛盾，致使角色扮演者無所適從。」確認概念的定義後，教師可再舉一些例子，讓學生判斷。這裡再舉兩個例子如下：

例3. 張三的家庭是傳統「民間的宗教」信仰，各種民間節慶要隨父母和妻兒祭拜神明和祖先；可是張三在工作場所又接觸「基督教」，他也受到影響，最後受洗信奉基督教。偏偏他所屬的教會非常嚴格，除十字架外不能祭拜任何神明。問題來了，張三的家人在節慶或重要日子祭拜神明或祖先時，張三總是逃避，引發父母極大的不悅，認為他「沒有根源的觀念」、「數典忘祖」。

例4. 五年甲班李老師班上的黃媽媽要求老師出多一點回家作業；孫媽媽則認為孩子的功課太多，沒有時間學習才藝或看自己喜歡的書，要求回家作業少一點。

　　這兩個例子，可讓學生採小組討論的方式，讓學生分析、討論，哪一個是正例？哪一個是非正例？

　6. 評量與回饋

　　最後，教師讓學生舉出不同的正例，以確認學生真正瞭解。

　　在教師的平常教學中，經常用到演繹說明式的概念教學。例如：語

文課，教師先講解「譬喻」（修辭的一種）後，教師會要求學生再舉例：「如鏡般的湖水」、「都市水泥叢林」、「大珠小珠落玉盤」……。自然課，教師說明「哺乳類動物」的定義後，學生舉出貓、狗、大象等。社會課介紹「島嶼」意義後，學生舉出金門、蘭嶼、夏威夷……島嶼。

(二)歸納發現式

歸納發現式的概念教學，是運用歸納法來教導學生獲得概念。其對概念的引導歷程，與演繹說明式相反。教學過程大致區分如下：

1. 選定學習目標

根據單元教材的內容，選定一個重要或主要概念，引導學生練習，從許多資料中的共同屬性，學習歸納某一概念。

例如：在數學課中，教導學生有關幾何圖形的概念。教師先不告訴學生概念的名稱，只提示今天要認識一種圖形的概念。

2. 提示「正例」與「非正例」

學生知道要認識圖形後。接著，老師同時呈現一正例和一非正例，要求學生觀察其中的差異。例如：老師準備下列五組圖形對照（圖5-2），一是正例，一是非正例。教師先呈現第一組圖形，並指出哪一圖形是正例，哪一圖形是非正例。學生可能指出：正例圖形有四個邊和四個直角；

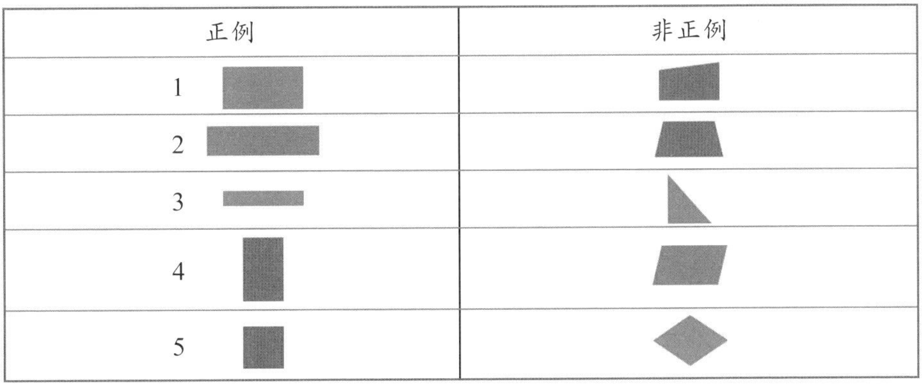

正例	非正例
1	
2	
3	
4	
5	

圖5-2 五組正例與非正例對照圖形

非正例也是四個邊、四個角，但有兩個角不是直角。教師逐一隨機呈現，每呈現一種圖形，教師要告知學生這是正例或非正例。

3.詢問分類

學生觀察這些正例和非正例之後。最後把全部的正例和非正例同時用PPT呈現在螢幕上，讓學生明顯對照這兩類的差異。

有些情形，教師可讓學生以小組方式，事先準備一大堆的圖形、樹葉等，依照學生的觀點，小組討論進行分類，可能是兩類、三類等。

4.分析「關鍵屬性」

教師引導學生討論，分析正例圖形的共同屬性是什麼。例如：有「四個邊」、「四個直角」、「兩雙對邊平行」。而前四個圖形還有一共同屬性「有一雙對邊的長大於另一雙對邊」，具備這樣的屬性是為「長方形」。但第五個圖形有另一屬性「四個邊相等」，與前四個圖形不同。因此，應當把「有一雙對邊的長大於另一雙對邊」和「四個邊相等」兩個屬性排除。五個圖形的共同屬性則為「四個邊」、「四個直角」及「兩雙對邊平行」。

5.概念名稱命名

引導學生對這些具有共同屬性的圖形給一個合適的名稱。若屬於新的概念，學生給個很有創意的名稱，則依照學生的命名；若是已有的學科概念，則須引導到學科既有的正式概念名稱。依照本概念的共同屬性：具有「四個邊」、「四個直角」及「兩雙對邊平行」的圖形稱為「矩形」。

6.歸納整理

最後教師歸納整理本單元的概念定義：「矩形」為有四個角是直角的平行四邊形，並引導學生整理相關圖形概念間之關係架構，將幾何圖形概念之間的屬種關係加以釐清；即概念之間的包含或包含於的關係弄清楚。例如：矩形包含長方形和正方形。

7. 評量與回饋

引導學生再舉出一些正例和非正例,以確認學生真正瞭解。

上述兩種概念教學歷程之差異,比較說明如表5-2。

表5-2 演繹式和歸納式概念教學比較

	相似處	順序	教師角色	學生任務
演繹式	・提供例子說明,必要時舉出非正例。	定義 ↓ 例子	・定義概念並分析概念的屬性。 ・提供例子並協助學生連結定義和例子。	・瞭解定義及屬性並舉出例子。
歸納式	・提供例子:正例和非正例要並呈。	例子 ↓ 定義	・呈現正例和非正例,引導學生注意正例特徵。 ・引導從多個正例之共同特徵歸納屬性,形成概念。	・區辨正例和非正例之差異,找出正例特徵。 ・歸納例子屬性,定義概念。

資料來源:參考丘立崗主譯,2006,402頁。

五、結語

概念是各學科的學習基礎,教師應引導學生獲得清晰的概念,以及概念之間的關聯。學科當中的主要概念,教師可嘗試運用演繹說明式和歸納發現式的概念教學,一方面讓學生在過程中辨析概念內涵,另一方面則訓練學生演繹和歸納的思考方法。在主要概念的學習,除了能運用和舉例外,也會「定義和陳述概念內涵」。至於平常教學,在一般概念的講解上,也能運用兩種教學模式的概略,引導概念的學習與應用。

第二節　問題解決教學法

　　九年一貫課程綱要揭示十項基本能力，其中之一為「培養獨立思考與解決問題的能力」；十二年課程綱要倡導九項核心素養，其中之一是「系統思考與解決問題」。足見培養學生具備「解決問題」的素養，是學校教育重要的任務。學校要培養學生此項素養，除課程教材、設備與資源、情境空間安排外，教師也要有相應的教學策略與方法——問題解決教學。本節分四部分來敘述，分別是：問題解決教學的意涵、問題的來源與性質、問題解決教學法的過程及問題解決教學的效果。

一、問題解決教學的意涵

(一)問題解決教學的意義

　　問題解決教學法（problem solving teaching）是指教師引導學生探索學科與真實世界，運用系統的步驟發掘問題，並形成假設及問題解決計畫，透過統整有關學科知識與技能，循序漸進以解決問題。（林維真，2012；黃光雄，1990：139-140；黃政傑，1997：123）。透過問題解決教學，可增進學生獲得知識及啟發思想，並培養解決問題的能力。此一用詞，早期稱為「問題教學法」（方炳林，2005；高廣孚，1988；黃光雄，1990）。目前習慣用「問題解決教學法」，有的則用「解決問題教學法」，但意義相同。

(二)問題本位與專題本位

　　近幾年傾向以學生的觀點稱「問題本位學習」（problem-based learning, PBL）；若從教師的立場來討論此一方法，則稱「問題本位教學」（problem-based teaching, PBT）。問題本位學習在性質上是學生中心的、探究取向的、建構的、課程統整的及合作的學習。（林維真，2012；Skowron, & Danielson, 2015: 109）另外，與問題本位學習類似的語詞有「專題本位學習」（project-based learning, PBL），有的稱為專題本位教學、專題導向學習、專案導向學習（PjBL）。無論是「問題本位」或「專題本位」，都是以學習者為中心，探究真實世界的問題。因

此,兩個語詞,可交替使用。

　　然而,若要區別「問題本位」和「專題本位」的學習,則「問題本位學習」的教學,乃期望學生如同領域專家般地去探究問題;其學習內涵則以問題為中心,由問題當作學習的出發點,進而追求解決問題所需的相關知識與能力。「專題本位學習」的教學,則期望學生在完成一個專題作品的前提下,進行相關現象或變項的探索,藉以獲得知識與能力。(陳毓凱、洪振方,2007)簡言之,「問題本位學習」是透過「探究與解決問題」來學習;「專題本位學習」是「從事某些事物」(專題製作)來學習。

　　搜尋華藝線上圖書的論文,以「問題解決教學」為題名搜尋結果有69篇論文,自1995-2018年(含2篇解決問題教學);用「問題本位教學或學習」搜尋結果有77篇論文,自2005-2017年;用「專題本位教學或學習」搜尋結果有8篇,自2009-2019年;用「專題導向教學或學習」搜尋結果有36篇,自2005-2019年。由此顯示,此一教學也稱為問題本位教學(學習),或專題導向教學(學習)。本節採用「問題解決教學」一詞。此一語詞本身即有「問題本位」的意涵;至於是否以「學習者為中心」,則看實際的教學操作。

二、問題的來源與性質

　　問題解決教學法之應用,首先必須要有待解決的問題。問題就像「一個目標,但確切抵達此目標之解決途徑是未知的。」而此問題應是處理真實生活且學生有興趣的議題。(Skowron, & Danielson, 2015: 112)有時問題是學生在真實生活中有興趣或遭遇到的問題,有時候是教師特意拋出來的問題。教師提出的問題,應按照學生的年級和能力,有的注重已知原則和知識的應用,屬於較低層次的學習和遷移;有的可以加強新知的發現和原理原則的獲得與應用,屬於較高層次的問題解決學習。

　　我們每天都面臨各種待解決的問題,從「出門是否帶雨傘?」、「如何改善與同學的關係?」到「都市如何改善交通秩序?」、「如何做好臺灣的水土保持?」……。有些問題只是「做決定」即可;有的問題則要找尋可用的資訊,並有步驟的去執行;有的問題則需要提出方案,要許多人的配合執行才能解決。

　　從「做決定」以解決問題的觀點來分析，做決定有兩種類型：一是無爭議的決定，只要有正確的資訊或證據，即可做決定。例如：今天出門要不要帶雨傘，看氣象播報即可決定。另一種是有爭議的決定，又分兩種：一是需要以「價值」為依據來選擇，例如：選擇從事教職還是會計師？二是需要以「知識」為依據來選擇，如胃潰瘍是因幽門螺旋桿菌引起，則以三合一處方來治療。決定選擇後，即是行動的開始。（歐用生，1992：235）。

　　有些問題需要有足夠資訊才能確定。例如：學生的作文表現是否和閱讀的數量有關聯？則要先評估學生的作文表現程度，再調查學生每月或每學期的閱讀數量，分析其關聯性。

　　有些問題是要先找出可行的方案，再由大眾配合執行，以觀察其效果。例如：學校要提升學生的體適能，邀集健康與體育教師、導師代表、行政人員、家長代表等，規劃出提升體適能方案。對於這類的問題，方案提出只是問題解決的開端，執行是另一難題。此方案須學生本身、導師及家長共同配合。此種問題解決則涉及層面較廣，且須經過一段時間觀察評估，才能確定是否解決問題。

三、問題解決教學法的過程

　　談到問題解決，John Dewey（杜威）（1859-1952）在1933年的《思維術》（How we think）一書中，指出解決問題的五個主要步驟，為後來討論問題解決的基本模式。其五個步驟為：(1)遭遇困難或問題；(2)認定和界定問題；(3)提出可能的解決方案——假設；(4)選擇合理的解決方案；(5)驗證假設而成立結論。（引自張玉成，1993：191）在教學上，以培養學生解決問題為目的，Dewey《思維術》所提的五個步驟仍值得參考。

　　問題解決教學的過程，乃根據Dewey解決問題的歷程轉化而來。不同的學者提出的教學步驟不盡相同。有分為四個步驟（黃光雄，1990；李咏吟、單文經，1995），有分為五個步驟（方炳林，2005；張玉山，1995），有分為六個步驟（黃政傑，1997），但都大同小異。《教育大辭書》則區分較細，有九個步驟。（何澍，2000d）

　　另外，中原大學問題本位推動小組，發展出的PBL教學有八個步驟：

(1)介紹；(2)遭遇問題；(3)透過問題進行探究；(4)自我導引研究；(5)重新思考原來學習的議題；(6)決定最適合的答案；(7)展現結果；(8)進行評鑑。（楊康宏，2019）而Skowron和Danielson（2015: 115）提出的問題本位學習更細，有十一個步驟：(1)碰到問題；(2)討論和探討問題；(3)界定問題的陳述（提出假設）；(4)發展有效解決問題的指標；(5)產生與問題陳述有關的問題；(6)發展行動計畫；(7)蒐集資料（透過研究、調查、訪問等）；(8)產生可能的解決方案；(9)以先前建立的指標評估解決方案；(10)對「真實的」大眾陳述解決方案（對問題有興趣且具備知識者）；(11)摘述達成解決方案的過程。

　　事實上，問題的性質是複雜的。從認知層次言，有應用層次，到分析、評鑑及創造層次；從學齡言，有國小中年級，到十二年級的學生；從領域言，有藝術人文、社會科學、自然科學及資訊等。因此，問題解決教學的過程會有很大的差異。步驟太少，可能無法說明清楚；步驟太細，可能會瑣碎。依據個人教學及觀察之經驗，歸納適合中小學的問題解決教學有六個步驟，分別是：(1)提出問題或遭遇困難；(2)分析並界定問題；(3)提出解決途徑或假設；(4)解決問題或蒐集資訊；(5)歸納與驗證假設；(6)發表結果。茲依序說明如下：

(一)提出問題或遭遇困難

　　問題解決教學須先有待解決的問題。此問題可由教師提出，或學習者在生活中遭遇困難的問題。教學上若強調學習者在課堂上的應用試煉，其問題大都由教師預先規劃好，並在上課之初提出。例如：在自然科學課程中，教師提示問題：「如何製作水火箭並比較誰的飛行最高？」此一問題是讓學生應用力學原理和牛頓第三運動定律，以及動手操作的技能。

　　又如，在社會科教學中，教師提示問題：在選舉期間，鄉下有許多人沒有去投票，並引用數字說明。這提示導致下列之討論：「為何鄉民不行使他們的選舉權？」從這項討論中，學生又引出兩個問題：第一、鄉民對選舉態度冷漠的原因是什麼？第二、在選舉時，如何使人們去投票？

　　教師選擇問題應考慮幾個條件：(1)這個問題對課程而言適切嗎？(2)學生具備相關的知識與技能嗎？(3)所需的材料可以找得到嗎？(4)能夠在限定的時間內完成嗎？(5)需要特殊的設備和空間嗎？

　　有時教師可引導學生從生活中遭遇到的困難去發掘問題，或提示一個方向讓學生找尋問題。這種解決問題需要統整學科所學知識，甚至於跨領域的知識，且須較長時間的探索才能解決，但最好在一個學期內完成。這種情形適合較高年級，尤其是九至十二年級。例如：在社會領域課程中，教師引導學生探討社區的議題，學生討論後形成探討的問題1：「○○社區的歷史與特色及未來的發展？」問題2：「○○地區黑冠麻鷺的生態探索？」問題3：「社區○○廟會噪音改善方案？」

(二)分析並界定問題

　　問題提出後，首先要分析此一問題的邏輯結構是否正確，即敘述是否明確？它確實是一個問題，並且可以進行探討。如前面水火箭問題，討論之後變成：「分組製作水火箭並比賽」。此問題明確是要製作水火箭；對小學中高年級學生言，是很好的科學製作問題；在培養小組合作及動機上，採分組製作並比賽，也是可行的方式。

　　其次，分析此一問題的性質，是屬於科學的問題，還是價值信仰的問題？顯然地，「水火箭」是科學的問題，「鄉民選舉」則是價值信仰的問題。在科學的問題範疇中，水火箭是「科學製造」的問題——它是應用科學原理製造成品，不是「科學驗證」問題——即需要蒐集數據或自行實驗取得數據來驗證。

　　第三，要界定問題中的主要概念。教師要引導學生澄清及界定問題，可以提出若干問題來問學生，或者直接給予學生建議。例如：水火箭製作因涉及比賽，幾個條件或概念要一致。一是使用的材料和瓶子大小；二是水火箭優劣標準，採用飛行高度、飛行時間、或飛行距離；三是「是否要加降落傘？」

　　而鄉民選舉問題，則要思考「選舉冷漠」是指什麼？投票率低？投票率是與全國或全縣比較？跟平均值比較還是其他數值？問題經嚴格界定之後，學生才能確認進一步如何探索，或修正探索方向；或經數據比較後，發現不是問題，就停止探索。

(三)提出解決途徑或假設

　　分析並界定問題之後，若是採小組解決問題，則要進行任務分工，以

便分頭進行蒐集資訊、瞭解細節、準備材料或工具……。然後再進行小組討論，以提出解決途徑或假設。

　　以製作水火箭言，可能分為：火箭頭（箭身）、尾翼、降落傘、發射架等四個任務。小組成員上網或查資料，研究水火箭飛行原理及製作，並就所分配的任務詳細探究。有了腹案之後，接著討論火箭製作的要求，包括：水火箭的外觀標誌或圖案、箭頭長短、尾翼大小……，以及製作進行過程和細節要求。（提出解決途徑）

　　以鄉民選舉問題，可能要分頭蒐集文獻，包括近年選舉投票統計、影響選民投票原因分析、鄉民人口統計、近年本鄉經濟發展與建設……。小組成員上網或到圖書館搜尋資料，有了基本的瞭解和數據資料後，才可探究鄉民選舉投票意願低的原因，以作為形成假設的依據。如年齡老化、經濟環境水平低，則提出的假設為：鄉民越年長投票意願越低、經濟環境水平較低者投票意願較低。（提出假設）另外，有了基本探討之後，也是編寫訪談問題及提出解決方案的基礎。

(四)解決問題或蒐集資訊

　　此一過程解決問題，可包含製造成品（或物件）、提出方案計畫等。有些是科學驗證的問題，則要蒐集既有資訊或數據，或進行實驗／調查，以取得數據。

　　在製作水火箭方面，此時為各組在教室的工作桌，分頭進行製作水火箭各部分。製作過程，小組應依前一步驟提出的製作程序、細節及標準來製作。若發現問題，小組再討論修正與補救。另外，教師可引導學生把相關數據記下來，如火箭錐體尖鈍情形、尾翼大小角度……，作為後續比較，形成結論的依據。

　　在鄉民選舉問題，則須根據前述原因分析，到社區實際訪談代表性樣本的鄉民，包括不同年齡、不同經濟環境的鄉民。一方面蒐集投票意願數據，一方面獲得提升鄉民投票意願的意見。

(五)歸納與驗證假設

　　此一過程可能包括科學製造成品（物件）完成測試、方案的確立與彙整、資料統計分析驗證……。

　　在水火箭製造中，應是火箭製作完成最後檢查，以及發射準備和比賽評比。在中小學階段，這種學習只是科學原理的應用與製作，沒有儀器可記錄飛行高度，僅能以飛行時間或距離來比較水火箭的優劣。飛射比賽過程，儘量取得一致的條件，如一樣的風速、相同／似的發射架與角度。實驗結束後，取得飛行數據後，與火箭頭尖鈍、尾翼長短角度比較，可能也有另外的發現。

　　在鄉民選舉問題，經過訪談數據分析，是否可看出年齡越大，越不想投票？是否經濟環境水平較低者，較不願意投票？還是有另外的發現？例如：本鄉建設停滯不前、本鄉缺乏特色的農產品……。最後，彙整相關資料，提出「提升鄉民投票意願的方案」（解決問題方案）。在此方案中，有對鄉民的，有對鄉（區）公所，甚至於對縣政府或縣議員。

　　由於社會科學的學習過程中，學生所提的社會行動方案，可以透過下列三種方式，試著去實踐：

　　第一，可以透過學生宣導部分。利用假日到社區宣導或示範，當作服務學習或志工服務。

　　第二，將相關方案正式送到鄉（區）公所，或民代服務處。

　　第三，舉行記者會。通知地方媒體記者，公開陳述學生對問題探討過程及方案建議。這種情形的前提是：該問題為地方所關注的議題，且學生探討過程嚴謹，並指出問題所在，且提出的方案可行性高。

(六)發表結果

　　在問題解決過程中，教師可引導學生，將整個問題解決的過程記錄下來。從選擇或發現問題開始到問題解決，將相關的資料或紀錄留存下來加以整理。

　　第一，整理成一般的書面報告，展現學生學習的成果，成為學習檔案的內容。對教師而言，也是教師教學的成效。

　　第二，若是高年級以上的學生，可加入科學研究之過程與方法；必要時以符合研究報告的格式呈現。可有三種方式呈現：一是編輯成為年級／班級的研究報告；二是發表在相關刊物上；三是放在校內網頁或參加專題學習網頁比賽。

　　第三，若學生的英文程度可以，可將報告翻譯成英文，參加國際性的

專題網頁競賽。

四、問題解決教學的效果

　　問題解決教學是認知學習目標中，「應用」以上層次的學習。其過程須主動探索，手腦並用、實際操作及製作，以磨練技能或能力，整個過程也是形塑問題解決態度的時機。因此，從理論上言，以及實務的觀察，問題解決教學是有效培養學生「系統思考與解決問題」核心素養之途徑。（王金國，2018）

　　閱覽部分實證研究的論文，有研究顯示：問題解決教學或問題本位學習可提升學生的自然科學學習成效（呂意仁，2007；施春輝，2009；陳惠媛，2009），以及數學的學習成效。（陳麗華，2017）有的研究顯示：問題本位學習能提升學生的批判思考能力（陳建樺，2010）和問題解決能力。（陳建樺，2010；江玧嫺，2015）不過，吳耀明（2012）在國小五年級社會科運用問題本位教學，研究結果顯示：學科的學習成就並無差異。

　　另外，問題解決教學方式，也有助於提升學生的學習動機或相關態度。例如：可提升學生的合作學習態度（江玧嫺，2015），提升對學科的學習態度（施春輝，2009；陳惠媛，2009）及提升學生的學習動機。（王為國，2017；陳麗華，2017；黃琡惠、吳耀明，2010）

　　總的來說，問題解決教學、問題本位教學、或專題本位教學，有助於提升學生的學科學習成就、學習動機、學習態度，以及批判思考和問題解決能力。因此，是有效的教學方法，也確實能培養學生問題解決的知識、能力及態度（素養）。

五、結語

　　問題解決教學法是從教師的觀點，探討教師如何帶領學生學習解決問題的一種方法。若從學生的觀點來看，則是「問題本位學習」，其解決問題的過程，可以參考Dewey《思維術》的問題解決五個歷程。本節介紹的問題解決教學法有六步驟，可作為教師教學之參考：(1)提出問題或遭遇困難；(2)分析並界定問題；(3)提出解決途徑或假設；(4)解決問題或蒐集資訊；(5)歸納與驗證假設；(6)發表結果。

第三節　批判思考教學

批判思考（critical thinking）是民主社會很重要的素養。在民主社會中，言論自由，媒體與網路對社會事件的報導，琳瑯滿目、聳動聽聞、立場偏頗，甚至於製造假訊息。這些並存的報導訊息與說法，真假如何？是也非也？合理抑謬誤？需要國民具備批判思考的素養辨析。

一、批判思考的意義

「批判」一詞意指是非的判斷（教育部重編國語辭典）；英文為「critical」，有發現錯誤或吹毛求疵的意思（fault-finding）（《牛津高級雙解辭典》）。也就是說，我們要判斷事情的是與非，部分工作是要找出錯誤所在，才能論斷為非。因此，英文才有吹毛求疵的意義。而批判思考（critical thinking），簡單的說，乃指是非判斷的思考。有了是非的認知，我們才可決定何者可信，何者不可信。

閱讀若干文獻後，歸納批判思考的定義為：「以理性的思考，判斷訊息的是非，決定何者可信，何者可做的過程。」（王國華，2000；溫明麗，1998：79；張玉成，1993：244；黃政傑，1997：127；Ennis, 1991, 2001）這樣的定義，強調理性思考——即心平氣和，聽取並閱讀各種陳述後，自主獨立思考；相互討論判斷的準據，依邏輯程序推演出結論。

對社會某一現象、政策、措施、制度、計畫、事件、活動……陳述，有些人說它是「合理的、正確的、應該的、對的」，有些人則說它是「不合理的、不正確的、不應該的、錯的」。在這樣的爭論中，首先要釐清問題所在，瞭解爭論點，才能進一步討論。接著，在斷定一項訊息的陳述正確與否，我們須提出一套讓大眾信服的「評準」（criterion），作為判斷其正確與否的依據。如果這個評準沒有建立起來，那麼我們說：何者正確或何者不正確，是沒有意義的。（殷海光，1973：21）。

但是在很多的意見爭論過程中，雙方可能各自堅持主張，聽不進對方的陳述，爭論的陳述變成動怒的語言，甚至於肢體的侵犯。批判思考即強調要以「理性的思考」，先釐清問題和爭論點，才能進一步討論，提出可接受的評準。

在現今的民主社會，無可否認的：大多數的人判斷事物的準據，都不自覺其所採取的評準，是來自他們的父母、教育、行業、宗教、種族（族群）、黨派……。而最具支配力的幾種評準思想之條件是：宗教、文化、傳統、教育、政治，以及個人特有的主張、好惡、價值觀念、利益等。（殷海光，1973：22）一般人不自覺而相互爭論，頂多面紅耳赤，不歡而散。但掌握權力的政府領導者、立法者、法官、學者等，若以他們堅持的這些條件，來評斷所謂「正確的」或「不正確的」事物，對社會的是非正義將造成很嚴重的後果。

由此可見，在民主社會，具備批判思考素養是公民的基本素養之一。因此，在學校教育中，培養學生未來掌權者的批判思考素養，是教師教學的重要任務。批判思考教學（critical thinking teaching）即指培養學生具備批判思考素養的教學策略。

二、批判思考素養

素養包含知識、能力（技巧）及態度。同樣地，批判思考素養包含批判思考的知識、能力（技巧）及態度（意向）。知識是指對批判思考本身的知識，如演繹、歸納推論等，以及思考對象的知識，如科學、歷史、經濟等知識。能力則為思考的方法與技巧運用在思考對象，或與人互動討論的表現上。態度則為進行思考時，心胸開放與理性接納的程度。

(一)批判思考的知識

批判思考的知識應包含兩部分：一是批判思考本身的知識，二是批判思考對象的認知——學科領域的知識。

批判思考本身的知識，如演繹推理和歸納推理的相關知識。

而思考涉及思考對象，如科學、歷史、經濟等，需要有思考對象學科及其相關的知識。

(二)批判思考的能力

學生應具備那些批判思考能力，可以從不同的文獻或觀點來探討。從編製測驗的立場，有學者歸納批判思考能力有五項，包括辨認假設、演

繹、推論、解釋及評鑑。（鄭英耀、吳靜吉、王文中及黃正鵠，1996；葉玉珠、葉碧玲及謝佳蓁，2000）溫明麗（1998）則從哲學的觀點，認為批判思考為個人思考的心靈運作，包括質疑、反省、解放及重建等，四個向度心靈運作的能力。

香港的中學通識教育中，編訂有批判思考的培訓課程，列出五項批判思考能力：(1)語文推理的能力；(2)論證分析的能力；(3)如假設驗證般思考的能力；(4)運用可能性及不確定性，以及(5)決策思考和解決問題的能力。（曾榮光，2010）

Ennis（1991, 2001）認為批判思考應當包含能力（abilities）和意向（dispositions）兩方面。意向一般通稱為態度，能力則區分為五部分十二項能力。本文以Ennis的批判思考能力為基礎，參酌上述的觀點及作者的教學經驗，歸納重要的批判思考能力為九項，分述如下：

1. 能聚焦在一項問題並隨時把問題掛在心上

這是指在閱讀訊息資料，能很快確定問題是什麼；討論中聚焦於此問題，並隨時記得討論的問題，掌握目標與關注點。

2. 能分析出爭論點

這項能力首先能看出雙方結論是什麼；其次指出已陳述的和未陳述的理由；第三能尋找相同和相異之處；第四能區分有關、無關的事實；第五能找出雙方爭論點的架構；第六能總結摘要爭論點。

3. 能發問並回答具有澄清性或挑戰性的問題

在分析出爭論點後，能針對未說明部分、矛盾之處及爭論點，提出質問。當然也要能澄清他人質問的概念或問題。批判思考要能質疑，也要能理性回答與澄清質疑問題。

4. 能判斷資訊來源的可信度

訊息為真或可信度高，是我們接受訊息產生行動的依據。訊息是否可信，有幾項判斷點：一是否來自專業的權威；二是否基於科學實驗／研究的結果；三是否基於可靠的報導。如有名期刊雜誌，此項報導可能依據第

二項而來。

5. 能辨認未陳述的假定

有時我們一項陳述句或是一個問題，背後隱藏了基本假定。若不假思索接受該陳述或回答該問題，則接受了對方的隱藏式假定的陷阱。例如：聽聞校園有學生霸凌事件，記者到校詢問某生：你對學校學生霸凌事件，心理有何感受？你若回答，等於向記者確認學校發生了霸凌事件。

6. 能辨別事實描述與意見論述

在討論問題時，經常會引用一項事件、活動、現象等之訊息。這時我們在閱讀此項訊息時，要能區分哪些是事實描述、哪些是意見論述；事實描述是客觀的，意見論述是主觀的。例如：莊子在濠梁之上，俯看溪水說：「鯈魚在溪水中游來游去，好不快樂喔！」第一句是事實描述，第二句則是莊子的主觀意見。

我們在進行批判思考討論時，對於訊息內容，區分事實描述和意見論述，是很重要的能力。要培養這項能力，可從閱讀新聞的報導著手。找自己較熟悉的社會事件或活動，看記者如何描述此事件？哪些又是記者主觀的意見。

7. 能區分科學問題與價值選擇

科學問題是事實問題，需要有實證的資料來支持其真假；這種實證的資料需要嚴謹的步驟，經過實驗、調查、觀察等取得數據，分析後確認是否支持原先的科學假設。價值問題則是人們的喜好、心理傾向、選擇等問題，你不能否認一個人的喜好，除非此喜好有悖社會倫理規範。不過，大眾的價值傾向也可用調查方式來瞭解。

8. 能確定或形成用來評判答案優劣的指標

我們要評斷事物或方案的優劣情形，要有一套評斷的準據。批判思考討論過程中，要能形成一套評判事物優劣的指標，才能判斷事物、行為、方案等之優劣。

9. 能定義術語及判斷其定義

　　在討論問題時，雙方在運用關鍵的語詞、術語或概念，要有一致的定義，更避免歧義；否則，雞同鴨講，無法獲得結論。批判思考者要能解讀術語的定義，也能對術語定義。更進一步，要將眾多術語的從屬關係加以統整——上下位概念關係及平行類別關係。

(三)批判思考的態度

　　批判思考的態度是一種心理意向，係思考技術運作前的準備和心理傾向，它是思考的基礎；沒有它，則無從產生有效的思考。Ennis（1991, 2001）在〈批判思考課程目標〉文章中，分別提出十四項和十二項批判思考意向（dispositions）。以此為基礎加上作者教學經驗，歸納重要的批判思考態度有九項，分述如下：

1. 對訊息或問題，尋求清楚的陳述

　　在討論場合上，應養成習慣，把要表達的訊息或問題，盡可能清楚地陳述，讓他人聽懂。

2. 尋求理由、原因

　　在贊成一項觀點，或支持一項議案時，要有足夠的理由或原因，才能表示支持或贊成，且要有足夠的資訊來支撐，如各類人員意見、不同的研究結果……，才能作為支持的理由。同樣地，反對的話，也要有足夠的反對理據。

3. 採用並引述可靠的資源

　　當我們採用有用的資訊來支持論點時，此項資訊的來源要可靠。資訊來源是否可靠，要詳細閱讀分析，進一步上網搜尋，或到圖書館等相關機構查詢。這需要花一些時間。

4. 考慮整體的情境而不做片斷解釋

　　當陳述自己的論點，或反對他人的觀點，應當從整體的情境來思考，考慮優缺點，才能進行評估與判斷。即不能以偏概全討論問題。

5. 隨時惦記原本的目標或討論議題

　　在很多的討論會場上，與會者有時會因此項議題，引發他發抒與此議題相關的專業見解，但卻不是本次討論此議題的焦點或方向。例如：討論「國小是否推動與英美國家進行國際交流？」他卻依據自己辦學經驗，陳述學校國際交流的各種方式。

6. 避免或留意二分法產生的錯誤和偏見

　　二分法有助於思考和處理問題，如學生的成績「及格」或「不及格」，以決定是否修習下個課程。物理世界中的黑和白，是色澤明暗的兩極。在兩極之間，有很多趨近黑白不同程度的灰色。同樣地，對行為、事項及方案的討論，不是只有善惡、好壞及優劣等簡單的二分法，而必須整體觀察，並以適切的指標來評估，最後才做「贊成」或「反對」的決定。

7. 要有開闊的心胸

　　以開闊心胸參與問題討論，表現在兩方面，一是認真考量他人的觀點而非僅止於自己的；二是對不同於己的論點或看法，不能逕自排斥，應從客觀的訊息來評估。

8. 有充足的證據和理由時，應站穩立場或改變立場

　　這是指在討論問題時，我所支持的論點有足夠的證據和理由時，應站穩自己的立場，不要因在場有長官、年長者、某專家、甚至於盛氣凌人的發言者，就退縮其論點。同樣地，反對者若有足夠的證據和理由，也應當改變或修正自己的觀點，或許他官階較低、較年輕、也非專家，也應尊重並接受其意見，這也是開闊心胸的表現。

9. 敏於感知他人的感覺、知識水平及世故（社會化）程度

　　在問題討論的場合上，可能來自不同背景和階層的人。因此，在參與討論者，要感知不同背景者對問題的感覺，以及他們對問題的認識層次，在回答或澄清問題時，採用較適切的語言。例如：會場有鄉民提問或陳述理據不慎妥適，回答問題時，也應「理直氣緩」選用中性或具同理心的語言。

三、批判思考教學

　　強調增進學生批判思考能力的教學策略，謂之批判思考教學。（張玉成，2000）批判思考教學，溫明麗（1998）認為可透過統整式課程，也可單獨以設科方式進行。統整式課程教學是將批判思考的方法與其他領域的知識統整起來，引導學生將所學的知識與方法，運用於解決學科的問題或日常生活當中。（p.168）

　　單獨設科式課程，即設「批判思考」一科以教導批判思考的方法和能力；若學生的學科知識不足以解決其問題，再依實際需要安排特定學科內容的教學。（溫明麗，1998：171）香港的中學通識教育中，即設有「批判思考」的課程，其內容包含五項批判思考能力（如前述），並發展出四個單元十四個子單元的教材。（曾榮光，2010）

　　在沒有單獨批判思考的課程，則須在一般課堂上，運用批判思考教學原則或策略，隨機或有意設計進行教學。以下提供若干批判思考教學原則和策略，以供教學參考。

(一)批判思考教學原則

　1.民主的原則與氣氛

　　民主的原則與氣氛是培養批判思考素養的必要條件。在此情境氛圍下，才能激發學生好奇心，喜歡探討問題。而且在民主氛圍下，才會自由表達意見，甚至勇於提出不同看法；但不必執意說服他人，而能傾聽與關懷他人論點，成為具有自主性與自律能力者。（溫明麗，1998：177）

　2.教師要有開闊的心胸

　　要培養學生具批判思考素養，教師本身要先具備批判思考的態度，尤其是開闊的心胸。教師是成熟的專業者，不能以自己的認知看待學生所提的問題和意見。因此，應站在學生視角看問題，理解和接納不同於己或不成熟的意見，聽取學生挑戰性的問題，再依客觀的訊息來澄清或評估。

3. 提供與創造反思的機會

教學過程中，發現有值得思考的問題，或不合理之處，應引導學生有思考的機會。如憲法規定人民有自由權，但在新冠肺炎疫情期間，又限制我們外出，這樣的限制，是否違憲？若可以限制，又是基於何種理由？對於問題進行反思，或可修正或重建我們的價值觀。（溫明麗，1998：178）在教學過程中碰到值得思考的問題時，教師應放慢教學節奏，學生才有反思的機會和空間。

(二)批判思考教學策略

1. 提問策略

教師提問的層次，可激發學生的思考。例如：以前有一課文「愚公移山」。在進行綜合活動時，教師可能會問：「愚公移山的精神為什麼可佩？」這樣的提問，是老師已認定愚公的這種精神可佩。若這樣問：「愚公移山的精神可佩嗎？為什麼？」這樣的提問，讓學生有質疑和獨立思考的空間。（張玉成，1993：280）

教師也可依據這樣的問題：(1)「愚公移山的精神為什麼可佩？」和這樣的陳述：(2)「曉華因為不知道用功讀書，所以學業成績不好。」詢問學生：「這樣的提問和陳述，隱藏了什麼？」透過提問策略，可引導學生辨認未陳述的假定——(1)愚公精神可佩；(2)曉華有時間且智力不差。

2. 討論策略

討論可讓學生有互動、對話，彼此交換觀點的機會。若能善加應用與指導，學生可從中更清晰學科知識概念，獲得批判思考能力，並養成批判思考態度。

教師可運用本書第十三章所介紹的「六六討論法」技巧，安排有爭議且適合學生層次的問題，讓學生小組討論。例如：(1)國中小學生要不要穿制服？(2)國中段考，要不要排名次？(3)書法教學是否應排入國中小正式課程？

在討論中，要求學生表示贊成或反對，並且能陳述理據。在過程中傾

聽不同於己的意見陳述，必要時修正或改變自己的意見，甚至於統合正反雙方提出更佳的見解。

3.對話與辯證

　　批判思考教學可運用對話性思考（dialogical thinking）和辯證性思考（dialectical thinking）來進行。對話是針對一項問題，彼此對等交換意見與觀點，以相互瞭解而不堅持己見，也就是透過對話，相互修正彼此的觀點。辯證是針對爭論點，能各自陳述支持與不支持的論據，進而考驗或疏理各自論點的合理性。（張玉成，1993：263）

4.案例教學

　　案例教學（case method/ case-method teaching）是一種以案例為教學材料，透過問答、討論、評析等過程，深入瞭解主題概念，並培養學生高層次能力的教學方法。（張民杰，2001：10；王金國，2013：12）此一方法也是培養學生批判思考很好的教學方法。教師在學科的教學中，可選擇與課程或單元有關的案例，進行批判思考教學。一方面可對學科知識深入瞭解，一方面培養批判思考的素養。案例可以是教科書內容、新聞報導、網路訊息、社會事件、政府政策、校園活動等。茲舉幾個案例加以說明。

　　案例教學可參考以下程序：1.引起動機與告知目標；2.分組討論：閱讀案例內容後進行討論；3.全班分享；4.總結與回饋。（王金國，2013：19-20）告知目標可針對本案例要培養學生的素養，提示若干問題，讓學生思考。在分組討論時，若案例很長且內容可分割，可讓小組成員分工。若年級較高，總結嘗試讓學生擔任，教師僅做補充修正及回饋。

　　案例：喝牛奶真的有益健康嗎？
　　根據某《健康醫報》之報導：喝鮮奶其實反而會害人體流失鈣質，因為鮮奶是屬於酸性的，而人體喝了酸性的飲品會導致鈣質的流失，所以喝鮮奶不會補充鈣質，反而會加快鈣質的流失。
　　根據中央研究院「生物醫學研究所」某研究員多年的研究發

現：人類長期喝牛奶會導致酸性體質，容易引起各種疾病。況且牛奶的主要營養成分為蛋白質、脂肪和醣類，只喝牛奶無法提供身體所需的纖維質、礦物質和維生素等養分，也無法供給人體需要的熱量。

教師可運用此案例，引導學生批判思考能力和態度為：
* 本案例要傳達的訊息是什麼？（主要論點是什麼？）—— 能力
* 若無充分的證據和理由，不要下判斷。—— 態度
* 能判斷資訊來源的可信度。—— 能力
* 若有充足的證據和理由時，應據此改變立場或信念。—— 態度

四、結語

　　批判思考是民主社會基本而重要的素養。在民主社會中，各種媒體與網路訊息紛雜，需要國民運用批判思考的素養來辨析。否則，在某些聳動激化、立場偏頗及假訊息中，又夾雜個人職位、團體利益及政治偏好，往往就不辨真假，不分是非，更遑論合理抑或謬誤。

　　要培養國民的批判思考素養，應從學生時代開始，教師承擔重要的角色。學校要培養學生的批判思考素養，教師要先具備批判思考素養。教師可參考本節所提的九項批判思考意向和能力，培養自身的批判思考素養。再運用批判思考的原則和策略，在課堂上相關的內容或時機，讓學生有批判思考試煉的機會。

第四節　創造思考教學

　　「創造力」是現代資訊社會中，領導者最須具備或培養的特質。領導人固然需要創造力，但現代公民也須創造思考能力。而創造思考能力的教育，最好從小開始。

一、創造力的內涵

　　創造力的探討，可從它的特質、歷程及人格特質來瞭解。

(一)創造力是一種特質

　　在學習與教學領域中，創造力被視為是心智運作的最高層形式，如2001年修正的認知歷程目標將創造力列為最高的第六層次。因此，創造力是高層次的認知能力。具有創造力的人，在心理思考歷程或解決問題歷程，具有幾項特質。歸納而言有五項：獨創、流暢、變通、精密及敏覺。（林寶山，1988：151；陳龍安，2008：42-44；張玉成，1993：307）茲分述如下：

1. 獨創性

　　獨創性（originality）是指在觀念上或思考上的特殊與新穎之處，能提出較不尋常的想法，亦即「出類拔萃」的特質。

2. 流暢性

　　流暢性（fluency）是指觀念或思考進行得很流利和順暢，例如：字詞、觀念、表達、聯想的速度快而多量，亦即「舉一反三」的能力。

3. 變通性

　　變通性（flexibility）是指能變化思考方式、擴大思考範圍，以產出不同向度、類別作品的能力。變化思考是指不受拘泥，跳脫過去的思考框架，自由思考而產生不同觀念或解決策略；擴大思考是能將觀念修正或創新多種解釋，亦即「觸類旁通」的能力。

4. 精密性

　　精密性（elaboration）是指在觀念上或思考上能夠縝密精細、力求完美，亦即「面面俱到」的能力。

5. 敏覺性

　　敏覺性（sensitivity）是指能敏於察覺事物功能、變化、不足、缺失、矛盾等之處，也就是對於事物或現象具有某種的敏感性，而能察覺其問題。

一個人的創造力可從上述五項特質來評估，這五項特質表現越多，表示其創造力越高。

(二)創造力是一種心智歷程

創造力是一種心智歷程——思考歷程。視為一種歷程，乃著重在推斷自意念的萌生，到創造性概念形成的整個歷程。創造思考的歷程如何描述和區分？過去學者已有不同階段的劃分，不過以英國心理學家G. Wallas（1858-1932）提出的四個階段最具代表性：（張春興、林清山，1982：176；張玉成，1993：315；陳龍安，2008：47）

1. 準備期

準備期（preparation）是指感知問題的存在，並為解決問題，積極蒐集相關資料以瞭解問題性質的歷程。

2. 醞釀期

醞釀期（incubation）是指閱覽問題相關資料後，對問題性質有進一步瞭解，嘗試從過去他人經驗或以自己的觀點，試圖提出各種可能解決問題的途徑或方向。然而大部分是碰到瓶頸，可能還提不出解決問題的途徑或方向。

3. 豁朗期

豁朗期（illumination）指思考經過長期醞釀階段後，突然頓悟產生靈感，想到解決問題的途徑或方法。這個階段是創造思考最開心的時候，有如釋重負、如獲至寶的成就感。典型的豁朗期就是，阿基米德為驗證金皇冠的純度，洗澡時頓悟到浮力原理，光著身體就跑出去。

4. 驗證期

驗證期（verification）是指將頓悟思考結果付諸實施，確認能否解決問題。創造思考的結果必須經驗證才能確認其有效性；否則，頓悟可能只是偶然的巧合或個人的異想天開。創造思考結果必須是可以解決問題，在社會上可以具體產生、說明表達，或製造產品出來的。

(三)創造力表現於人格特質

有創造力的人，在行為表現上通常較獨立、獨特及自信；在個性表現上較天真、看得開、活力及熱忱；在面對意見能接納、包容正反二極；看待事物能接受不確定性或容忍曖昧不明；對於所專注的工作具有高度的動機、興趣及理想性。因此，具有高創造力的人，通常較獨立、開放、接納、容忍，以及積極探索事物以解決問題的動機。（張玉成，1993：313）

二、創造思考教學的意義

創造思考教學（creative thinking instruction）是指教師根據創造力發展的原理，在教學過程中採取各種教學方法或策略，以啟發或增進學生獨創、流暢、變通、精密及敏覺的思考能力的一種歷程。（陳龍安，2008：98）

創造思考教學與創新教學或創意教學不同。創造思考教學旨在培養學生的創造思考能力，著眼點在學生；創新教學或創意教學則指教師教學的改變，有別於過去不一樣的教學策略或方法，著眼點在教師。當然，教師教學最終都聚焦在學生，但前者特別針對學生創造能力或素養的提升；後者則在一般學習成效的提升。

根據創造力的特質及教學的原理，創造思考教學有下列六項特點：（林寶山，1988：153；陳龍安，2008：99）

第一，在教學過程中是以學生的活動為中心，學生是主角，教師只屬於協助指導的角色。教學時間由師生共享，教師不能獨占。

第二，啟發學生的想像力，使具有創造性或生產性的思考為目標。

第三，教學環境特別注重生動活潑、自由、安全、無拘無束的氣氛，以及良好的師生關係。

第四，創造思考教學應運用各種方法、策略及技巧，以激發學生創造思考能力。尤其要借重學校以外，業界的創新策略或技巧。

第五，創造思考教學並不限定在某一科目中實施，可在各種合適的科目中實施。

第六，創造性教學並不要求教師在整節課中實施，可以兼採其他教學方法。

三、創造思考教學的原理

在認識創造思考教學策略前，教學者要先瞭解創造思考教學的一些原理，有三方面：一是教師應具備的積極性原則；二應去除或避免的阻礙因素；三是教師要提升的教學素養。

(一)創造思考教學的原則

由於創造思考教學不是一種「特定的」教學方法。因此，很難說有某一模式是屬於創造思考教學方法。只能根據創造思考的內涵，提出一些應當遵循的原則或實際應用的策略。歸納創造思考七項教學原則如下：（林寶山，1988：155-156；陳龍安，2008：111-115）

1. 可在各科教學中隨機進行

教師在任何教學過程中，都可隨時隨地隨機啟發學生的創造力；或者針對單元某一內容或主題，運用創造思考教學模式或策略來進行。

2. 變化教材或組織統整的課程

教師可因時因地及情境，增減調整教材，甚至於組織統整的課程，以利學生的學習和培養創新應變的能力。

3. 營造利於創造思考的學習氣氛

在班級中，教師要營造自由、和諧及民主的學習氛圍，在此氣氛下，學生的創造潛能，才能被開發；創造動機，才能被激起。

4. 運用創造性發問技巧

為激發學生創造力，教師應提出高層次的問題，如分析、批判及創造，或是開放式問題，或是運用陳龍安提出的創造性發問技巧——「十字訣一假列比替除，可想組六類」。（陳龍安，2008：360-362）

5. 鼓勵學生勇於說出想法或表達意見

要讓學生有創造能力，必須讓學生勇於說出自己的想法。說出來，他

人才知道你的想法，可以相互激盪；而且透過意見陳述過程，可讓自己的想法再次釐清與確認。

6. 傾聽與接納學生的意見

教師為培養學生的創造力，當學生表達想法和意見時，應以尊重的態度，專注傾聽並接納學生的意見。同樣地，教師也要引導學生彼此傾聽與接納他人意見的素養。

7. 允許學生有嘗試錯誤的經驗

創造是無中生有的心智和物件製造工程。創新製造無法一蹴可幾，須經過多次嘗試。在創造思考歷程的醞釀期，是嘗試錯誤的階段，會耗去較多的時間。學校因教學進度、成效及升學的壓力，往往無法允許。或許教師偶而讓學生有嘗試錯誤探索的經驗，可保有其創造思考能力與態度。曾有人戲稱：讓小孩失去創造力的方法，是將小孩送到學校接受教育！此種揶揄戲稱，對教師的警惕是：留意創造思考教學原則，讓學生有獨立學習和嘗試錯誤的機會。

(二)阻礙學生創造力發展的因素

前面敘述創造思考教學原則，是培養學生創造力的積極作為。然而，也有一些消極阻礙的因素，教師也要留意。阻礙學生創造力的發展因素很多，有學生本身、教師、學校、家庭及社會各方面。此處僅敘述教師的不利因素，期望教師能自我提醒，並設法避免或改變。（林寶山，1988：154；郭有遹，1989；陳龍安，2008：166-172；楊坤原，2001）

1. 權威式教育

即教師有意或無意地顯示其權威，在帶領班級和教學上，要求學生聽話。在形式上，指示性的語言多，較少敘述理由，更缺乏討論和聽取學生的意見。

2. 強調團體要求

即在學生行為表現，以及學習表現上，傾向要求達到一致性的要

求。如作業形式和細節要求繁瑣；給相同的作業，採用相同的評量。

3. 缺乏幽默感的教學

幽默可化解僵化的氛圍，幽默可營造好的學習氣氛，幽默可讓心靈奔放。在此班級氣氛，學生才勇於表達意見，班級才會產出不同的觀點與創新意見。

4. 不斷地批評

不斷批評比缺乏幽默感更嚴重。不斷批評與教師的人格特質有關。此種人格傾向，對人與事大都從負面來評估，言語也偏向負面。因此，對學生的行為與表現，會先找出缺失，加以批評，而忽略好的一面。

5. 偏重紙筆測驗的評量

雖然已實施十二年課綱，但教師是學校次系統的一員，難免受到「升學」（升到好學校）的影響。尤其是國中，在教學上強調知識層面，倚賴教科書；評量上偏重紙筆測驗，強調標準答案。但從教育理論和實務來看，創造力是難以用紙筆來評量的。

6. 缺乏創造力教學的專業知能

這是指教師對創造力和創造思考過程的認知不足，未能熟悉創造思考教學策略與技巧，以及缺乏學科內容的創造思考教學實務。

7. 缺乏專業信心

這是指教師本身的能力或專業素養不足，在教學上僅能依學校的規定與要求行事，以達到同儕的水準。因此，教學上不敢有所創舉，怕突出後會受同儕的壓力。

(三)教師的教學素養

教師在教學中，為避免阻礙學生之創造力，並能依據創造思考教學之原則，啟發學生創造思考之發展，教師的教學態度至為重要。具有創造思考教學理念之教師，至少應具有下列四種態度：（林寶山，1988：155）

- 教師要能改變以教師為本位的態度，放棄其權威性的指示和命令，使學生在無壓迫和束縛的教學情境中，自由運用思考，從事自發性的學習。
- 教師要有耐心，要能尊重和接納學生的各種不同意見，與學生建立和諧、親密的關係。
- 教師要能打破習慣的限制，要樂於嘗試和改變使用不同的教學方法。
- 教師要留意並去除盲目依從的態度，不畏社會壓力排除升學主義的束縛，使教學不以升學考試為依歸，「依從」的教師永難成為創造性的教師。

四、一般性的創造思考策略

就教學實際運作而言，創造思考教學比較少有「特定的」教學方法，而是泛指各種融合創造思考原理原則所設計的教學活動歷程，或是運用有效的創造思考策略。

企業界有很多創造思考訓練策略，值得教育界學習。早在1936年美國通用電氣公司即開設課程，訓練員工以提高其創造能力。歸納張玉成（1993：329-339）和陳龍安（2008：198-229）介紹的一般創造思考策略，作者認為比較重要的有下列五項：腦力激盪術、屬性列舉法、型態分析法（型態綜合思考術）、糾合術（分合法）及檢核表技術。茲敘述如下：

(一)腦力激盪術

腦力激盪（brainstorming）係一種以集思廣益方式，於一定時間內透過多人互提意見，以交相作用產生大量的意見、看法、靈感或方案，從中激發創意的歷程。此一策略為美國BBDO（Batten, Bcroton, Durstine and Osborn）廣告公司創始人A. F. Osborn（歐斯朋）（1888-1966）於1938年首倡。一般認為實施腦力激盪術，以10-12人為佳，主持人宜有效鼓勵參與者發言，才能達到預期效果。為使腦力激盪術產生預期效果，在進行過程中應遵守下列原則：（張玉成，1993：330；陳龍安，2008：198）

　　第一，延緩批評：為鼓勵大家提出見解，腦力激盪進行初始，禁止對任何意見的好壞、可行與否作批評。因為批評會阻礙意見產出的量，而抹煞可能有用的意見。

　　第二，不怕標新立異：參與者完全自由發言，多提意見；想法或見解不怕奇異，多多益善。

　　第三，量中生質：所提的意見先求量多，期望從多量的意見中產生品質好、有價值或可行的意見。想法見解越多，越有可能產出有效的解決方案。

　　第四，運用他人點子：參與者除提供意見外，亦須留意擷取他人見解。可從他人想法加以修正，或透過他人觀點引發新點子，讓想法更臻完美。

　　第五，思考速度越快越好。

　　參與者有這些基本瞭解，才能順利與有效進行腦力激盪法。教師在教學中運用腦力激盪術，可分為五個步驟：（註：班級人數少到無法相互激盪，則難進行。）

1. 選擇及說明問題

　　腦力激盪法所討論的問題，適合開放式的問題或擴散性問題。問題的範圍要小，且為具有分歧性的答案，問題大都為「如何」的形式。教師所選擇問題的內容要適合學生的能力和經驗。例如：

　　「如何提升自己的英文素養以因應國際上的需求？」

　　「如何培養學生具備民主素養？」

　　「公共場所發生火災，如何逃生？」

2. 組織討論的小團體

　　腦力激盪法之討論小組以10-12人為原則，討論時選擇1人當主席，1-2人為記錄。主席在主持並引導討論，對小組成員所提的意見不要作說明、解釋，只有當成員所提的意見不確實，才要求發言者確定所提意見。記錄則將所提意見一一記下來。

3.分組討論

各小組利用教室的角落分開討論，每一小組圍成U字型，開口面對牆壁，由主席主持討論。小組成員提出意見時，記錄即將它記下來。記錄最好用壁報紙貼在牆上，便於全組同學觀看，以激發其他的意見。

4.評估意見或方法

各小組在一段時間內，提出許多意見和方法後，可稍微休息一段時間，再進行評估工作，有時甚至可延後兩三天再進行評估活動。評估時必須根據問題目標或性質，訂出評估的標準，依據標準來評斷哪一個是最好的意見。為使評估內容明確，條理清楚，可設計評估表格來運用。這一步驟的意見評估，可採全班討論評估或原小組討論評估。

5.歸納最佳意見或方法

經過全班或小組討論評估之後，由全班或小組選擇最好、最可行的方法，作為本次腦力激盪術討論的結論。

(二)屬性列舉法

屬性列舉（attribute listing）係指列出物品的屬性再逐一檢視改進的可能性。此一策略是由R. P. Crawford於1948年倡導，並在1954年所著《創造性思考技術》（*Techniques of creative thinking*）一書中，詳加闡述。（引自張玉成，1993：334）此項技術常用於對物品之改革創新，歷程強調觀察、分析及發現關係等。

此項技巧的進行，首先針對一項物品列舉出其重要部分或零件及特質；其次就所列各項逐一思索有無改革之必要或可能。所謂改革，包含組合部分為一新結構；或改變某些特質，如顏色、形狀、大小……；或擷取甲物之某些特質，移植於乙物以改進其品質等。

例如：思考自行車如何改良，可從自行車的名詞、動詞、形容詞屬性來思考，或是兩種、三種組合來思考；也可從自行車的構造來思考。

1.名詞特性

有關自行車的名詞屬性有：手把、坐墊、輪組、輪胎、齒輪、鏈

條、踏板……。創新方向例如：輪組的材質、數量及組合……？輪胎一定充氣嗎？鏈條一定是金屬嗎？

2. 形容詞特性

自行車的形容詞屬性有：高低、大小、形狀、輕重、安全性等。創新思考例如：輪子大小及安排（前大後小或前小後大）？如何再增加安全性？

3. 動詞特性

自行車的動詞屬性有：動力、傳動、避震、剎車等。創新方向例如：傳動方式一定是用鏈條嗎？

4. 結構屬性

自行車的結構屬性大略可區分為：車架、傳動系統、剎車系統、前後輪，這是從大方向的結構改變來思考。創新思考方向，例如：
- ・車架的結構如何改變，以增加或減少功能？或效率更好？
- ・傳動系統的位置、配置……？
- ・輪子的配置？一定是前面一個輪子，後面一個輪子？
- ・拆解組合方式？
- ・有無更堅固、輕巧且便宜的材料？（張玉成，1993：334）

(三)型態分析法

型態分析（morphological analysis）是指把事物或問題，分析出若干獨立組成要素，接著對每一個組成要素思考可改變的方式（或可變參數），然後將這些可改變方式（可變參數）加以組合作成分析表，最後分析所有的組合以尋找可能創新的方案。型態分析法是1940年代加州理工學院F. Zwicky發展出來，其後M. S. Allen於1962年做有系統地介紹。（引自陳龍安，2008：214；沈翠蓮，2001：364）

型態分析最早應用於機械工程，工業設計也經常使用，而在社會科學及文創設計，也能帶來創新的思考。現在舉三個型態分析法應用的例子來說明。

　　例1，設計鬧鐘。首先分析所要設計鬧鐘的組成要素，可包括a.時間顯示、b.鬧鈴設定、c.造形、d.夜間顯示、e.使用電源及f.產品功能共六個要素。其次思考各要項的可能解答（可變參數），如時間顯示有指針、電子、液晶；鬧鈴設定……，然後列出要素和可變參數如表5-3。

表5-3　鬧鐘型態分析六要素之設計參數選擇示例

參數要素	a.時間顯示	b.鬧鈴設定	c.造形	d.夜間顯示	e.使用電源	f.產品功能*
1	指針	定時	方形	夜光	一般電池	時間指示
2	電子	倒數	圓形	電燈	水銀電池	日曆顯示
3	液晶	時間	三角形	螢光	充電式	行程提示
4			錐形			溫度顯示
5						國際時間

　　六個要素可能解答有三種到五種，組合起來的方案就有3×3×4×3×3×5共1620種，數量龐雜。然而有些要素如產品功能的可能解答，可同時選擇兩項以上（無互斥），總數就沒有那麼多。而且我們可以刪去原本已有的產品和不可能組合的產品，如指針的鬧鐘就沒有產品功能2-5項，最後再篩選符合需求組合的產品。

　　例2，心理學家J. P. Guiford的智力結構理論。Guiford先將智力區分為內容（contents）、歷程（operation）及結果（products）三個要素；其次分析各要素的可變性，內容有四種，歷程有五個，結果有六類；最後將各要素的可變性加以組合，總共有120（4×5×6）種智力細目。不過截至目前為止，並沒有這一百二十種智力項目的完整介紹。

　　例3，創新教學策略。教師若要構思創新教學策略，首先分析教學活動的要素，假定分析教學活動的要素有教學者、學習者、教材（課程）、方法、情境、評量六項。接著這六項要素的可能改變，如教學者要素可能有教師、協同教師群、校外人士、導生……；學生要素有單一、配對、小組、全班；教材有基本的、選擇的、補充的；方法有講述、討論、實作、線上學習……；情境有教室、實驗室、校園、社區、山林……；評量有紙

筆、口頭、實作、檔案、同儕……。創新教學可從各要素中可改變之處加以組合，以找出創新且有效的策略。

(四)糾合術

糾合術（synectics）又稱分合法，主要是指將原本不同或顯然不相關的東西或元素加以整合，產生新的意念或面貌。此法係W. J. Gordon於1961年在《分合法：創造能力的發展》（*Synectics: The development of creativity*）一書提出。（引自張玉成，1993：336-339；陳龍安，2008：218-221）糾合術運用於創造性思考，一方面強調統合不同個人意見的重要，尤指不同專長者之意見；另方面重視隱喻或類推技巧的運用，以促進思考達成界定問題和解決問題的目標。

糾合術之運用包括兩種心理運作的歷程：一是使熟悉的事物變得新奇（由合而分），指把熟悉的事物陌生化，用新奇的角度去解釋熟悉的事物。二是使新奇的事物變得熟悉（由分而合），指面對陌生的事物時，能以熟悉的概念去理解。在這心理運作歷程中，要設法拉開與思考對象事物間之距離，以產生新的想法或觀點。Gordon提出隱喻（metaphor）和類推（analogy）的技巧來幫助我們分析與思考問題。

「隱喻」是用一個詞指出常見的一種事物或現象，以代替另一種事物或現象，從而暗示它們之間的相似之處。例如：「媽媽像月亮」——將熟悉的媽媽用溫暖的月亮來比喻；「心靈已枯竭」——將思考靈感用乾枯的湖泊來比喻。「類推」是指依據兩個事物或現象有部分屬性相同，從而推出它們的其他屬性也相同的推理。例如：「熊的前腳就像人的手」——熊的前肢有人類雙手的功能；「原子的結構像太陽系」——電子繞行原子核就像行星繞太陽。Gordon進一步提出四種隱喻或類推技術，以增進創造思考能力。

1.直接類比

直接類比（direct analogy）是將兩種不同事物，彼此加以譬喻或類推。運用此種策略，即要求學習者找出實際生活中類同的問題情境，或直接比較相類似的事物。例如：月亮像銀盤、網路傳遞如同人體神經系統傳導；而類比也可有創造發明，如貝爾發明電話靈感得自人類耳朵結構的比

擬、春秋末年魯班的妻子雲氏從涼亭得到靈感而發明傘 —— 活動的涼亭。

2. 擬人類比

擬人類比（personal analogy）是假設自己是某一動物或物體，設身處地去思索，想像或認同於它，越真確越好，藉此以獲得靈感或新觀念。Gordon舉例，有位荷蘭化學家為解開苯分子式結構之謎，比擬想像自己是一條蛇正在吞食自己的尾巴，因而導出環狀苯分子式之發現。此一技術要將自己想像成一種物體或動物，以「同理心的涉入」該物體的情境去思考可能的情形。例如：想像自己是商店櫥窗內的一具公仔，會有什麼感受？想像自己是一隻大冠鷲，飛在臺灣上空會看到什麼？想像人生變化如同月亮，而有「人有悲歡離合，月有陰晴圓缺」之比擬。

3. 符號類比

符號類比（symbolic analogy）是運用符號象徵化的類推，以引申高層次的意境或觀念。例如：看到八卦山大佛像，即感受或想像到禪定與莊嚴；看到聖彼得大教堂就想到宏偉、神聖與犧牲。這是透過實體象徵宗教高層次的意境與觀念。又如設計明代風格的家具，乃以明代家具抽象化的風格「簡約、嚴謹」來設計現代的家具；又如設計具現代與人文印記的集合住宅，乃以「現代與人文印記」的抽象概念，啟發設計住宅大樓。又如夏日東海岸很地中海、愛是隱形的翅膀。

4. 狂想性類比

狂想性類比（fantasy analogy）是指碰到問題時，盡情思索以產生多種不同的想法，甚至可以牽強附會或構想不尋常或狂想的觀念；甚至於拋棄所知的原理原則，用新奇的想像來思考熟悉問題的解決方法。

例如：開始時，教師問學生「將操場上一塊笨重的石塊搬走，最理想的方式為何？」學生運用「狂想類推」，提出下列解答：「用大氣球把它搬走」、「用大象搬它」、「用好多的小螞蟻將它搬動」等。在學生產生各種不同的狂想觀念之後，教師再領導學生回到「觀念」的實際分析和評量，然後決定何種方式為最有效的途徑。

「狂想類推」主要的作用是將原來熟悉的問題當作不熟悉去處理，這

樣對原來的問題便產生了很大的研究興趣。「狂想類推」強調非理性，不受理性的束縛，文學詩歌等藝術創作如受理性主宰，便難有新觀念產生。（張玉成，1995，336-338）

(五)檢核表技術

檢核表（Check-list）就是用一份有關問題或事物改變方向的清單，針對每一改變項目逐一進行檢查推敲，思考事物或問題可改變或解決的策略，以獲得整體解決方案。因此，檢核表是一份既成的思考項目清單，引導思考問題的可能解決策略或方案。

A. F. Osborn在1953年出版《應用想像力——創造思考的原則與歷程》書中列出七十三項問題，作為思考檢核的線索。後來經G. A. Davis和他的同事修正為長式和短式兩類。長式檢核表項目較多，短式檢核表則有七個要點，包括加減某東西、改變形狀、改變顏色、變動體積大小、改進質料、設計型態改革、零件或某部分位置調換。此種思考技術又經B. Eberle於1971年簡化為「奔馳」（SCAMPER）的七項思考檢核項目，其名稱即為這七個思考項目英文字首的組合。（引自張玉成，1993：331-333；陳龍安，2008：222-224）說明如下：

1.代—取代

S指取代（Substituted）：何者可被「取代」？誰可代替？什麼事物可代替？有沒有其他的材料、程序、地點來代替？

2.合—結合

C指結合（Combined）：何者可與其「結合」？結合觀念、意見？結合目的、構想、方法？有沒有哪些事物與其他事物組合？

3.調—調整

A指調整（Adapt）：是否能「調整」？有什麼事物與此調整？有沒有不協調的地方？過去有類似的提議嗎？

4.改一修改

M指修改（Modify）：可否「修改」改變意義、顏色、聲音、形式？可否擴大？加時間？較大、更強、更高？

5.用一其他用途

P指做其他用途（Put to other uses）：利用在其他方面？使用新方法？其他新用途？其他場合使用？利用其不同的功能？

6.消一取消

E指取消（Eliminate）：可否「取消」？取消何者？減少什麼？較短？有沒有可以排除、省略或消除之處？

7.排一重新安排

R指重新安排（Rearrange）：重新安排？交換組件？其他形式？其他陳設？其他順序？轉換途徑和效果？有沒有可旋轉、翻轉或置於相對地位之處？你可以怎樣改變事物的順序、或重組計畫、或方案呢？

檢核表技術乃透過事先列好的檢核項目，藉以導引思考方向，達到問題解決或事物改進之目的。

五、創造思考教學策略

教育界發展出來的創造思考教學策略，大都以發展者的姓氏名字來稱呼。歸納國外創造思考教學策略或模式有：基一米（Guilford & Meeker）、潘安斯（Parnes）、威廉斯（Williams）、陶倫斯（Torrance）、懷一邦（Wiles & Bondi）、雷德夢（Lederman）六種創造思考教學策略。（張玉成，1988：43-64；陳龍安，2008：253-335）

國內張玉成（1988）曾提出兩種教學策略：創造思考發問技巧教學（64頁）和三動式（動腦、動手、動口）創造思考教學策略（125頁）。陳龍安（2008）提出兩種教學策略：創造思考教學三段模式（143頁）和「愛的」（ATDE）創造思考教學模式（148頁）。茲舉威廉斯和陳龍安「愛的」創造思考教學策略與方法。

(一)威廉斯創造思考教學策略

美國教育學者F. E. Williams致力於創造思考教學研究，歷經十年的實驗，以及數百名教師參與，於1972年發展出《創造力發展全書》（*Total creativity program*）。在此書中，威廉斯的創造思考教學觀點有三項：（引自陳龍安，2008：253）

第一，學生創造力的行為包含認知的和情意的。認知的有獨創性、流暢性、變通性及精密性；情意的有好奇、想像、冒險及不怕困難。

第二，創造力是結合多種不同思考歷程結合的成果，包括認知、記憶、產出及評鑑。其中以產出歷程中的擴散性思考是創造思考的重點。

第三，創造思考能力可以透過教學來提升，且宜自幼兒園即須開始引導。

在此教學觀點，Williams提出「知情交互作用」的教學模式。此創造思考教學模式包含三個層面：課程、學生行為及教學策略。在「課程層面」包含各領域學科；在「學生行為」層面包含創造力的認知和情意行為；在「教學策略」層面則有十八項教學策略。（陳龍安，2008：253-254）

茲介紹其中的十二項創造思考教學策略，並補充敘述如下：（陳龍安，2008：255-275；林寶山，1988：156-158）

1.矛盾法

矛盾法（paradox）是指提出似是而非，自相矛盾的論點，對立的觀念，不合理的事情，引導思考討論，讓學習者自行發現原來認為對的觀念，未必完全正確。例如：「民主政治是最糟糕的政治制度」，但我們都在使用它、維護它。

2.類比法

類比法（analogy）在指導學生比較類似的各種情況，發現事物間的相似之處，或將之做不同的比喻。「鹽」和「糖」有何相似之處，對人類有何貢獻？

3. 辨別法

辨別法（discrepancy）是指出事物之間的差異或缺失，包括各領域知識之不足處，各種資料缺漏部分，以及未被發現的部分。例如：我們很容易分辨「病菌」和「病毒」。但在新冠疫情期間，發現「新型冠狀病毒」與其他病毒顯然不同，而稱為「嚴重特殊傳染性肺炎」。

4. 問題挑戰

問題挑戰（provocative question）是指運用發問技巧，提出挑戰性的問題，以激發學生思索事物或現象的意義，主動探索不同的觀點，發現新知。

5. 變通法

變通法（example of change）是指提供學生變化的事例，使其知道宇宙事物變動不拘，解決問題的方法也有很多種。大學生剛畢業找不到工作，心想：總有碰到「伯樂」者；在公司待一段時間被解職，轉個念：「此處不留人，自有留人處！」情場碰到挫折，想開一點：「天涯何處無芳草！」

6. 習慣改變法

習慣改變法（example of habit）是指先引導學生自己去發現，一成不變的思考方式，會阻礙解決方案的產生；再思考如何改變。人是習慣的動物，行為受習慣約制，思考方向受思考模式的限制。例如：教師碰到成績不好的學生，直接反應是：學生學習能力不足或不認真；學生成績不好，第一反應是：出題太難或老師沒教好。因此，要改變行為習慣和思考模式。

7. 重組法

重組法（organize random search）是指導學生由一個熟悉的結構，衍生或重組成不同的新結構。即把事物的要素或結構，重新組織。重組法就像把樂高或積木重組，產生新的東西。同樣地，將一首詩或短文重組，可能有新的意境；又如將事物用型態分析法，將事物的要素，以新的方式

重新組合，使事物的性能有新的變化。

8. 直觀表達法

　　直觀表達法（intuitive expression）是教導學生運用五官來認識、瞭解事物，並表現其情感，以啟發敏感性。在創造思考討論情境裡，依直觀來表達——看到、聽到、感覺、想到、聯想到什麼？就直接說出，先不要顧忌權威、文化、傳統的壓力。

9. 創造者及其過程研究法

　　創造者及其過程研究法（study creative people and process）是使學生研究分析著名的發明家的人格特質，以及他的創造物之產生過程。例如：閱讀愛迪生、諾貝爾、魯班……，創造發明家的故事或傳記，可啟發學生的創造思考。

10. 創造性閱讀技巧

　　創造性閱讀技巧（creative reading skill）是鼓勵和引導學生多閱讀，培養從閱讀中獲取大量資訊，統整資訊以發展心智能力，並從閱讀中產生新觀念。

11. 創造性寫作技巧

　　創造性寫作技巧（creative writing skill）是指引導學生：「學習由寫作開始」。即學習由寫作來溝通觀念的技術，以及從寫作中產生新觀念的技術。寫作時，學生須將一堆瑣碎資料、數據消化重組，並運用文字表達出來，跟他人溝通。透過寫作可培養學生的思考力和想像力，也能養成自我學習及發展出自己的知識。

12. 視覺化技巧

　　視覺化技巧（visualization skill）是引導學生從不同角度去觀察事物或現象，並以圖示或表列方式，來說明或陳述其觀念、思想、情感及經驗。視覺化技巧可以有幾種方式：(1)引導學生閉目，在腦中想像其圖像或情境；(2)將情境或問題等，用圖畫方式呈現出來；(3)將各種概念之關

係，用心智繪圖或概念圖來呈現；(4)將知識體系用架構圖呈現；(5)將各種問題、概念等，用電腦動畫呈現出來。

(二)陳龍安的創造思考教學

　　培養學生創造思考能力，很難有一種固定程序的教學。上述皆稱為教學策略，由教師熟能生巧地運用。不過，陳龍安（2008）綜合以上國外諸多學者的創造思考教學策略，以及自己的研究之經驗，提出「愛的（ATDE）」創造思考教學模式。（148-150頁）所謂「ATDE」是由「問」（Asking）、「想」（Thinking）、「做」（Doing）、「評」（Evaluation）四個要素所組成的步驟——「問想做評」。其作法說明如下：

1.問

　　教師設計或安排問題的情境，提出創造思考的問題，以供學生思考。特別重視擴散性或啟發性問題，以提供學生創造思考與問題解決的機會。

2.想

　　教師提出問題後，應鼓勵學生自由聯想，擴散思考，並給予學生思考的時間。在此階段，一個人獨思，不如兩人對話，最好有小組討論，相互激盪。

3.做

　　利用各種活動方式，讓學生從做中學，邊想邊做，從實際活動中尋求解決問題的方法，而能付諸行動。在此一階段強調產出，活動方式包括寫、說、設計、表演、唱等實際操作的活動。

4.評

　　教師引導全班共同評估或評鑑，在過程中發展出評估的標準。依此標準選取最適當的答案，相互欣賞與尊重，使創造思考由萌芽而進入實用階

段。在此階段所強調的師生相互回饋與尊重，即創造思考「延緩判斷」原則的表現。（陳龍安，2006：148-150）

六、結語

　　本節首先分析創造力的特質有獨創性、流暢性、變通性、精密性及敏覺性。其次，說明創造思考教學的定義為：根據創造力發展的原理及教學方法或策略，以增進學生創造力特質的歷程。第三，敘述創造思考教學的原則和阻礙學生創造力發展的因素。第四，介紹一般的創造思考策略：腦力激盪術、屬性列舉法、型態分析法、糾合術及檢核表技術。第五，列舉Williams十二項創造思考教學策略，最後介紹陳龍安的創造思考教學方法——問想做評。

第六章

情意取向教學

◆ 本章內容
第一節　價值澄清教學法
第二節　道德討論教學法
第三節　欣賞教學法

第一節　價值澄清教學法

　　我們是處在一個多元社會當中，存在著多元價值。因此，有人認為社會最難解決的爭議，就是涉及多元價值的爭議。是這樣嗎？價值是什麼？為什麼要澄清？這些問題顯示價值澄清的重要。

一、價值的意義

　　價值（value）泛指物品的價格（教育部重編國語辭典）。此為經濟學上所談的任何對象可轉換為金錢的價格。此種意義下，價格決定價值，價格高即具有高價值，例如：一兩黃金價值高於一兩白銀。價值另一種意義是指：凡有助於促進道德上的善，便是價值（教育部重編國語辭典）。這是偏向道德層面的意義。凡是有助於個人或群體向善的德行或信念，即具有價值，例如：「助人的」價值。教育學所談的價值是指事物或現象（對象）對人們具有積極的意義，為人所重視，能使人感到滿足，為人們所追求的對象。（張芬芬，2000）此種價值，強調對個人的意義且能滿

足個人生活與自我實現，不全然涉及道德問題。例如：有人喜好隱居山林種樹，有人喜好遊走都市創業。

　　一般而言，人們所追求的價值對象是較抽象的，它是一種信念或想法。人們具有這種信念或想法，就是價值觀念。價值觀念引導我們努力的方向，幫助我們做決定，規範我們的行為。而人們所擁有的價值觀念是多面向的，包含工作（職業）價值、家庭價值、生活價值、休閒價值等，這些價值可能互為關聯。而在個人所擁有的眾多價值中，有些價值可能是另一價值的中介過程，稱為工具性價值（instrumental value）；而有些價值為人生追求較終極的一種狀態，則稱為目的性價值（terminal value）。例如：「禮貌」是一種價值，但此種價值是為追求「真誠友誼」。在此意義下，「禮貌」是工具性價值，而「真誠友誼」則為目的性價值。但是工具性價值與目的性價值是相對的，有時一種目的性價值，又是另一目的性價值的手段。例如：「努力用功」是追求「學業成就」的工具性價值；而「學業成就」又是追求「理想工作」的工具價值。

　　由以上分析，我們的價值觀念是多面向的，在層次上也互為工具性或目的性的關聯，理論上或理想上，會形成一價值體系。然而很多時候，我們並不自知自己的價值觀念為何，或是無法釐清自己的價值觀念。尤其是青少年與兒童，其價值觀念往往反映自父母師長，尚未成熟或混淆，以至於容易受同儕及媒體影響，造成行為上的困擾。因此，釐清或建立青少年兒童價值觀念，是學校教育重要的課題。價值澄清教學則是此一課題的重要策略。

二、價值澄清的意義與原理

(一)價值澄清法的意義

　　價值澄清（value clarification）是設計一種情境或活動，引導學生察覺自己的信念、情感及行為，經由公開討論和表達，進而反省、批判及選擇的過程，以建立自己的價值觀念和體系。（歐用生，1990：200；歐用生，1991；黃秀雄，2000）簡單地說，價值澄清法，就是安排情境或活動，引導學生察覺和建立價值觀念的過程。這顯示價值觀念須自身的智慧來建構，他人難以直接傳達。

　　價值是倫理規範問題，是屬於「應然」的範圍，而自然科學及描述性社會科學是實然範圍。這類科學的問題可藉由驗證的方式，將科學的命題陳述出來，教給學生何者為真，學生即接受科學的知識。因此，科學問題可以透過驗證及陳述方式直接傳達給學生，但價值問題則無法將一個人的價值觀念直接傳達給另一個人。價值存在個人主體意識中，源於個人的經驗，必須透過某種情境、經驗，讓學生覺察、反省，使其價值觀念逐漸清晰，形成自己一套的價值體系。因此，價值澄清法的一個基本前提是：任何人的價值觀念必須靠自己去釐清和建立，只靠他人的灌輸無法形成。

(二)價值澄清的原理

　　價值觀念既然須靠個人本身去澄清和建立，如何建立？Raths、Harmin及Simon認為價值形成必須經過三個階段七個過程。此三個階段七個過程，有先後的關聯性。價值澄清法即根據這七個過程實施教學，而不以講述式的直接教導。三個階段七個過程敘述如下：（歐用生，1990：200-202；謝明昆，1990：75-77；歐用生，1991；Raths, Harmin, & Simon, 1978）

階段一：選擇（choosing）

1. 自由選擇

　　自由選擇是指在沒有壓力下，自主決定所喜歡的。個人的價值觀念，必須在無強迫的情境下，經由自己選擇才能常在我心。權威或強迫的要求接受，可能僅止於表面行為而已。價值經過自由選擇後才會受到個人全然地重視。另一方面，個人覺得越能主動和自由選擇價值，此價值才較能成為他／她的中心焦點。在此過程，師長要鼓勵（允許）青少年、兒童有較多且自由地選擇。

2. 從各種途徑選擇

　　這是指價值應由個人選擇，且有多種的選擇性。個人真正的價值觀念，是經過選擇的結果。若無選擇的機會，個人就沒有選擇行為；沒有選擇行為，就沒有主動涉入價值思考的過程，真正的價值也就無由發展。選擇要有兩種以上的事物供選擇，才有意義。在面臨選擇時，教師可鼓勵或

引導學生運用腦力激盪術，以發現較多可能性的選擇。

3. 經過三思後做選擇

　　從多種途徑所做的選擇，若是在輕率或未經審慎思考下之選擇，並不是這裡所定義的真正價值。由於價值引導人們的生活有智慧和意義，因此，必須在人們充分理解和思考各種途徑的後果後，所做的選擇，才能成為真正的價值，才能產生對生活的指引。從認知觀點言，越瞭解多種途徑的後果，有越充分可供選擇的資訊，其選擇更能彰顯我們的智慧。

階段二：珍視（prizing）

4. 重視和珍惜所做的選擇

　　對於個人認定有價值的東西，人們都會加以重視、珍惜、尊重它，以及保護它，並為它感到驕傲和快樂。在此意義下，個人樂意選擇這些價值，重視並珍惜它，並引導人們的生活。在此階段，教師要鼓勵學生認真思考：我所重視和珍惜的是什麼？

5. 公開表示自己的選擇

　　個人在自由的情境下，考慮過各層面多種資訊後做出選擇，則引以為傲，樂意表示個人自身與此價值的關聯，並在與他人對話時願意確認此種選擇。在此階段，個人樂意讓他人知道自己的價值選擇，願意在公眾面前公開，甚至於奮力擁護自己的價值。相反地，如果個人不敢公開表示的觀念、意見或態度，就不是真正的價值。此時，教師應提供機會讓學生有公開陳述，以確認其價值選擇的情境。

階段三：採取行動（acting）

6. 根據自己的選擇採取行動

　　價值能指引的行動，顯示在人們的生活，表現在行為上。個人認為具有價值的事物，就會分配時間、精力及金錢，從事與此價值有關的活動，努力去實踐以達目標。例如：一學生選擇未來要成為廚師，則應花時間閱讀有關食譜、烹飪的書刊；用精力來參加烹飪或廚師的社群或活動；支用金錢來買烹飪的基本工具與設備等。在此意義下，價值經過個人對外公開

確認後，不能僅坐而言，而要起而行。這個階段，教師要鼓勵學生採取行動和行為表現，讓生活與價值選擇一致性。

7. 重複實行

價值具有恆常性，顯示在個人的生活型態。對個人言，事物具有價值水準，它會影響個人在生活中很多情況下的行為。這種情形會在若干不同情境和不同時間顯現出來。例如：一位學生重視追求「環保價值」，則經常閱讀有關環境的新聞、書本、期刊雜誌；開會時對環保議題、議案，勇於發言；參加環保志工或環保調查與宣導等。若追求某價值的行為僅出現一次，就不能說他的生活有此價值。長時間重複實行某一價值行動，就成為此一領域的專家，或此一價值與個人劃上等號。

三、價值澄清策略

從前述價值的意義和價值形成過程中瞭解到：個人的價值觀念，無法以講述或灌輸方式，直接傳遞給學生；必須以間接的引導方式，運用策略讓學生主動思考建構。這需要運用價值澄清的策略，來協助學生建構自己的價值觀念。價值澄清的策略，學者大致歸納為三種型態：(1)書寫策略；(2)澄清反應策略；(3)討論策略。（黃建一，1989：67-98；謝明昆，1990：90-124；歐用生，1992：194-199；Raths, Harmin, & Simon, 1978: 51-148）。洪有義（1989）甚至臚列了七十九項價值澄清活動，這些活動也可納入這三種型態中。

(一)書寫策略

書寫策略（writing strategy）是以紙筆來進行的活動，要求學生回答一些有關價值選擇或處理問題，以刺激思考和反省。茲舉三種方式來說明：

1. 等級排列法

等級排列（rank ordering）是以數種不同價值、特質、或事物為對象，要求學生依據其所認定的重要性，將它們排出次序。要思考排列哪些

問題，可由老師編製，或可由同學們共同編訂之。可採分組或全班進行方式。分組進行時：(1)小組成員各自完成等級排列後；(2)在小組內每人分享排列結果和理由；(3)接著再徵求各組代表，報告各自的排列次序和理由；(4)最後老師回饋、歸納。全班討論則省略第(2)過程。

〔等級排列範例1〕

- 下列有六項朋友之間關係的特性──忠實、禮貌、誠實、慷慨、助人、原諒。請你思考：這六項特性在朋友之間關係的重要性，依重要性依序排列，並思考你這樣排列的理由。

這六項特性較抽象，若學生一時難以思考，可從下一個比較簡單的等級排列暖身。

〔等級排列範例2〕

- 一年有四季──春、夏、秋、冬。請你思考：這四季當中，依你喜歡的程度依序排列，並思考你這樣排列的理由。

〔等級排列範例3〕

- 下列有四項人人都期望達到的特徵──智慧、美貌、人品、強壯。請你思考：這四項好的個人特徵中，你期望擁有的程度依序排列，並思考你這樣排列的理由。

日常生活中，我們必須常常面臨抉擇的情境，等級排列提供學生練習選擇的機會和思考。學生可以對各種途徑加以衡量比較，分出它們的優先次序，並對外公開表示和擁護自己的選擇。

2.生活餡餅

生活餡餅（the pie of life）是將人們在日常生活中，估計花在各類活動的時間量及百分比，並以圓餅圖呈現其大小，讓個人明確知道自己時間的運用情形，作為反思的依據。我們的生活，一般是「週」而復始，因此，時間的估算，最好以週為單位。若國中小學生要估算一週的時間運用有困難，可以具有代表性的一天來計算。教師可設計學習單，讓學生回家完成後，下次（週）上課進行分享討論。生活餡餅實施參考步驟說明如

下：

(1) 選擇代表性的一天

以學期中非假日且典型的（代表性）一天，不要以最認真的一天，也不要以最偷懶的一天，而是能呈現自己一般的時間運用。

(2) 時間運用分類

將時間運用加以區分，歸類為若干項目。即在此典型的一天中，你主要是從事哪些活動？如：a.睡眠；b.學校上課；c.自我閱讀學習；d.社交活動（聊天、打球、下棋等）；e.做家事（洗碗、掃地等）；f.休閒（上網或看電視）；g.家人共處（含與家人吃飯）。上述活動項目中，上網若是瀏覽與學習有關，則歸為學習；若與社群交流有關，則為社交。上述每日活動的項目，依個人的情況來分類。

(3) 計算時間運用的百分比

計算各類活動時間量，如睡眠7時30分、上課6時、自我閱讀1時45分、……。將時間量換算為百分比（以24時為分母）為：睡眠31%、上課25%、閱讀7%、……。

(4) 劃出時間運用圓餅圖

依各類活動時間的百分比，畫出圓餅圖（用Excel即可繪圖），以不同顏色代表各類活動，並標示時間量和百分比。這是時間運用的時計圓餅圖。

(5) 反思時間的運用

此圓餅圖清晰呈現個人的時間運用情形。教師請學生思考第一個問題：你對自己目前使用時間的情形滿意嗎？

大部分學生可能感覺浪費時間，需要調整。因此，教師請學生思考第二個問題：在你理想中應該怎樣使用時間？少部分學生會認為可以不必調整。

(6) 思考如何實踐此理想

調整時間的運用，畫出理想的生活餡餅後。教師鼓勵學生思考，如何實踐此時間運用規劃。因此，請學生思考第三個問題：你能不能採取行動，以改變你目前的生活餡餅，使它更接近你理想中的生活餡餅。

學生完成生活餡餅學習單後，於下次（週）上課時進行討論。可先進行小組分享，特別強調三點的分享：a.我的實際生活餡餅；b.我的理想生

活餡餅——調整的項目和理由：c.我如何去實踐此理想生活餡餅。小組分享為每位學生都可充分地分享，接著進行全班分享（代表）和補充，最後教師做回饋和總結。

生活餡餅書寫活動不但可以應用在時間的分配，也可運用在金錢、精力的使用情形。此策略功用在幫助個人對自己的生活安排做具體、客觀的、系統的分析與檢查。

3. 價值單

價值單（value sheet）是先呈現能激發思考的敘述句或故事，再提出與敘述句或故事有關的一系列問題，以引發學生依自己的想法和感覺來反應。價值單即在一張紙上，前面為敘述句或故事，後面呈現若干思考的問題。教師認為以具有激發性的素材，可引出學生對此議題的隱含性價值。由於價值具有個別性問題，學生應各自完成價值單書寫；稍後，才進行小組或全班分享。

〔價值單範例〕

・假如爸媽陪你去買大樂透，中了250萬元，扣除稅金後有200萬。你爸媽說你可自由支配其中四分之一，不受限制。請你思考：(1)你會將這50萬元使用在哪些方面？(2)你做這樣的金錢使用分配決定，是基於何種想法？(3)你這種決定反映你的何種價值的選擇？

此價值單，前面為簡短的一段敘述——素材，後面為三個引發思考的問句——問題。價值單的素材，可以是故事、報導、課文、圖片等，其內容承載有關價值的議題。

4. 未完成句

未完成句（incomplete sentences）是指提供一些不完整的語句作為刺激，要求學生將此句子後段補好，使完成完整句子，也可稱為開放式句子（open-ended sentences）。這是運用人格測驗中完成技術（completion technique）的語句完成測驗，屬於投射測驗的一種。其基本假定是：受試者在其所完成的句子中，會反映出他的希望、意願、態度、抱負、目標等價值觀。教師藉此策略，引導學生瞭解自己價值的發展。

〔未完成句範例〕

・在假日，我喜歡……
・我期望我的爸爸／媽媽……
・我希望好朋友應當是……
・我的理想是……
・我期望有一天，……

(二)澄清反應

澄清反應（clarifying response）是指教師依據兒童的所作所為，所說所感，用適當的語言給予反應，以引起其動機，刺激其思想：在不知不覺中對自己所做的選擇，所完成的事，以及所重視的事物，做一番慎思明辨的反思，藉以澄清其價值觀念。澄清反應是一種師生的對話，其難點是教師要提出何種問題以引發學生思考，並適切地非指導性回應。

教師進行澄清反應，應謹守一些原則：1.避免說教、灌輸，甚至於批評。2.要學生自我負責，檢視自己的行為和觀念。3.允許學生不思考、不檢視、不做決定。4.不預期在一次對話收到很大的效果。5.目的在幫助學生澄清自己的價值觀念和生活，不在獲得資訊。6.對話範圍過廣，往往得不到效果。7.澄清反應是個人的，應個別進行。8.不一定對每位學生所說的，都要澄清。（Raths, Harmin, & Simon, 1978: 55-56；黃建一，1989：74-75；謝明昆，1990：90-91）

至於教師應在何種時機，對個別學生進行澄清。一般言，當學生表現出和價值有關的言談時，是澄清反應的機會。這些與價值有關的論題包括態度、感覺、抱負、目標、興趣、行動、信念等。（Raths, Harmin, & Simon, 1978: 66-72；謝明昆，1990：92-93）例如：有位學生在課間休息時，宣稱他最喜愛的是科學（興趣）。老師聽了，立即抓住機會，進行澄清反應。

老師：你喜歡科學的哪一方面？

學生：要明確嗎？讓我想想看。唔，我也不太清楚。我想，一般說來，我喜歡科學。

老師：你在課外時間，有從事哪些科學上有趣的活動嗎？

學生：並沒有。

老師：謝謝你，麗莎。我現在得回去辦公！

教師匆匆離去，留下學生一個人去回味剛才的談話內容，烙下深刻的印象，比長篇大論的效果要好。教師走後，也許學生會自問：「我到底喜歡哪一方面的科學？」、「我何不參加一些有趣的科學活動呢？」這兩個問題將在她心中，縈繞盤旋，久久不去，對於她的價值觀念的澄清，很有裨益。（歐用生，1992：196）這是教師在平時與學生互動，隨機所進行的價值澄清策略。

教師也可以在教學中，有計畫地規劃與單元或主題有關的一系列價值問題，並依照價值形成的七個過程，進行澄清反應對話。以下針對學生想做○○○或想成為○○○，提出一系列澄清反應的若干參考問題。

1. 自由選擇

　(1) 你有這樣的想法已經有多久了？

　(2) 你是怎樣得到這種想法的？

　(3) 是你的父母要你這樣的嗎？

2. 從各種可能途徑中選擇

　(1) 你選擇這個以前有沒有考慮過其他的？

　(2) 你選擇這個是基於哪些理由？

　(3) 此一選擇真正優點是什麼，足以讓它超越其他可能的選擇？

3. 考慮後果後再選擇

　(1) 你已經完全衡量過各種後果了嗎？

　(2) 你已充分思考此種選擇？你是如何思考的？

　(3) 照你這個決定去做，這將會變得怎樣？

4. 重視和珍視

　(1) 你有這種感覺是否愉快？

　(2) 這有什麼好的呢？它能達到什麼目的？對你有何重要？

　(3) 如果沒有它，生活會有什麼不同？

5.公開表示

  (1) 你願意將你的想法告訴班上同學嗎？

  (2) 你願意站起來為你的想法辯護嗎？

  (3) 人們知道，你相信這種方式或你做這種事？

6.依據選擇採取行動

  (1) 你將採取行動的步驟是什麼？第一，第二，……

  (2) 你願意花錢在此一想法（計畫）嗎？

  (3) 除了目前你所做的之外，還有哪些其他的計畫？

7.重複實行

  (1) 於此你已做很多事了嗎？經常做此事嗎？

  (2) 你有什麼更多的計畫或想法來做此事？

  (3) 你願意讓其他人有興趣並且來參與嗎？

(三)討論策略

價值澄清的討論係針對引發價值思考的敘述句或引文，進行團體討論，以交換價值觀念及相互學習。

與其他種類的討論不同。其差異在於教師對學生的回答不作評價或領導討論的進行，教師只是促進學生有更開放的討論空間。茲舉兩例加以說明：

1.價值澄清式討論

教師對學生的回答不作評價，只是幫助學生對自己的抉擇和結果再檢驗，以便做選擇。所討論的內容也可以在紙上用書寫方式，將自己的觀點寫出來。題目的型態可以採一個陳述句來描述一件事，然後以三或四個問句要學生去討論回答。

例如：「沒有工業汙染的話，人會生活的更好。」

討論的問題：商業怎麼辦？

政府要怎麼去做？

個人要如何去做？

你做些什麼？

2.角色扮演

這種活動最能幫助學生產生與價值關聯的情感和領悟，所扮演的角色可以是教室內的活動或實際生活情境問題，讓他們對所扮演角色的感受和態度加以討論。在扮演完後，要提出一些有關的問題讓學生討論。

例如：小英和自強是姐弟。某天假日寫完功課，媽媽說可以看電視。小英要看星光大道的決選，自強要看○○卡通的完結篇。請問小英和自強將怎麼辦？他們之間的衝突要怎麼解決？你曾經有過劇中角色那樣的感受嗎？你是如何有這樣的感受呢？

四、價值澄清教學過程

價值澄清教學（value clarification teaching）是指應用價值澄清原理與技巧，讓學生覺知、清晰、確認自己的價值觀念的過程。其教學過程，主要是依據歐用生（1991：221-224）所提的六個步驟：引起動機、概覽課文、價值澄清活動、角色扮演、兩難困境討論、反省與實踐。作者參考其他學者（林進材，1999：339-340；謝明昆，1994：62-66）之意見與實際應用，略為修改，仍維持六個步驟，包括引起動機、呈現教材、提出價值問題、價值澄清活動、小組分享與全班討論及反省與實踐。

茲舉國民小學社會科，五年級上學期第四單元第二課「投資活動」的教學設計來說明。其中第二、三節是運用價值澄清教學的過程。（參閱第四章表4-5「投資風險」教案）

(一)引起動機

教師運用各種方式，引發學生對上課的價值主題之興趣和學習的意願。例如：講述故事、新聞簡報、呈現圖片、觀賞影片、學生報告與分享等，藉此引出要探討的價值主題和範圍，以激盪學生的價值立場。

- 在本課第二節教學的引起動機，是讓學生於前一週上股市網，虛擬買進股票。於本節課開始，虛擬賣出股票。然後計算每人投資股票的賺與賠，讓學生分享自己投資結果與心得，並體會投資股票的風

險，以引發學習動機。

(二)呈現教材

一般在進行價值澄清教學時，教科書的內容若與價值選擇有關的題材，都可進行價值澄清教學的進行。若需要針對某一價值主題進行引導，則教師須自編教材，或搜尋有關新聞報導與案例作為教材。

- 本節教學有課本第63頁「投資自己與分享所得」的圖與文敘述。教師引導學生閱讀教材，教師再以PPT呈現要討論的題目。這兩題採全班討論方式。

> 1.學生應該進行哪一種投資？為什麼？（引出投資自己和公益）
> 2.什麼是投資自己？投資自己有何重要？

討論結束後，教師從模擬股市投資結果有賺有賠，但投資自己不會賠。歸納出：「投資自己不但不賠，且持續增值。」

(三)提出價值問題

針對教學所要澄清的價值問題，教師透過學生討論後的分享中，提出關鍵的價值問題，以進一步加以釐清。此價值問題可由學生或教師從教材中分析而得，有時是透過學生的討論、分享，逐漸形成的。

- 本課第二節點出「投資自己」的關鍵價值。但投資在自己的哪些方面，又是價值選擇與決定的問題。因此，本教學先要求學生各自思考一個問題：「自己未來可能的職業（志業）或創業是什麼？」先思考後，再向組員分享。

(四)價值澄清活動

價值澄清活動，依問題的性質可運用不同或多種的澄清活動。有時須個別思考與作業，有時須小組討論分享。小組討論僅作小組內成員分享自己的價值觀點，不必要求有一致的結論。

- 本課教學在此過程中，要求學生思考：「未來自己可能的職業
  （志業）或創業是什麼？」明確指出未來可能的職業或創業。其次
  思考：「為達此目標，自己需要投資哪些能力？」列出三項以上須
  培養（投資）的能力，例如：英語、體能、口才、歌唱、程式設計
  等，接著再進行價值書寫的等級排列。
- 第三節也有澄清活動，要求學生思考「金錢和時間」投資自己的分
  配運用。採書寫活動的「生活餡餅」，以檢視金錢和時間是否投資
  在自己要提升的能力項目。

(五)小組分享或全班討論

小組分享個人的價值觀點，或進行全班討論。

- 經過等級排列和生活餡餅書寫活動後，學生先在小組內分享。若有
  時間，教師可找代表不同樣態的價值思考，做全班分享與討論。
- 若價值澄清教學過程中，須運用不同的澄清活動，應在一種澄清活
  動結束後，即進行分享和討論。因此，教學步驟的(四)和(五)，會
  反覆進行。

(六)反省與實踐

透過上述五個教學步驟，讓學生反省自己的價值觀點，以釐清自己的
價值觀念；檢視自己認定的價值優先順序，在時間和金錢的運用是否有配
合。在教學上，「反省與實踐」的步驟，僅能讓學生在小組或全班面前，
公開承諾「自己會努力去實踐」。

- 本節課教學讓小組成員分享自己對時間運用的規劃，透過公開的承
  諾，以強化學生努力實踐，以邁向其未來的職業或創業方向。

以上價值澄清教學歷程，以國小社會五上的「投資活動」一課來說
明。本課沒有涉及道德問題。教師對學生未來職業（創業）的選擇，要投
資自己的能力項目，不必刻意引導或去改變。對學生時間和金錢的投資
（分配運用），也應給予尊重。但若有非常不適切情形，頂多提示：你覺
得滿意嗎？

　　有時候價值澄清的主題，學生分享之內容或觀點涉及道德或法律的問題，教師仍應加以釐清：什麼是個人的價值選擇？什麼是道德法律問題？

五、結語

　　價值是指事物或現象對人們具有積極的意義，且為人所重視與追求的對象。價值觀念存在個人主體意識中，難以由他人直接講授和傳遞。因此，價值觀念必須靠自己去釐清和建立，教師則為引導和澄清者。

　　教師要引導學生澄清其價值觀念，須依據價值形成的原理：選擇、珍視及採取行動三階段及七個過程，並善用價值澄清策略：書寫策略、澄清反應及討論策略。

　　最後，本節提出價值澄清教學步驟：引起動機、呈現教材、提出價值問題、價值澄清活動、小組分享或全班討論、反省與實踐等六個步驟，並以「投資活動」為例來說明。

第二節　道德討論教學法

　　道德係指人類共同生活時，行為舉止應合宜的規範與準則。（教育部重編國語辭典）由此意義可知，道德的產生源於人類共同生活的需要；其內涵則在表現合於規範與準則的行為。而人要表現合宜的行為，必先認知人類的規範與準則。但僅認知規範與準則仍不夠，要表現在行為上。因此，道德有認知的成分，但其完成則在行為的實踐。

　　道德教學即在引導學生認知人類的規範與準則（法則），並能夠或願意表現在日常生活中，落實到行為的實踐上。

　　道德的教學與數學、科學等認知領域的教學不同。數學的教學在引導學生知識的學習，而能表現於紙筆測驗，以及應用在生活上。

　　在談道德教學前，首先讓我們思考幾個問題：

- 如何教導學生會一種知識？如，分數相加、修辭……
- 如何教導學生熟練一種技能？如，前滾翻、直笛音階吹奏……
- 如何教導學生養成一種良善的行為？如，尊重他人、孝敬父母、誠實……

・如何教導學生會遵守一種規範／習慣？走行人穿越道、準時到校上課……

　　第一種是認知的學習，重點在老師的說明解釋。第二種是技能的學習，除了說明外，老師的示範和學生的反覆練習更重要。第三、四種的學習，強調在日常生活的實踐，教師除引導學生深切瞭解（真知）品德、規範及習慣外，還要透過情境、體驗引發其情操，才能表現在行為實踐上。

　　在教學上，我們將知識整理成有組織、有條理的教材，透過講解說明呈現給學生，這稱為直接教學。即使是知識學科的教學，整節課都是老師的講解說明，學生會疲乏且學習無法深入。因此，要讓學生有練習、實作、設計、討論、角色扮演等活動來深化學習。這種透過讓學生參與活動的學習稱為間接教學。道德的教學重點在學生的真知，才能去實踐，更需要運用間接教學策略，否則就形成過去所稱的「說教」、「灌輸」。

　　本章介紹運用討論技巧，來提升學生道德的學習。首先介紹學生的道德發展階段，其次分析道德教學的內涵，第三說明道德討論的題材，最後陳述道德討論教學的過程。

一、道德發展的意義與理論

　　道德教育的內容，可概分為二：一為道德認知，二為道德實踐。前者在教人知其所以然，使人獲得道德的理念，並肯定道德的價值；後者在教人能自發自律、身體力行，以形成高尚品格。自邏輯順序以觀之，道德認知為道德實踐的先決條件，非真知不足以力行，然自「知行一致」的道德哲學觀點而言，道德認知與道德實踐兩者，實為一體之兩面，不可有所偏廢。

　　研究道德判斷最為著名，且其成果已經被廣泛應用者，當推瑞士人Jean Piaget（皮亞傑）（1896-1980）及美國人Lawrence Kohlberg（柯爾柏格）（1927-1987）。

(一)Piaget的研究

　　Piaget認為人類的認知能力係由於個體本身與環境交互作用促成。認知的發展可分為四個階段：(1)感覺動作期：出生至2歲；(2)前操作期：2-7歲；(3)具體操作期：7-11歲；(4)形式操作期：11歲以上。

另外，Piaget觀察兒童玩彈珠的遊戲，發現兒童對遊戲規則的瞭解與應用，有發展的序列可循。大致可分為四個時期：

第一，純動作期（出生至2歲）。兒童在本期只是隨其所興或動作習慣來玩彈珠。所以，在本期只有動作的規律，而尚無大家共同遵守的規則。

第二，自我中心期（2-7歲）。兒童對規則一知半解，彼此之間沒有約束力，即使表面上與夥伴同玩共遊，但還是各玩各的，每個人都可以說自己贏，不管規則如何訂。

第三，合作期（7-10歲）。兒童在遊戲的過程中，產生了相互瞭解的需求。兒童玩彈珠，不再自言自語、自玩自贏，而是彼此交流，互爭勝負。開始考慮互相控制、互相尊重，以及統一運用規則的問題，但對一般遊戲規則仍甚模糊不清。

第四，規則訂定期（11-12歲）。兒童具有正確的規則意識，認為規則是由相互同意而建立的法則。如果忠於它，就應該遵守它，但是經過大家的商討與協議，則可以修改。

Piaget探討兒童遊戲規則的區分，與認知發展四個階段，頗相符合。其後，他繼續以故事性的材料，採用個別晤談法，詢問兒童如何判斷事情的對與錯、是與非，以及所持的理由。他依據多年研究結果，將兒童道德判斷的發展分為三個階段：

1. 無律

無律階段約自出生至3-5歲。本階段大致上與純動作期及自我中心期兩時期相對應，兒童尚無道德意義可言。

2. 他律

他律階段約5-8歲。本階段約與自我中心的後期至合作中期相對應。兒童從道德的無律，漸漸意識到兄長父母所加諸其自身的權威和約制，也意識到學校及社會的某些風俗習慣與道德的規範，是神聖而不可侵犯的。兒童以「道德現實觀」（moral realism）來決定行為的好壞，亦即注重行為的後果而不顧行為的動機和意向；對於過失行為的懲罰，亦傾向於人為的「以牙還牙」的報復性懲罰；相信神祕的因果報應。

3.自律

　　自律階段約8、9歲以後。本階段的兒童，道德意識逐漸成熟，以前視之為當然的規則或規範，現在則要追問其道德的理由。本階段大致與合作後期及規則訂定期相對應。兒童漸能運用其理性作道德規範的分析與判斷；對於各種規範能重新評估並作合理的修訂，有選擇的接受；尤能瞭解規則的抽象原理，而非呆板的遵守字面的意義；能避開表面的行為後果，深入瞭解行為的動機來判斷行為的好壞；能以相對的關係作平等互惠的推理，而不盲從權威。兒童自此步入「道德規範的自為立法、自為執行、自為反省」的成熟階段。

(二)Kohlberg的研究

　　Kohlberg以為人對道德論題的思考，依其認知結構，將道德判斷的發展分為三期（層次）六個階段。

　　層次Ⅰ：道德成規前期

　　道德成規前期（pre-conventional level）大約出現在幼兒園及小學中低年級階段（張春興，1989：208），約9歲以下。此時兒童根據行為後果或苦樂感覺作道德判斷，並且傾向服從權威，尚未形成自己的主見。有兩個階段：

階段一：懲罰與服從導向

　　兒童根據行為結果，而非動機，來判斷行為的善惡。此一時期，兒童將儘量避免受罰，凡是不受罰的行為就是「好」的行為；也會盲從權威，有權力的人所作所為都是「對」的。

階段二：功利相對性導向

　　兒童以物質條件交換的觀點來衡量人際關係。凡能滿足需要追求快樂的，便是「好」的行為。

　　層次Ⅱ：道德成規期

　　道德成規期（conventional level）大約出現在小學中年級以上，一直到青年、成年（張春興，1989：209），約在10-20歲之間。此時期的道

德規範主要是，不損家庭、社會及國家期望的行為便是好的行為；遵從團體的成規，並忠於所屬的團體。有兩個階段：

階段三：人際和諧或「乖男巧女」導向

能取悅於別人或受人稱讚的行為就是好的行為。此一時期，兒童努力作個乖男或巧女。傾向順從傳統習俗或成規，並忠於所屬的團體，順從大眾的意見。判斷是非開始兼顧行為的動機。

階段四：法律與秩序導向

好的行為就是遵守法令，服從法律權威，維護社會秩序。

層次Ⅲ：道德成規後期

道德成規後期（post-conventional level）在年齡上至少青年期人格成熟後，也可稱為道德自律期（張春興，1989：209），約在20歲以上。這時期的道德觀念是根據較合理的道德原則，就事論事，不盲從附和。有兩個階段：

階段五：民約法理導向

遵守人權與社會契約所訂定的民主法典，但不堅守條規。法律應做合理的運用與修正，一切循社會契約合法的原則來行事。

階段六：普效性道德原則導向

根據放諸四海而皆準的正義、恕道、與尊重個人尊嚴等道德原則來行事，而不墨守道德戒條。運用嚴謹的邏輯思考與良心的自律，建立適切的道德原則。

上述三期的年齡區分只是概略區別（張春興，1996：144）。而此道德判斷發展六個階段，是循序漸進的發展。這種發展與認知的發展是相應的：初具形式操作期的認知發展，是道德判斷階段三的必要條件；成熟的形式操作期，是道德判斷階段四、五的先決條件。因此，道德判斷的發展，無法驟然跳躍到另一階段。但兒童道德判斷的發展，有可能停滯不前，例如：許多初具形式操作期的兒童，仍停留在階段一或階段二。其中原因，主要是缺乏道德認知的刺激，道德討論教學就是要提供兩難的問題，透過體驗兩難衝突情境和討論，不斷反省思考，可提升學生道德判斷的階段。

二、道德教學的內涵與途徑

(一)道德教學內涵

　　道德是可以教導，也必須教導，且應從小開始教導。但是要教導什麼？一般認為道德的完成應包含道德認知和道德實踐，即「知」和「行」兩個層面。但就經驗觀察，道德的「知」並不保證會「行」，中間有一鴻溝。這個鴻溝必須靠「習慣與態度」來連結，即在態度上願意且成為習慣。因此，道德教學包含道德的認知、道德的態度及道德的行為表現。

　　歐陽教（1978：304-308）認為道德教育包含三種層次的學習：一是慎慮性的行為規範，指行為習慣的訓練與培養。這是較外圍的，而與道德範疇關聯。也就是說，違背某些行為習慣，如衛生、禮貌習慣，不一定就是不道德。

　　二是具體的道德規範，這是指逐漸增加具有道德規律的道德行為項目，例如：孝順、友愛、禮節、勤學、合作、守法等。學習者能遵守此道德規範，除了「行」之外，也能「知」其內容，甚至於瞭解其理由。

　　三是普效性的道德原則，這是指對道德規範內容，進行較高層次、較抽象及較普遍性的道德原理原則之認知，而不僅止於具體的行為規範的道德規則之瞭解。例如：對具體道德規範：「不欺侮人，也不受人欺侮，並為弱者挺身。」除了實踐之外，也能分析此具體規範之所以然，或應該如此的理由，以此解析較高層次的德目「正義」的普遍原則。

　　歸納道德教學的內涵包括道德的認知、道德的態度（情意）及道德的行為（技能），而其教學內容與方法，應將認知、技能及情意，熔鑄一爐而於日常生活中實踐。（許誌庭，2012）

　　此即十二年課綱議題「品德教育」的內涵：「增進道德發展知能；瞭解品德核心價值與道德議題；養成知善、樂善與行善的品德素養。」「知善」即道德認知，「樂善」即道德態度，「行善」即道德行為。

　　而在第一學習階段，學習強調「……體會生活禮儀與團體規範的意義，學習尊重他人、愛護生活環境及關懷生命，並於生活中實踐，……。」（生活-E-C1）

　　教學內涵逐漸擴展和深化，強調「具備道德實踐的素養，從個人小

我到社會公民，循序漸進，養成社會責任感及公民意識，……，而展現知善、樂善與行善的品德。」（核心素養-C1）

(二)道德教學途徑

　　學校實施道德教學途徑，不外是身教、言教及境教。言教為透過各學科及主題的教學，境教為安排與提供合適的情境和環境，身教則為教學者的基本示範。

　　就班級教師的道德教學言，可以從下列幾方面進行：從生活教育著手、運用文學與戲劇教學、運用案例（或判例）教學、運用道德兩難困境討論、運用反省批判思考、實施價值澄清教學及塑造班級為道德關懷的團體。（張清濱，2020：387-391）純就課堂的教學言，可採直接方式，如講述教學，以及間接教學方式，如價值澄清教學與道德兩難教學。（王財印、吳百祿、周新富，2019：328）

　　然而，道德的學習與認知學科（如數學）的學習不同。數學是一種知識能力，測驗成績達到標準即算學會了；道德的認知評量達到標準，還不算完成，必須有態度和行為表現出來才算完成。此種態度與行為的引導，必須運用間接教學策略，始能達到較大的效果。就實務經驗與上述之意見，道德教育的間接教學途徑為：故事或戲劇、道德討論（案例或兩難困境）、價值澄清、角色扮演等。

　　道德教學透過討論活動，研究顯示有助於道德的教學效果。例如：5-6歲的幼兒透過故事討論，所表現於有關分享道德的層級，略高於無討論組的幼兒。（蔡子瑜、簡淑真，2003）而另一項幼兒園教學，以「繪本故事討論」組的幼兒，在下列方面均優於以「繪本故事講述」組的幼兒：幼兒的助人意願、幼兒的利社會道德推理，以及幼兒在「幫助他人卻有損自身利益時，是否願意幫助對方？」的問題情境中助人的意願。（林芳菁，2010）

　　教師在教學實務上也應有此經驗：班級規範由教師引導全班討論訂定，學生比較能夠遵守。其原因主要是：學生主動涉入參與，有「我們」的感覺；其次是因為涉入，較深入瞭解規範的內涵；第三，在過程中表達意見，有彼此承諾的味道。因此，本節以道德兩難故事為題材，說明道德討論教學之過程。

三、道德討論教學的題材

　　所謂道德討論教學，就是以討論技巧來進行道德題材的教學。討論的題材可以是故事（或繪本故事）、案例（或判例）及兩難問題。本節以兩難故事為題材來說明。

　　兩難問題的題材，通常以故事的型態呈現。兩難問題的故事，主角無論採取何種行動，都會面臨兩種以上進退維谷的道德議題（issues）。透過兩難故事，一方面引發學生討論的動機，一方面提升學生道德判斷的階段。道德題材的選取，應符合下列三項規準：

(一)故事內容儘量簡單

　　道德討論故事簡單，最好只包括兩、三位主角，故事情境也不要太複雜，以便學生能迅速掌握故事的大意。故事太複雜，容易混淆，耽擱許多正式討論的時間。

(二)故事情節必須是尚未解決的問題

　　故事情節最好是未解決的問題，而且必須有兩個以上解決問題的行動方案，供故事主角抉擇。沒有單一而正確答案的問題，才能引發衝突，刺激學生討論。

(三)故事必須包括兩個以上的道德議題

　　依照Kohlberg在1976年所出版的《道德判斷階段計分手冊》所列舉的道德議題有十個：(1)懲罰；(2)財產；(3)親朋關係；(4)法律；(5)生命；(6)真理；(7)道德的本質；(8)政府與政治；(9)公民權和社會的正義；(10)性。

　　道德討論的故事來源有很多，可以從這三方面來蒐集：
　　第一是學生的親身經驗。例如：是否能故意讓成績較差的同學，偷看我試卷的答案，以便幫助他考試及格，順利升級？是否可以把兄姊「違規犯過」的行為密告爸媽，而他們已經拜託我不要這樣做？
　　第二是報章雜誌、廣播、電視等的報導。例如：醫生是否有權讓久

病昏迷的王曉民安樂死（1963年9月車禍成為植物人，於2010年3月逝世）？警察是否應對擄有人質的犯人動武？

　　第三是教科書也是取材的來源之一。

四、道德討論教學的過程

　　道德討論教學，教師須先準備道德故事題材，分析故事涉及的道德議題，並先擬好待討論的問題。參考學者（單文經，1990；歐用生，1992：214-216；謝明昆，1994：62-66）對道德討論教學過程的說明，作者歸納為六個步驟來進行。

(一)引起動機

　　教師宜先引起學生心理上有解決問題的意念，並使學生產生類化作用，教師可針對單元目標，列舉學生現實生活中的一些行為實例說明，或請學生提出個人的經驗，供全班同學分享。例如：如果碰到「誠實與友情」衝突的話，該如何？

(二)呈現教材

　　教師所呈現的兩難故事題材應該符合四項標準：(1)故事情節盡可能簡單有趣，使學生能迅速掌握故事大意。(2)故事呈現有關道德或倫理價值衝突的情況，最後沒有單一而顯著的，或為某種文化所贊同的「正確答案」，俾促成學生彼此之間的爭論和意見不一致，以產生道德思考層次的進一步發展。(3)故事內容應蘊含兩個或更多的道德問題作為討論的核心，主要的道德問題有財產、情感、權威、法律、生命、自由、正義、誠實、性及懲罰等。(4)必須提供選擇行動的機會，良好的道德兩難式困境故事應提供學生選擇行動的機會，以幫助學生對包含在困境中的衝突情境，從故事道理推得。

　　道德題材如何呈現給學生？呈現故事的方式有很多，教師可以用故事單、口述、PPT、角色扮演、播放錄音、影片等方式。

　　故事舉例：〈小吉偷東西〉

「小吉和小龍是好朋友。有一天，兩人逛超級市場，小吉偷拿
了一個心愛的玩具。老闆雖然看到了卻沒抓著，倒是遇到了小
龍，要他供出小吉的姓名和地址，否則要他『好看』！」

(三)提出兩難困境

　　學生瞭解故事內容後，教師接著針對故事題材提出兩難困境問題，問題的擬定應該包含兩個要素：(1)具備二擇一的道德判斷形式，例如：「是否會……」、「是不是……」、「會不會……」、「應不應該……」。(2)提問對於所作道德判斷的理由，亦即必須接著問：「為什麼？」討論題目揭示後，在分組討論之前，教師給予學生1-2分鐘的思考時間，並提出個人的主張與理由。針對〈小吉偷東西〉的故事，可提出問題，讓學生思考；也可由學生提出討論的問題。如：

1. 這個故事涉及哪些道德議題？（友情—袒護朋友偷竊；誠實—避免朋友再偷竊）
2. 你若是小龍，要不要將小吉的姓名和地址告訴老闆？為什麼？

(四)分組討論

　　立場確定後，將不同立場的學生加以分組，每組人數以6人為原則，經由團體動力的歷程，在團體的交互作用中，充分討論，相互印證，彼此溝通，澄清觀念，以激發更多的道德理由，作為全班討論的基礎。

(五)全班討論

　　繼小組討論之後，宜給予學生報告小組主張與理由的機會，藉此促進全班學生的交互作用，報告的方式可用口頭說明，或是將小組意見寫在黑板上，各組內容可供作教師及全班學生觀察與思考，比較後相互討論質詢，這樣可激起學生道德認知的衝突與失調，復經老師的適時引導使其認知結構發生變化，逐漸提升其道德判斷的發展階段。

(六)教師歸納／總結

　　道德討論的最後一項活動，就是協助同學順利結束討論。在結束討論

時，教師可要求學生針對所列各項理由作摘要或總結。但應提示學生，這些總結或摘要，並非最後的判斷或結論。

在道德教學中，教師是「促進者」，旨在讓學生的道德推理成熟，以及道德判斷層次提高。（歐用生，1992：217）因此，教師應適時與學生分析討論，其所做的結論或判斷，是否合邏輯或符合道德的理法？若學生的道德判斷不符社會的法律、規範、習俗及理法，應再拋出問題讓學生進一步思考。畢竟人類社會共同生活，行為舉止應有合宜的規範與準則。

上述是以道德兩難問題故事為題材的討論教學。教師也可以青少年有關違反道德或法律的案例，作為討論的題材。例如：「同學惡作劇　椅中箭坐進直腸」：

> 高雄某國中二年級A朱姓男學生，涉嫌對同班的B史姓男學生惡作劇，將剪刀置於B史姓男生座位上，班上C謝姓女生知情，但未提醒B姓學生。結果刺中B史姓男生臀部，傷及直腸，血流如注。送醫呈休克狀態，手術後住院治療中。校方表示，將等史姓男生出院後，再邀三方家長協調善後。
> ……（詳見2002-12-14／《聯合報》／8版／綜合）

青少年的道德行為問題，往往會涉及觸法問題。此案例的道德問題是：(1)惡作劇—對他人的侵犯與傷害；(2)同伴未立即阻止—未發揮正義的阻止。此兩者同時也涉及違法行為。教學上可從道德的行為討論，進到法律常識。

五、結語

道德是社會大眾應遵守的法則，以及合於理法的行為。道德教育是學校教學的重要課題，教師則為關鍵角色。然而，因為道德的特殊性，道德除了認知外，更重要的是道德情意的表現和行為的實踐。這種學習僅止於閱讀文章、觀看影片、講述說理，是無法完成的，必須運用各種的間接教學方法或策略，讓學生主動涉入學習，始有較佳的效果。

第三節　欣賞教學法

　　欣賞是藝術領域教學很重要的部分。在欣賞教學中，應注重情感教育和興趣教育的培養和引導。（楊建生，2005）對那些從小嶄露藝術天分的學童，有機會在藝術殿堂接受專業的美感教育；對一般的學童，更須接受「以欣賞為重點」的多元藝術美感體驗與教育。學習藝術美感就像學習哲學一樣，它是全面性的，可以應用在各個層面、各個行業。（張碩宇，2020）如此，都市的建築，就不會「設計美觀，施工粗糙」。

　　而音樂（藝術）審美教育作為普及性的教育，與專業藝術教育應有不同的分別，它側重培養學生對藝術的感受能力，不宜過多要求學生把精力放在瞭解藝術的技術知識方面。（楊健生，2005）藝術領域學習是很享受的課程，不可因技法的要求讓學生失去藝術的興趣；「音樂」課堂是很「快樂」的，避免因學習樂理而感到痛苦。

一、欣賞的意義

　　「欣賞」（appreciate）的意義為：享受美好的事物，領略其中的趣味。（教育部重編國語辭典）因此，欣賞要有美的事物，好的心情（享受），以及主動的涉入（領略）。這是欣賞的一般解釋。從教育的觀點來解釋，所謂「欣賞」就是以高興、喜歡或興奮的心情來接受人為創造物、大自然造化或有關人的行誼所給予我們精神上的恩賜，進而使我們能夠超脫實用的觀點，去品評並享受這些恩賜之物或恩賜之情。（崔光宙，1990）這裡指出欣賞對象不僅是人的創造物——藝術，還包含大自然及人本身。

二、欣賞教學法的意義

　　從上面對欣賞的解釋，欣賞教學法（appreciative teaching）則是指教師提供有關藝術、自然、人生之欣賞對象及其相關資訊，引導學生之認知與評價標準，瞭解其美感所在，然後用接納和興奮的心情，來享受這些創造物或人的行誼之美感。（郭玉霞，2000b）欣賞教學一般較傾向性情、品味、美感的陶冶，是情意領域的教學。但欣賞教學在藝術領域的教學

中，仍有認知和技能的引導。

　　因此，欣賞教學有三個任務：一是知識的傳授、二是技能的培養、三是品德情操的陶冶（高廣孚，1988）。知識是指欣賞對象的認知，以及背景歷史的瞭解；技能是指對欣賞對象創造技術及表現技能的瞭解。因此，欣賞教學所提供的知識與技能，都是為了燃起學生的接納、喜歡、享受、感動及崇敬的情懷。在教學過程中偏重情意的引導，主要在培養學生的態度、習慣、理想及美感。在同時學習原則中有輔學習（concomitant learning）── 態度培養，欣賞學習可以是各領域單元教學的輔學習。（方炳林，2005：202）換言之，引導「欣賞」是欣賞教學的主題，但應是其他領域教學的輔學習。

三、欣賞教學內涵

　　欣賞教學的內涵，是指欣賞教學要教什麼？前面已經提到，欣賞的對象有人為創造物、大自然造化及有關人的行誼。有時候我們簡單的說是：藝術、自然及人。但是人為創造物，不僅是藝術、真理的發現與知識的建構，也是人為的創見，也應引導學生去欣賞與崇敬。綜合若干學者（崔光宙，1990；黃政傑，1997：143；方炳林，2005：204）的見解，歸納欣賞教學的內涵有四類：

(一)藝術之欣賞

　　藝術包含繪畫、雕塑、建築、文學、音樂、舞蹈、戲劇及電影八類。而中小學藝術領域則區分為：音樂、視覺藝術、表演藝術三類。視覺藝術包括繪畫、雕塑及建築；表演藝術包含舞蹈和戲劇。其中的文學，一般是在語文課程中引導；電影則為綜合性高難度藝術，應當可納入高中以上學習階段的通識課程。此兩類未納入藝術領域。

(二)理智之欣賞

　　指對科學真理、知識理論、技術發明的欣賞。科學真理雖存在這個宇宙，但是要人類去發現，才能指引人類探討未知。知識理論引導人類科學研究；技術發明可看到人類的智慧和巧思，造福人類生活。人類這些理智的成果，應當值得我們去欣賞與崇敬。

(三)自然景觀之欣賞

這是大自然經過千百萬年來塑造出來的創造物，或是自然界的現象。地貌景觀的宏偉壯觀、森林河流的翠綠廣袤、植物花草的豔麗繽紛，這些自然景觀，可以在自然科學課程中有關地質（或地理課程）和植物的課程中去探訪與欣賞。

(四)道德之欣賞

這是指對人所表現出來的道德品格或社會風範之欣賞。人的品格或風範，表現在他的行為和言語之中。社會上某人的品格或風範，值得崇敬和學習，我們就會想去探究他過去的行為和言語（著述），將他的行誼作為欣賞的對象。這種欣賞是透過瞭解人的行誼產生感動或崇敬。例如：在介紹臺東賣菜阿嬤陳樹菊的行誼，自然引發人們的崇敬與感動。相較於少數「在位掌握權力者」汲汲於竊取國家財富，形成極諷刺的對比。

教師在進行藝術領域的教學，會重視藝術的認知學習，以及藝術技能的訓練和展現外，也會有藝術欣賞的單獨教學之安排。至於其他三類內涵的欣賞，應當在各領域教學過程的適當時機，安排一些欣賞活動。例如：國小社會介紹臺灣地形時，可引導學生欣賞臺灣山岳之美；國中數學介紹畢氏定理後，可引導學生超越時空來欣賞畢氏定理和商高定理。

另外，以欣賞的觀點來看任何教學。學生在課堂上學習，應對教材內容、教學方式、學習環境、學生同儕，甚至於教師本人，若沒有一些情感上的接納和喜愛，則會產生疏離感而減低學習效果。因此，任何教學活動，多少有些欣賞的成分，包括對教材內容的欣賞、對教師引導活動的欣賞、對自身學習和學習成果的欣賞，以及對學習友伴的欣賞。但是在欣賞教學本身，則聚焦於教材內容（欣賞對象）的欣賞。（崔光宙，1990）

四、欣賞教學的目的

本節所談的欣賞教學，聚焦在藝術的欣賞教學，包含音樂、視覺藝術及表演藝術。藝術領域的教學，有知識性的學習，有技能、技巧的訓練，有欣賞的引導。因此，欣賞教學的目的包含認知、技能和情意三方面。（崔光宙，1990）

　　然而，對一位藝術理論者言，應強調知識，或知識和欣賞的學習；對一位表演者／創作者言，則強調技巧的熟練，如樂器演奏技巧、繪畫技巧等。對一位藝術教育工作者言，則應均衡發展，但應重視欣賞的引導。一般學生則應均衡具備藝術的認知、技能及情意三方面，尤其應強化藝術欣賞的素養，才符合十二年課綱的核心素養的「藝術涵養與美感素養」。茲針對這方面的目的加以說明。

(一)認知方面

　　針對一個藝術欣賞對象，教師應提供認知方面的哪些知識？一般而言，包含以下五項：

1.媒材的認知

　　指此項藝術創作，是用何種媒介物、材料來形成的。因此，要欣賞藝術品，首須認識它所運用的媒材。以繪畫言，應認識顏料種類及性質、紙張種類及特性、材料種類等；以音樂言，應認識樂器種類、聲音及表現等。

2.歷史背景的認知

　　藝術欣賞的對象是一件作品，此作品的創作者都有其歷史時代的背景，以及他的生活和個人藝術素養過程之反應。瞭解這些歷史背景，有助於認識此作品的風格。

3.作品內涵的認知

　　創作者在此作品呈現的內容為何？想要表現的是什麼？或想要反應的意念是什麼？教師要引導欣賞者認識與瞭解，才能體會此藝術的意境。這也是教師引導欣賞教學的目標所在。

4.形式結構的認知

　　形式結構是指藝術由各部分結合成整體的方式。以音樂言，傳統上樂曲式結構基本分為：一部曲式、二部曲式、三部曲式、迴旋曲式、奏鳴曲

式、變奏曲式等。奏鳴曲式的結構為：呈示部、發展部、再現部。現代的音樂則較不受這些樂曲形式結構的限制。在繪畫中的素描有不同的構圖方式，如三角形構圖、S形構圖、L形構圖等。認識各種藝術的形式結構，是欣賞藝術不可忽略的要素。

5. 版本的認知

一件藝術創作品，因年代久遠，或因作者不同時間加以修改，而有年代版本的問題。另外，音樂須由演奏（唱）家或團體進行演奏或演唱，因不同個人、團體及指揮的詮釋有差異，在選擇錄音來欣賞時，也涉及版本問題。

(二)情意方面

欣賞教學在情意方面的目的有：拓展休閒興趣、提高欣賞品味及培養高尚情操三項（崔光宙，1990）。閱讀其他文獻，作者認為激起美感經驗應是更基本的。因此，綜合並略加修改，認為欣賞教學在情意方面有四個目的：

1. 激起美感經驗

欣賞教學在情意上的基本任務是，提供學生美感的經驗。美感經驗就是，當人們潛伏的情感，因為外在媒介而被引出來時的心理感受。（李熊揮，1979）身為藝術教育者，應透過欣賞活動提供學生美感經驗。張哲榕（2014）綜合學者的意見也指出，音樂欣賞能讓聆賞者產生情緒上的反應或引發情緒，而個體也可以透過學習獲得情感（p. 33）。其他類型的藝術，也同樣能激起情感反應，獲得情感的體驗。因此，藝術欣賞目的在於提供並激發美感經驗和情感的獲得。

2. 拓展休閒興趣

人需要有工作，以維持生活。但人生不是只有工作，也要有休閒娛樂來調劑。而藝術的欣賞是重要的休閒生活之一。而培養學生對藝術欣賞的能力與喜好，有多一些人願意至現場觀賞藝術的展覽或表演。從事藝術

創作與表演的人口畢竟是少數，增加藝術欣賞人口，也能讓藝術發展與提升。

3. 增加欣賞品味

欣賞是可以學習的。欣賞教學應培養學生藝術欣賞能力，以對藝術作品的內涵和精神能深度的瞭解，進而品味欣賞個中的美。另外，也由此具備廣泛的藝術欣賞之能力，能認識與欣賞各類型及各層次的藝術。因此，增加藝術欣賞的深度和廣度，是欣賞教學的重要任務。

4. 陶冶和諧心性

人有喜怒哀樂的先天情緒。人能調理與控制自己的情緒，但在調理情緒時，往往須憑藉外在的藝術媒介，包括樂曲、畫作、戲劇等。例如：聽一首熱情雄壯的樂曲，可以振奮低潮的精神；聽一段流暢和諧的音樂，讓人思緒平靜自在；看一幅山水國畫，讓人感受空靈與詩意；看一幅印象派畫作，讓人體會自然與和諧；觀賞一部勵志影片，讓人重燃信心與希望。

(三)技能方面

欣賞教學在技能方面應包含兩類。第一，認識欣賞對象藝術的重要表現技巧或技法。例如：一首樂曲演唱、演奏特定的技巧，要表現何種情感或氣氛；繪畫中所運用的技巧，是要傳達某種感覺或意境；表演藝術中的動作，要表現何種象徵。讓非藝術專業的學生，也能「大略」認識藝術的技巧表現或動作，目的在使欣賞者能深入瞭解作品內涵，或者進行某種程度的參與體驗。例如：拍打節奏，哼唱主題旋律，模仿肢體動作等。

第二，會搜尋藝術媒體。在日常生活中，我們欣賞藝術有兩種情形。一是觀賞現場的展覽或表演，二是觀賞藝術的影音資料，如CD、DVD、網路影音平臺等。因此，教師在進行欣賞教學時，也要培養學生能選擇要欣賞的藝術媒體，並學會搜尋相關藝術的影音資料與平臺等。

五、文藝欣賞的兩種形式

本節所談的欣賞教學，聚焦在藝術的欣賞教學，包含音樂、視覺藝術及表演藝術。音樂是聲音的表現，或與視覺藝術語詞對應的話，稱為聽

覺藝術。聽覺藝術比較難掌握，聲音一出現就消失，不停留，只能靠大腦回憶（或重複再聽錄音）。視覺藝術的繪畫、雕刻、建築，創作完成即定格展現在特定空間，可多看、細看並從多角度看。表演藝術與聲音藝術類似，表演當下結束就過去了，除非回頭看表演的影音。

上述三類藝術，從呈現方式或欣賞型態來看，可分為兩種形式，一是表演藝術，二是非表演藝術。

(一)表演藝術

表演藝術是透過肢體動作、語言或聲音所呈現的一種藝術，如音樂、舞蹈、戲劇等。此類藝術在創作完成之作品，音樂為樂譜或歌詞與音符，戲劇則為劇本。一般人無法直接閱讀作品來欣賞，必須借重表演者的演出，才能觀看或聆賞。而表演者在演出時，會依據自己對作品的詮釋來展現。這種透過表演者的詮釋，呈現藝術原作品讓我們觀賞，稱為「二度創作」（即興創作除外）。這類藝術必須透過二度創作，藝術的呈現才算完成。在音樂中二度創作的主角是演奏（唱）家，在戲劇中是演員，在舞蹈中是舞蹈家（崔光宙，1990）。表演藝術透過表演者的聲音、肢體及布景設計帶給欣賞者視覺、聽覺及臨場感之饗宴。

表演藝術與聲音藝術類似，表演當下結束就消失了，除非回頭看表演的影音。因此，表演藝術的欣賞有一難點，必須靠欣賞者回憶先前的聲音和影像。

(二)非表演藝術

非表演藝術是指藝術創作完成就是最後完成的作品，如繪畫、雕刻、建築、文學等。其作品必然是以物質的型態存在一特定空間，如畫布、紙張（書本）、顏料、石頭、金屬、磚瓦、壁面、地上等，人們可透過視覺直接觀看解讀作品。然讀者要有歷史、社會的背景脈絡及藝術認知的知識，再加上理解和想像，才能理解作品價值。

視覺藝術的繪畫、雕刻、建築，創作完成即定格展現在特定場所，可多看、細看、多角度看。引導者可直接指示，詳細解說讓欣賞者邊聽、邊看藝術品。然雕刻、建築等立體藝術，有的量體很大，大都以圖片或影像

呈現，無法欣賞其立體特性。未來此類藝術的3D圖形在中小學製作和播放普遍，就能欣賞到立體影像的藝術。

六、欣賞教學之設計

　　音樂、視覺藝術及表演藝術，雖都同屬藝術領域，應重視欣賞層面的教學。但因其內容和呈現方式樣態差異很大，在欣賞的引導上，很難有固定的教學步驟。然在教學上，有幾個要素應有共通性，應加以思考，包括擬定欣賞教學目標、選擇欣賞主題、選擇欣賞方式、選擇欣賞媒體、實施評量。（崔光宙，1990）

(一)擬定欣賞教學目標

　　上述欣賞教學之目的有認知、技能、情意三方面，設定欣賞教學目標也應涵蓋這三者。在認知方面有：媒材的認知、歷史背景的認知、作品內涵的認知、形式結構的認知及版本的認知。然而，教師擬定欣賞教學的目標，應考慮到教學的對象是國小、國中或高中。一般而言，欣賞教學最優先的認知目標是媒材的認識和作品內涵的瞭解。其次是歷史背景和形式結構的認知，國中小階段可能僅簡單認識歷史背景和形式結構即可；高中以後則可認識較詳細的歷史背景和形式結構。最後的版本認知，應是高中以後或專業的藝術學習者。在技能方面，對非藝術專業的學生僅須大略介紹欣賞對象的技能表現，如特別的演奏或繪畫技巧的表現等。

(二)選擇欣賞主題

　　目前中小學課程中，藝術領域的時數有限。國小中高年級和國中每週三節（含三個科目），高中三年有十學分，換算時間，每週約83分鐘。因時間資源有限，選擇欣賞主題有兩個原則：第一，選擇時間長短適合的作品，音樂和表演藝術的時間不能太長，視覺藝術則不能太複雜，在時間內無法介紹完。第二，選擇具正向或有價值的藝術作品。藝術作品無限，學校課程時間有限，因此，要選擇有價值且正向的藝術，以提供學生享受具有教育意義和價值的美感經驗。不過，這一點因教學者主觀認知，會有若干的差異。

　　以上是選擇主題的兩個原則。就藝術內容來看，可以區分為四類的主題，作為欣賞主題選擇的參考。

　1. 根據藝術史的發展選擇欣賞主題
　　例如：浪漫樂派的交響曲、巴洛克風鋼琴曲；印象派的繪畫、國畫的嶺南畫派等。

　2. 根據藝術家選擇欣賞主題
　　例如：莫札特的歌劇、貝多芬交響曲、黃自的藝術歌曲、馬水龍的音樂；達文西的繪畫、米開蘭基羅雕刻、莫內的繪畫、張大千的國畫、朱銘雕刻、林懷民舞蹈等。

　3. 根據藝術的類型選擇欣賞主題
　　例如：古典音樂、藍調音樂、鄉村音樂、合唱音樂、爵士音樂、搖滾音樂、臺灣民謠；芭蕾舞、現代舞、國標舞、街舞、踢踏舞等。

　4. 根據特定藝術媒材選擇欣賞主題
　　例如：陶瓷藝術、玻璃藝術、木雕藝術、金屬藝術、竹編藝術、書法藝術、膠彩畫、油畫、水墨畫；梆笛音樂、胡琴音樂、提琴音樂、鋼琴音樂、薩克斯風音樂等。

(三)選擇欣賞方式

　　崔光宙（1990）將欣賞的方式分為簡介性欣賞、結構性欣賞及比較性欣賞三種。依此三種欣賞方式內涵，加上作者之經驗，說明如下：

　1. 簡介性欣賞
　　簡介性欣賞是就所欣賞對象，做一般的介紹，包括名稱、創作者、媒材認識、作品內涵及簡要背景認識等。欣賞進行時，教師可一面介紹、一面播放影音。在關鍵之處，教師要以有趣、生動或情感性的語言表達自己欣賞的感受，以引發學生相同的情緒，獲得美感經驗。對非藝術專業學生言，這是很適合的欣賞方式。

2. 結構性欣賞

藝術創作，無論大小都有其結構。大型或偉大的創作，其結構更複雜、嚴謹。如貝多芬的合唱交響曲、達文西的最後的晚餐、宋‧張擇端的清明上河圖。就交響樂言，其結構為：三或四個樂章、樂章的風格曲式、主題旋律安排等。一部巨型畫作其結構則為：布局、光影、主題與背景、人物等。透過結構的瞭解，以認識此藝術的深層內涵與意蘊。

3. 比較性欣賞

比較性欣賞是指針對兩類以上不同藝術作品的差異與特色的瞭解，擴大對藝術的認知與欣賞範圍。例如：舒曼和蕭邦鋼琴曲比較、印象派和現實主義畫作比較、校園民歌和流行歌曲比較等。

(四)選擇欣賞媒體

在學校課堂上的欣賞課程，主要是透過影音媒體呈現來欣賞。繪畫、雕刻、建築等，雖可以至現場邊看、邊聽解說來欣賞，但課堂先做欣賞引導還是必要的。因此，透過影音媒體呈現欣賞對象，提供學生之藝術經驗是較有效且完整的；視覺藝術中的雕刻、建築等，若有3D影像，效果更佳。

欣賞媒體的選擇，要依據教學目標選擇具有代表性者，且適合學生的程度和興趣。例如：古典音樂要選哪幾首？臺灣民謠要選哪幾首？爵士音樂要選哪幾首？印象派繪畫要選哪幾位畫家的代表畫作？國標舞要選哪幾種及哪幾支舞？等。視覺藝術若有印刷成冊，也可攜至課堂讓學生傳閱見識。

欣賞對象選擇確定之後，教師必須依據可欣賞的時間，最好剪輯要給學生欣賞的重要或精彩的片段，配合文字標題與簡要說明，製作成簡報檔的超連結，便於在教學過程中節奏進行順暢。

(五)設計評量方式

欣賞教學的目的有認知、技能及情意三方面，評量也應依此三方面來進行。然藝術欣賞的課程，在透過欣賞藝術之機會，提供並引發學生美的美感經驗。因此，應避免因評量，尤其是紙筆的評量，讓學生產生負面的

情緒。

在認知目標的評量上，有關歷史背景可以紙筆評量；部分作品內涵、形式結構及版本也可用紙筆。但紙筆評量不能太難，僅要求一些基本知識即可。若採用小組學習單透過小組討論完成，對學生言，可達到學習效果而較少壓力。紙筆無法評量的部分，則須靠過程中的形成性評量：即課堂互動過程的觀察、教學過程中的問答等。

在技能目標的評量上，音樂欣賞可讓學生拍打重要的節奏，哼唱主題旋律，唱一段精彩歌曲；表演藝術模仿一段肢體動作，秀一段精彩舞步。此項評量可在過程中進行，或課堂結束前綜合活動，讓學生表現。

在情意目標的評量上，評量的設計與實施較困難。不過，教師在心裡惦記著欣賞的情意目標，如美感經驗、欣賞品味、休閒興趣及陶冶心性。在美感經驗方面，應營造整個教學氛圍及美好的經驗，教師宜隨時觀察學生的反應；在欣賞品味方面，可提出與主題有關且內含深淺對比的兩組圖畫或曲子，瞭解學生的欣賞層次；在拓展休閒興趣和陶冶心性方面，僅能在後續的教學或與學生平時互動中去觀察。

七、欣賞教學之流程

欣賞是以歡喜之心，來品評享受美好的事物，以提升生活品味和美感素養。從完整的音樂（藝術）欣賞活動看，從審美「感知」到審美「體驗」再到審美「領悟」，是一個有機的審美過程，也是一個逐漸深化的過程。（楊建生，2005）在學校的藝術欣賞教學中，教師應隨著學習階段之進程，逐漸增加藝術欣賞的多元體驗，以提升學生美感的領悟與素養。

然而，藝術領域的三個科目，內容性質差異很大。在教學上，很難有一體適用的教學步驟。郭玉霞（2000）提出教學的三個步驟：(1)引起學生欣賞的興趣；(2)講解說明並指導方法；(3)指導學生身體力行。這三個步驟概括性大，可套用到各類藝術的欣賞。高廣孚（1988）則提出稍微具體的欣賞教學過程：引起欣賞動機、提出欣賞對象、誘發情感反應、發表感想與評量及指導實踐五個步驟。

以下敘述這五個步驟的教學過程，並以〈梁祝小提琴協奏曲〉（簡稱〈梁祝〉）為例來說明。在教學前學生應準備：閱讀〈梁祝〉的故事、聆聽〈梁祝〉樂曲及搜尋相關資訊；教師的準備：提供〈梁祝〉故事、提供

〈梁祝〉樂曲或請學生搜尋、剪輯欣賞的音樂片段並製成教學簡報檔。

(一)引起欣賞動機

進入欣賞主題前，教師應設法引起學生的好奇心和學習動機。一般的引起動機也可運用到藝術欣賞。如運用故事、提出疑難問題、變換感覺管道（影像←→聲音）、讓學生做分享或報告、播放一段影片。當然這些方式的呈現內容都要與欣賞主題有關聯。以〈梁祝〉為例，教師的引起動機可以有三種方式，或並用多種方式。

第一，剪輯梁山伯與祝英台黃梅調電影精彩片段，在課堂開始時播放。教師在播放前可先提出幾個問題，以聚焦學生的欣賞重點。播放完畢，最後可提問：這樣感動的劇情，若用小提琴來呈現，會有何種感覺或效果？

第二，敘述東西融合的可能效果。教師可以對學生說明：我國音樂教育偏向西洋音樂的內容，包含器樂學習、作曲方法、歌曲內容等。如果用西方的樂器（小提琴）和作曲技巧，表現中國傳統的故事內容和音樂手法，會有何種感覺。

第三，直接講述梁山伯與祝英台故事重點：

> 「東晉時期，浙江祝家莊有位女子—英台。因求學心切，女扮男裝，遠赴杭州求學。途中，邂逅了一書生梁山伯，一見如故，在草橋亭，義結金蘭。
> 求學期間，與山伯同窗共讀，形影不離。後因祝父思女心切，英台只得倉促回鄉。兩人依依不捨，山伯在十八里相送，英台暗示愛情。
> 返鄉後，因山伯家貧，未能如期至祝家求婚。待山伯至祝家莊，祝父已將英台許配給馬文才。山伯絕望與英台樓臺相會，傷悲淚眼相望。
> 後山伯雖為鄞縣（奉化縣）令。然憂鬱成疾，不久身亡。英台被迫出嫁時，繞道到山伯墓前祭奠，就……」

課堂開始，教師講述故事重點如上，或由學生重點接力陳述。故事

講述完畢，教師可提問學生：聽完故事有何感覺？西方也有類似的故事嗎？羅密歐與茱麗葉有電影、音樂劇；梁山伯與祝英台有越劇、歌仔戲（1984年台視）、黃梅調電影（1963年香港邵氏）、音樂劇（2003年臺灣大風音樂劇場），若用音樂（小提琴）來表現有何感覺和效果？

(二)提出欣賞對象

　　第二個步驟是提出藝術欣賞對象的主題名稱，例如：印象派繪畫、莫內的日出印象、書法之美、張大千的長江萬里圖、街舞的力與美、雲門舞集的薪傳、貝多芬田園交響曲、布農族天籟之音等。依據藝術科目性質，依據教師個人的專長選擇主題，如此才能深入且統整的引導欣賞。其次，也要選擇適合學生程度的欣賞主題。教師應瞭解學生過去的課程經驗，例如：欣賞布農族音樂，過去應唱過二部合唱，並瞭解三部和四部合唱等。

　　欣賞主題提出後，接著應對主題或作品的媒材、歷史背景、作品內涵、形式結構等，呈現給學生。呈現的方式可多元，例如：講述說明、簡報檔+影音、表演、學生報告分享等。

　　以〈梁祝〉為例。在媒材的認知上。首先介紹小提琴樂器——西方樂器之后，聲音產生方式，雖僅有四根弦，但音域之廣、音色之美及技巧豐富與難度，是西方樂器中最難演奏之一。其次，簡單介紹協奏曲，其形式與交響樂同，一般為三個樂章。樂曲中若以小提琴為主奏，則稱為小提琴協奏曲；若以梆笛為主奏，則稱梆笛協奏曲。本曲以小提琴為主奏，管弦樂團協奏。其中小提琴主題代表祝英台，大提琴代表梁山伯；銅管樂器和鑼代表傳統的力量。

　　在歷史背景的介紹方面。此協奏曲是以中國民間家喻戶曉故事「梁山伯與祝英台」為題材，以越劇裡部分曲調為素材寫成的單樂章標題協奏曲，為上海音樂學院學生陳鋼與何占豪於1958年完成。而當時創作的氛圍或是動力，乃期望以西方的器樂與中國傳統地方戲曲結合，因而有此曲的誕生。（註：文化大革命為1966.5-1976.10）

　　在作品內涵與形式結構的介紹方面，則可針對引起動機第二種方式再詳細敘述。此曲乃運用表現多樣性的小提琴和管弦樂團，以中國古典淒美的愛情故事為題材，用協奏曲的形式來表現的不朽作品。作曲者將梁山伯與祝英台故事中較具代表性劇情：相愛、抗婚、化蝶，分為呈示部、展開

部及再現部三段，並採單一樂章協奏曲。一般的協奏曲有三個樂章，樂章
之間有停頓，〈梁祝〉則沒有停頓。

(三)誘發情感反應

誘發強烈的情感反應是欣賞教學的核心部分。教師要能引導學生認識
與體會欣賞對象藝術的特色，如開創性、時代性、啟發性、美感性、技巧
性等。教師須依據欣賞對象的藝術性質來引導。教師應依據藝術科目的性
質，以及欣賞對象的內容，有條理及層次地引導欣賞。

以〈梁祝〉為例，則可依音樂的時間順序，依樂曲結構：呈示部、
展開部及再現部，解說樂曲故事的發展與表現。教師可剪輯樂曲表現各種
場景、狀態或情感的樂句（如A1……C2），方便解說完後立即播放。在
引導過程中，針對曲調中優美情感、強烈情緒表達，應加強語言表達；對
特殊作曲手法及演奏技巧，應點出其特殊性與創見。〈梁祝〉欣賞引導如
下：

1. 呈示部（A）

[A1]樂曲開始在輕柔的弦樂震音背景上傳來秀麗的笛聲，接著雙簧管
奏出了優美的旋律，呈現出一幅風和日麗、春光明媚、鳥語花香的圖畫。

[A2]在清淡的豎琴伴奏下，獨奏小提琴奏出旋律優美的愛情主題，然
後和大提琴對答，比擬著梁祝草橋亭畔，雙雙結拜的情景。

[A3]在一段自由的華彩尾聲過後，引入了活潑的迴旋曲，獨奏與樂隊
交替出現，描寫梁祝同窗三載，共讀共玩的快樂時光。

[A4]轉入慢板，表現了兩人長亭惜別，依依不捨十八相送的情景。

2. 展開部（B）

[B1]沉重的大鑼、大提琴及大管的音響預示了不詳的徵兆，銅管奏出
了強大的封建勢力主題。獨奏小提琴先用散板奏出祝英台的惶惶不安和痛
苦的心情，接著用強烈的切分音和弦奏出反抗的主題。這個由副題變化而
來的抗婚音調與由引子發展而來的封建勢力主題交替出現，逐漸形成第一
個矛盾衝突的高潮——激烈的抗婚場面。

[B2]樂曲轉入慢板，小提琴與大提琴對答地奏出沉痛悲戚的曲調，描寫梁祝樓臺相會，互訴衷情的情景。

[B3]音樂急轉直下，以散板、快板來表現祝英台在梁山伯墳前向蒼天控訴。這裡變化地運用了京劇中倒板和越劇中嚣板的緊拉慢唱的手法，逐漸形成第二個發展高潮——哭靈投墳。在獨奏小提琴奏出最後一個絕句之後，鑼鼓管弦齊鳴，祝英台縱身投墳，全曲達到最高潮。

3. 再現部（C）

[C1]長笛和豎琴將音樂帶入了神仙境界。

[C2]加上弱音器的小提琴重新奏出愛情主題，表現了人們的願望和想像——梁祝在天上化成蝴蝶，翩翩起舞。最後以這首詩傳誦梁祝的淒美愛情故事作結束：

「生前不能共羅帳，死後天上成雙對；
千年萬代不分開，梁山伯與祝英台。」

4. 全曲完整播放

藝術欣賞須有緩慢的生活步調，在較充裕且少壓力情況下才容易進行。〈梁祝〉全曲有28分鐘，在一節的音樂欣賞課中，解說後要再完整聽一遍，可能沒有時間。若有時間，則可全曲完整欣賞，播放音樂時，教師可針對上述重要的表現手法，在樂句的轉接點以口語簡要加註。

聆聽全曲時，可提示學生專注於聲音並想像當時的場景、情境、情感、情緒等。這種透過聲音想像情境、透過聲音體驗情感，是音樂很重要的情意素養。此時，也可讓學生趴在桌上靜靜地聽，以培養靜靜聆聽與想像的習慣。若有學生因此睡著，也不必糾正或停止欣賞。畢竟欣賞的氛圍感受，也是美感經驗。

(四)發表感想與評量

欣賞完畢後，應讓學生彼此聽聽不同心得和收穫。這個步驟一方面是給學生有表現的舞臺，一方面也是教師進行形成性評量的重要時機。教師

可提出若干啟發性問題，引發同學的情感。

・聽了一個千古傳誦的淒美愛情故事，你有何感受？

・你會被哪一個情節（樂句）感動而鼻酸或落淚嗎？

・用西方的小提琴來表現東方的故事，對你有何啟發？

・今天欣賞了〈梁祝小提琴協奏曲〉，你有何收穫？

(五)指導實踐

最後，老師應做一總結，摘要指出〈梁祝〉此曲的風格、形式及表現重點。

其次，指導學生延伸學習與欣賞。

・你喜歡〈梁祝〉的故事嗎？指出如何搜尋〈梁祝〉的古典故事及不同版本。

・你喜歡欣賞小提琴樂曲嗎？列舉其他小提琴協奏曲讓學生認識，或認識不同形式的小提琴曲。

〈梁祝〉的故事，還有哪些音樂或表演藝術形式的作品？引導學生認識還有哪些形式的作品，以及提示如何搜尋。

八、結語

所謂「欣賞」是以喜悅之心，去品評與享受「欣賞對象」，包含人為創造物、大自然及人本身。而欣賞教學法乃在引導學生品評與享受「欣賞對象」之美與偉大。因此，欣賞教學內涵有藝術、理智、自然景觀及道德。而學校的欣賞教學主要以藝術欣賞為主，包含音樂、美術及表演藝術。

欣賞教學之目的，在情意上主要為：激起美感經驗、拓展休閒興趣、增加欣賞品味及陶冶和諧心性，以增加國人藝術欣賞人口，提升美感素養。教師在教學設計上，要考慮到欣賞的目標、主題、欣賞方式、媒體及評量。對非藝術專業的學生而言，藝術技能的學習與表現，在於使欣賞者能深入瞭解作品內涵，不可因技能的要求，讓學生失去藝術的興趣。

本節提出欣賞教學的五個步驟：(1)引起欣賞動機；(2)提出欣賞對象；(3)誘發情感反應；(4)發表感想與評量及(5)指導實踐，並以〈梁祝小提琴協奏曲〉為例，說明欣賞教學之過程。

第七章

社會取向教學

◆ 本章內容
第一節　合作學習教學法
第二節　協同教學法

第一節　合作學習教學法

一、合作學習教學的意義與要素

(一)合作的意義與重要性

　　合作的意義是「在同一目的下，作共同的努力」（教育部重編國語辭典）。因此，合作必須有共同的目標或目的，這需要情境的建構。一般的人群會合作，是因為在組織機關內有共同任務須達成，或一群共同興趣者為追求某種專業或休閒嗜好。人群之所以能共同努力，除有共同目標外，還須群體的合作素養。人雖有合作的天性，但合作素養不是天生的，是靠後天的學習和情境的磨練而獲得。

　　合作是人類重要的行為，也是社會發展進步的重要動力之一。其重要性反映在課程綱要，例如：九年一貫課程綱要十項基本能力之五為「尊重、關懷與團隊合作」；十二年國民基本教育課程綱要九項核心素養C2為「人際關係與團隊合作」。前後的課程綱要都重視「團隊合作」。因此，中小學教育過程中應建構合作的情境，讓學生有磨練的機會，以培養

合作的素養。

(二)合作學習教學的意義

合作學習（cooperative learning）是指安排學生一起工作的情境，運用小組相互支持鼓勵及協助，以達成共同目標的一種學習方式。（黃政傑、林佩璇，1996：16；黃永和，2020：105；Johnson, Johnson, Holubec, 1994a: 4）在學校的班級教學中，要讓學生有合作學習的機會和情境，教師是關鍵的主導者，而合作學習教學則是提升學生學業成就和促進學生合作技巧或素養的可行教學方法。（黃政傑、林佩璇，1996：18；吳俊憲、黃政傑，2006：28）

合作學習教學（cooperative learning teaching）是將全班學生分成若干異質小組，並安排有系統的合作情境，透過個人績效和小組獎勵方式，使學生在互相幫助、互相鼓勵及互相支持的情境下共同完成工作，以達成教學目標，提高學習成效的一種教學方法。（王秀玲，1997a；Johnson et al., 1994a: 4）與合作學習成對比的是競爭的學習。在競爭的學習中，學生偏向獨立學習，以獲得高分為目標，其目標之獲得會妨礙他人獲得目標。合作學習除維持個人績效外，特別重視小組任務的達成或小組成員的進步情形，透過小組進步分數的檢核及小組獎勵，以提升小組成員的學習成效。

(三)合作學習教學的要素

合作學習教學有許多不同的方式，但大都具備一些共同特質。教師在進行合作學習時，應掌握合作學習的特質（或稱要素），教學過程才能運作順暢，以達到預期的教學效果。歸納學者（黃政傑、林佩璇，1996：20-29；黃永和，2020：110-112；張新仁主編，2019：8-14；Johnson et al., 1994a: 9-10; Gillies, 2007: 3-5）的意見，合作學習應具備六個要素：異質性分組、積極的相互依賴、個人績效、助長式互動、合作技巧及團體歷程。

1. 異質性分組

合作學習的異質分組（heterogeneous group）是依據學生的學習成就、性別、族群、社經地位等差異，均衡分配到各小組。其用意在讓學生有機會與不同背景對象相處及學習；而各組學生學習能力均衡分配，在讓小組內能互相教導及各小組的基礎點相近。

2. 積極的相互依賴

積極的相互依賴（positive interdependence）是指教師應提供小組清楚的任務和目標，讓學生知覺到自己與小組是浮沉與共。即小組成員必須明白，自己的努力不但有益於己，也能貢獻於小組；且小組每位成員應認知到：確保每位成員都能完成任務及獲得進步，是小組的共同目標。

3. 個人績效

個人績效（individual accountability）也是個人責任。在合作學習中，小組績效目標的達成，每一成員都有相等貢獻的責任，沒有人可以搭便車。即小組的成功是界定在每個人的進步和努力。評估個人績效乃在掌握學生即時學習情形，此評估結果應回饋至小組和每一成員，讓他們確定誰需要幫助、支持及鼓勵，以完成分配的任務。合作學習小組讓學生在一起之目的，是要讓個別成員更強壯，表現比自己的過去更好。

4. 助長式互動

助長式互動（promotive interaction）是指在合作學習中，學生須在一起面對面討論小組的工作，貢獻自己並促進他人成功。這必須小組成員能夠相互幫助、分享資源、支持與鼓勵成員、讚美他人的努力與學習等。小組成員在學習過程中，運用口語分享概念，討論如何解決問題，教導自己的知識給他人，連結現在與過去所學等；這種融洽的共好互動，也是達成學習任務的基礎。

5. 合作技巧

合作技巧（cooperative skills）是指能夠讓合作學習小組成員互動融洽，並相互幫助與鼓勵的人際關係技巧。合作學習小組的任務有二：一是

課業內容的學習，二是小組人際關係與合作技巧的學習。而合作技巧的運用在建立好小組的人際關係，進而促進學習任務的達成。合作技巧內涵很多，如領導與被領導、有效溝通、互相幫助、相互支持與鼓勵等。學生的合作技巧不是天生的，而是要在安排的情境中學習與演練。

6. 團體歷程

團體歷程（group processing）即在討論小組目標達成程度。如何維持有效工作關係？小組成員的何種行為是有幫助的可繼續下去？何種行為是妨礙的需要改變？團體歷程是在合作學習過程後，讓學生有時間進行反思與回饋，並討論如何調整與改變的歷程。團體歷程之實施，可先在小組內進行，然後再進行全班的團體歷程。

上述第一個要素異質分組，是就合作學習小組組成性質言。採取異質小組用意在讓學生能與不同程度與背景的同學相處與學習，符合社會的真實情形。若是同質分組，則可能班級會形成小圈圈，或造成學生高低能力間的隔閡。

而第二至第六個要素，則是合作學習小組運作的關鍵要素。此五項要素充分實施，是形成有結構性的合作學習小組。具有結構性的合作學習小組，其學習效果優於沒有結構的小組。（Gillies, 2007: 6）因此，要實施合作學習教學，教師應掌握這五個要素的操作。

二、合作學習教學的準備

(一)教師的準備

此處是指在進行合作學習教學前，教師的教學計畫和教材準備。（王秀玲，1997a；黃政傑、林佩璇，1996：33-52；張新仁主編，2019）合作學習教學適用的班級人數，至少學生可分成兩組以上。偏鄉地區人數過少，恐怕不適用。

1. 學生分組

在教學上，學生的分組有不同方式。如佐藤學的低年級為2人一組，

中年級至高中為4人一組。合作學習教學的學生採異質分組，原則每組人數可4-6人。目前國中小學班級人數在30人以下，每組以4人為原則；在大學由於桌椅移動不便，也以4人為原則。

　　異質的分組原則上以學生的上學期成績，由高至低排序，再採S形分組。由於先考慮成績以S形分組，班級學生的性別、族群、人格等特性，大致會分散到各組。然而分組後，仍須檢視同一組學生的性別、族群、人格特性之平衡性，以及小組成員間的人際關係情形，再加以調整。如A生與B生彼此對立，就將2人分到不同組別；C生人緣很差，就調到可以接納C生的組別。調整時以同一成績水準的學生互調，以避免調整後組間的能力差異變大。建議學生的分組工作，應於上課前在紙上作業完成；而安排人緣特殊者到某一組，也先徵詢或鼓勵小組成員接納。

2. 小組角色分配

　　一般認為合作學習小組的角色可有小組長、記錄員、報告員、觀察員、檢查員、摘要員、教練員及資料員八種角色。在小組人數4位情形下，建議採這四種角色：(1)小組長：負責主持討論、分配發言、掌握小組學習進程。(2)記錄兼報告員：負責小組討論之記錄，並向全班報告結果。(3)觀察員：負責觀察與記錄小組成員的行為和語言表達。(4)檢查員：負責檢視小組成員學習狀況，確認真正理解所學內容。小組角色儘量輪流擔任，除非小組成員有特殊情形。

3. 小組座位安排

　　目前中小學桌椅大都是單人的且桌椅分離。在固定班級教室中，可將桌子兩兩相向併成一組，學生可面對面討論。在跑班或桌椅連體下，併桌浪費時間或不易，只好讓前座同學向後，形成4人一組。目前國中小班級人數不多，分組後組間有足夠的空間讓教師巡視。

4. 準備教材

　　合作學習教學前，教師要準備的教材至少五項：

(1) 單元教材

中小學雖有教科書，但教科書的敘述有時偏簡略，學生可能無法真正

理解。因此，教師可針對要進行合作學習教學的單元，加以增補成為自己的單元教材。其次，若教師要採拼圖法 II 的教學方式，則須將教材區分為若干專家主題（至少四個），每一專家小組分配一主題的教材。

(2) 建置教學網頁

單元教材如果需要學生事先閱讀，可將教材上傳校內的教學網頁，方便學生預習，也逐步建置自己的教學網頁。

(3) 製作教學簡報檔

在合作學習開始的全班授課中，因須讓學生認識單元重點及整體架構，最好有文字、圖表呈現，必要時加上連結。最後的總結，應再呈現重點及整體架構，讓學生有視覺化的加強印象。將這些內容作成簡報檔，以方便教學。

(4) 學習單

在小組學習中，有時教師可提供學習單，讓學生依據學習的內容順序，供小組討論學習用。

(5) 小考測驗卷

合作學習教學在單元結束前都會進行小考。因此，必須建立學科的測驗題庫；且在單元教學前，應設計好小考試卷。小考試卷，以5分鐘以內可以做完為原則；答案應可讓學生交換評閱，立即得到分數。而TGT教學的小考，則還要區分：難、中、易三個層次的試題，作為小組競賽的試題。

(二)學生的準備

合作學習教學進行能否順利，除了教師事先的準備之外，學生在認知、技能及態度上，也要有相應的準備。除此之外，營造班級學生的合作學習氛圍，更是合作學習教學進行前的基本工作。

1. 班級具備合作學習的氛圍

在合作學習教學進行前，班級學生應當有小組學習或分組討論的經驗；且班級學生的氣氛是友善的，在學習上能互相支持與協助。教師要對學生陳述：同學間合作學習的重要性。雖然班級同學之間的成績會有競爭，但有緣在同一班，培養合作的情誼和技能更重要。教師要強調同學的

競爭對象應在校外，甚至在國外。未來的社會，合作能力及團隊合作能量的發揮，才能成就大事。因此，班級的同學是讓我們培養合作的態度與能力，不是拿來競爭的。

　　若教師被分派的班級是後母班，或班級缺乏相互支持的學習氣氛，則應先漸進引導學生正向的班級學習態度，營造合適的班級學習氣氛。

2. 認識合作學習

　　教師應當讓學生概略認識合作學習方式，依年齡狀況作不同詳簡程度的說明。可以簡單介紹即將進行合作學習教學方式的步驟與任務，特別強調在過程中要能互相幫助、鼓勵及支持，並在討論中注意溝通技巧。

3. 瞭解小組成功的規準

　　從合作學習的要素可知，小組的成功是指每位成員都能完成學習任務及獲得進步。完成學習任務是指學會指定學習內容，如社會科認識臺灣五大山脈，若小組成員還有人不會完整說出並指出五大山脈位置，則成員必須幫助他學會。只有在小組成員都達成學習任務，個人績效才能顯現。

4. 熟悉進步分數計算

　　在計算進步分數前，要先決定每一學生的基本分數。基本分數的設定可為上學期的學期成績，或前一階段小考的平均成績，並參酌學生的意見決定之。

　　合作學習教學在每一單元學習結束後，會立即進行單元小考（形成性評量）。接著計算小考成績（Xn）與基本分數（Xb）的差距（X），並將此差距轉換成進步分數。其轉換分成四個級距：進步超過10分、進步在10分以下、退步在10分以內、退步超過10分以上，分別給30分到0分的進步分數；而優異成績仍給30分。其前後小考分數差距與進步分數標準如表7-1。

　　由此可知，在合作學習教學的理念下，「進步」分數沒有負分。此項進步分數的設定標準，教師可依自己的理念加以調整。而優異成績的界定，可依據學科性質和年級不同來訂定；年級高或學科較難，可設定85

表7-1　合作學習教學進步分數轉換對照

X = X₁（第1次小考）– Xb（基本分數）	小考‧基本分數差距	進步分數
$X_n >= 90$	優異成績＊（90分以上）	30
X > 10	進步超過10分	30
0 <= X <= 10	進步在10分以下（含0）	20
–10 <= X < 0	退步在10分以內	10
X < –10	退步超過10分	0

＊優異成績由教師視學科性質訂定。

分，甚至於80分。

5. 學習紀錄表

合作學習教學在單元結束前都會進行小考。為記錄學生的小考成績、個人進步分數及小組的進步分數，教師必須先設計好必要的紀錄表（如表7-2，僅供參考）。教師應讓學生熟悉分數的登記及進步分數的計算。

表7-2　合作學習小組──小考分數與進步分數登記表

（學校名稱）（學年‧學期）（班別）小組進步分數登記表											日期：
第1組（名稱）　科目：　　全班人數：　　　任課教師：											
姓名 組別	基本分數	小考1	進步1	小考2	進步2	小考3	進步3	小考4	進步4	小考平均	個人進步分數合計
1-1	85	90	30	88	10	86	10	90	30	89	80
1-2	90	88	10	95	30	88	10	95	30	92	80
1-3	76	70	10	82	30	74	10	85	30	78	80
1-4	82	85	20	80	10	82	20	88	20	84	70
小組進步分數平均	-	-	18	-	20	-	13	-	28	-	310

註：1.進步分數：**退步超過10→0，退步10以內→10，進步10以下→20，進步超過10→30，90以上→30。**

　　2.第1次小考分數與基本分數相比，第2次與第1次相比，餘此類推。

合作學習小組建議以4人為原則，但實務上會有3人或5人。因此，小組的進步分數，應以加總後的小組進步平均分數，才能進行小組間的比較。

三、合作學習教學法概覽

合作的概念應用到班級教學乃自1970年代開始（Slavin, 1995: 4）。自此，不同學者發展出不同的合作學習方式，列舉如下：（黃政傑、林佩璇，1996：5；吳俊憲、黃政傑，2006：5；Slavin, 1995: 4-11）

(一)學生小組成就區分法

學生小組成就區分法（Student's Team Achievement Division, STAD）於1970年代晚期由R. E. Slaven發展。有小組目標和個人績效，且每人都有相等貢獻的機會（進步分數），也有組間競爭。

(二)小組遊戲競賽法

小組遊戲競賽法（Team-Game-Tournament, TGT）由D. DeVries和K. Edwards發展。有小組目標和個人績效，且每人都有相等貢獻的機會──設計能力相近的競賽桌，並於下次競賽時調整，也有組間競爭。

(三)拼圖法II

拼圖法II（Jigsaw II）由E. Aeonson與他的同事於1978年發展。有小組目標和個人績效與專家主題任務，每人都有相等貢獻的機會（進步分數），也有組間競爭。

(四)小組協力教學

小組協力教學（Team Assisted Instruction, TAI）由R. E. Slaven修改自STAD為電腦輔助教學，以適應個別化教學需要。有小組目標和個人績效，且每人都有相等貢獻的機會（進步分數），沒有組間競爭。

(五)合作統整閱讀寫作法

　　合作統整閱讀寫作法（Cooperative Integrated Reading and Composition, CIRC）於1986年由N. A. Madden、R. E. Slaven及R. J. Stevens發展。主要應用在國小高年級的閱讀與寫作教學。有小組目標和個人績效，且每人都有相等貢獻的機會（次小組），沒有組間競爭。

(六)團體探究法

　　團體探究法（Group Investigation, GI）由Shlomo和Y. Sharan所發展。此方式是沒有小組目標，但重視個人績效（專家主題任務），也沒有組間競爭。

(七)共同學習法

　　共同學習法（Learning Together, LT）由D. W. Johnson和R. T. Johnson兄弟於1987年所發展。有小組目標和個人績效（有時），但每人貢獻度不同，也沒有組間競爭。

(八)協同合作法

　　協同合作法（Co-op Co-op）由S. Kagan於1970年代發展。有小組目標和個人績效，且每人都有相等貢獻的機會（專家主題任務），也有組間競爭。

　　上述八種合作學習方式，從合作學習的特徵來分析，包括小組目標、個別績效、均等的成功機會、組間競爭、特殊的任務及適應個別化需求等六項，不同的合作學習方式具備的特徵如表7-3。其中拼圖法 II，Slavin認為沒有組間競爭，然個人實際教學經驗，認為很適合安排組間競爭。

　　以下僅就合作學習方式中，具備小組目標、個人績效及組間競爭三項特徵，選擇三種合作學習方式來介紹，包括：學生小組成就區分法、小組遊戲競賽法及拼圖法 II。（黃政傑、林佩璇，1996；王秀玲，1997a；李咏吟、單文經，1995；Slavin, 1995）

表7-3　主要合作學習方式之類型分析

方法	小組目標	個人績效	均等成功機會	組間競爭	特殊任務	適應個別化
· STAD	有	有	有 進步分數	有時	無	無
· TGT	有	有	有 競賽系統	有	無	無
· Jigsaw II	有	有 主題任務	有 進步分數	有*	有	無
· TAI	有	有	有 個別化	無	無	有
· CIRC	有	有	有 次小組	無	無	有
· GI	無	有 主題任務	無	無	有	無
· LT	有	有時	無	無	有	無
· Co-op Co-op	有	有 主題任務	有	有	有	無

資料來源：修改自Slavin, R. E. (1995), p.12.

四、學生小組成就區分法

　　學生小組成就區分法（STAD）是很容易實施的一種合作學習教學方式，它包含了合作學習特徵的前四項——小組目標、個人績效、均等成功機會及組間競爭。STAD容易實施，因為它所使用的單元教材、評量標準及方式，與一般的教學方法相同，無須較大的調整或改變。

　　在進行合作學習教學前，教師還是要做一些準備，並強化學生的心理建設。首先是分組名單。確認分組名單和座位表沒有問題；其次，準備小考試卷。確認小考試卷和答案無誤；第三，小組角色分配。以4人小組言，可安排的四種角色為：組長、觀察員、記錄兼報告員、檢查員，並讓學生確認自己擔任的角色任務及準備就緒。教師可依教學需要安排不同角

色；第四，再次提醒小組成員間互相幫助、鼓勵及支持的重要；第五，提示要練習的合作技巧。若第一次採合作學習教學，可以「能清楚完整說出自己所知」及「能向成員詢問不解之處」之口語表達，作為溝通技巧的目標。教師應當有系統地在每次合作學習教學中，安排一至二種合作技巧的練習；第六，讓各小組成員為自己的小組取名，以增加趣味性和向心力。

　　STAD的教學過程，一般區分為五個步驟，說明如下：（張新仁、黃永和、汪履維、王金國及林美惠，2013：27-28；黃政傑、林佩璇，1996：56-67）

(一)全班教學

　　在合作學習教學進行之初，當小組成員第一次見面，應讓小組成員間相互認識。簡單介紹自己的專長、興趣、優點等，讓小組成員關係融洽。在大學課堂中實施，因學生可能來自不同的系所，更須進行小組人際關係的解凍程序。

　　全班教學時，教師運用講述方式，並配合教學媒體（如簡報檔）呈現單元教材。教師須將本單元重點做簡要陳述，對於關鍵概念或難點須特別提示；最後提供單元內容的整體架構，讓學生掌握單元的整體概況，便於小組學習。

(二)小組學習

　　教師全班重點教學後，接下來是小組學習，小組是異質小組。開始學習之前，教師應預告小組學習的時間，並提示依據前一步驟老師所設定的學習內容共同學習。教師可將單元教材，依據由易到難及邏輯順序，區分若干部分（段落）。學生小組逐次共同學習與討論，直到小組成員學會或熟練。小組學習方式，可針對教材內容各自閱讀，然後討論——陳述自己的理解、看法及問題，成員相互分享觀點及回答他人問題。教師也可以運用學習單，讓小組共同討論，可各自完成學習單或小組完成一份學習單。

　　在小組學習過程中，若對學習內容有疑問，鼓勵小組成員提問，並彼此嘗試去回答。若無法解答，將問題記下來，再提問老師。老師也應巡視行間，回答小組有關學習內容的問題，或處理學習內容外之小組學習問

題。小組學習時間將結束時，教師可觀察或詢問小組的學習任務是否完成。

　　教師觀察到各小組都已完成學習任務，即指示停止小組學習。但在進入小考前，教師應預留一些時間，詢問各小組對學習內容有何問題，並予以回答；或者在小組學習過程中，小組的問題具有共通性，一併在此回答。待小組學習大致無問題，再進行小考。

(三)小考

　　經過小組學習之後，藉由個別小考來評量學生的學習成果。這項小考的分數是每位學生的個人成績表現──個人績效。合作學習的過程是互助的，但小考則是獨立的。小考結束，即進行小組內交互成績評核。

　　一般而言，認知領域的學習，採用紙筆測驗的小考。小考最好能在3-5鐘完成；若年級較高、單元較難，也許在10分鐘以內。這時可考慮將小考安排在隔日或次週，讓學生有再消化和學習的時間。

(四)計算進步分數

　　進步分數的計算是以學生過去的成績紀錄作為基本分數，然後計算個人本次測驗分數與基本分數的差距。爾後則計算後一小考與前次小考的差距，將此差距分數，依據標準（如表7-1）轉換為進步分數。每個人能為小組爭取多少積分，視其進步的分數而定。合計小組每位學生的進步分數作為小組的積分──小組績效。從表7-2可知，小組成員有相等的機會貢獻小組的積分。

(五)小組和個人表揚

　　各組加總本次小考進步分數。根據各組進步分數的情形，教師加以表揚。小組表揚的方式可以是社會性增強，如全班給他們愛的鼓勵，或小組表演小組的歡呼；也可依進步分數名次，給予肯定的稱號：第一名─超人組、第二名─偉大組、第三組─優秀組。小組表揚也可以是物質的增強，如一包餅乾（偶而可用）；也可給予記點，如第一名每人6點，第二名每人4點，第三名每人2點，期末累積點數，酌予加分。針對個人的進步分

數，教師可對進步分數較佳者給予社會性增強，如掌聲、歡呼等。

在課程結束前，教師可檢視小考共同錯誤的問題，進行再教學。最後，再以簡報呈現本次教學的重點、概念架構做統整說明。

五、小組遊戲競賽法

小組遊戲競賽法（TGT）是將全班分成若干異質性小組（原則上每組4人），同一組的小組成員共同學習教師所發的作業單，如同STAD。在每一單元作業完成後，舉行學習結果的遊戲競賽測驗。

測驗時設置高、中、低三種能力的測驗桌。桌數多少，依學生人數與組數斟酌決定；不同測驗桌擺不同難度的測驗題或問題。每一小組成員依能力高低，分配到相應能力的競賽桌參加測驗。而每個競賽桌參賽者，依測驗得分或答對題數排序；依排名給予不同對應的積點。教師的教學準備應包括三種程度的測驗題或問題，包括試題卷和答案本，以及同試題數量的數字卡若干組，遊戲競賽測驗時使用。

TGT有兩點與STAD不同：一是以學科遊戲競賽代替小考，二是以能力系統代替進步的分數。其教學過程與STAD大致相同，整個教學步驟說明如下：

(一)全班教學

教學過程與STAD同。

(二)異質分組學習

分組及學習，與STAD同。

(三)學科遊戲競賽

學科遊戲競賽乃是學生在學科教材知識學習後，藉著遊戲競賽的方式，一方面增加學習的挑戰與趣味性，一方面學生可為小組獲取積點。競賽桌原則為3人，學生程度相近但來自不同的組別。即各學習小組能力高者，在同一競賽桌；能力次高者，在同一競賽桌；依此類推。例如：一個班有16名學生，分成四個學習小組，每組4人。遊戲競賽時，4人一競賽

桌須四桌。競賽桌的安排為：四組能力高者，在競賽桌1；能力次高者，在競賽桌2；能力中者，在競賽桌3；能力低者，在競賽桌4。競賽桌之組成如圖7-1。如果班級有17人，則其中一競賽桌為5人；如果班級有15人，則其中一競賽桌為3人。教師要思考競賽桌為3或5人的安排與處理。

　　如此安排，能力較高者有挑戰性，能力低者也有得分的機會。教師可給競賽桌1較難的試題，給2和3桌中等的試題，給第4桌較簡單的試題。競賽桌次可以用顏色隨機區分，使學生不知桌次是如何安排的。

　　遊戲競賽開始，抽卡決定誰先，數字最高者為主答者；主答者左側依序為第一、第二及第三挑戰者；競賽依順時鐘方向進行。開始時，主答者先抽數字卡，再抽取此數字的試題。首先大聲念出問題，包含測驗題的四個選項答案；若測驗題是問答題，則4人都應練習解題（答），以便準備做解答挑戰。主答者優先回答，不會時，可猜測。主答者回答後，第一挑戰者也可提出不同答案來挑戰；第二、三挑戰者也可提出不同於前兩者的答案來挑戰。但挑戰者須留意，若答案不對，則要返還一張先前贏得的卡。當答案確定後，第二挑戰者取出答案單並念出正確的答案；答對者贏

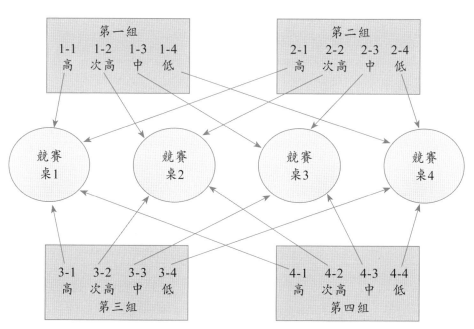

圖7-1　小組遊戲競賽法競賽桌的組成

得這張卡，挑戰者答錯要還回先前一張卡（若有），若沒有人答對，則放回原處。接著，由第一挑戰者當主答者，主答者左側依序是第一挑戰者（原第二）、第二挑戰者（原第三）及第三挑戰者（原主答）。如此順時鐘循環進行，直到時間結束或卡片用完。這種遊戲競賽測驗，如同玩桌上遊戲一般，可增加學生進行測驗的興趣。

　　學科遊戲競賽也可採純測驗題方式，如同STAD的小考，再依得分排序給予積點。這種方式較簡單，但挑戰性和趣味性不如前者。

(四)計算小組得分

　　學科遊戲競賽結束後，計算個人在競賽桌獲得的卡片張數，即答對題數。在4人的競賽桌，答對題數最多者獲得90點，其次為80點，第三為70點，第四為60點。若是3人的競賽桌，其計算點數可訂為85, 75, 65；若為5人競賽桌，其計算點數可訂為：95, 85, 75, 65, 60。（教師自行訂定）將小組每一個人在競賽桌獲得的點數加總平均，為該學習小組在此一單元遊戲競賽的表現；同時也計算個人在競賽桌的積點表現。

　　若競賽桌獲得卡片數相同，其積點計算為：將同數者相應排序的積點相加取平均值，作為同數者的積點。如4人競賽桌，獲得卡片數分別為9, 9, 7, 5，則前兩位的積點是85點（(90 + 80)/2）。

(五)小組表揚

　　與STAD同。

(六)能力系統調整

　　能力系統（bumping system）乃是為使每個學生均有相同的機會為他自己的小組獲得積點，而以能力來安排競賽桌。最初由老師依據上學期的成績，指派學生到不同的競賽桌。在第一次遊戲競賽測驗後，即依競賽表現重新調整能力系統。

　　假設有四個競賽桌，第一次競賽結果，第一桌的最後一名移至第二桌；第二桌的最後一名移至第三桌；依此類推。相反地，第四桌的第一名則移至第三桌；第三桌的第一名移至第二桌；依此類推。其能力系統調整如圖7-2。

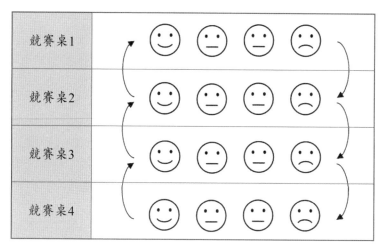

圖7-2　小組遊戲競賽法競賽桌能力系統調整

資料來源：修改自黃政傑、林佩璇，1996，74頁。

六、拼圖法第二代

拼圖法第二代（Jigsaw II）是要求小組成員每人負責單元教材的部分或主題，各組負責同一主題者在一起研討後，再回到小組做報告。此種學習型態類似一幅圖畫草稿（教材），分成若干部分由專人繪製，再回到小組拼成一幅畫。Jigsaw II的教學過程與STAD大致相同，只是在小組學習區分為閱讀專家主題、專家小組研討及回原小組教學。

Jigsaw II適合用於以書面敘述的教材，如社會、語文、部分的自然科學等，較偏向概念性的學科領域而不是技能領域。教學的「原始材料」可能是一章、一個單元、一則故事、一篇傳記、一篇文章等，在教學實施前，教師須先將章、單元、故事或文章，分割成若干節、部分（或主題）、段落等。如小組人數有4位，則將單元分割成四個部分，每人負責一個部分。

以國民小學社會科五上「四、人民的權利與義務」的單元「1.權利人人享」為例。本單元介紹人民的基本權利有：平等權、自由權、受益權及參政權（康軒版），教師可依此四權分為四部分，作為專家主題。然而課本敘述這四權的內容非常簡略，教師可依據學生的程度加以補充，編輯成

文本教材讓學生閱讀。

　　Jigsaw II的教學程序，參考學者（張新仁等，2013：31-32；黃政傑、林佩璇，1996：75-78）的意見，以及個人的教學經驗，可分為七個步驟，分別是：全班教學、閱讀專家主題、專家小組研討、回原小組報告、小考、計算進步分數及小組和個人表揚。

(一)全班教學

　　教師大略介紹所要教學的單元，包括單元重點、重要概念等，以及整個單元的概念架構，引導學生整體概覽。以「1.權利人人享」單元為例，教師先講述「人民的基本權利」是什麼、依據及內容，讓學生對人民基本權利有整體架構的瞭解。接著將預先準備好較詳細的教材發給學生，並指示依據小組編號，每人負責一主題——平等、自由、受益及參政。

(二)閱讀專家主題

　　學生對整個單元內容大略瞭解後，對自己負責的部分（主題）更要反覆閱讀充分理解。學生可配合課本閱讀教師分發的教材，或可上網查詢補充資料或實例。

　　教師也可以要求學生在家完成閱讀「專家主題」這一步驟，即做課前預習。到學校強調第二、第三步驟的討論和學習，這也就是翻轉課堂（flipped classroom）策略的運用。若此，則第一步驟的全班授課，應在前一天或前一週完成，並分發紙本教材或將教材放上網讓學生閱讀。而且課前預習也可要求學生上網搜尋補充資料和實例，以豐富小組學習內容。

(三)專家小組研討

　　這一步驟，將原小組桌次變成專家小組桌次。教師應以桌上立牌，或以螢幕標示專家小組桌次，並確認學生都知曉，轉換座位才能順暢。各組同一專家主題聚在一起，精熟並深入討論教材內容。教師要提示學生，專家小組的學習要達到能講清楚、說明白的程度；專家小組成員應互相提出問題，以練習回答問題。並將研討結果整理記錄，方便回到小組有條理地報告。

在小組研討過程中，若對學習內容有疑問，如同STAD第二步驟之說明。教師也是巡視行間，回答相關問題。

(四)回原小組報告

專家小組研討後，每個人回到原小組，報告自己所負責的專家主題內容。報告時，由組長主持報告順序並控制時間。教師要提示學生：每人都要扮演好教學者和學習者的角色：教學者要講述清楚、說明具體、邏輯清晰，然後再讓小組成員提問並回答補充；學習者要扮演好聆聽角色，並對不瞭解或疑問處，提出問題。

為培養學生口語陳述、聆聽及問答能力，建議報告者完整陳述主題內容後，再請小組成員提問。小組成員也應針對報告者陳述之內容有不解之處，提出問題，讓報告者回答或補充。若報告者無法回答小組成員的問題，則記下來統一提問老師。

教師巡視小組報告情形，適時指導報告的要領和規範。待小組報告時間結束，或教師觀察各小組已完成學習任務，即指示停止小組報告。

在小組報告的相互教學過程中，各小組專家主題報告者無法回答的問題，在進入小考前，讓各小組報告者提出來。小組提問後，先徵求其他小組同一專家主題者回答；教師再做補充或回答。合作學習這樣的安排，是一種主動學習——學生必須消化理解後向小組報告；也是一種深度的學習，相當於Dale經驗金字塔的「戲劇的經驗」層次——向他人陳述所知的知識概念。

最後，教師再將本單元重點、概念架構做統整性地總結。待小組學習大致無問題後，再進行小考。

(五)小考

與STAD同。

(六)計算進步分數

與STAD同。

(七)小組和個人表揚

與STAD同。

七、建構合作學習的環境

　　合作學習教學法除改變班級的組織（異質分組）之外，教師必須為學生建構合作學習的情境，並調整教師和學生的角色，才能達到教學目標。（黃政傑、林佩璇，1996：115-125）。

(一)建構合作學習的情境

1. 營造班級的認同感

　　教師帶領一個班級，首先就是要營造班級學生的認同感，建立班級向心力，讓學生的情感相互連結。學生在老師帶領下有認同感，教師要安排任何學習活動，或改變何種教學，學生才會正面看待並充分期待。如果教師新接的班級是後母班，班級氣氛負面沒有向心力，則暫不宜實施合作學習教學。

2. 引導學生互助與支持的學習情境

　　在學校升學競爭或重視成績的環境下，班級學生往往也形成競爭的氛圍。不過，教師帶領一個班級，應特別強調：能在同一班級學習是緣分，「同學」是此時此刻有緣在一起「共同學習」的夥伴。因此，在班級中，同學須相互幫助與支持，共同進步與成長（共好）。在班級言，真正的競爭者是在校外，甚至於在國外。學生有此認知，教師實施合作學習教學就能順暢。

　　作者在教育大學曾推動「協助高中優質化方案——合作學習教學精進學程」。其中有位國中（綜合高中）教師上完學程，在班級實施合作學習教學。其後在座談會中教師反映，班級中有學生和家長反對這種教學。學生不喜歡的原因是：在小組學習中不想教導他人；家長反對的原因是：老師好像教得比較少。顯然這位不喜歡的學生是未能瞭解到「同學」的價值。這可能是老師未引導班級的互助與支持的學習情境；也可能是研習課程僅重視合作學習教學的方法技巧，未能重視教師對班級情境的營造。

3. 形塑學生包融與接納的態度

　　學生在獨立的情境下學習，僅是聽講與閱讀，偶而提些問題聽到同學不同的觀點。但合作學習是異質小組的學習組合，且須經常面對面與同學互動——報告、聆聽、教導、討論及問答，經常面對不同（甚至於不成熟）的觀點、意見，以及不同的做事方式與態度，會產生較大的摩擦。教師應引導學生設身處地，尊重每個人的獨特性，在過程中先有包容的態度；在討論過程也應接納他人意見，以改變自己的觀點。自己能夠包容接納他人，他人自然也逐漸有包容接納的態度。

4. 強化學生主動學習的角色

　　班級教室的學習，大部分是教師講述學生聽的被動學習型態。尤其是教師的講述技巧生動，再配合一些提問與討論，偶而輔以影片加強印象，學生很樂意這種學習型態；久之，即習慣此教學。在此情形下，教師要採取合作學習教學，應改變學生的學習角色，由被動轉為主動。教師可以學習的四個程度向學生說明：「我聽——忘了，我看（文字）——知道了，我說——理解了，我做——記住了」。在合作學習情境下，學生涉入學習的程度達到第三層的學習。

　　作者在大學「教學原理」課程實施合作學習教學。記得剛實施的前兩年，有一班級學生在第2或3次進行合作學習教學結束前，舉手表示：為什麼要用合作學習方式？我喜歡老師講述就好了！詢問其原因，稱：上課聽講，再自己看就好。這可能是作者在實施合作學習教學之初，操作教學的過程較不成熟。其後反思分析，應當是在實施合作學習教學前，未強化學生主動學習的重要。後來「翻轉課堂」的概念廣為知曉後，在課堂實施合作學習教學，學生就視為平常。

5. 學習角色表現與責任分享

　　合作學習小組會有不同的角色安排，由小組成員輪流擔任（除非特殊者），如主持人、記錄員、報告員、觀察員、檢查員、摘要員、教練員、資料員等。教師依據教學之需要，選擇若干角色，並界定好角色任務與執行要領，然後與學生討論再加以修改。務必讓每位學生瞭解各角色的任務，以及為完成其任務應有的行為與責任。在執行角色任務時，應能指導

他人；同時，也要學習接受他人的指導。

6. 運用團體目標與獎勵

　　為使合作學習小組能夠互相幫助，教師要設定小組的團體目標。此目標包括小組成員都能完成學習任務，以及小組成員學習進步；而小組成員個人績效的累積乃小組團體優異的表現。教師提供合作小組清楚的任務和目標，讓學生知覺到自己與小組是浮沉與共。在合作學習教學過程中，每單元、每週、或每月，當團體表現優異時，如前三名，即給予社會性的獎勵──掌聲、歡呼等，以及給予記點，期末酌予加分。

7. 互動的物理環境

　　合作學習安排小組成員面對面的座位，乃在增進學生面對面互動的方便性。且組間有適當的空間，便於教師巡視與小組互動，也方便分發或領取教材等。班級人數較多時，若6人一組，則與同向第二位互動受左右鄰的阻隔；8人一組不但有阻隔且有距離感。且班級人數多，組數多，組間空間狹窄，不利於教師與小組互動。因此，合作學習教學的班級人數，以30人為原則，每組4人最佳。

(二)老師在合作學習中的角色

1. 安排學生分組

　　在合作學習教學前，教師應先將學生做異質分組，並適度調整。合作學習小組經一段時間後，應重新分組，讓學生能與不同的學生相處合作。小學同一班級相處為2年，至少每學期應重新分組。在大學的課程僅一學期，且學生來自不同的系所，因此，個人的作法是，期中考後重新分組。

2. 界定教學目標

　　在每次合作學習教學前，教師應界定本次的教學目標（學習目標）。學習目標可能因單元性質而不同，如每位小組成員：要能流暢念出並翻譯；要能指出等高線及山谷和稜線位置；要清楚講解概念並舉正例和非正例……。人際關係與小組技巧目標，如幫助他人技巧與請人協助的技巧。

3. 編輯及提供教材與練習

　　教師準備教材，在合作學習教學中是很重要的工作。教師在開學之初，針對計畫採行合作學習教學的單元，依據課本編輯適合學生閱讀的教材。配合單元教材，也要有相應的學習單、作業單（練習單），以及測驗卷等。教學的材料準備就緒，在教學過程中隨時可用，使教學進行順暢。

4. 教導合作技巧並適時介入

　　合作學習小組需要學生具備合作技巧。但合作技巧不是天生的，教師重要的任務是：在合作的情境中循序漸進教導學生合作技巧，並在小組學習過程中，適時介入引導應表現的合作行為。

5. 掌握學習之進行及評量

　　在合作學習教學中，教師除課前應做很多規劃與準備外，在教學過程中掌握學生的學習也相當忙碌。首先是熟練教學的各步驟，以及應注意或提示事項。其次，各教學步驟應配合的教學材料與表單。第三是控制學生討論或學習的節奏。第四是巡視各小組，觀察小組學習任務完成情形，並回答小組的疑問或處理小組合作的問題。最後，透過小考瞭解學習成效與回饋；必要時，針對困難點，進行再教學。

八、合作技巧的培養

　　前面合作學習教學的敘述中，指出合作技巧在過程的重要性，也是合作學習的要素之一。那麼教師要培養學生哪些合作技巧？又應如何培養？

(一)合作技巧內涵

　　Gillies（2007）認為在合作學習中，要指導的合作技巧有人際關係技巧和小組技巧。人際關係技巧有傾聽他人、自在地陳述觀念、接納他人行為及提供建設性的回饋；小組技巧有輪流、共享任務、民主決策、瞭解他人觀點及澄清差異。（pp. 41-42）

　　合作技巧內容很廣，從簡單到複雜包含不同層次的技巧。學者（Johnson, Johnson, & Holubec, 1994b: 65-75；黃政傑、林佩璇，1996：103-105）將合作技巧分為四個層次，依據這四個層次的合作技巧與內涵

項目，並參考張新仁等（2013）的合作技巧，加上自己的意見，列出合作技巧如下：

1. 形式性技巧

形式性（forming）技巧是建立合作學習小組運作的基本技巧。這項技巧大致可從外表顯現出來，是確認所有小組成員當下能共同工作的基礎。例如：

(1) 安靜移動至學習小組。

(2) 輕聲交談。

(3) 肢體不妨礙他人。

(4) 專注。在合作學習小組學習，不做其他事，不亂跑。

(5) 介紹自己，認識他人。新的學習小組形成，要求組員自我介紹，強調以正面來介紹自己。爾後在討論時，要求學生以名字彼此稱呼。這在中小學同班上課中較無問題，大學或跑班上課應重視自我介紹，並強調記住組員名字。

(6) 傾聽。能注視說話者，聽他完整發表意見。

(7) 輪流發言。小組每一成員須參與學習或討論，始能發揮群體效果。因此，小組長須邀請成員輪流發言，如「請大家來討論……」、「現在換○○表示……意見」等。

(8) 掌握時間。小組長要設定發言時間，組員要能控制，小組長也要能提醒。

2. 功能性技巧

功能性（functioning）技巧是讓合作學習小組組織起來，以及建立小組合適行為的最低規範。此項技巧能讓小組運作順暢，並建立具有建設性的關係。例如：

(1) 指示小組的工作。

(2) 陳述或報告。小組成員在陳述或報告學習主題或教材時，要清晰明瞭、條理清楚。

(3) 發言切合主題。小組在學習過程中的討論，成員所提意見要切合討論主題。

(4) 提問與回答。小組成員對報告內容或他人意見有不瞭解時，能提出明確的問題；報告者能針對問題回答或澄清他人對學習內容的問題。

(5) 相互幫助。小組成員在學習以外有任何困難，能主動請求協助；成員也能即時給予協助，或主動發掘其困難並給予協助。

(6) 支持和接納。運用語言和非語言表達對成員的意見、觀念、興趣、嗜好等的支持和接納。

(7) 鼓勵小組成員。當小組某成員學習動機低落、失去信心、或退縮時，成員能用語言和非語言，激發他產生信心重回學習路途上。

(8) 描述他人的貢獻。這也是讚美和肯定。小組成員應彼此觀察到成員的努力和貢獻，適時說出他人具體的貢獻。

(9) 適時描述他人感覺。合作學習小組成員要有浮沉與共的認知，當發現某人情緒變化時，應適時表示同理的理解，以避免某人的情緒，影響自己和整體小組的氛圍。

3.制式化技巧

制式化（formulating）技巧是讓小組能完成其任務，並維持有效的工作關係。此項技巧能確保小組內有高品質的學習，以及小組成員從事認知歷程的對話。這些技巧也是每位小組成員應扮演好的角色，而不僅是組長。這些角色如下：

(1) 摘要者（summarizer）。摘要者要懂得摘要技巧，會做摘要。如對小組成員分享的意見做摘要、對一篇文章或段落做摘要等。

(2) 訂正者（corrector）。即訂正技巧。小組成員對教材概念與知識的陳述或報告，若有錯誤之處，小組成員應適時提出訂正。訂正技巧要很講究，應先描述他講得好的地方，再提出更正之處，且有依據。如「剛才○○講得很有條理且具體，但依據教材××的敘述，好像不是……」。

(3) 精細尋求者（elaboration seeker）。即引導精細化學習的技巧。能透過提問引導小組成員將進行學習的內容與先前的教材關聯，或與其所知的事物連結。

(4) 記憶協助者（memory helper）。即協助記憶技巧，指能運用較佳方法幫助重要概念和事實的記憶，如畫圖、心智圖等，並分享小組成員。

(5) （任務）說明者（explainer）。任務說明技巧。即能進一步敘述

如何完成任務（不能給答案），或對小組成員的工作給予特定的回饋，以及詢問小組成員描述如何完成任務。

　　(6) 找尋協助者（help seeker）。即找尋協助者的技巧。推舉小組成員以協助隊友，或提出清晰而明確的問題，以獲得協助。在班級性的小組搶答或回答中，小組代表回答不完整或一時回答不出來，小組成員就要立即補充或回答。

　　4.發酵性技巧
　　發酵性（fermenting）技巧是讓心智運作以對學習教材做深層的瞭解，並激發運用高品質推理策略。此項技巧能使學習小組內產生知性上的挑戰和不同意見。這些技巧較複雜且不容易熟練，適合小學高年級以上學生。
　　(1) 批判：針對某種觀念、知識或事物加以分析評價，但不是針對人。
　　(2) 區辨：能分別小組成員不同意見。小組成員發表意見，要能分別A的意見與B的意見是不同的。
　　(3) 統整：整合小組成員觀點——性質相近，說法不同，成為一種立場，而保留相異的觀點。
　　(4) 詢問理由：對於小組的結論或答案，能追尋其理由。
　　(5) 延伸答案：能對小組成員的答案或結論，添加進一步訊息或意義。
　　(6) 探求：透過提問以引發更深一層的瞭解或分析。
　　(7) 產生可能的答案：在最初的答案或結論之上，產生一些可能的答案以供選擇。

(二)合作技巧培養

　　本節一再強調，學生的合作技巧是要在合作的情境中培養。教師必須認知：教師應有系統地教導學生合作技巧，並在合作學習的情境中學習演練。合作技巧指導的過程，一般分為四個步驟：引導學生覺知合作技巧的需要、讓學生瞭解合作技巧、安排反覆練習情境、安排團體歷程反思合作技巧。（黃政傑、林佩璇，1996：108-111; Johnson et al., 1994a: 59-61; Johnson et al., 1994b: 70-74）

1. 引導學生覺知合作技巧的需要

教師平常教學即強調同儕相互學習的重要——三人行必有我師焉。夥伴之間的學習需要合作與溝通技巧。其次，在進行合作學習教學前，應適時提示合作學習的基本技巧，如輕聲交談、專注、傾聽、輪流發言等。第三，有系統地在教學前，可選擇一種合作技巧，讓學生用在本次合作學習中，如「鼓勵小組成員」、「說出他人貢獻－讚美」。

2. 讓學生瞭解合作技巧

要學習一種合作技巧，必須先瞭解這個合作技巧的意義及如何表現。教師可先說明此一技巧的意義，再示範技巧的表現。例如：讚美是指當他人有好的表現或好的行為，我們用具體言語描述其貢獻，然後再加上肯定的語詞；鼓勵是指當他人挫折退縮，用言語激發他繼續向前，並加上激勵語詞。此項讚美和鼓勵，應同時表現在行為和言語上。教師可在合作學習教學前或適當時機，選二至三項即將應用的技巧，讓學生用T型表討論，以充分瞭解。儘量有多種的可能行為和說法，如表7-4和表7-5。

表7-4　合作技巧——讚美的語言和行為

可能的行為	可能的說法
1. 身體前傾，雙眼注視對方，面帶微笑點點頭或比大拇指。 2.……	1.○○，你剛才的主題報告很清楚且有條理，我們很容易懂，太棒了！ 2.……

表7-5　合作技巧——鼓勵的語言和行為

可能的行為	可能的說法
1. 關心的注視對方，期待他的回應……，必要時手掌輕拍肩膀。 2.……	1.○○，上次小考可能題目較難，且你身體不適。你已經在進步了！來，我們繼續，加油！ 2.……

　　教師可引導學生運用此T型表，分組練習合作技巧。張新仁等（2019：85-93）列出十項重要的合作技巧，並運用T型表引導學生練習。其十項合作技巧為：(1)專注；(2)傾聽；(3)輪流發言； (4)掌握時間；(5)切合主題；(6)主動分享；(7)互相幫助；(8)互相鼓勵；(9)對事不對人；(10)達成共識。

3. 安排反覆練習情境

　　學生瞭解合作技巧的意義，並透過T型表討論合作技巧可能的行為表現（怎麼做），和可能的語言表達（怎麼說）。接著讓學生進行角色扮演，可2人一組（小組4人），或3人一組（小組6人）——2人演練，1人觀察回饋。配對角色演練可重複練習，相互回饋，直到順暢為止。其實語言的技巧也像表演動作或樂器演奏一樣，要重複練習。

　　學生瞭解某項合作技巧怎麼說、怎麼做之後，在實際進行合作學習時，教師隨時提醒學生在適合的情境出現，即要運用該技巧。瞭解合作技巧後，還是要在實際的情境中運用，才能培養合作的素養。

4. 安排團體歷程反思合作技巧

　　合作學習教學安排學習小組，有兩個任務，一是促進課業的學習，二是培養合作能力。為達此目的，教師應適時安排團體歷程。團體歷程是指在合作學習中，安排學生反思合作學習的歷程，相互回饋彼此的行為與合作技巧，使後續的學習更順暢而有效。

　　團體歷程可在課堂結束前幾分鐘實施，如檢討今天小組的學習情形如何？小組哪些行為（語言）很好，值得繼續或供他人學習？哪些行為（語言）不恰當，須如何修正或禁止？然而因上課時間有限，在一、二節課中完成學習任務，已是很趕，無暇進行團體歷程。教師可安排特定時間（中小學較有可能）進行團體歷程。

　　團體歷程的實施，可先由小組進行，再由全班進行。小組進行由小組長主持，小組成員每人都要報告這段時間以來，自己表現好的行為，以及有待改進的行為和如何改善。觀察員可就最近的觀察紀錄，補充小組未提到的好行為或合作技巧，以及亟待改進的行為，讓小組討論如何改進或調整。

全班進行團體歷程，則可請小組代表報告進行反省，成員補充。小組報告完畢後，可進行全班性的省思與回饋。最後老師再進行綜合歸納：同學已表現哪些好的行為或合作技巧，持續下去；哪些合作技巧不太理想，應如何具體表現。

第二節　協同教學法

一、前言

在最近兩次課程改革中，九年一貫課程主軸為培養學生的基本能力，在課程上強調統整之精神，並規劃統整式主題實施協同教學。十二年課程綱要則強調培養核心能力，在課程規劃上指出：領域學習課程或「彈性學習課程」，進行跨領域（或科目）之統整性主題（或專題、議題），可採協同教學方式。兩次課程改革都指出課程應重視統整，並發展統整性的主題，實施協同教學。協同教學不僅是配合統整課程的教學，更有其功能，是學校值得推動的教學方法。

學校教育的發展，在教學型態上是：一個班級一位教師教導一個學科，期間少者一學期（大學），多者兩年（小學）。這樣的安排是為了行政上便利性——便於排課和計算教師鐘點，而不是考慮學生的福祉——有最佳及最大化的學習。若我們仔細思考一下：學校存在的目的是什麼？應當是學生的學習，即學生最佳及最大化的學習。試想：學校有位語文教師，且專精作文教學，是五年級六個班級中的A班導師。在班級教學型態下，只有A班學生能受惠於較佳的寫作指導。當然，其他教師也可能專精語文某項教學，如演說朗讀、寫字、識字、閱讀等。

在此情形下，身為學校的課程與教學領導者（校長和主任），應當思考如何組織教師團隊，讓學生獲得最佳和最大化的學習——接觸較多教師的專長教學，獲得較深入的指導。通常，在班級教師獨立教學情況下，教師不會也無暇思考全年級學生最佳的學習效果。因為這不是級任教師的職責，班級教師大都只思考教室層次的教學。因此，此責任當然是學校的校長和主任，要站在學校的層次來思考：在學校既有的教師與職員人力、學校空間及設備，如何讓各年級、年段及全校學生有最佳和最大化的學習效

果。協同教學應可發揮此種功能，但這偏向學校層次的教學問題，需要學校領導者來推動實施。

二、協同教學的起源

協同教學起源於美國1955年以後，由於學生人數急速增加，合格教師十分缺乏，行政部門就開始思考如何充分活用教育人員的問題。在這種需求下遂想到改變教師編組的教學型態。當時高中和大學師資缺乏較為嚴重，乃以賓州州立大學為開端，採用閉路電視，由少數教授實驗大規模的教學，效果十分良好。於是其他大學跟著仿效。至於中等教育階段，應如何確保優良教師並發揮其專長的問題，中等學校校長協會（National Association of Secondary School Principals）乃於1956年設置「中等學校教職員實驗研究委員會」（Commission on the Experimental Study of the Staff in the Secondary School），研究此一問題。該委員會曾聘請伊利諾大學教授J. L. Trump擔任主任委員，他把本部設在華盛頓，積極提倡協同教學。其實驗研究和著作，對於美國中小學的協同教學，具有很大的啟蒙作用。自此以後，美國中小學校普遍進行協同教學的實驗研究。（沈翠蓮，2001：446；徐南號，1975：221-222；張德銳、邱惜玄、高紅瑛、陳淑茗、管淑華及蕭福生，2002：4；蘇清守，1976）

國內實施協同教學，最早應是1965年臺北市福星國民小學和陽明山國民小學。福星國小有五年級六個班分兩個組，陽明山國小有四年級四個班分兩個組。在校長和教導主任協助下，擬定協同教學計畫進行協同教學實驗。

1975年臺北市陽明、萬華、南港及成淵國中，分別就生物、數學、物理、化學試辦協同教學。主要目的有四：瞭解學生的學習反應；瞭解不同層次智力學生對教材之適應；發揮教師合作力量；培養學生自動學習態度和科學研究興趣。（鄭博真，2002b：31-33）然而，前後10年兩次國小和國中的協同教學實驗之成效，未看到文獻資料。

其後，1999年教育部選擇約三百多所國民中小學試辦「國民中小學九年一貫課程綱要」。在課程上進行統整規劃，在教學上採協同教學。實施後2年調查發現，全國試辦的國民中小學，有八成多的學校聲稱已經實施協同教學。（鄭博真，2002b：32-33）

三、協同教學的意義與功能

(一)協同教學的意義

　　協同教學（team teaching）是由二位（或二個班級）以上的教師及實習教師（或助理人員），以一種專業的關係組成教學團（teaching team），發揮個人才能與專長，針對一學科或多學科或主題課程共同設計課程、準備教學計畫，然後分工合作，運用不同教學方式，共同教學以指導學生獲得最佳的學習。（方炳林，2005；吳麗君等，2003：7；李春芳，1992；孫邦正，1978；張清濱，2020：360；張德銳等，2002：7；鄭博真，2002b：17；錢濤，1974；簡紅珠，2000；蘇清守，1976；Buckley, 2000: 4）

　　分析協同教學的意義，有以下六項要素：（王財印、吳百祿、周新富，2009：254；張清濱，1999；張德銳等，2002：6；鄭博真，2002b：18-20）

　　1. 有兩位以上的教師和其他教育人員。

　　2. 針對一科或更多領域的教學。

　　3. 有兩個以上的班級。

　　4. 有不同的教學方式：大班教學、小組討論或分組活動、獨立研究。

　　5. 合作的教學：教學前的計畫、教學的分工與合作。

　　6. 組成教學團：教學團是協同教學的組織，有不同的人員，教師中亦有主任教師、資深教師和普通教師等不同。

　　不過，協同教學的型態有多種，不是所有協同教學都滿足此六項要素。只要教師能彼此合作，考慮學生的學習品質，並發揮教師的專長，就是一種最簡單的協同教學。

(二)協同教學的功能

　　協同教學發展之初，乃因應教師不足問題。時至今日，學校推動協同教學乃基於此一教學型態，能改變教師的教學文化，讓學生獲得較佳的學習。歸納學者（方炳林，2005：183-187；李春芳，1992；張德銳等，

2002：11-12；蘇清守，1976）的觀點，實施協同教學主要的功能有五點：

1. 發揮教師的專長

以教師的教學觀點，教授自己不太專精的學科或內容，是很辛苦甚至於痛苦的事。國民小學教師證書沒有標註專屬學科，理論上應擔任國小所有學科的教學，但實際上則否；目前部分學科逐漸要求有相關學系或專長證書者。國中有時因配課關係，在實務上教師也擔任專長學科證書以外科目的教學，目前在政策上鼓勵國中教師取得第二學科專長證書。

學校若能審視教師的專長配置，以及學校的整體教學需求，實施協同教學，對教師也是件好事。在協同教學環境下，學校或教師群依據自己的專長分工合作。即教師以自己的專長，參與擬定教學計畫，設計教學活動，進行教學活動。在此情形，教師可對自己的專長領域或內容，廣泛且深入思考、蒐集及研究，發展自己一套的教材與教法，使教師在自己的專長領域，因有所成就而產生自信。

2. 為學生提供最佳的學習

學校和教師的存在是為了學生的學習，學生應享有學校目前所能提供最佳的學習條件。因此，學校和教師應當以學生最大的福祉著想。然而，教師各有專長，也各有不足。教師有經驗豐富者，也有經驗欠缺者。在協同教學下，大班教學通常由專長教師或經驗教師擔任，如此，全體學生都能受惠於有專長或經驗教師的教學。以避免某學科（或內容）專長較不足之教師，卻要獨立教授此學科（或內容）。協同教學若是以學生的觀點來思考，在讓學生獲得最好的學習——考慮學生的福祉；若是以教師的觀點來思考，在發揮教師的專長——考慮教師的成就感。無論原始出發點在哪裡，對師生而言都是好的。

3. 促進教師合作與對話

以班級為單位的獨立教學型態，基本上是封閉的。如過度封閉的話，教師在領域或學科的教學上，缺乏與其他教師對話學習的機會。久之，對教師的觀念和學生的學習都是一種限制。

在協同教學中，教師必須與同儕夥伴溝通討論，包括專長分配、課程主題擬定、教學計畫、教學任務分工等；在教學實施中協調合作，並能相互觀摩。如此，教師在合作與對話中，讓教師跨出班級教學的藩籬，促進彼此的成長。（吳麗君等，2003：23）

在以班級為單位的教學型態，同科不同班級教師的協同合作，須靠課程與教學領導者來觸發。否則，在中小學僅止於例行性會議的互動，如學年會議和領域小組會議；在大學則更沒有這種互動的機制。在學校推動合作學習教學，以培養學生的合作素養；同樣地，也應實施協同教學，以促進教師的合作與對話。

4.提供多樣的學習方法

在典型的協同教學中，有不同的教學人員，有多種的分組學習方式，並接觸多位教師的指導。在此協同教學中，有大班教學，在學科的主要概念能獲得專業教師的指導；有小組討論或活動，對問題進行深入的討論和分享；有獨立研究或個別學習，教師視需要給予個別指導，讓學生有獨立探究和個別學習的機會。如此多樣的教學方法穿插並用，學生可獲得較佳及較深入的學習。

5.適應學生個別差異

此項功能是前一項功能不同觀察角度。協同教學打破傳統班級的限制，有大班教學，有小組討論或活動，可培養學生的群性，符合教育上的社會化原則。也有獨立研究或個別學習，教師依據學生的個別需要給予指導，可適應學生的個別差異，符合教育上的個別化原則。

四、教學團的組成類型

協同教學團的人數在2-6人之間。教學團的組成可採鬆散的方式，也可依行政的要求或法規制度所組成。從團體的鬆散到制度化，可分為三種型態：（張德銳等，2002：41-49；李春芳，1992；Buckley, 2000: 40-44）

(一)楔形餅式

　　楔形餅式（cheese wedges）是指教學團組成的教師，具有學校行政組織體系中的任務和獨立地位。如同數塊楔形餅組合成一圓形，擺在一盤子，看似一整體但彼此是分開的。這種教學團由教師自行組成，成員自願參加或退出，是教師自主性教學團（self-director team），算是一種非正式的協同組織。在實際教學互動的行為中，完全依教師個人的需求和願望，自然地產生質和量的變動。

　　這種教學團是由教師主動發起。須由具有共同教育理念且勇於嘗試的教師，自發性地組成協同小組。例如：國民小學高年級社會科包羅廣泛，某校五年級3位級任教師基於專長互補進行協同教學。最初張老師教第一單元，林老師教第二單元。後來陳老師也加入，從第三單元開始參與協同教學。這種協同是因教師的需求而自願組成，非出自行政人員的要求。這是同科教師之間組成的楔形餅式協同教學團。

　　另外，也可同學年所有教師，包括級任（導師）、科任、實習教師等，由學年主任基於學生學習需求和學校特色，帶動組成自主性的教學團，發展學年的一個主題課程，作為學年的彈性課程，以補足或擴大學生的學習。

(二)派盤式

　　派盤式（pie plate）是指教學團中的每一位教師都彼此密切聯繫，以教師自主權的部分合併以換取彼此的權利。如同一個圓形披薩，看起來分割成數塊，但彼此還是緊密相連。這種教學團組織成員的聲望、責任及領導功能，基本上是平等的。原則上，組織採會議式的領導。就是被指定的人暫時成為會議上的主席或是這個團體的代表人，但並不具有凌駕其他成員的權威和責任。有時，主席由每一成員輪流擔任，如此每一成員就保持平等。這是一種協調型教學團（coordinated team），為較正式的協同教學組織，與學校的職務分派相關聯。可能包含主任和組長、資深與資淺教師，但基本上其權利與地位是平等的。

　　派盤式的教學團，應由課程與教學領導者主導，引導或安排教師組成協同小組。推動前述的：(1)同科教師之間的教學團；(2)同學年所有教

師組成的教學團。另外也可藉著行政領導的角色，還可推動：(3)由不同科目（跨領域）的教師、實習教師及助理人員組成的教學團；(4)不分科目、年級的教師加上全校職員，組成的全校性教學團——小型學校。（簡紅珠，2000）

(三)金字塔式

　　金字塔式（pyramid）亦稱教階制，是指教學團的教師組成如金字塔般，有最高的領導者和階層組織。這種教學團組織包括：(1)小組領袖；(2)高級教師；(3)普通教師；(4)實習教師；(5)助理人員。每一成員都有規範的任務和職責。（莊秀貞，1977；簡紅珠，2000）

　　目前我國教師並沒有分級，不適合採用教階制的教學團組織。考慮當前的學校生態，教學團的組成可參考前述兩種型態。

五、協同教學的類型

　　從文獻中發現，學者對協同教學形式的見解和區分，有些微差異。本節從學科（領域）內容及教師合作兩種觀點，區分協同教學的類型。（王財印、吳百祿、周新富，2009：260-266；沈翠蓮，2001：452-461；高紅瑛，2000；高廣孚，1988：335；張清濱，2020：361-362；莊秀貞，1977；鄭博真，2002b：35-45；錢濤，1974；蘇清守，1976）

(一)從學科的觀點來區分

1. 單科協同

　　單科協同是指同一科目的2位以上教師和實習教師（或助理），組成一個教學團，共同擬定教學計畫並完成教學。他們可以分別進行普通班級的教學，也可由1位教師擔任大班教學，其他教師作個別指導。單科協同最簡單的如循環教學，教師只要花點時間討論學科內要循環教學的主題後，即可個別進行教學計畫及教學。

2.跨科協同

跨科協同是指涵蓋兩個以上學科（領域）教師的協同教學。跨科（領域）協同又可分為相關學科的協同和科際學科的協同。

(1) 相關學科的協同

即將內容相關的科目，如數學和科學，社會、鄉土及藝術，音樂和表演藝術等，教師討論學科間共同的概念和技能；在課表安排上有一至二節共同時間。教學時，針對共同概念或知識可進行大班教學和小組討論或練習（演練）。如有需要，班級學生可以連續二節併班從事參觀考察、聆聽名人演講、新知介紹或觀賞影視教學等活動。每位教師有部分的教學節數可以研究教材、準備教學或批改作業。

(2) 科際學科的協同

即跨越三個不同學科以上的協同教學。不同學科教師針對該學科的概念，找出學科之間概念相關的部分，共同設計一主題或問題，運用不同學科的概念完成主題學習或解決問題。這需要不同學科教師的共同合作，設計教學計畫，完成教學活動。

3.主題式協同

主題式協同乃根據統整課程設計之需要所進行的協同教學。教師必須事先規劃主題，共同設計教學活動，分配教學任務。主題的來源可以就領域課程中抓取，或自行規劃的彈性課程。

(二)從教師合作的觀點

在先前協同教學的意義中分析，協同教學應有六個要素。但在教學實務現場，協同教學型態是程度上的差異，不全然符合所有六項要素，但應有教師間的協同合作，提供學生最佳的學習。事實上，教師在教學實施過程中，只要具有協同教學的精神和特質，都可以算是協同教學（方炳林，2005）。所謂「協同」，是指兩個或兩個以上的人，相互合作完成一件事。因此，只要2位以上的教師，基於學生最大的福利，共同合作擬定教學計畫，共同完成教學工作，就是協同教學。

1. 交換教學

交換教學（exchange teaching）是在分科分班教學的情況下，級任教師（小學）無法勝任所有學科的教學，乃和其他教師交換科目教學。例如：小型學校級任教師A有體育專長，B有美勞專長，但都要負責班級美勞和體育教學。因此，「A老師教B班的體育課，B老師教A班的美勞課」。如此，除減少自己的備課壓力外，也讓學生獲得最佳的學習。

2. 循環教學

循環教學（rotation of teaching）是在多位教師擔任同一科目不同班級教學之前提。由於科目內容主題性質差異大，一位教師要單獨完成該科所有內容的教學並不容易。因此，每位教師準備一、二個專精的項目，再巡迴到各班上課。在進行循環教學前，教師們必須共同討論該科學習內容的範圍、教學進行方式及評量方式。例如：一年級英語教師有3位，可就英語科教材內容區分三部分：發音與拼字、句子結構與文法、英語歌曲與聽力練習。3位教師就其專精選擇一部分，編輯教材、鑽研教法、製作媒體等。一次備課，可教導三個班級，教師教學專精，學生學習深入。循環教學可讓教師共同備課，也減輕教師備課的負擔，重要的是學生獲得更豐富的教學內容。

實際的循環教學經驗，如作者於1982年在國小擔任五年級級任，有五個班級但未配置體育科任教師。校長要我們採循環教學，請教務處將五年級體育課排在同一時段。5位老師分別認養並鑽研一類運動項目，包括球類、國術、體操、田徑及民俗運動。

又如1994年在師範學院服務，擔任大三教育實習課程。三年級為師範學院第一年的教育實習課程，安排較多的教育實務知識。實習輔導室即邀集10位實習課程教師，討論出十個重要的教育實務知識主題，每人認養一項並撰寫教材。在上學期中安排十週的循環教學。

在教學情境中，若有同一學科多位教師教導多個班級，循環教學可運用在不同學校層級。循環教學涉及安排共同時段的上課時間，因此，需要學校行政人員來推動。

3.班群教學

班群教學是指同學年幾個班的自願性或分派性的組合，進行不同方式的協同教學。透過經常性或例行性的學年教學溝通，相互支援與合作。透過班群可規劃全學年的共同學習或活動，甚至於符合學年課程內容及學生需求的統整主體，然後分工準備及合作完成教學。

4.跨校協同

在小型學校教師人力不足，可結合兩校的教師共同作課程計畫，必要時教師相互支援教學，或學生利用他校的設備或場所進行學習活動。跨校合作涉及很多行政、交通、時間、專長及意願的因素，很難達成。

六、實施協同教學的配合條件

學校要能夠推動協同教學，順利實施且發揮效果，要有相應的配合條件，包括教師方面，如教師的觀念、教師的教學專業及教師人力；行政方面，包括行政的改變、課表的調整，以及教學空間方面。（方炳林，2005；王財印、吳百祿、周新富，2009：277-280；李春芳，1992；沈翠蓮，2001：449-451；徐南號，1975：222；張德銳等，2002：89-95）

(一)教師方面的配合

1.教師觀念的溝通

學校教職員對學校教育要有一哲學信念：學校是為學生而設，教學的主體是學生，關鍵角色是教師。學校的所有人力配置、空間規劃與設備充實、行政制度與措施，以及經費編列與運用，都是為達成教師的教學與學生的學習。教師的教學是手段，學生的學習才是目的。因此，任何提升學生學習的有效策略與方法——協同教學，教師應當勇於嘗試，學校其他教育人員應予支持。

2.提升教師的教學專業

協同教學是一複雜的教學改變，涉及教師的同儕合作、課程統整規劃及協同教學的操作。這是複雜的工作，首先，教師應有同儕合作的認知，

並把握同儕合作之機會，以培養教師的合作素養。其次，教師要認識課程統整的方法，並能進行課程統整及發展統整的主題；雖然協同教學不全然是為了課程統整。第三，教師更要熟悉協同教學的理念與操作方法與程序，這些都需要教師提升這方面的教學專業。

3. 增加教學支援人力

初期實施協同教學，應適度增加教師人力，以分攤或協助教學改變所需的準備、建置及教學人力。而中小學的支援教學之專業行政人員，普遍缺乏，尤其是國民小學。協同教學需要資訊溝通科技的人員，協助或支援教學媒體製作及資料建置；也需要專業圖書館人員指導學生利用圖書館以獨立學習。

(二)學校行政方面的配合

1. 行政領導者的促動

學校要推動協同教學，首先是行政領導者要溝通教師觀念，並提升教師的教學專業，鋪陳同儕合作、教學專業及學生福祉的學校文化，以利實施協同教學。

其次，行政領導者，初期可鼓勵教師組成楔形餅式教學團。其後，引導教師形成各種派盤式的協同教學團，逐步深化與擴大教學團的組成；從同科教師之間的教學團，同學年所有教師組成的教學團，到不同科目（跨領域）的教師和其他人員組成的教學團。各種教學團的組成，是學校教學體系的正式教學組織，與學校的正式行政組織並列，行政領導者要適應並熟悉彼此運作。

學校若實施協同教學有經驗，運作順暢，也可進一步採不分科目、年級的所有教師加上學校職員，組成的全校性教學團。大型學校可組成二至三個教學團，小型學校則為一個教學團。此時，可採金字塔式（教階）的教學團。

2.允許彈性課表

協同教學之實施，教學型態複雜，學校的課表編排要配合協同教學的需要。除了安排同科、同學年有共同的時段進行協同教學外，還要可依課程性質、教師教學需求及學生個別差異，彈性調整課表。

(三)教學空間方面的配合

為實施協同教學，學校須規劃與建置所需的教學空間，或加以調整。除了原本的班級教室外，應有大班教學、小組學習及獨立學習的空間。因此，學校建築的設計應具多元功能，包括大班教學區、小組學習空間、獨立學習區、專科教室、實驗室、教學準備室、圖書館（室）、資訊教室、視聽教室、教學媒體製作室等。

臺北市健康國小校舍空間設計，有利於協同教學的進行。三個班為一班群，三個班靠走廊端沒有圍牆，為班群共同使用的開放空間；班群空間內有滑軌式的活動隔屏，教師可根據教學所需空間大小自由隔間，空間大小可隨意變換，相當具有彈性；班群空間內有各項教學媒體、圖書、電腦、錄放影機等，也有學生休憩、交誼談心的小角落；班群教師有一共同的教師研究室，有獨立的辦公桌椅與教材製作儲藏空間。（蕭福生，1999）健康國小創校之初，即本著「開放空間」與「課程彈性自主」之理念規劃校舍建築。因此，有班群的空間規劃，適合進行協同教學。

「由於已經去除班級與班級之間的隔屏，可以根據學生的學習情形規劃三個班級共同的學習活動，進行協同教學，學生可以根據學習興趣、進度、能力、場所等不同情形，分別進行大班、分組及個別研究的學習活動。」（健康國小網頁，2020.8.22）

七、協同教學之實施

學校要推動協同教學，行政領導者除了規劃好所需的教學空間和設備支援外。在協同教學實質進行時，包含教學團的組成、課程與教學計畫、教學活動及教學後評鑑等，大致分為教學前準備、正式進行教學及教學

後評鑑。（王財印、吳百祿、周新富，2009：268-271；沈翠蓮，2001：464-473；高紅瑛，2000）

(一)教學前準備

1.組成教學團

學校行政領導者根據學校的需求和規劃，引導教師組成協同教學團（派盤式）。各學科教師或學年教師考慮自身意願在行政領導者引導下，組成教學團。學年班級數較多，可以分若干班群，原則三至四班組成一個班群。班群的成員有教師（含學年主任或科主任）、實習教師；主任或組長若有授課，也應納入教學團。

教學團組成後，應有定期的會議，以相互瞭解對協同的課程、教材及教法的見解，培養合作氛圍，為擬定課程與教學計畫做準備。

2.課程與教學計畫

教學團做課程教學計畫，可就部分學科或部分內容，做協同的課程教學計畫。以班群言，可能針對社會科的部分單元進行協同教學（單科協同）；也可能對語文、社會、自然的部分單元進行協同教學（跨科協同）。教學團也可以從整個學習課程中，提取各科單元有相關的概念，構思一個主題把它串起來（主題式協同）。

教學團要規劃何種協同教學課程計畫，端看成員對課程的掌握瞭解程度，以及教學經驗和時間與意願而定。

3.教學型態與時間規劃

協同教學的型態包含大班教學、小組教學及獨立學習或個別指導。在課程與教學計畫中，應當明確陳述何種學習內容採大班教學，何種知識技能採小組學習，何種時機讓學生獨立學習或個別指導。

此外，也應預先計畫好各種教學型態的場次安排，以及時間預估。

(二)正式進行教學

協同教學，從學生的學習活動型態來看，一般有大班教學、分組學習及獨立學習或個別指導。（方炳林，2005：188-189；沈翠蓮，2001：468-472；孫邦正，1978）

1. 大班教學

大班教學通常是參與協同教學班級的所有學生。但人數也不宜過多，至多150人，大學也許人數可多些。大班教學通常進行引起動機、提示單元重點、說明學習活動和評量方式，以及主要概念陳述。大班教學通常在一個時段由1位教師主講，主要是考慮時間、人力及設備的經濟效益。講述時應配合教學媒體呈現重點文字、圖表或照片等，以強化視聽覺效果。

2. 分組學習

分組學習的組別大小及數量，視學習的內容、指導人數及空間配置而定。小組以不超過15人為原則，以便於實施小組討論或活動。小組討論目的在於：第一，給予學生思考理解與探討應用的機會，從大班學習得來的，不至於只是被動的接受，而有發表意見的機會。第二，提供教師充分機會，去瞭解學生的學習。第三，提供學習民主生活的知能與習慣之機會。

3. 獨立學習或個別指導

獨立學習或研究是讓學生作不同深度、廣度及速度的學習，以適應學生的個別差異。各項獨立學習工作如：閱讀、摘記、蒐集資料、觀察、聆聽、提問、分析、思考、寫作、實驗、製作等，學校供應不同的場地和設備，以培養學生自我學習的能力與獨立研究的精神。

(三)教學後之評鑑

評鑑應當包含兩部分：一是學生學習表現評量及協同教學過程的評鑑。評量的原則是：教什麼就評量什麼。因此，協同教學過程若強調討

論、觀察、紀錄、製作等，則評量應包含教師的觀察、檢視學生的紀錄、製作成品等。至於認知評量（紙筆評量）的有無或比重，則依教師對學習內容的判斷，做取捨或配置紙筆測驗的比重。協同教學有較多的小組學習互動，也可針對學生的學習態度、合作表現，由學生進行同儕評量。

在協同教學過程的評鑑上，參與協同教學的教師應在教學過程中要有兩項的紀錄：一是自己的教學札記，記下自己教學的重要事件，當時的理念，實施的效果，事後的省思。二是教學過程中，觀察到學生的重要學習行為和反應。有時兩者可能交織在一起。

教師有這些文字紀錄資料（靠回憶是不可靠的），在協同教學之後的評鑑或回饋會議上是重要的參考資料。一方面配合學生的量化資料和質性資料，可較具體評估學生的學習成效；另一方面提供具體的教學過程描述，作為強化協同教學歷程，或調整協同教學步驟的依據。

八、結語

九年一貫課程綱要為培養學生的基本能力，強調規劃統整主題並實施協同教學；十二年課程綱要為培養學生核心素養，在課程規劃上要求進行跨領域之統整主題，採協同教學方式。兩次課程改革同樣重視課程統整及協同教學。

我國早在1965年，臺北市就有福星國小和陽明山國小兩校實施協同教學，依協同教學的規範進行，也有一些效果。（孫邦正，1978：鄭博真，2002b：31）九年一貫課程實施期間，有部分學校進行協同教學，成為九年一貫課程中實施協同教學的示範學校，例如：臺北市的吳興國小，是高年級級任教師與科任教師協同教學的實例（王秀津等，2015）；臺南市的勝利國小則實施全校性協同教學。（吳文賢，2002）

在十二年課程綱要中，更進一步匡列國中小二至七節「彈性學習課程」，要求各校規劃跨領域統整性主題／專題／議題探究課程，進行協同教學。在理論上，協同教學有其重要的功能，它可以組織學校人力資源，發揮最大教學效果，裨益於學生的學習；即發揮教師專長，學生獲得較多教師的指導。相信十二年課程綱要的實施，在協同教學的實施能更進一步。

個別化取向教學

◆ 本章內容
第一節　個別差異分析與策略
第二節　精熟教學法

第一節　個別差異分析與策略

　　每個孩子在父母的眼中都是寶，是特別的；但是到了學校，教師則一視同仁 —— 公平對待其人格和學習。然而，教師以公平原則對待學生之外，也應關注到每個學生的不同 —— 個別差異。身為教師掌握班級學生的個別差異是非常重要而基本的任務。「美國教學專業標準委員會」（National Board for Professional Teaching Standards, NBPTS）對教師的認證，訂定有「五項核心主張」（Five core propositions）。第一項主張「教師致力於學生及其學習」，此主張的第一點指出：教師認識到學生的個別差異，並據此調整教學。（NBPTS, 2016）此指標強調教師認識學生個別差異的重要性。

　　要瞭解學生的個別差異，就要從各個不同的角度切入。每一種切入點，只是探討個別差異的一種面向。因此，要有不同的切入點，才能比較完整瞭解人的個別差異。R. E. Mayer在教育心理學中有專章探討五種個別差異：普通能力、領域特定知識、學習動機、性別及認知風格。（引自林清山譯，1991：534）張春興（1996）分析學生的個別差異與學校教

育，則從智力、性別、性格、認知類型與學習類型來分析。Skowron和Danielson（2015: 63-67）指出差異化教學應考慮這幾方面的差異：先備知識、多元智力、學習方式（learning modalities）（學習風格）、思考類型（文字的、關係的、轉換的、擴散的）及個人興趣。

上述的普通能力即智力，領域特定知識也可說是先備知識，學習動機與成就動機性質都在引發學習的動力，而認知風格（類型）從學習者言即學習風格。

學生是人生學習重要的階段，其學習成就與上述這些因素有不同程度的相關。本節從智力、學習風格、成就動機、意志力、興趣及其他因素六方面，分析學生的個別差異，再說明適應學生個別差異的教學。

一、智力

智力與學習成就的相關已是不爭的事實。因此，教育心理學在探討影響學生學習的因素，第一個要探討的是智力對學習的影響。而心理學對人類智力的研究，從過去到現在，有多種的見解與理論，包括二因論、群因論、智能結構論及多元智力理論。本節介紹群因論和多元智力理論，這兩理論性質相近，對教育影響很大。

(一)群因論

群因論（group-factor theory）是美國心理測量學家L. L. Thurstone（賽斯通）（1887-1955）的見解，他認為智力是由一些基本能力的組合。Thurstone將常用的五十六種智力測驗加以重複的因素分析，得出主要七種智力因素，包括：（賈馥茗等，1991：83；張春興，1996：342；黃富順，2000）

1. 語文理解（verbal comprehension, V）：屬於理解語文含意的能力。
2. 語詞流暢（word fluency, W）：運用語詞表達流暢的能力。
3. 數字運算（number, N）：屬於迅速正確計算的能力。
4. 空間關係（spaced, S）：屬於方位辨別及空間關係判斷的能力。
5. 聯想記憶（associative memory, M）：屬於將兩事件相連結的機械式記憶的能力。

6. 知覺速度（perceptual speed, P）：屬於憑知覺迅速辨別事物異同的能力。

7. 一般推理（general reasoning, R）：屬於根據經驗作出演繹或歸納推理的能力。

Thurstone依據這七種基本能力編製的智力測驗，稱為基本心理能力測驗（Primary Mental Abilities Test, PMAT）。在學校常依據此項智力測驗分數的組型，解釋有些學生擅長語文學習（第1、2項分數高）；有些學生精於數字理解與計算（第3項分數高）；有些學生繪畫與設計表現良好（第4項分數高）等。學生也可檢視自己的興趣與能力，再以此項智力測驗分數的組合來印證，以強化對自己能力傾向的理解。

Thurstone的基本心理能力測驗，刪除聯想記憶和知覺速度兩項，用此五項：數字運算、語文理解、文字流暢、空間關係及一般推理，可以應用在成人智力的評量。此與「魏氏成人智力量表」並列為兩種著名的成人智力測驗。（黃富順，2000）

(二)多元智力理論

多元智力理論（Theory of Multiple Intelligences, MI）是美國心理學家H. E. Gardner（嘉德納）（1943-）於1983年所提出來的。他在1983年提出七種智慧，後來在1995年又加了第八項。（張春興，1996：346；Gardner, 1995）

1.語文智力

語文智力（linguistic intelligence）指口語和書寫文字的能力，包括對語言文字之意義（語意）、規則（語法）、聲音、節奏、音調、詩韻（音韻），以及不同功能（語用）的敏感性和理解。

2.音樂智力

音樂智力（musical intelligence）指察覺、辨別、改變及表達音樂的能力。它允許人們能對聲音的意義加以創造、溝通與理解，主要包括了對節奏、音調或旋律、音色的敏感性。

3.邏輯─數學智力

邏輯─數學智力（logical-mathematical intelligence）指運用數字和推理的能力。它涉及了對抽象關係的使用與瞭解，其核心成分包括了覺察邏輯或數字之樣式（pattern）的能力，以及進行廣泛的推理，或巧妙地處理抽象分析的能力。

4.空間智力

空間智力（spatial intelligence）指對視覺性或空間性的訊息之知覺能力，以及把所知覺到的加以表現出來的能力。其核心成分包括了精確知覺物體或形狀的能力，對知覺到的物體或形狀進行操作或在心中進行空間旋轉的能力，在腦中形成心像及轉換心像的能力，對圖像藝術所感受的視覺與空間之張力、平衡與組成等關係的敏感性。

5.肢體─運作智力

肢體─運作智力（bodily-kinesthetic intelligence）指運用身體來表達想法與感覺，以及運用雙手生產或改造事物的能力。其核心成分包括巧妙地處理（包括粗略與精緻的身體動作）物體的能力、巧妙地使用不同的身體動作來運作或表達的能力，以及自身感受的、觸覺的和由觸覺引起的能力。

6.人際智力

人際智力（interpersonal intelligence）指辨識與瞭解他人的感覺、信念與意向的能力。其核心成分包括了注意並區辨他人的心情、性情、動機與意向，並做出適當反應的能力。

7.內省智力

內省智力（intrapersonal intelligence）指能對自我進行省察、區辨自我的感覺，並產生適當行動的能力。其核心成分為發展可靠的自我運作模式，以瞭解自己之需求、目標、焦慮與優缺點，並藉以引導自己的行為之能力。

第6和7項是屬於人的（personal）智力。「第6項」涉及他人，是知人的能力；「第7項」涉及自身的心理，是知己的能力。

8.自然觀察智力

自然觀察智力（naturalist intelligence）指對周遭環境的動物、植物、人工製品，以及其他事物進行有效辨識及分類的能力。詳言之，自然觀察智力不只包括對動植物的辨識能力，也包括了從引擎聲辨識汽車、在科學實驗室中辨識新奇樣式，以及藝術風格與生活模式的察覺等能力。

這八項智力並非等同於領域（學科），而是表示一種生物和心理的潛能。例如：音樂學科的表現，除了音樂智力外，還要有肢體動作智力以及內省智力。至於「存在的」（existential）智力——指對存在的基本問題之探求與思考，嘉德納則標示為可能的智力（possible intelligence）。（Gardner, 1998）

Gardner的多元智力理論，無疑是目前教育舞臺上當紅的智力理論，普遍應用在教學和評量上，以及以多元智力思考課程的設計。從多元智力的觀點，讓教師從個性化看待每個孩子，從多元化看班級學生，有助於認識學生的個別差異。

二、學習風格

學習風格（學習類型）（learning style）係指學習者在變化不定的環境中從事學習活動，經由其知覺、記憶、思維等心理歷程，在外顯行為上表現出認知、情意及生理性質的習慣性特徵，為個人愛用、常用並認為有用的學習方式。（張春興，1996：412；自楊坤堂，1996）這種習慣性行為特徵顯現在個人如何接受刺激、記憶、思考和解決問題。

Dunn和Dunn（1992）從五個向度說明學童的學習習慣傾向，包括環境、情緒、社會、生理及心理。每個向度又包含不同的因素，共有二十一項影響學習的因素。以說明有些學童在某些因素下學習較佳，而在特定因素下則不利於其學習。

(一)環境向度

　　指影響學習者的學習環境，包括燈光、聲音、氣溫及空間設計四個要素。例如：有人可在吵雜聲音中學習，有人則要在非常安靜的環境下才能學習。

(二)情緒向度

　　指影響學習的個人情緒狀態，包括動機、責任感、恆心及結構四個要素。結構（structure）是指學生對學習傾向須具體有條理的指引。而有些學生則僅須提供目標、時間點並創造機會，不是明確的指示說明。以恆心言，例如：有位學生對書法有興趣，他利用空閒長期學書法、練書法，相信終會成為名家；而有些則學書法後，看到繪畫很美就去學水彩，看到吹薩克斯風很有趣又去學。當然，後者可能成為通才，但難以有一項專精。

(三)社會向度

　　指學習者與他人一起學習的傾向，包括六個要素：(1)喜好獨自一人學習；(2)喜好與一位好朋友學習（配對）；(3)喜歡在小組中學習；(4)喜歡在所隸屬的團體中學習；(5)喜歡與具權威的大人一起學習；(6)喜好挑戰傳統學習方法。例如：準備教師甄試，有些人喜歡自己讀書準備，有些人則參加讀書會一起準備（小組或團體）。

(四)生理向度

　　指學習者在學習上比較有利的生理傾向，包括四個要素：(1)知覺優勢，如聽覺、視覺、觸覺等；(2)移動性：習慣在行動中學習，或學習須伴隨某些行為動作，有人則可在書桌前久坐學習；(3)飲食習性：習慣在學習中攝取零嘴、飲料等；(4)時間偏好，指學習者在一天當中較有利或習慣的學習時段。例如：有的人早晨學習最佳，有的人則晚上才有精神。學習時間偏好另外的觀點是，人在一天的學習，有高峰時間（peak time）和低谷時間（valley time）。高峰時間是指一天中較有效的學習時間；低谷時間是一天中較沒精神的時間。學生要知道自己的高峰和低谷時間，以便安排不同的學習科目或內容。也許有的人一天都是高峰時間，那

就太好了！

(五)心理向度

　　指學習者在學習上思考的運作或心理的傾向，包括三個要素，茲分述如下：

1.統整型與分析型

　　統整者能以巨觀的角度看待事物，或能從較上層概念來找尋概念與概念之間的關聯性架構；分析者則習慣以微觀的角度看待事物，能分析事物或概念的細部關係。

2.沉思型與衝動型

　　沉思型者對於問題會反覆思考，確認邏輯或概念架構後，才做出反應，其答案比較正確且周延；衝動型者對於問題的反應，習慣憑直覺，較迅速但容易出錯。例如：上課中，教師提出問題，衝動型的學生每次都很快舉手，也許老師可請他仔細思考後再回答。

3.左腦型與右腦型

　　根據心理學的研究顯示，人的左腦功能傾向語言與閱讀、抽象思考與邏輯推理、程序與細節運作等；右腦功能傾向圖形辨識與空間知覺、感覺與情感表現、自由奔放與水平思考等。

三、成就動機

　　成就動機（achievement motivation）是指個人面對學習或工作情境，不畏失敗威脅，努力以赴，以求達到目標、成功或完美的一種內在驅力。（張春興，1996：394）這種內在驅力是決定一個人成就的重要因素，在學校則影響學生的學業成就。據研究分析指出，成就動機與學業成就的相關程度（0.34），僅次於智力與學業成就的相關程度（0.5），（張春興，1996：396）足見成就動機對學習成就的重要性。

　　成就動機表現在學習行為上，其背後可能有兩種意涵：一種是為

「表現目的」而學習,在追求學業成就,為取悅父母或炫耀同儕而學習。一種是為「學習目的」而學習,在追求知識學問,為個人的認知與成長而學習。兩者外顯上皆有積極的學習行為,但前者的學習是一種手段,後者則為具有目的性。教師應引導學生將追求學業成就視為成就動機的手段,追求知識的成長才是目的。(張春興,1996:395-396)

　　從上述的分析,教師應當引導和激發學生的成就動機。但從多元智力和個別差異的觀點,所謂的「成就」,其定義就要因人而異。在年級較低的學習階段,如國小中低年級,要有基本的學力,可偏向學業成就,有好的且均衡的學科成績。年級較高的學習階段,則要依多元智力組型傾向及個別差異,引導學生設定「成就」的方向。

　　個人有成就動機是好事,但是高的成就動機伴隨個人的其他人格特質 —— 焦慮,則產生不利的影響。焦慮是指個人面對追求成功之前或過程中的心理緊張狀態。個人在追求成就之前和過程中,適度的焦慮,可發揮個人最大的潛能。因此,高的成就動機和適度的焦慮,是個人成就的最大推力。但過度的焦慮會導致功敗垂成,可能造成個人的重大挫折。

　　成就動機與另一項人格特質 —— 獨立與順從傾向,會產生不同的結果。「成就—獨立」指成就動機伴隨獨立的人格特質,則個人會依自己的興趣和能力,發展自己的方向和實現夢想;比較不受他人眼光的批評,或不受他人的讚許或不讚許。「成就—順從」,則指個人追求成就,比較在意或太在意父母、師長的期許;有父母、師長的肯定才會繼續追求成就,否則就會缺乏追求成就的動機。

　　前一種情形可說屬於內在的成就動機,類似前面敘述:為「學習目的」之成就動機;後者則是偏向外在的成就動機,類似前面之敘述:為「表現目的」之成就動機。

四、意志力

　　意志(will)是個人對自願選定的與自認有價值的目標戮力以赴的內在心理歷程。意志具有促動行為的動機作用,但意志比動機或興趣更具有選擇性與堅持性;意志也可視為人類獨有的高層次動機。(張春興,1996:294)意志力(willpower)則為此種朝向目標戮力以赴的心理狀

態，表現出主動積極、克服困難、應付挫敗、控制與調節。

　　我們常聽人說，意志力是成功的關鍵。例如：減重要有意志力、成為運動國手要有意志力、創業成功要有意志力，而學生的學習也要有意志力。事實上，任何事情要成功，除了其他條件配合之外，個人的意志力是關鍵要素。意志力的表現除長期戮力以赴外，還有兩項重要的條件。

(一)自我效能和努力投注

　　自我效能（self-efficiency）是指個體根據自己以往的經驗，對某一特定工作或事務，經過多次的成敗歷練之後，確認自己對處理該項工作或事物，具有高度的成功把握。（張春興，1996：312）這也是成功者很重要的因素——自信。個體對某一工作或事物的自我效能高，則會有較高的動機和意志力，就會努力投注於該工作或事物。

(二)自我規範和行動控制

　　這兩個概念是指對自身的行為、行動及努力的調節和約束能力。個體的意志力堅強，則會朝著方向設定目標，把自己的行動和能量，朝向既定的目標努力以赴，達到成功。在過程中，外在環境有所變動或誘惑，個體也能加以調節和控制。

　　學生的意志力可從兩方面來觀察。一是能否澈底做完一件事，二是能否多花一點時間把事情做好。不同學生會呈現不同程度的差異，顯示學生間意志力的強弱。培養學生的意志力，可鼓勵學生從這兩方面著手：第一，把事情貫徹到底；第二，多花一些時間把事情做好。這是從學習或做事的實際情境中培養意志力。

　　教師也可透過其他活動來培養學生的意志力。例如：有些學校逐漸規定學生在畢業前，要登若干座山岳。登山除了自然觀察和體能教育外，也是培養意志力的好活動——設定目標努力以赴；登頂後疲累，仍然要自己走下來。

五、興趣

　　興趣（interest）是指個體對某人或某事物所表現的選擇時注意的內在心向。例如：有十種電視節目A-J，你只對D和E節目瀏覽和觀看，表示

你的興趣只在D和E的節目。興趣會產生學習的動力，例如：學生對與外國人溝通很有興趣，他就會很認真學習英文（也可能是互為因果）。此時，興趣似乎與動機相同，都能引發學生的學習行為。因此，興趣也被認為與動機的概念大同小異。相同的是，興趣與動機都是引起個體行為的內在原因；不同的是，動機促使行為趨向某一目標，但目標不一定達成；興趣則要在動機與目標物之間建立因果關係，經多次練習之後，才會對目標物產生興趣。（張春興，1996：294）動機與興趣的關聯性，對教師教學有兩點意義：

(一)因勢利導學生既有的興趣

學生對某學科或事物有興趣，可能是過去的生活經驗、學校的學習或家庭的培養。若學生已經過長期投入學習而產生的興趣，則這種興趣已成為學生的內在特質。教師掌握到學生這種對學科（或事物）的興趣，可因勢利導持續鼓勵或輔導其繼續發展；或可輔導學生以此方式，發展多元興趣。

(二)以教學引發學生的興趣

若學生對學科的學習沒有特別的興趣，教師則應透過外在的教學情境安排來激發。如，選擇編輯合適的教材，設計有趣的教學活動，安排新奇的學習情境。以此引發學生學習的動機，並讓學生在過程中有所表現並獲得成果。讓學生獲得滿足，動機與目標物之間產生因果關係，經過多次累積的教學成果，學生對此學科（或事物）就會產生興趣。

六、其他因素

以上分析學生五項個別差異的因素為：智力、學習風格、成就動機、意志力、興趣。其他的個別差異還有：種族（族群）、語言、家庭背景、人格特質、身體狀況、性向、先備知識、專注力、視野與心胸等。

這些因素中屬於學生自身，又可以透過後天的學習與努力，有不同程度改變的可能性，包括學習風格、成就動機、意志力、興趣、人格特質、性向、視野與心胸、身體健康狀況、專注力、學習策略、先備知識、努力

等。至於智力、家庭背景、種族（族群）等，則為生來即已確定，學生難以去改變。

　　教師應掌握每位學生在這些因素的差異，將每位學生視為重要的個體，給予必要的輔導，或提供適合他的教學方式。

七、個別差異的教學

　　教師因應學生的個別差異所採取的教學方法，即為「個別化教學」（individualized instruction），或稱「差異化教學（區分性教學）」（differentiated instruction）。個別化教學是在普通班級教學情境下，為適應學生個別差異的學習特性與需求，透過教學的設計，依據學生的群體小組或單一學生之各項差異，調整教學活動各項要素，以適應學生的個別差異，達到因材施教的效果。（王秀玲，1997b；黃富順、李咏吟，2000）目前教育部的文件普遍採用「差異化教學」一詞。

　　幾個重要的個別化教學方法有：精熟教學法（master instruction）、小組協力教學（team-assisted instruction, TAI）、凱勒個人化教學（Kellers' personalized instruction, PSI）、個別處方教學（individualized prescribed instruction, IPI）、個別輔導教育（individually-guided education, IGE）、適應學習需要方案（program for learning in accordance with needs, PLAN）、模組教學（modularized instruction）等。（林生傳，1988）

　　除了上述所稱的「教學法」之外，凡是教師能調整教學，以適應學生個別差異學習的需求，就是好的個別化教學策略。而一些耳熟能詳的個別化教學策略，且也容易實施的有：

(一)同儕教學

　　同儕教學（peer tutor）是指以較優秀的學生教導比自己小的生手學生，或在班級中由能力較優的學生指導能力較低的學生，採一對一配對方式，在教師監督指導下，達成特定學習任務的教學策略。（何縕琪，2000；劉瑜茜，2011）透過同儕的熟悉語言和沒有壓力的氛圍，學習落後的學生會因有額外的教導與鼓勵，在學習上獲得改善與進步。

(二)學習契約

學習契約（learning contract）是一種由學生與教師共同設計的學習承諾，此一承諾界定學生的學習目標、如何達成學習目標、學習活動進行的時間及評量學習結果的標準，有時包含增強方式和內容。學習契約因為是教師與學生個別需求而訂定，且有引導、督促、關懷及獎勵機制，有改善個別學習的效果。學習契約在學科教學和班級經營上都非常適用。

學習契約的訂定有幾項要素：(1)學習目標；(2)學習教材（資源）與策略；(3)完成學習目標的證據；(4)評鑑的標準和工具；(5)完成學習目標的時間表。學習契約適用的情境為：應付一群個別差異極大的學習者；要增進學習者的學習動機；要提供一個較為個別化的教學方式；要增進學習者自我導向學習。學習契約可以應用在個人或團體，也可運用在一個學習單元或一個課程。

(三)教師期望

教師期望（teacher expectations）是指教師對學生持正面的態度，設定適當的學習目標，正向期望學生能表現出好的行為或學習結果，透過一段期間的師生互動中，學生確實達到老師所設定的行為或學習目標。這種情形也叫「比馬龍效應」（Pygmalion effect）。教師期望可以是對全班，也可以是對個人。

(四)其他個別化教學策略

其他個別化教學策略諸如：電腦輔助教學（CAI）、學習風格（learning style）為本教學、補救教學、獨立研究、實境教學、認知學徒制。

第二節　精熟教學法

不管你教學經驗幾年。想像一下：班級有學生阿明，老師提問，從來不舉手；你點他回答，總是低頭沉默；同學回答發表，獲得關注與掌聲，阿明好像不存在；老師講課，他一臉茫然無法跟著教學節奏反應。若阿明是文靜內向型，身為教師試著以同理心，去理解阿明的內心是多麼無助；

若阿明是活潑好動，但上課聽不懂，無法參與學習，又要安靜在位置上陪大家學習，是多麼的痛苦！這是比較極端的「教室中的客人」之描述。

　　身為教師的你我，在中小學期間，為班級裡中上程度的學習者，不會有阿明的心境。但身為教師，有時要以同理心，去理解後段學生的挫折經過與心境感受，才能感同身受，在教學上設法幫助學習落後的學生。

　　本章的個別化（差異化）教學，就是要減少，甚至於消除「教室中的客人」。精熟教學法（mastery instruction）是個別化教學法之一。它不必改變班級組織，在一般的班級即可實施，是容易操作的個別化教學方法。本節先敘述精熟學習原理，再說明精熟教學法的意義、準備及程序，最後結語。

一、精熟學習的原理

　　在一般的班級教學中，難免有如前述的「客人」，只是或多或少，及程度的差異。班級中，為何會產生學習上的「客人」？其中重要的因素之一是學習「失敗」的累積，即學科「不會」的內容，經過一學期、一學年等之累加結果。

　　在國民小學一年級，學習內容簡單，大部分的學生都獲得高分。隨著年級增加，教材內容增多及深度加深，之前不會的內容，會形成累積現象。經過多年，到國小高年級或國中以上，累積嚴重，可能會對學科產生陌生的現象（異化），以至於排斥該學科，排斥學習，甚至於排斥學校。精熟教學法在讓大部分學生有高水準的學習成就，以減少或消除這種問題。其方法主要是從教學的時間、教材、評量、方法等要素之調整與改變，以達精熟學習（mastery learning）的目標。（毛連塭、陳麗華，1987：12-24；林生傳，1988：157；林寶山，1990：145-149）

(一)增加時間與調整速度

　　Bloom根據J. B. Carroll精熟教學的主張，認為學習程度是，學生「真正所花的學習時間」與「所需的學習時間」的比。即：

學生的學習程度＝（真正所花的學習時間）÷（所需的學習時間）

然而，學生學習某學科教材「所需的學習時間」，我們並不知道。但從經驗得知，有些學生在某學科或教材的學習「性向」較高，即學得較快或須較少的時間；而有些學生在某學科教材的學習「性向」較低，須要較多的學習時間。因此，Bloom認為，要提高學生的學習程度，在教學上須增加學生學習的時間，且讓時間分配更具彈性。

Bloom的精熟學習原理，其實道理很簡單。在我國古老智慧的語言，也陳述這種道理。例如：「人一能之，己百之」，「勤能補拙」。其實只要加倍努力，多花點時間，「己二之」、「己三之」，直到自己認為達到熟練學習目標為止。

(二)組織學習單元與多次評量

隨著年級的增加，單元（課）教材的內容和深度增加。若教材過多，對學習能力較弱者，會產生困難。因此，教師必要時，須將教材加以分割組織，編成較小學習單元，每一單元約一至二節課，便於大部分學生學習。每一單元學習結束，即進行形成性評量，診斷學習問題，調整教學後再評量。

(三)方法的調整與協助

在教學上，對於未精熟學生，教師須重新教學，或調整教學，或進行補救教學；而對精熟學生，則提供加深加廣學習，或讓其擔任小老師教學。

二、精熟教學法的意義

精熟教學（mastery instruction）為Bloom在1968年提出來的教學概念，是個別化教學的一種。它是一種以班級團體為基礎兼重個別化的教學方式，運用學習中可變的因素，透過教師調整教學步調及協助，採用較小的學習單元教材，藉著多次形成性評量、校正活動及充實活動之過程，讓大多數學生達到精熟的學習標準。（王秀玲，1997b；林生傳，1988；黃光雄，1990）此一定義，有幾項重點須加以說明：

(一)班級團體

　　精熟教學是以一般的班級團體進行教學，對目前的班級教學型態不致引起太大的改變。

(二)可變的因素

　　Bloom認為影響學習的因素有兩類，一是「穩定的因素」，如智力、家庭社經背景；二是「可變的因素」，如時間、教材、評量、教學品質等。（林寶山，1990：148；黃光雄，1990：126；郭玉霞，2000c）

(三)提供較小學習單元

　　要將教材分割成較小學習單元逐步學習，以確保學習教材的精熟。

(四)形成性評量

　　在精熟學習中，學生每學完一個小單元後，即實施形成性評量。此形成性評量基本上是一種診斷的工具，藉以安排後續的校正活動。（毛連塭、陳麗華，1987：21）

(五)校正與充實活動

　　學生在接受第一次形成性評量之後，若未達精熟程度者，教師即安排種種不同的校正活動。若學生達到精熟標準，則在進入下一單元前，教師提供補充教材，給予充實活動。

(六)精熟標準

　　教師依據課程目標與教材性質，設定學生形成性或總結性評量的表現標準。一般精熟標準界定在80-90%，達到精熟標準為「精熟者」；否則，為「未精熟者」。（毛連塭、陳麗華，1987：18；林寶山，1990：153）

　　精熟教學有一個基本假定：只要有不同但足夠的時間，任何學生都有潛能學會教師所設計提供的教材；即任何教師幾乎能夠協助所有的學生學

習成功。（黃光雄，1990：127；郭玉霞，2000c；Borich, 2011: 228）此一假定，對學生的學習有信心，也讓教師的教學有動力。

三、精熟教學的準備

從上述精熟學習的原理和精熟教學的意義說明，歸納精熟教學設計的要素或準備有六項。（毛連塭、陳麗華，1987；林生傳，1988：158；林進財，1999：259；林寶山，1990：149；黃光雄，1990：128）敘述如下：

(一)訂定目標與編輯教材

訂定學生的精熟學習目標，再編輯教材。單元（課）的教材如果過大，應將教材分割，編成較小的學習單元。若有邏輯順序關係，須依邏輯順序安排學習單元，讓學生循序漸進，逐層學習。

(二)準備形成性和總結性評量

形成性評量目的，在檢核每一單元學習的精熟度和學習困難，於每一單元學習結束時進行。且須有複本，便於第二次形成性評量使用。總結性評量在檢視較大課程，或一段學習期間的學習結果，範圍包含若干學習單元。就評量試題準備言，精熟教學法比較適合認知領域學科的教學。

(三)設定差異性的精熟學習標準

一般的精熟標準是80-90%。教師可考慮學科性質與難度，以及個別差異情形，設定符合其能力的精熟標準。若個別學生的學習能力確實不好，可再降低精熟標準，例如：初期從60%的標準，逐漸提升到80%。學生表現優於事先設定的標準，即評定為「精熟者」；反之，則評定為「未精熟者」。不過，總結性評量應有全班一致的精熟標準。

(四)設計校正活動

對於未通過者之教學安排可以有：依評量之回饋訊息重新教學、重複閱讀、運用小組討論、運用小老師、補救教學等。進行時間可在課堂中重疊進行，或利用課後時間。

(五)設計充實活動

　　對達到精熟標準者，教師須先構思可安排哪些不同的學習機會或任務。如：提供加深加廣的學習教材、特定的學習計畫、進行同儕教學等。

(六)引導學生瞭解教學方法

　　在教學前，教師須引導學生瞭解精熟學習（教學）的方式與性質，並熟悉學習程序。

　　以上六項策略或要素的內涵，前五項是精熟教學法進行之前的準備工作。第六項則在初次教學前，要利用時間引導學生瞭解。

四、精熟教學的程序

　　教師在運用精熟教學法之前，必須先引導學生認識此一方法。在認知上瞭解精熟教學（學習）的方法與要求，在技能上能熟悉其程序，在態度上接納與配合。因此，先敘述精熟教學法的引導，再說明教學過程。

(一)教學引導

　　教師要採用精熟學習的教學方式，在上課前要向學生說明精熟教學法是如何進行，包括精熟教學的目的、如何進行、熟練標準、評量結果的處理及成績評定。教師要強調的事項如下：（林寶山，1990：150；黃光雄，1990：133-134）

　　1. 說明精熟教學目的
　　教師要說明精熟學習（教學）的主要目的，在對教材內容的學習達到精熟程度。在老師引導與安排之下，只要肯努力，都能達到預期的學習成就。

　　2. 說明精熟教學過程
　　說明精熟教學的整個過程與注意事項。

3. 說明精熟標準

說明精熟教學會依據學科教材性質及學生學習的差異，引導學生設定精熟標準。原則以80-90%之間，但是特別情形可調整。

4. 說明評量結果處理

在每一單元結束前，進行單元學習評量（形成性評量）。未通過精熟標準者，須參加額外的學習或補救教學，以準備第二次的形成性評量。通過者，可進行各種額外學習，或擔任小老師，指導未通過之學生。

5. 說明成績評定

在每一階段或期末的總結性評量中，凡達到一定的標準，即評定為「甲等」；其餘依成績高低，分別給予「乙等」、「丙等」等。也允許學生有彈性補救的機會，即未達甲等者，事後學習，要求再評量；達標準者，可改為甲等。

(二)教學過程

整理相關文獻，將精熟教學法的教學過程，分為七個步驟說明如下：（毛連溫、陳麗華，1987；林生傳，1988：158-160；林進財，1999：260-262；林寶山，1990：150-151；黃光雄，1990：132-133；Borich, 2011: 228）

1. 起始班級教學

這是精熟教學每一單元開始的教學歷程，教師可應用直接教學法的步驟：提示、講解教材、引導練習、回饋與訂正、獨立練習。
- (1) 提示：教師提示本單元的學習目標，說明學習重點及應該注意的線索。
- (2) 講解教材：若教材較難，則教師須依序逐一講解，讓學生明瞭；若教材簡單，則讓學生自行閱讀後提問，教師回答。
- (3) 引導練習：針對教材性質與內容，須有老師引導練習的作業或題目，教師先行示範，再讓學生練習，教師從旁指導。
- (4) 回饋與訂正：根據學生的提問及練習情形，教師提供正確與錯誤

之訊息，讓學生強化學習及訂正錯誤的依據。

(5) **獨立練習**：在課堂中提供學生獨立練習機會，以達熟練程度。

2. 實施形成性評量

單元學習結束，教師以事先準備好的試卷，進行第一次形成性評量。

3. 確認精熟與未精熟者

依據設定的精熟標準，確認哪些學生為「精熟者」，哪些學生為「未精熟者」，並準備後續的校正與充實活動。

4. 實施校正與充實活動

(1) **未精熟者**：首先，引導學生找出錯誤所在；若可自行學習者，則自行處理。其次，教師依據形成性評量的反應訊息，校正活動可以有：a.再讓學生閱讀教材內容；b.針對困難的問題再教學，或調整教學方式重新教學；c.提供練習題，增加學生獨立練習機會；d.運用同儕教導。

(2) **已達精熟者**：可安排其他的充實學習活動，例如：提供加深加廣的學習教材、特定的學習計畫、進行同儕教學等。

(3) **實施方式**：校正與充實活動實施方式，有兩種情形可供參考：

第一，課外進行。如果教師不想延緩下一單元的進行，則所有學生的充實活動，以及重複教學、個別教導及其他校正活動，須在課外實施。教師可像往常一般，但緩慢進行下一單元的教學。

第二，課內進行。教師如要延緩下一單元的學習，則學生在老師指導和監督之下，能確實精熟本單元的學習。此時，老師可調整教學的步調，前一單元分配較多的時間，後一單元分配較少的時間。其基本假設是：若前一單元學習精熟，則後一單元用較少的時間，即可達到精熟。（黃光雄，1990：132-133）另外，則是基於前後單元的邏輯關係，即前一單元是後一單元的學習基礎。因此，必須多花時間精熟前一單元。

5. 進行第二次形成性測驗

對第一次未達精熟者，實施校正教學後，進行第二次形成性測驗。若

第二次形成性測驗仍未通過，教師應安排學生另外的學習活動，或進行額外的補救教學。此項學習，須在其他課餘時間進行。因教學範圍之要求和時間的限制，教師仍須進行下一單元教學。（毛連塭、陳麗華，1987：107；林寶山，1990：150）

6. 重複前述五個步驟

重複「起始班級教學、實施形成性測驗、確認精熟與未精熟者、實施校正與充實活動、進行第二次形成性測驗」之循環，進行次一單元教學。

7. 進行總結性評量

依據學校的需求，在一段教學期間後，進行總結性評量。教師也可依據課程性質與範圍，在同性質範圍的若干單元學習後，進行總結性評量。精熟教學法的過程，如圖8-1。

五、結語

精熟教學法是適應學生個別差異的教學，偏於教師主導的教學。（Borich, 2011: 228）其原理乃操作教學的時間、教材、評量、方法等四個要素，在普通班級就能容易施行。此一方法，可提升學生對教材精熟水準，是認知領域學科知識學習的堅實基礎。精熟教學過程是：「教學—評量（診斷）—校正（再教學）與充實活動—再評量」之循環歷程。教師在教學前須充分準備教材與評量試題，並設計校正及充實活動的內容。

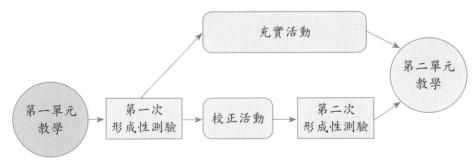

圖8-1　精熟教學法的過程

資料來源：黃光雄，1994，133頁。

創新取向教學

◆ 本章內容
第一節　MAPS教學法
第二節　學思達教學法

　　最近教育改革聲浪中，有介紹日本佐藤學的學習共同體（方志華，2012）。國內也有新發展的教學方法，包括MAPS教學法（王政忠，2015）、學思達教學法（張輝誠，2015）及葉丙成（2015：150-194）的BTS（By The Student, BTS）教學法。作者認為學習共同體和BTS教學僅是理念與策略的陳述，難以掌握其具體步驟。因此，本節僅介紹MAPS和學思達教學法。

第一節　MAPS教學法

感謝：MAPS教學法原創者——王政忠老師提供最新的資料和修改意見

　　MAPS教學法是王政忠老師在偏鄉國中服務，為改善、解決偏鄉學校與弱勢學生學習問題的創新成果。MAPS能讓不同程度的學生精熟基礎知識，而且也促進學生較高層次的認知學習與學習能力的培養。它是以學生為中心，能適應學生個別差異的有效教學方法。這是國內教師個人自行創發的教學方法，值得介紹給有志從事教職的師資生，有一概略的認識。

一、MAPS教學法的形成與內涵

(一)MAPS教學法的形成

1997年，王政忠高雄師大畢業後，分發到南投縣中寮鄉爽文國中服務。第二年入伍服役。1999年921大地震後的第三天，在役的王政忠返鄉探親，並到爽文國中探視。有2位女學生傷心期盼地問說：「老師，你會不會回來？」這一問，如同921的震撼，動搖了王政忠要調離爽文國中的決定，也喚醒了他要拉拔辛苦孩子的初衷。（王政忠，2017：32）

退役後繼續留在中寮陪伴孩子學習多年，進行多項努力。設計學習護照，激發學生學習動機；運用各種策略與方法，提升國、英、自、數、社五學科成績，強化學生的基本能力；成立爽中青年軍志願服務及學區國中小四校策略聯盟，由此塑造學習氛圍；同時，拓展學生課外學習，而有第一次絲竹樂團成果展，創造成功的機會。（王政忠，2017：34-51）

2011年，王政忠將幾年來的教學經驗寫成《老師，你會不會回來》一書（2014年二版）。書中敘述在偏鄉中寮國中努力過程，改變學生學習態度，提升學生的學習成就，並造成校園教師文化的改變。其高中時生活坎坷艱辛，大學時擔任家教補習以自我歷練教學，以及在偏鄉的教育熱忱與表現，感動各界，並拍成影片，成為教育界名師。（洪樹旺，2018）

王政忠老師在國文科教學與偏鄉的歷練中，經十年嘗試各項策略，並以激發學習動機、提升基本能力、創造成功機會及營造學習氣氛為四大目標，據此發想、創造、實踐並修正各項策略。直到2014年，第一批經歷較成熟的MAPS三年畢業生，開始對外介紹這套教學法。（王政忠，2016：34, 70）

(二)MAPS教學法的內涵

閱讀王政忠MAPS教學法的介紹與實務，在此嘗試對MAPS教學法是什麼作簡要敘述。MAPS教學法是將全班學生依學習能力區分為四種角色群，每一小組由四種不同角色的學生組成；在教師引導下運用提問、心智繪圖、口說發表及同儕鷹架策略進行學習，並根據不同教學進程之步驟內

涵，依序完成或多途徑交叉進行各單元（課文）的學習內容、表現練習及評量測驗。

　　分析MAPS教學法的意義說明，其主要內涵有三：一是運用異質小組的學習方式，小組成員為四種不同能力角色組成。二是有不同的教學進程和步驟，分四個進程，每一個進程有九個教學步驟。三是教學過程主要運用提問策略、心智繪圖、口說發表及同儕鷹架四個核心元素（策略），以激發主動學習和提升高層次學習的表現。

二、MAPS教學法的核心元素

　　MAPS教學法有四個核心教學元素：提問策略、心智繪圖、口說發表及同儕鷹架，如圖9-1。說明如下：（王政忠，2016：95-113；2021）

圖9-1　MAPS教學法四個核心元素

資料來源：王政忠，2016，95頁。

(一)提問策略

　　提問策略／提問（asking questions）是指教師設計能引導學生學習問題，並激發其思考和學習的好奇心。提問策略的問題有三個層次；而有意識的三層次提問設計，題目本身具有可閱讀性。

　　MAPS教學法的提問策略，是由教師根據文章，設計有層次的問題。透過課堂提問與解答的過程，協助學生擷取並理解文章中的訊息，用以解讀作者觀點。同時協助學生建構不同策略，以擷取與理解訊息。最終希望學生能夠運用擷取與理解的「訊息」和建構的「能力」，在處理更高層次問題的過程中，逐步形成讀者觀點，藉此薰陶與涵養學生解釋與思辨的閱讀「素養」。

　　〈MAPS教學法再進化〉一文指出：此教學法最核心的元素是「三層次提問」（2021.2.18王政忠提供）。而MAPS種子教師洪婉真的經驗也指出，提問策略是此法很重要的核心元素：教師分析文本後，整理出自己的心智繪圖，依據此圖檢視教學目標，確立教學主軸，再依據心智繪圖的架構設計問題，這也是她花最多時間備課的部分。（王政忠，2020：22）

(二)心智繪圖

　　心智繪圖（mind mapping）是讓學生將學習單元的內容，從中心的主題（主概念），向四周放射性分散，將相關的次概念、事件、現象等，連結成一統整的單元內容圖像。透過心智繪圖本身及多元圖像表格協助學生從檢索到組織訊息，讓思維可見；對學習的主題內容有一整體圖像，促進記憶保留。

　　心智繪圖也是協助學生建構讀者觀點的重要工具。這個工具的雛形來自Tony Buzan的心智圖概念。但為了更適合於閱讀教學，王政忠將它大幅度調整與補足。MAPS教學法的心智繪圖，已經大不相同於坊間用來協助記憶，或者擴散思考的心智圖像，而是轉變成為可以脈絡化作者觀點（擷取、理解訊息）、結構化讀者觀點（解釋、思辨訊息）及文字化抽象思考（仿寫、短文寫作），並且允許以線條或箭頭連結形式，將段落架構在互相呼應之下，逐一獨立分隔出來。MAPS中的「心智繪圖」除了翻譯名稱或許相同外，其獨創的心智繪圖，幾乎已和原始「Mind Mapping」的形式與用途無關。（王政忠，2016：97）

　　在此，王政忠引導的心智繪圖有兩個層次：一是「我看到」（I see）的層次：即所看到的課文相關事實訊息，包含課文結構及脈絡的理解。二是「我覺得／我想」（I feel/ I think）的層次：即對課文內涵主觀的感覺或思考，包含對文意的深究及情意延伸之深層理解。（王政忠，2016：

144-146）

(三)口說發表

口說發表（presentation）是讓學生運用口語及其他輔具陳述心智繪圖的學習結果。運用多元跨域發表模式，包含口說、圖表、戲劇等，協助學生梳理內化閱讀歷程。

MAPS教學法中的口說發表，係由各組學生上臺發表心智繪圖，或應用科技軟體「Explain Everything」錄製「口說發表影片」，讓教師檢視不同程度的學生是否真的學會，特別用來驗證被指導的學生是否真的學會。

口說發表過程中，臺下的學生為了提升評論能力，亦被要求學習聆聽，以利進入合作學習後期的「學生提問學生模式」。同時，隨著合作學習進入中期的抽離自學，課堂內呈現共學與自學並存的差異化教學，口說發表的要求也會跟著出現學習任務的差異。

(四)同儕鷹架

同儕鷹架（scaffolding instruction/peer scaffolding）是學生在學習過程中，教師運用能力較佳的學習者，提供必要的支持、引導及學習策略等，以同輩的認知觀點搭建學習支架或階梯，協助學習能力較低者之學習。

在中小學常態班級下，個別學生的學習起點與動機差異極大。為處理這樣的現況，MAPS教學法的同儕鷹架採用異質分組之合作學習型態。在教學初期，透過問題的設計和代幣的增強機制，讓中低學習成就學生，獲得組內中高學習成就學生及時的協助；同時促進中高成就學生以教會他人，而獲得更深層次的學習。

在合作學習進入中期，MAPS教學法有獨特的抽離自學方式。旨在保持能力佳者的學習熱情，並產生下一個組內的領導者，確保合作學習持續真正發生。進入合作學習後期，全班大部分學生能夠進入獨立自學模式。

整體來說，同儕鷹架是透過提問、圖像、發表、同儕等多元工具或策略，搭建並拆除各階段學習鷹架，讓學生學會並獨立學習。

　　MAPS教學法的設計，參考Dale「經驗金字塔」（Dale, 1996；張霄亭，1995），以及廣為流傳的「學習金字塔」（cone of learning）（Wikipedia, 2020），形成「MAPS版的教學金字塔」。（王政忠，2016：100）

　　學生進行「口說發表」，是一種戲劇或設計的經驗；而「教導他人」，則為有目的的直接經驗。兩者為「經驗金字塔」（cone of experience）中「做」的層次。因此，其學習經驗，比僅止於聽講和閱讀還要深入，並能培養出應有素養。

　　MAPS教學法透過金字塔頂端的聽講、閱讀、視聽及示範，讓學生精熟基礎知識；在過程中強調運用四核心教學元素，透過討論、實作及教導他人，促進學生較高層次認知的學習——思考、表達、學習能力，以提升學習成效。（「學習金字塔」，參閱第二章第一節）

三、MAPS教學法的準備

(一)學生分組

　　MAPS教學法與合作學習教學法相同，都採用異質分組方式。但MAPS教學小組4人中，依學習能力的強弱，每個人扮演不同的角色。又針對學習較弱者，設定較高的紅利倍數，以促進學習能力強者教導學習能力弱者，達到合作學習和同儕鷹架的作用。小組內包含四種角色：（王政忠，2016：120）

　　A.教練：組內學習最優勢者，紅利倍數為一倍。
　　B.明星球員：組內學習第二優勢者，紅利倍數為二倍。
　　C.老闆：組內學習第三優勢者，紅利倍數為三倍。
　　D.黑馬：組內學習最不具優勢者，紅利倍數為四倍。
　　此四種角色名稱，教師可依據個人或學生的喜好，設計名稱。

　　這樣的設計表示，若組內由教練答對題目，則沒有紅利；若由B-D答對，則可獲得二至四倍的紅利點數。不過，王政忠的MAPS教學法，在課堂中小組獲得的點數，與個人的分數無關，而是透過學校的學習護照登記，依照點數換取二手商品。而學思達教學小組的學習表現計分，可轉換

為平常學習成績。

　　至於如何分組？依王政忠（2016：122）的實務經驗有兩種：抽籤和選秀。

1.抽籤方式

　　初次運用MAPS教學法，或者班級小組合作態度尚未成熟，宜採抽籤方式。教師先將學生依學習能力分成四個群組，依前述給予角色製作一人一籤。然後抽取姓名（含角色），依序分配到各小組；一組四角色未滿時，又抽到相同角色，則分到下一組。

2.選秀方式

　　班級學生的合作學習態度趨於成熟時，用選秀方式分組。選秀程序是：(1)將全班按照能力區分為四個群組，並賦予角色；(2)決定同屬教練、明星球員、老闆及黑馬的選擇優先順序；(3)各小組四個角色組成順序為：由黑馬依前項決定之順序，依序選教練並確定組別；接著，由各組教練依前項決定之順序，依序選明星球員；最後，由老闆依前項決定之順序，選擇要加入的組別。

　　前述之選秀分組，也可由教練先選擇組別位置。至於班級人數並非是4的倍數，則須特別處理3人或5人的小組。至於小組內座位安排，擔任同儕教導者，以在被教導者左側為原則。

(二)引導認識MAPS

　　推動任何新的教學方法，必須讓學生瞭解與接受；在中小學也要讓家長瞭解與配合。

1.讓學生認識MAPS

　　說明MAPS教學過程是採取小組合作學習，並運用同儕協助以產生互利的學習效果──不會的變會，會的更深入。讓學生瞭解「教會別人是一種更有效的學習方法」。其次，說明分組方式。依目前學生的能力將學生分成教練、明星球員、老闆及黑馬四種角色，每一小組包含這四種角色。第三，而在MAPS教學下有四個進程，每個人在老師指導及自己努力下，

都可達到獨立自學的境界。

2.讓家長認識MAPS

透過給家長的一封信及家長日或班親會時間，介紹MAPS教學法的理念、分組方式及教學歷程，讓家長瞭解與支持，並協助學生學習。

(三)每課前置作業

MAPS教學前有很多準備工作，包括：課前形音貼貼、作者／國學閱讀資料、白話文補充解釋單張、文言文詞性解釋單張及提問設計。（王政忠，2016：166-168；291-292）不過，提問設計（三層次提問）是MAPS教學法核心的元素，因此，分述在本書第302-308頁。

1.準備「課前形音貼貼」

這是王政忠自創的形音貼貼。要求學生在上課前完成，主要在讓學生對文章的形音有初步的認識。

2.編寫「作者／國學閱讀資料」

一般的課文都有作者介紹，但僅簡短敘述。例如：〈記承天夜遊〉一文，對作者蘇軾的介紹有兩小段174字（康軒2020年版，國文第二冊一下，123頁）。但可再多補充蘇軾被貶的原因及再起情形，與佛印及東坡肉的軼聞，以及宋神宗與王安石變法史實、三蘇等。而文章內容的歷史背景知識，也須教師加以補充。例如：在〈記承天夜遊〉一文，教師可補充「元豐」年號、宋神宗前後皇帝、黃州的地理概況，以及一般人突然被拔官的心境等。這些內容可能是編製「暖身題」和「挑戰題」的內容。

3.製作「白話文補充解釋單張」

這是提供白話文課文補充解釋的輔助工具。主要是針對課文（教科書）未提供，但較生難的語詞，製作成單張。每組一張，讓小組在共讀後寫出這些語詞的補充解釋。

4. 製作「文言文詞性解釋單張」

　　這是協助學生閱讀文言文的輔助工具。即針對文言文課文，提供文言文的「字詞」的解釋或詞性的提示。課文文字若是代名詞、助詞、連結詞、介詞、嘆詞，則提供詞性，讓學生判讀語氣或功能。其他的詞性，則提供解釋並讓學生判斷詞性。根據這一詞性解釋單張，學生可將文言文翻成白話文。以〈記承天夜遊〉一文，部分詞性解釋示例，如表9-1。

表9-1　〈記承天夜遊〉詞性解釋單張

　　元豐六年十月十二日，夜（　）晚上，解（　）脫下衣欲（　）準備睡。月色入（　）照入/在戶（　）門內/上，欣然（　）高興地起行（　）散步。念（　）想到無與（連）—樂（　）遊樂者（代）—，遂（　）於是至（　）前往承天寺，尋（　）找張懷民。懷民亦（　）也未（　）沒有寢（　）睡覺，相與（介）—步（　）散步於（介）—中庭。
……

資料來源：作者自編。

(四)科技的準備與應用

　　MAPS在教學過程中，也充分應用現代的資訊科技載具與應用程式。2017年王政忠在課堂上應用兩種應用程式：Whiteboard和Explain Everything。在應用科技前，也要有一些準備與學習。教師須在自己的電腦（筆電）下載「air sever」程式，作為學生平板和投影機的中繼點。（王政忠，2021）

1. Whiteboard之應用

　　Whiteboard是互動式電子白板應用程式，可讓學生在平板電腦書寫後，將答案即時投影到白板，並邊說、邊畫線註記。且投影在螢幕上，字體清晰，口說發表過程明瞭。若螢幕夠大，可同時投影多組答案。應用科技前要熟悉，但其實不難，只要會應用並會傳輸即可。

2. Explain Everything之應用

　　Explain Everything是錄製影音與繪圖歷程，並即時播放的應用程式。MAPS教學法用在心智繪圖後的「口說發表錄製」。當自學組學生（個別在平板上繪製）與共學組學生完成心智繪圖並經老師點評後，自學組學生便利用Explain Everything錄製口說發表；同時，共學組練習口說發表。自學組錄製完畢透過雲端繳交給老師，共學組則在老師點評口說發表後，利用課餘時間錄製個人的口說發表，上傳給老師。另外，MPAS也利用此程式錄製文言文關鍵詞性解釋說明的影像檔。上課時，透過雲端傳送到每個學生的平板，學生戴上耳機依照自己的速度，觀看老師錄製的解說影片。

四、提問設計

　　MAPS教學流程中前測暖身、基礎提問及挑戰提問三個歷程需要暖身題、基礎題及挑戰題，此為三層次提問。（王政忠，2016：130-143）

　　不過，在〈MAPS教學法再進化〉一文中，王政忠（2021）指出，MAPS教學法這兩年來，對三層次的提問有進一步的省思與調整。然而，閱讀「再進化」三層次提問的說明和舉例，發現在提問上有拉高層次的感覺。教師要有若干的MAPS教學經驗及時間備課，才設計出這些題目。

　　下文仍先以《我的草根翻轉：MAPS教學法》介紹此三層次提問，並以〈記承天夜遊〉一文，舉例提問設計，再補充MAPS教學法這兩年來在三層次提問的思考。三層次題目都是引自王政忠書本（2016）和文章（2021）。

(一)暖身題

　　暖身題設計主要在於促進並培養學生課前自學和預習的習慣。題目內容係針對國學常識、作者介紹、課文預測、課文主題等。例如：〈記承天夜遊〉一文有五題暖身題，舉兩題如下：（王政忠，2016：291）

　　• 根據閱讀資料，「三蘇」指的是誰？他們是什麼關係？
　　• 在這篇文章中，作者是什麼原因起身夜遊？

〈MAPS教學法再進化〉一文指出，暖身題有兩個目標：（王政忠，2021）

1. 促進學生想像與猜測

這個部分是針對文章內容而言。其要訣在「問出一個最核心的、引起學生擴散思考的、扣緊文章主旨的、促進學生對於文本內容（也就是基礎題）好奇的問題。」在此目標設計暖身題，應致力於問出一個連結全文的好問題，不論學生是否進行課前預習文章，都能引發思考與學習的好問題。例如：〈謝天〉的暖身題之一：

> 「一、上一次段考，我們學習了一系列的『托物言志』文章，這一次段考，我們要學習幾篇『藉事說理』的文章。『事』可以是事件或故事，『理』則是客觀道理或主觀想法。根據你過去的寫作經驗或閱讀經驗，一篇『藉事說理』的文章，當中的『事』及『理』，可以有哪幾種的『排列順序』？請試著寫下依照你的經驗所排列的各種可能的組合模式。」

這個提問的設計，學生未做課文預習，也可回答，但必須有一些寫作和閱讀經驗。此問題可讓學生想像與猜測課文「藉事說理」的可能進行模式。

2. 連結學生的新舊經驗

這個部分是針對文章的形式而言。不論是國學常識、寫作架構、經典文體等，須緊密地與挑戰題的「讀寫合一」做連結，在暖身題初探，在挑戰題感受「外在形式與內在脈絡的呼應」或者仿寫、改寫的應用。依此思維設計暖身題，應致力於讓文章形式的學習與應用，跟挑戰題發生更有意義的結構性設計。例如：〈劉墉寓言圳品選〉暖身題之一：

> 「一、這一課選了兩篇劉墉先生的寓言作品。寓言就是由故事直接或間接呈現作者想要表達的寓意（寄託隱含的意旨）。根據上面對於寓言的定義，你看出寓言應該包含哪兩個寫作成分

呢？」

此題讓學生從過去的閱讀經驗中，去思考寓言的要素，連結寓言的讀和寫的思考。

(二)基礎題

基礎題設計主要在引導學生擷取並理解文章的重要訊息，以作為繪製心智繪圖的「我見」（I see）部分之基礎。題目是根據教師對於課文結構及脈絡的理解，並參考各家學習單設計而成。例如：〈記承天夜遊〉一文有六題基礎題，舉兩題如下：（王政忠，2016：291）

- 請用二十個字以內，完整並精準地縮寫整篇文章？
- 請參考下列表格整理第一段所描述的事件。

主題下標					
文章句子					

〈MAPS教學法再進化〉一文指出，基礎題也有兩個目標：（王政忠，2021）

1. 檢索資訊與統整主題

在檢索資訊與統整主題上，基礎題的設計，大都從訊息到主題，或者從主題到訊息，更或者同時處理訊息與主題。此種不同路徑的提問形式，其思維是融入多元閱讀理解策略之建構，熟練不同路徑的閱讀理解模式。其次，提早出現自學題，且有更多的自學題，讓班級學生在基礎題，可提早出現抽離自學的共學自學之差異化學習型態；使閱讀較優者更早自學，閱讀落後者有機會嘗試脫離自學者的指導。第三，在「表格」題上，以符號代替抄寫文章證據。以表格題讓學生填寫、整理，並將內容分類、區別及比較，目的是在「理解」，而非「表達」。例如：〈謝天〉的基礎題之一：

「一、這篇文章就是作者對於『爲什麼要謝天？』這個謎的解答過程，這個過程可以分成三個階段，分別是：1-11段、12-17段、18-19段。請閱讀這三個大段落，爲這三個大段落下一個6個字以內，符合段落主旨的標題。」

此題讓學生從多段訊息提取較高層次的主題，是「訊息到主題」的提問。

2. 認識及區分寫作架構

在此目標，基礎題設計在讓學生透過讀寫合一提問設計，進行實質性的應用書寫。也就是寫作架構的新舊經驗：在暖身題進行猜測，基礎題驗證，挑戰題仿寫。背後的設計思維是以更高層次的學習，涵蓋基礎題的低層次學習。畢竟，基礎題設計的目標是認識架構，而不是猜出架構。例如：〈謝天〉的基礎題之四：

「四、在第三個大段落，作者對於『謝天』的疑惑，終於有了最終的解答，閱讀這個大段落，回答以下問題：

1. 關於這個謎，作者在自己終於作了一些貢獻之後，終於找到了解答，這個解答是來自於什麼樣的領悟？（引用文本證據說明，文本證據在此以PL標記即可）

2. 作者認爲任何一件事的成功，需要三個因素，請從文本找證據條列式說明。（文本證據在課本畫線即可）」

這一題是針對〈謝天〉一文最後兩段的「合」進行提問，讓學生找出「謝天」疑惑解答之課文證據。

(三)挑戰題

挑戰題設計主要在引導學生繪製心智繪圖的「我覺得／我想」（I feel/ I think）部分。題目是國學常識、作者、句型、修辭等課文重要知識，以及文意深究、情意延伸之深層理解。例如：〈記承天夜遊〉一文有

十題基礎題，舉兩題如下：（王政忠，2016：291-292）

- 用「藻荇交橫」來描寫形容竹柏樹影，能達到那些寫作效果？
- 「何夜無月？何處無竹柏？」是屬於什麼修辭法？

〈MAPS教學法再進化〉的挑戰題整合成為三大主題：（王政忠，2021）

1. 讀寫合一

將國學常識、語文常識、經典文體、寫作架構統整在這一個大主題下進行提問，目的是希望學生在這裡透過「架構仿寫」、「觀點改寫」、「國學應用」、「語常創作」、「文體仿寫」等策略，讓學生可以進行更高層次的實質性應用學習，同時，在「寫作架構」的提問設計裡進行「外在形式與內在脈絡的呼應探究」。例如：〈謝天〉的挑戰題之一：

「1.這篇文章是依照時間順敘或者倒敘書寫的嗎？如果不是，那麼是以什麼脈絡書寫的呢？請以文章證據說明。」

此題是讓學生探究〈謝天〉一文的寫作架構，並從課文的敘述中找證據，或瞭解作者如何敘寫。

2. 觀點探究

這個主題進行兩種探究：從作者觀點到讀者觀點到多元觀點，以及類文比較閱讀。

(1) 從作者觀點到讀者觀點到多元觀點

此提問在於協助學生習慣進行「批判思考」，其重點不在評價學生的觀點優劣，而在建立學生自我監控檢查「思維過程的邏輯性」。其理念是：素養不是以最終問題解決的結果論斷，而是問題解決過程中的能力展現；觀點亦如此，不以觀點優劣來論斷，而要依邏輯思維產生自己的觀

點。例如：〈謝天〉的挑戰題之二：

「2.承上題，如果將文章架構重組，依照時間順序書寫，請寫出
作者在人生不同事件當下，對於「謝天」的不同看法。（參考
課本應用與討論第一大題）」

人生事件	剛上小學			
〈謝天〉看法			得到新領悟	

此題是以時間序列，整理作者的〈謝天〉觀點之演變。透過這種整
理，認識人生觀念的改變與成熟。

(2) 類文比較閱讀

這個面向的意義是透過同一作者不同主題的文章閱讀，或者同一主題
不同作者的文章閱讀，建立學生從多元觀點認識思索單一議題，或者認識
一個人不同面向。目的都在建構學生多元接納與理解尊重的生命態度，回
應到素養導向中的同中見異，異中存同。

3.跨域延展

這個面向是希望看見學生的多元智慧。讓學生從閱讀出發，成為跨界
解碼轉譯的達人。任何一個領域的達人都是跨界解碼轉譯的高手。我們期
望孩子透過閱讀對世界有感，然後運用跨界工具，諸如：圖像、音樂、肢
體、戲劇等，將所感解碼轉譯呈現出來。例如：〈謝天〉的挑戰題之七：

「7.『我要謝謝你』。這篇文章的主旨是：感謝。說感謝需要練
習，我們一起來練習。
(1) 對象：今年畢業的學長姊（最多三位）
(2) 應用『映襯』及『設問』修辭法，並參考『本課金句』，完
成120個字左右的感謝詞。
(3) 使用iPad錄影，全長在1分鐘以內。
(4) 特別精彩動人的影片，將於畢業典禮當作彩蛋，播放給學長
姐欣賞。」

　　此題整合寫作能力（運用本課金句與修辭）、口語表達、人際關係及資訊科技能力。這是國文課的跨域延展學習——統整的學習表現。

　　總結三層次的提問方向：暖身題在猜測與想像；基礎題在訊息檢索、主題統整及架構認識；挑戰題在讀寫合一、觀點探究及跨域延展。

五、MAPS教學法的進程與流程

　　MAPS的教學會隨著學生自學能力提升而有不同的進程，從P1到P4有四個進程（橫向）。四個進程的教學流程都是九個步驟（縱向），只是步驟實施的內涵有所差異。四個進程的步驟中，僅在P3第四步驟「自學共學」與其他進程的步驟不同，如圖9-2。（註：原P4第二步驟為「自學課文」，因第二步驟的任務就是在做字詞判讀的工作，所以都改為「字詞判讀」。）

(一)教學進程

　　在MAPS教學法裡，學生會經歷P1到P4四個進程。此種進程是依學生的學習成熟度與自學能力來區分。（王政忠，2016：117）

　　P1階段是在剛接觸MAPS教學法的班級。此時，學生對於如何進行心智繪圖還沒有清楚概念，需要老師逐步帶領學生作心智繪圖。

　　P2階段是學生大致清楚如何作心智繪圖。即小組可透過共學嘗試獨立完成心智繪圖，教師不必逐步帶領。

　　P3階段是小組的「教練」可以獨立完成心智繪圖，可抽離出小組而自學——可獨立完成心智繪圖及口說發表。在此進程因教練可以自學，而其他3位組員仍是共學狀態。因此，第四步驟有自學和共學。

　　P4當小組的「明星球員」和「老闆」也可抽離小組自學，也就是全班有四分之三的學生可抽離自學時，就進入P4階段。這時小組的黑馬可獨立自學，也可跨組共學。在此進程，小組3位組員皆可自學。因此，第二步驟即可自學課文，後來都改為字詞判讀。

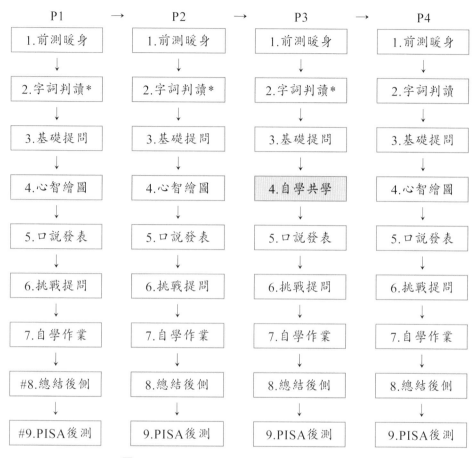

P1 → P2 → P3 → P4

P1	P2	P3	P4
1.前測暖身	1.前測暖身	1.前測暖身	1.前測暖身
2.字詞判讀*	2.字詞判讀*	2.字詞判讀*	2.字詞判讀
3.基礎提問	3.基礎提問	3.基礎提問	3.基礎提問
4.心智繪圖	4.心智繪圖	4.自學共學	4.心智繪圖
5.口說發表	5.口說發表	5.口說發表	5.口說發表
6.挑戰提問	6.挑戰提問	6.挑戰提問	6.挑戰提問
7.自學作業	7.自學作業	7.自學作業	7.自學作業
#8.總結後側	8.總結後側	8.總結後側	8.總結後側
#9.PISA後測	9.PISA後測	9.PISA後測	9.PISA後測

圖9-2 MAPS四個教學進程的教學步驟

資料來源：王政忠，2016，116頁。

*原名稱為「小組共讀」；#原8和9步驟對調。

(二)教學流程

MAPS教學法的每一進程，其教學流程都有九個步驟，只是隨著進程的提升而有一些差異。這裡以P1進程的教學流程來說明。（王政忠，2016：169-204）其中第八和第九步驟，根據MAPS教學法最新的修調，加以對調。（王政忠，2021）

1. 前測暖身

　　此步驟包含形音前測和暖身提問。MAPS在單元上課前，教師發給學生「形音貼貼」，要求於課前貼在文章相對應字詞附近，來預習課文中較生難的字形、字音，並概覽課文。每篇文章上課的第一個步驟，即進行全班的形音前測。題目為課文中的生難字詞。時間約5分鐘，由小組成員互相批改。因此，前測是處理字音、字形問題，也是總結後測的「形音後測」之材料。

　　測驗結果是以答對題數百分比來計算。其標準的訂定依角色逐次降低：教練為85%，到黑馬為60%；但P2到P4的進程，則逐漸提高標準，如表9-2。

表9-2　形音測驗不同角色在各進程的標準

進程 角色	P1進程 答對百分比	P2進程 答對百分比	P3進程 答對百分比	P4進程 答對百分比
教練	85	85	85	85
明星球員	80	80	80	85
老闆	70	75	80	80
黑馬	60	70	75	80

資料來源：王政忠，2016，170頁。

　　測驗結果的分組競賽設計有兩種：一是依照小組答對題數進行排名，給予獎勵點數；二是依小組各角色達標題數乘以紅利倍數為獎勵點數。（王政忠，2016：171）

　　前測結束，即進行暖身題學習。其題目為教師備課所設計的暖身題（如前所述）。每人一張「暖身提問單」，學生獨立完成，時間約5分鐘。

　　在進入文本前學生自學，不討論、不看書做答。其作用在讓學生連結舊經驗和新的文本，去猜測與想像文本的可能架構和內容，藉以引導讀者（學生）的觀點。

　　學生對暖身題的回答，進行相互觀摩與討論答案內容時，則運用

Whiteboard投影到螢幕上，老師便於解說。

　　MAPS教學法的不同精熟標準設計，是個別化（差異化）教學的關鍵要素：設計階層學習目標與任務，以及設定精熟標準。（林佩璇，2020；林寶山，1990：149）此項精熟標準是精熟學習教學的要素。因此，MAPS教學法是一種個別化（差異化）的教學方法。

　2. 字詞判讀

　　原名稱為「小組共讀」。由教練帶領小組輕聲齊讀課文。主要在讓小組成員詳細閱讀文章，彼此提醒正確讀音，並確實識字（字形、字義）及詞——生難字詞。此步驟的重點為「字詞判讀」，主要為小組共讀，但有些學生已可自學處理。因為在形式上有小組討論也有自學，所以將步驟名稱改為「字詞判讀」。完成的小組，若課文是白話文，進行處理「白話文補充解釋單張」；若課文是文言文，則進行處理「文言文詞性解釋單張」和翻譯大挑戰。主要在讓小組成員瞭解課文整個內容。

　3. 基礎提問

　　採用教師備課前所設計的基礎題。基礎提問進行方式有四種：搶答、小組討論後指定角色回答、小組討論後抽籤回答、小組討論後各組推派代表回答。基礎提問主要在讓學生能夠檢索並理解文章的訊息，在接下來的心智繪圖步驟中，能劃出「我見」的層次。即掌握文章主題訊息的脈絡——意義段。

　　因此，基礎提問在理解訊息主題，認識文本架構，是基於文本認識作者觀點。

　4. 心智繪圖

　　心智繪圖是要讓學生繪出「我見」的層次，也就是文章的結構和重要訊息。這個步驟需要老師逐步引導，帶領學生練習心智繪圖的技巧。引導的方式有兩種：

　　(1) 結構表引導

　　首先是自然段訊息提取，即帶領學生依序提取文章自然段的主要訊息，也就是段落的事實摘要。（參閱王政忠，2016，第185頁圖）

　　其次是意義段主題統整，即針對若干自然段性質相同者，形成更上一層的概念，成為意義段。透過上層概念的思考，引導學生對敘述性質相同的事實或現象（情緒），形成一個主題（意義段名稱）。（同前，第186頁圖）

　　第三是文章結構表轉化為心智繪圖，即針對上述意義段之分析，畫出心智繪圖。（同前，第187頁圖）

　　心智繪圖的結果呈現，在自學組學生可利用Whiteboard獨立繪製，並傳給老師；共學組學生則共同繪製，拍照傳給老師。經過老師點評後，再進行下個步驟——口說發表。

(2) 分層提問引導

　　此種方式引導心智繪圖，是在學生有結構表引導心智繪圖的經驗之後。

　　教師透過基礎題的提問設計，逐層帶領學生明白「基礎題」與「我見」的關係。首先，教師逐題發問，各小組逐題討論，獲得最佳解答。其次，引導各組學生參考其解答，共學以繪出心智繪圖的結構。如此依據基礎題的設計（根據課文結構設計），繪出第一、二、三……層的心智繪圖。（同前，第188-190頁圖）

　　在P3進程中，因小組教練進入自學階段，且其他成員也熟練心智繪圖的技巧，可共同學習來完成，不必老師引導。因此，第四個步驟變成「自學共學」。

5. 口說發表

　　各組針對心智繪圖的結果，在全班面前做口頭發表。教師視小組心智繪圖狀況，越完整越後面報告。發表的程序是：教練或明星球員介紹主題架構；接著，老闆和黑馬說明內容；最後，教練或明星球員再做結尾或補充。發表時，老師與發表者同時面對聽眾，時間以3分鐘為限，至多4分鐘。

　　在此步驟中，自學組學生用Explain Everything錄製口說發表。錄製完後，透過雲端繳交給老師。共學組則上臺口說發表，經老師點評後，於課後錄製個人的口說發表，上傳雲端繳交給老師。換言之，每個人都可練習口說發表，又不會占課堂太多時間。

小組口說發表時，同時也進行同儕評論和教師點評。同儕評論應依
「讚美—建議—鼓勵」的三明治回饋方式。

6. 挑戰提問

此一步驟主要在讓學生更清楚文章字詞性質與用法，以及對文章內
容有更深一層的解讀、體會或思考，以進一步完成心智繪圖「我想／我感
覺」的層次。此一步驟要處理的有二項：

(1) 「文言文詞性解釋單張」或「白話文補充解釋單張」

此資料學生每人一張，並於課前大致完成。前者由教師帶領學生，逐
一確認詞性或解釋是否正確。後者也是由教師帶領，刪除課內（白話文）
解釋無須測驗的部分，通常是動詞、專有名詞及簡單的形容詞與副詞。

(2) 挑戰題提問

依據教師備課所設計的挑戰題，有三種類型的問題：a.一定會在課堂
處理的問題（閉鎖式問題）：讓小組討論、發表，經老師統整確認後，寫
在挑戰題單張上。b.可作為回家自學的題目：若在課堂進行，不必討論，
由個人思考作答後，採自願發表或抽籤發表。c.一定回家自學的題目：完
全屬於個人觀點的寫作練習。

挑戰題提問的任務在透過讀寫合一、觀點探究及跨域延展，而有多元
觀點，並連結外部資源，如文章、影片等。

7. 自學作業

MAPS的自學作業有：(1)課前形音貼貼；(2)課前閱讀課文；(3)課前
閱讀老師提供的作者或國學資料；(4)文言文詞性解釋單張，皆已在前述
步驟完成。

此處的自學作業是將老師指定的挑戰題（三至四題為原則），書寫於
挑戰題單張上。並根據這些指定的挑戰題，完成心智繪圖的「我覺得/ 我
想」。完成後，要求學生對挑戰題的理解、解釋及答案，加上自己的思辨
和觀點，用短文的方式書寫在心智繪圖的背面。這樣的練習，在讓學生藉
由每課文章的心智繪圖，連結到書寫表達，以提升寫作能力。

8. 總結後測

此步驟先對單元做總結，然後再做後側。

總結是利用教師備課的心智繪圖，對課文再次總結說明，以及需要補救或延伸文章之內容。此時也可介紹學生優秀的心智繪圖作品，由學生介紹或老師講評優點。總結後測主要是針對課文的形音義部分、課文後面的應用練習及習作內容作評量。有兩項評量：

(1) 形音後測

將形音前測題目順序打亂，並增加一倍題目。學生若未達標，須在學期結束前利用課餘，找國文小老師進行補測。

(2) 詞義測驗

包括白話文補充解釋、白話文課內解釋、文言文重要詞性和關鍵字詞解釋。此項測驗每一角色的標準不同，如表9-3。

表9-3　詞義測驗不同角色在各進程的標準

進程 角色	P1進程 答對百分比	P2進程 答對百分比	P3進程 答對百分比	P4進程 答對百分比
教練	85	85	85	85
明星球員	75	75	80	85
老闆	70	70	75	80
黑馬	60	60	70	75

資料來源：王政忠，2016，204頁。

9. PISA後測

PISA是「國際學生評量計畫」（Programme for International Student Assessment, PISA）的英文縮寫。此計畫係針對15歲學生，每三年評量其閱讀、數學及科學基本素養，每次側重一項重點領域。2018年的重點領域為閱讀。

王政忠在此步驟，是採用類PISA形式的題目，進行每課文章閱讀理解的後測。題目是來自基礎題、挑戰題、教師發想及坊間參考書的學習提

問單。

　　「PISA後測」調到最後一個步驟，是要把PISA後測的日期再拉長，即在完成課文教學後的一至二週再進行PISA後測。此測驗於課堂上進行。

　　測驗結果以等第評定學生答題表現，A為充分理解，B為大致理解，C為需要補救；若特別好的，則為A+。評分後的處理有兩種情形：（王政忠，2016：201-203）

　　(1) 個別題目得C

　　若學生個別題目得C，則須參考同組或其他人得A+的答案；若全班有四分之一以上學生該題得C，則進行補救教學。

　　(2) 總分得C

　　若人數少於四分之一，則進行個別補救；若在四分之一到三分之一，則請同組教練或得A+同學給予指導；若超過三分之一，則對全班依題目需要進行再教學，並以選擇題，於下個步驟進行後測。

　　上述是MAPS教學法進程P1的教學步驟簡要說明。此外MAPS教學法，需要學校行政的支援。例如：在課堂教學中，小組獲得的點數，並非用來轉化為平常分數，而是透過學校的學習護照登記，依照點數換取二手商品。這種設計，在偏鄉物質缺乏的學校可行，在都會地區學校，可能無法複製。

　　其次，MAPS教學法也需要志工小老師來指導。例如：在學期結束前，形音後測若未達標準的學生，則須於寒暑假到校，由校內服務志工或爽中青年軍（爽文國中畢業校友）協助輔導，直到精熟過關為止。

(三)P2到P4進程教學內容之調整

　　MAPS教學法有四個進程，初次接觸MAPS教學法的班級為P1進程。前面「(二)教學流程」是進程P1的教學過程簡要說明。

　　隨著MAPS教學進程的推展，學生的學習成熟度與自學能力提升，就逐漸進到P2、P3及P4。這三個進程的教學步驟內涵逐漸提升，其改變情形簡要歸納有五項：

1. 評量的標準提高

在形音前測方面：P2階段的老闆提高5%，黑馬提高10%；P3階段，老闆與黑馬再提高5%；在P4階段，明星球員與黑馬各提高5%。總結後測的詞義測驗方面，明星球員、老闆及黑馬，測驗的標準也逐次提高。除了量的提高外，在質的要求也提升：P4的自學作業「我感覺／我想」的短文，要求文字敘述流暢、內容豐富完整、更有獨立思考。（參閱表9-2和9-3）

2. 抽離自學

隨著學習的進展，學生熟練MAPS學習步驟的作業要求與自學能力提升，不同角色的學生，可逐漸抽離小組而獨立學習。例如：在P3的心智繪圖步驟，教練抽離自學獨自完成心智繪圖，其他成員則共同討論完成心智繪圖，此步驟變成「自學共學」。在P4步驟二原為「自學課文」，是指教練和明星球員都抽離自學，而老闆和黑馬也可以自學處理白話文補充解釋。即在形式上小組成員都可自學，但後來名稱都改為「字詞判讀」，以活動的實質為名稱。

3. 增加難度

學習內容難度增加包括三方面：(1)擴大範圍，如P2的基礎提問，合併二至四個問題，以便嘗試更大範圍的訊息提取。(2)增加內容，如P3的基礎提問，增加閱讀理解的專有名詞，如，內隱訊息。(3)提高層次，如P3的PISA測驗，增加跨文章閱讀比較的題目。

4. 教學節奏加快

如同學習音樂，熟練節拍與旋律後，演奏（唱）的速度就可正常或加快。MAPS教學中，學生逐漸熟悉教學步驟中要處理的任務與作業的要求，且學習能力逐漸提升，教學節奏就變快。例如：在P2到P4的挑戰提問，皆逐漸加快「文言文詞性解釋單張」或「白話文補充解釋單張」的處理速度。

5. 逐漸增加自己的觀點

　　MAPS教學法進程P1階段，主要依據老師設計的問題，引導完成心智繪圖。到P2以後的進程，則要求小組或個別學生有自己的觀點。例如：在P2的心智繪圖，提示學生不一定要依據老師設計的提問架構，小組可討論不同的架構完成心智繪圖。在P3的挑戰提問的問題設計，也逐漸增加讀者的觀點、思辨、評鑑，以及多文章閱讀比較的題目。

　　以上為MAPS教學法簡要介紹。若要運用此方法，教師本身和學生要有相當的準備。在教師方面，要有充足的學科專門素養，熟悉MAPS教學方法與操作細節，並充分備課；在學生方面，要充分瞭解差異化的教學安排、精熟標準及同儕教導的價值。若教師準備不足，學生未能充分理解，則好的教學方法，學生也會抗拒，家長會反對。

　　MAPS種子教師石佩玉經驗指出：一開始在自己七年級導師班和九年級班實施，因當時不得其法，做得不是很好，這一年顯得有點混亂。（王政忠，2020：52）但她還是繼續嘗試，持續學習，並和夥伴一起走下去，成為MAPS的種子教師。

　　因此，教師在運用MAPS教學法前，應進一步閱讀《我的草根翻轉：MAPS教學法》（王政忠，2016），以及其他著作。除此之外，也應參加MAPS教學法的研習、工作坊（夢的N次方）、進行觀課與討論等。「閱讀」僅獲得教學法的顯性知識，透過實務教師的教學、經驗分享與討論，才能瞭解和體會細節的操作──隱性知識。

六、MAPS教學法的應用與限制

　　MAPS教學法，是王政忠老師在國民中學的國文教學經歷中，經過十年多嘗試修改發展而成。此一教學方法發揮了語文科教學的成效，受到教育界的肯定。目前在中小學教學現場，有一些採用MAPS教學法進行研究的學位論文。主要運用在國語文學科，但也有運用到社會、英語、地球科學及體育的教學。

　　在「臺灣博碩士論文知識加值系統」，以「MAPS教學」為標題和關鍵字搜尋結果，有17篇學位論文（110.3.4）。應用的學校層級，國小有9篇，國中有7篇，高職有1篇；教學的領域，國語文有14篇，英語有1篇，

社會有1篇，地球科學有1篇。足見MAPS教學法已廣為運用到中小學各領域的教學。

　　然而，MAPS教學法對初次運用的老師而言，需要花很多時間編製補充教材和設計提問，過程中需要較多時間來引導；心智繪圖和口說發表要一些時間和練習；同儕鷹架更須在教學前，對學生鋪陳「教導他人的價值」。因此，還不熟練的教師，可能會有一些問題產生。

　　例如：許慈祥（2020）在國中國文教學行動研究中發現MAPS教學的難點有：(1)小組討論時間掌握不易；(2)繪製心智圖對學生來說不是一件容易的事。當架構和內容細節多時，就會有困難。又如，王婉怡（2016）則在國文教學行動研究中發現：(1)小組成員會排斥學習成就低的學生；(2)心智圖的海報繪製與發表，會壓縮到下一單元的教學活動時間；(3)小組討論不夠充分，師傅指導徒弟技巧不足。

七、結語

　　MAPS教學法是以提問策略、心智繪圖、口說發表及同儕鷹架四個核心，採取異質小組合作協助的策略，分四個學習進程，九個教學步驟。教學前有明確的課文備課項目，教學步驟也有詳細且特殊化的實施內容，是適合國語文的教學方法。此教學方法能提升學生的國文閱讀、口語表達及寫作能力；在過程中能培養學生合作能力，並有多線學習同時並行、同儕協助及獨立學習，發揮個別化（差異化）教學的功能，「讓不會的變會，會的更加深入」。

第二節　學思達教學法

　　學思達（Sharestart）是在這一波翻轉課堂（flipped classroom）教學革新中，頗受肯定與倡導的教學方法。學思達是從訓練學生自「學」、閱讀、「思」考、討論、分析、歸納、表「達」、寫作等，以培養學生多元能力的教學法。此教學原自張輝誠幼年的學習過程與經驗，以及從事教職過程的思考、觀察及啟發，並經十七年的實踐、省思及修調，發展出自己的一套教學方法。（張輝誠，2015：24-86）

一、學思達教學的形成與意義

(一)學思達的形成

　　張輝誠自臺灣師範大學國文系畢業後，在信義國中擔任教職。他拋棄填鴨式教學，著手自己的創新教學實驗，但幾乎慘敗收場。（張輝誠，2015：16）

　　後於1999年進入臺北市中山女子高級中學，擔任國文科教師。期間持續至臺灣師範大學國文系進修獲得文學博士。博士班進修期間，到大學兼課，重啟學思達實驗，前後約七、八年成熟後再複製到高中教學現場。（張輝誠，2015：17）

　　學思達教學的形成，據張輝誠（2015：50-59）的自述來自五個刺激：

　　第一，北京市第四中學開放教室，讓參觀者到任一教室聽課（後來也限縮了）。

　　第二，受到佐藤學教學主張的激盪。佐藤學認為應將教學歷程中，教師單方面的「教」（教授），扭轉成著重學生學習的「習」（學習），唯有讓學生自主、思考、體驗、討論等的學習，才能把「從學習中逃走」的學生拉回來。佐藤學另一項主張挑戰了教師，但也受到肯定，即每位教師至少一年要開放自己的教室一次，讓全校老師、外地老師、社區人士及各種人來參觀。

　　第三，中國好聲音選秀的競合形式。此競合形式是：參賽者兩兩一組合唱一首歌，但只能有一位勝出。在此情形，合作讓力量變大，競爭又激發彼此進步。因此，思考這種「既合作又競爭」的機制，如何運用到班級教學。

　　第四，學生當評審，學習位階變高。張輝誠在大學兼課的「小說與電影」教學中，要求學生寫一篇小說和拍一部微電影，並讓學生當評審。發現效果很好，學生可以學習更廣、更深入。這種學習是創造和評鑑層次的充分應用。在教學上，教師有時也要求學生嘗試出題目。學生學會出題目前，必須對學習內容充分瞭解，並達到應用、分析、評鑑及創造層次。

　　第五，學生專注聽講做筆記的精神。有一年為兩個班製作大考作文講

義。上課時全部學生十分認真聽講做筆記。他一方面深受感動，另一方面
自覺自己像補習班老師，在大考前抓重點。因此，期望自己的教學，每一
堂課學生都有如此的專注精神，但不會感覺像補習班老師。

　　張輝誠擔任教職，就一直想擺脫填鴨教學。開放課堂教學並將學習
權還給學生，摸索十五年，於2013年9月開始提倡「學思達教學法」。並
決定打開教室的門，將課表公布在自己的臉書上，隨時歡迎任何人進入教
室觀課，是臺灣教育圈「隨時開放教室」的第一人。（張輝誠，2015封
面；賴若函，2014）

　　因此，學思達教學方法的形成，是張輝誠在高中國文課的教學過程
中，經過十五年的磨練形成的。

(二)學思達的意義

　　依據張輝誠（2015：50）對學思達教學的說明，加以簡要歸納：學
思達教學是透過製作以問題為導向的講義，並運用小組之間既合作又競爭
的學習策略，將學習權交給學生，從訓練學生自「學」、閱讀、「思」
考、討論、分析、歸納、表「達」、寫作等能力之過程，提升學生學習興
趣，增進學生閱讀、思考、表達、寫作等綜合能力。

　　分析學思達教學有幾個性質。一是以問題為導向的教學：學思達透過
教師設計有系統的問題，以引發學生思考。二是依據問題導向講義引導學
生自學：學思達的教師必須會製作講義，此講義以問題為主軸，讓學生帶
著問題意識閱讀講義，以引發學生自學的好奇心。三是運用小組之間的合
作與競爭來學習。

二、學思達的理念

　　學思達教學是用豐富多元的文章、講義及層層遞進的問題，在師生對
話與小組討論激盪中來完成學習。（張輝誠，2015：19）而其教學的理
念——基礎核心概念，據張輝誠（2015：89-98）自己的歸納有兩點。

(一)讓學生成為學習的主角

　　張輝誠認同佐藤學的觀點：讓學生成為學習主角，唯有學生自主，且

充滿思考、體驗及討論的學習，才能把「從學習中逃走」的學生拉回學習的行列。因此，教學過程中，如何讓學生成為主動學習和動腦思考者，是重要的課題。

在訓練學生思考中，張輝誠持續十多年的實驗。在國文課的白話文教學中，提出三個問題：作者表達什麼觀點？作者用了什麼寫作技巧？你怎麼看待這篇文章？然後要求學生回答，實際成效有限。

後來，在教學過程中讓學生互評、學生佳作共享、自我介紹等，讓學生成為學習的主角。本此理念，持續思考如何讓學生上課不打瞌睡。他認為翻轉教學的原始模型是：一個問題刺激思考，一個問題讓位置對調，一個問題讓講述權轉換，一個問題讓學生精神振作。即製作有啟發性的問題讓學生思考，然後將教學焦點轉到學生，讓學生回答、討論及陳述，以此歷程提振學生學習興趣。

(二)引發學生好奇心和思考

好奇心和思考，才是學生學習最佳的動力。張輝誠小時候參加猜燈謎，著迷於猜燈謎的場景吸引人，認為翻轉教學的教學現場應當類似猜燈謎的場景。老師的教學要轉換成主持人，課堂不要僅只講述滔滔不絕，而是著重在事前的準備工作，製作好的問題（像燈謎題目），誘發學生好奇心；然後提供足夠資料，讓學生自行閱讀、分析、思考、判斷，最後才上臺發表（燈謎答題）。因此，如何引發學生的好奇心和思考，是教師很重要的任務，也是學思達的理念。

張輝誠此兩項理念，其目標在培養學生自學能力。加上現在網路的發展及行動載具的普遍與方便，學生獲取資訊很容易，學校功能受到很大挑戰。因此，更顯示培養學生的自學能力，是學校教育、教師教學的當務之急。（張輝誠，2018：51）

三、學思達教學前的準備

任何新的教學法之運用，應有一些準備工作，尤其是初次使用。學思達教學是在進行翻轉教學，要讓學生成為學習主角並引發學生好奇心和思考。因此，教學前的準備很重要。張輝誠（2015：103-114）認為有三個

關鍵因素：

(一)全新製作以「問答題為導向」的講義

　　學思達強調教師製作講義。講義的製作是在補足課本資料的不足，或學生看不懂。學思達的講義是以問題為主軸的講義，包含三部分：一是設計問題，依據教科書並考量學生的能力，將教材切成小單元，設計問答題引導學生自學。二是補充自學資料，包含文字、圖像、音樂、影片等，讓學生有足夠自學閱讀資料；甚至補充更多課外資料，擴大學生閱讀廣度。三是連結評量測驗，將教師的題庫連結到講義的每一個知識點（單元）。（張輝誠，2018：76-77）

　　問題的設計通常包含三部分：學習指引、問題思考點及教學形式。（張輝誠，2018）

1.學習指引

　　即明確告知學生的自學方向、內容與範圍，包含課本、補充資料及網路相關的學習資源。

2.問題思考點

　　首先，要分析學生的程度和能力；其次，問題的設計要與講義的補充資料產生連動關係；第三，教師判斷學生看不懂課本資料，應在問題下方加以補充註解，甚至敘述自身體會，再提問學生。

3.教學形式

　　學思達的教學流程，會因問題的性質不同而有所調整。因此，設計問題時，可同時將上課的流程和形式交代清楚。現舉張輝誠（2018）的一個簡要實例：

　　「請閱讀課本的十三、十四頁、備課用書的三十二頁第二段、底下講義補充資料及相關網址資料。（學習指引）請問四位作者的主要論點為何？你贊成哪一位作者的觀點？為什麼？（問

題思考點）此題請先自學後再小組討論。（教學形式）」（107頁）

　　學思達製作的講義應當偏向高層次的學習，如應用、分析、評鑑及創造；至於較低層次的記憶、理解或應用，就直接提供完整的資料給學生，或者讓學習落後者回答這些問題。

　　講義的製作，還須將課本的知識，與學生的生命、處境及現實發生關聯——即統整學生的生活與經驗。並從課本開始，延伸到課外；從簡單逐漸加深、加廣，並考慮學生的程度。學思達講義是教師精心補充的「各種說明、註解、闡釋某項知識單元的完整資料，讓學生從資料閱讀中可以回答問題。」

(二)學生分組

　　在班級教學中的學生分組，應以異質分組為原則。學思達教學的分組，採4人一組為原則。在行列式的座位下，以鄰座前後4位學生為一組，前面2位學生向後轉即可進行4人討論。另外，也可參考「大聯盟球團選秀分組法」（張輝誠，2015：240-243），此種分組也符合異質分族。

　　分組完畢，教師須製作可供一個月評分用的評分表，交給組長。且各組組長都有其他各組名單，讓各組可以互評。

　　各組互評的設計：教師每抽一位學生上臺，各組長依上臺學生發表情形給1-3分，並參酌同組其他成員之補充酌予加分；若上臺同學無法回答且同組成員也無法回答，則為0分。一段期間後，加總各組的得分，依分數高低排序名次。依名次高低給予整組學生該次的平常分數。張輝誠的作法是：最高組給98分，第二高給96分，依次遞減。（張輝誠，2015：106）

　　透過這種分組學習與競爭評比，以激發學生的學習動力。全班在這種得分與評分的機制下，講述與補充積極用心，聆聽也很專注。

(三)教師引導

　　教師要運用學思達教學，首先要讓學生瞭解學思達是什麼？其次讓家長支持教師教學的改變，而最重要的是教師上課過程中引導歷程。

1.讓學生認識學思達

　　教師首先要向學生說明，教學上即將有所改變，以及改變的原因。讓學生瞭解這種改變不只是為了考試分數，更重要的是能力與未來。其次，說明學思達教學的理念、教學的過程及未來同學應改變的學習習慣。（張輝誠，2015：219）

2.寫信給家長

　　寫信給家長，主要在傳遞老師的教學理念，並簡單說明即將採行的學思達教學。學思達是透過教師教學方式和學生學習習慣的改變，在培養學生關鍵的能力。期望獲得家長的支持，學齡越低（國中小階段），更須家長的配合與協助。（張輝誠，2015：220-227）

3.教學過程的引導

　　教師以製作好的題目為開始，可先來個引起動機，再拋出問題。善用發問技巧，如高原式策略、尖峰式策略；反問、轉問等。學生回答不完整就加以匡補，學生回答有深度就加以探究。當學生回答正確，就以高昂的語調和不老套的讚美詞，給予肯定，同時加上誇張的肢體動作。

四、學思達教學流程

　　學思達的教學是以「問答題為導向」的講義進行教學，每一個問題都進行下列五個流程的教學。（張輝誠，2015：110-114，2020a, 2020b）

(一)學生自學

　　學生閱讀教師編寫的單元問題講義或課文。除部分講義須於課堂中閱讀外，大部分講義可事先給學生，或建置在網頁上，讓學生於課前在家預習。教師也可運用現有的網路影片，作為學習的材料。要引導學生自學，

可透過教師的提問以引起學生的好奇心；或透過講義設計的問題，誘發學生找答案的欲望以閱讀講義。（張輝誠，2018：61）

　　學思達五步驟當中，什麼都可以省略，就是「自學」這個環節不能省略。然而，如果學生還沒有自學習慣與能力，尤其學齡越低者，教師要做的是製作符合學生能力的學思達講義。將「教師統整」和「學生自學」結合在一起，即教師先講解，再帶領學生自學，逐漸訓練學生自學。

(二)思考問題

　　通常學生自學閱讀材料，並不一定會帶來思考。學思達教學的任務在此就是要激發學生思考。思考可以是學生自己產生，也可以是由老師所誘發。這個步驟是透過學思達講義中設計很多問答題，以誘發學生的好奇心。學生帶著問題意識閱讀講義，就會有意識地停頓、聯想、探索等，試圖找到答案或解題，藉此誘發學生的思考。

　　然而，有時候教師設計的並不是「問題」，而是「任務」，而這個任務又必須團體討論。因此，有時候「思考」的流程就可省略。

(三)小組討論

　　小組討論以4人為原則，依行列式座位緊鄰之前後4人為最適宜。當學生對問題有所思考，並試圖找答案或解題時，但不一定每位學生都能解答，或者能解答而不知是否正確，或者是否有不同的解答；這時，透過小組討論，就可相互學習，激發出不同的想法。小組討論同時可訓練學生團隊合作，增進小組成員感情，並練習分析、歸納及統整的能力。

　　學思達教學的小組討論步驟，有時也可省略。當有些學思達講義上的問題並不適合學生小組討論，在課堂實際操作時，就可以直接省略「小組討論」這個步驟。

(四)學生表達

　　小組討論有所得，即進行學生表達──回答、發表、報告等。此過程在瞭解學生的學習情形與結果。若學生回答正確，教師應給予熱情的讚美和肯定；若提出的答案很好有深度，還應進一步引導探究；若答案有誤，

則藉此瞭解錯誤之所在，即時給予回饋或輔導。

在此過程，通常運用抽籤方式讓學生回答問題。學生回答的情形，代表整個小組的成績，因此不會隨便回答；同時小組成員也可代替回答或加以補充。另外透過不斷有學生回答或報告，可以相互觀摩，增加學生的表達能力。

學生表達也是小組評分時刻。由各組組長針對被抽到的學生或對補充者所發表內容進行評分。評分方式可按照前述「三、(二)學生分組」的「各組評分設計」來評分；或者參考其他計分方式，例如：海螺計分法、撲克牌計分法、舉手計分法。（張輝誠，2015：243-248）

在教學實務上，有些問題屬於基本的知識，淺顯易懂、或者只需要說出答案即可，不太需要「學生表達」。因此，就可省略「學生表達」這個步驟。

(五)教師統整與補充

學生在前一個步驟的回答、發表或報告，如果都很完整且正確，教師的工作就是加以歸納，讓學生獲得整個問題的綱要或圖像；或進一步加以統整，以連結舊知識和生活中的經驗。如果學生回答不完整或有迷思概念，教師則須加以補充說明或加以澄清。

學思達的每一問題講義，都須經這五個步驟重複進行。一堂課約可討論三到四個問題，視問題的範圍、重要性及難度。教師若不讓教學進度延宕，可將學生自學和思考問題的部分，要求學生事先在家預習與思考，課堂上從小組討論開始，則可加快上課的節奏。

有時候，學習材料的問題很簡單，或是學生回答時都已經表達得很完整，或者講義設計得很好，學生都懂。這種情形，「老師統整」的步驟就可省略。

上述學思達五個步驟的教學，並不是僵固不變，而是根據知識點、課堂時間、想要達到的學習效益及教師評估教學現場情況等因素，自由調整。（張輝誠，2020b）

五、學思達教學的應用與限制

　　學思達是張輝誠老師為改變高中的國文教學，經過多年的嘗試、摸索而自創此教學法。雖然是從國文課的教學中所發展出來的教學方法，然其五個過程能通用到各科教學。而其教學的成效也受到企業界和教育界的肯定與支持，因此，發展迅速。

　　2013年張輝誠開始推廣學思達，號召熱血教師率先投入學思達教學，進行數百場演講、舉辦數十場教師培訓坊。目前的發展已橫跨幼兒園、小學、國中、高中，以及大學不同學科的教學。2014年，張輝誠老師與郭進成老師組建臉書「學思達教學社群」，目前已經有超過45,000位老師、家長、學生、學者進行教學專業討論。（學思達編者，2020）

　　此一教學法翻轉教師單向的「教」，轉變為學生自主「學」習。學思達教學的提出，受到許多教師的認同，參加學思達演講和工作坊。學思達不僅在臺灣生根，也可以教育輸出，推廣到香港、澳門、新加坡、馬來西亞、中國、汶萊、印尼、緬甸、泰國等地。（張輝誠，2018：16-18；學思達編者，2020）

　　在國內，中小學及大學的教學現場，也不乏採用學思達教學方法。而運用學思達教學研究的學位論文也不少。搜尋「臺灣博碩士論文知識加值系統」，以「學思達」為標題和關鍵字搜尋，有53篇學位論文（109.11.30）。在這53篇學位論文中，研究對象的學校層級中，高中職有13篇，國中有19篇，國小有18篇，大學及成人有3篇；應用的學科，國語文有15篇，數學有8篇，社會有5篇，藝術與人文有4篇，英語文有3篇，科學有2篇，批判思考有2篇，其他的有14篇。顯示學思達教學已廣泛應用到各級學校，各領域的教學。

　　然而，學思達教學也有其侷限性。例如：有教師在學思達教學行動研究中，歸納其實施的困難有兩類。在教師教學方面有：教學時間不足、教材設計困難費時、教學時間掌握不易、小組討論情形難以掌控、教學設備落後等；在學生學習方面有：欠缺討論技巧、學生欠缺整合歸納技巧、自學與思考習慣養成不易、特教生學習成效有限。（林佩樺，2016；陳姵樺，2020）不過，這些困難，正是學思達教學的教師須增能之處，包括講義製作力、問題設計力、主持引導力、對話統整力及班級經營力。（張

輝誠，2018：41-48）

六、結語

　　學思達教學方法主要有五個步驟：自學、思考、討論、表達及統整（補充）。其步驟名稱以能力來命名，前四個步驟以學生為主體，統整則以教師為主體。學思達特別強調自學能力的重要：「所有的思考、討論、合作、競爭、表達等訓練，都是為了建立、確定、深化『自學』能力的輔助過程」（張輝誠，2015：145）；且學思達教學五步驟中，什麼都可以省略，就是「自學」這個環節不能省略。（張輝誠，2020b）

　　然而，就教育的價值來分析，自學是為了培養思考和表達；自學是工具性價值，思考和表達才是目的性價值。換個角度來看，思考能力應是核心；具備思考和省思能力，學生才體會學習價值，是學習的契機。但就培養學生能力的重要性言，自學、思考及表達應都同等重要。

肆 教學理論篇

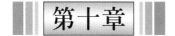

Gagné的教學理論

◆ 本章內容
　第一節　學習的性質
　第二節　學習的結果與階層
　第三節　學習的條件
　第四節　學習的內在歷程與教學

　　Robert M. Gagné（1916-2002）是美國心理學家和教育學者。他在早期屬於行為學派，強調安排適當的外在學習條件，以促進學習；晚期則趨向認知心理學，主張以訊息處理模式解釋人類的內在學習歷程，並提出與內在學習歷程相應的教學活動。（張新仁，2003：252）其學習與教學理論，主要有下列五項：(1)訊息處理模式（information-processing model）；(2)學習結果（learning outcomes）；(3)學習階層（hierarchy of learning）；(4)學習條件（learning conditions）；(5)學習內在歷程（internal process of learning）與教學事件（instructional events）。

　　本章分四節，第一節學習的性質，敘述學習促進發展，以及學習是訊息處理的歷程；第二節介紹學習的結果與學習的階層；第三節分析學習的條件；第四節說明學習的歷程與教學。

第一節　學習的性質

一、學習促進發展

　　人類的發展受到生理和心理成熟的支配，需有某種成熟準備度才能學習，例如：小學低年級，手腕和手指小肌肉控制還不是很靈巧，不宜寫小楷書法。也要達到某種認知發展階段，才能學習相應的事物，例如：7歲左右的兒童是Piaget認知發展階段的具體運思期（concrete operational stage），雖會運用一些符號，但也不宜教導代數。這顯示，學習須有個體發展的基礎，不宜躐等躁進（跨級），這是事實。但是透過學習來強化下一個心智發展，應是教育的任務。

　　因此，Gagné認為學習在個體發展上扮演重要的角色，「行為的發展係導源於學習的累進效益」。而學習在個體發展上的重要性，從學習的二項特徵顯示出來：（引自吳幸宜譯，1994：156-157）

　　第一，人類的學習並非由孤立的資訊單位組成，相反的，大多數的學習都可以類化到不同的情境。學習的類化也就是一般所說的學習遷移，將所學的知識應用到類似的情境，尤其是日常生活中。例如：學會加減計算，到超商買東西會算找零錢；學生練習硬筆字有助於寫書法；學會面積計算和單位轉換，就會算出住家面積有幾坪。

　　第二，學習是累進的，許多已習得的知識技能，有助於複雜知識技能的學習。例如：學會加法、減法計算，有助於乘法、除法的學習；學習因數、倍數，有助於分數加減的學習。學會造詞、造句，才進而寫段落和文章；乒乓球先學習正手攻球，才學習反手攻球，再左右攻球結合。學習是累進的，另一層意涵是應提供一種有次序的學習教材。例如：容積學習的順序，依次是長、寬、高、面積、體積、容積；即擁有長、寬、面積、高、體積的先備知識，累積這些知識則可學習複雜概念「容積」。（引自吳幸宜譯，1994：157）

二、學習是訊息處理歷程

　　訊息處理是人類接收環境各種刺激的訊息，經過大腦認知運作的歷程。Gagné從訊息處理的觀點，解釋人類的內在學習歷程。據此，他提出

訊息處理模式。此模式在說明人類的五種感官接收到外在環境的訊息，登錄（傳送）到大腦，形成短期和長期記憶。有些是透過短期記憶，直接到反應器官，產生動作；有些則是透過長期記憶，到反應器官，產生動作。而外界的訊息能否成為學習者的長期記憶，學習者的期望是重要的角色；學習者的反應器官是否要有動作，則端看學習者的執行控制（大腦）而定。如圖10-1。

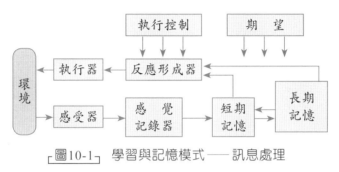

[圖10-1]　學習與記憶模式 ── 訊息處理

來源：Gagné, Briggs, & Wager, 1992, p. 9；張新仁，2003，253頁。

此訊息處理模式需要加以說明，有五個主要機制。（王秀玲，1990；吳昭容、張景媛，2000；張新仁，2003：252-256；Gagné, Briggs, & Wager, 1992: 11）

(一)感受器與感覺記錄

感受器接收到環境的刺激，並將訊息登錄起來。感受器是指個體的五種感官──眼、耳、鼻、舌、身。這五官是人類接收外在環境刺激或訊息的通道。然而就一般學習言，訊息刺激大都為眼（符號、文字、圖形）和耳（聲音）兩種感官刺激。外在環境的刺激或訊息為感官所注意並加以記錄，才能進入到腦的短期記憶；其他無關的刺激，就視而不見、聽而不聞。

(二)短期記憶

感覺紀錄器選擇性地將訊息儲存到短期記憶。短期記憶（short-term memory, STM）是指學習者從環境接收到的刺激，經過訊息轉換，在腦中

只能維持短暫的停留。短期記憶大約維持20秒左右。例如：當朋友告知你要的電話號碼到按鍵撥號，這短暫的時間是靠短期記憶。若按鍵撥號前被他人打斷或有事延宕，就忘記此電話號碼。

　　短期記憶的容量也有限。根據P. H. Miller的研究發現，一般人在快速瀏覽下只能記下七個數字，個別差異為五到九。即短期記憶容量為七加減二（7±2）。（張春興，1996：226-229）而從長期記憶裡，提取與學習有關的舊訊息，送到短期記憶中處理，即所謂的「工作記憶」（working memory）。

　　在學校，教師訓練學生以複誦（rehearsal）的方式來記憶。學生在複誦中將記憶的單字、數字及事項，短暫儲存在記憶庫中；但受到新資料的輸入滿檔，短期記憶則容易遺忘。因此，個體必須採用記憶策略，才能使短期記憶保存長久。

(三)長期記憶

　　長期記憶（long-term memory, LTM）是在短期記憶未消失前，運用記憶策略，將訊息保存成為永久記憶。從短期記憶到長期記憶的歷程，如果學習者學會將某些知覺特徵，轉換成概念或有意義的編碼（encoding）形式，再加以練習複述；或將訊息與舊經驗連結產生新知識，則可變成長期記憶。因此，學習者要運用編碼、意義化、複習、新舊連結等記憶策略，短期記憶才較有可能進入長期記憶。

(四)控制歷程

　　控制歷程是指學習者接收環境種種訊息後，到如何進入長期記憶或行為反應，學習者主觀心理主宰的過程。此歷程乃透過「執行控制」和「期望」的運作組織，促使學習者產生合宜的行為反應和有效完成內在的學習歷程。「執行控制」是引導學習者的注意力，決定如何進行編碼，如何檢索提取，或如何組織反應系列。「期望」是指學習者想要達到自己或他人所訂學習目標的一種特殊動機。

(五)反應形成與執行器

對外在環境的訊息刺激，進到短期記憶或長期記憶，個體是否作出反應，須經「執行控制」的篩選。若大腦連結到過去的經驗或訊息，認為應做出反應，則指揮反應形成器做出反應動作 —— 如回答問題或反拍擊球，嘴巴和手（執行器）則做出反應的動作。人類的行為動作大都很複雜，一種反應動作須身體其他肢體或臉部表情的配合。

第二節　學習的結果與階層

一、學習的結果

Gagné認為學習者在學習的結果，可分為五方面，包括心智技能（intellectual skills）、語文訊息（verbal information）、認知策略（cognitive strategies）、動作技能（motor skills）和態度（attitude）。（王秀玲，1990；吳幸宜譯，1994：162-167；張新仁，2003：256-260；Gagné, Briggs, & Wager, 1992: 43-49）說明如下：

(一)心智技能

心智技能是指人們運用「心智」來學和表現的能力。它涉及人們對符號（symbols）的使用，包括日常生活的基本符號，如語言、文字、圖形、數字等的認識；或是應用專門領域學習所獲得符號的轉換和遷移能力，以使個體能在環境中運用符號來解決困難問題。

Gagné把簡單到複雜的心智能力區分為五項，包括辨別、具體概念、定義概念、原則、高層次原則五種心智技能。

1.辨別

辨別（discrimination）是指對物體特徵的區辨分別，如形狀、顏色、大小、粗細、結構、味道、聲音等。這是最基礎的心智技能。幼兒開始時，能以單一特徵分辨物體，如吃完雞腿剩下的是骨頭，吃完水蜜桃剩下的也稱「骨頭」。這是幼兒以「單一特徵 —— 硬的」來分辨物體，是為單一辨別。年紀漸長，兒童則能對物體進行多重辨別，如能以「形狀和動

作——多重特徵」來分辨「小狗」和「大貓」（較大隻的貓）。

2.具體概念

具體概念（concrete concept）是指一個名稱或符號所指涉的對象，是可以直接觀察、指認或計數出來。如貓、狗、椅子、窗戶等。

3.定義概念

定義概念（defined concept），一般稱為抽象概念（abstract concept），與具體概念相對。指無法看見或直接指認，但存在的現象，如智力、動機、愛情等。這種概念無法指認，必須要用語句的陳述加以界定。因此，Gagné稱為「定義概念」。

依邏輯的認知，所謂概念（concept）是指以一個概括性的名稱或符號，用以代表具有共同屬性的存在事物或現象之全體。它可以是貓、人、手機、房子等；也可以是學業成就、友誼、經濟發展等。前者是具體的，後者是抽象的。因此，概念包含具體概念和抽象概念兩大類。

4.原則

原則（rule）是指兩個或兩個以上概念之間關係情形的陳述。此陳述必須能告知兩個概念是何種關係。如，不能僅說「智力與學業有關」，這樣我們不知道怎樣的關係；而應說「智力與學業成就呈正相關」，如此，我們可瞭解到：一般而言，智力高的學生，學業成就也高；智力低者，學業成就也低。

5.高層次原則

高層次原則（high-order rule），即問題解決，是指能應用至少兩個以上的原則來解決一個難題。例如：「根據光源距離和透鏡曲度預測出影像的大小」。

(二)語文訊息

語文訊息即語文知識。理論上它是以符合語文規則的命題結構加以儲

存，有人稱之為陳述性知識。換言之，學生能用書寫或口語方式，來表達陳述所瞭解的知識，即擁有語言訊息的學習成果。

　　語文訊息的學習大致包括：(1)標籤的學習，即名稱。例如：《三國演義》、腳踏車、埔里鎮、霧社事件等。(2)事實的學習，指單一事實。通常是以一個「主詞+術詞」，例如：《三國演義》是羅貫中所撰寫的。(3)有組織知識的學習，指有故事情節或組織的一篇文章。例如：有關霧社事件的歷史事件之描述。

(三)認知策略

　　認知策略是個人有意識地採取方法對訊息加以理解及記憶的歷程，包括注意、編碼、記憶、回憶和思考等策略。例如：學會開車的人，就要學會如何注意道路上的重要訊息？忽略哪些無關的訊息？又如，知道並會用繪製組織架構與關係圖來理解政府組織與運作。

　　認知策略的運用，有助於學生的記憶和學習。例如：運用口訣記憶化學元素週期表；運用「范氏圖解」（見第一章）幫助釐清概念之間的關係；運用「心智圖法」來瞭解或建構一項主題的概念關係與架構。

(四)動作技能

　　動作技能又稱知覺動作技能（perceptual-motor skill），是指需要使用到肌肉動作的技能。人類很多活動須靠肌肉和四肢的協調運動始能達成。動作技能需要學習和練習，才能在速度、精確性、力度完美、平衡等有好的表現。例如：寫書法、用圓規畫圓形、雕刻木頭、操作顯微鏡、吹直笛、打乒乓球等，需要眼、手、肢體等，協調平衡或速度的表現。

(五)態度

　　態度是指個人對行動抉擇的內在心理傾向。此種心理傾向影響對他人、事物、事情等複雜的心理狀態與行動。態度通常包含三個層面：一是認知，即對事物的認識瞭解或主張；二是感情，即伴隨瞭解或主張產生的情感或好惡；三是行為，即形諸於外非語言表態或行動準備狀態。

　　Gagné將學習結果區分為五類，Bloom則將教學目標（也是學習結果）分為三大領域。分析其內涵，兩者之間是有關聯的。心智技能、語文訊息及認知策略，相當於Bloom的認知領域的內涵；動作技能是技能領域；態度是情意領域。

二、學習的階層

　　Gagné 認為學習應有階層性，階層意味著有先後的順序。即前一學習是後一學習的「先備能力」、「基礎能力」，或稱「下屬能力」；後一學習則為「上屬能力」。一項學習的先備能力（先備知識）基礎足夠，才能進行「上屬能力」學習之進行。任何學科的學習，都須有先備知識，才能進行後續的學習。例如：寫作的學習，需有足夠的識字量、語詞、句型，以及文章結構與格式的認識；數學體積的計算，要先認識長度單位、面積計算等。因此，學習具有累加特性，簡單的學習是複雜學習的基礎。

　　Gagné強調教學設計時，要先確定教學目標（學習結果），接著就是要分析它的先備能力（知識）有哪些。分析先備能力稱為工作分析（task analysis）。它是由上而下，分析一項教學目標的「下屬能力」，層層下降，直到最簡單且為最基本的學習單位為止。如此分析後產生的學習層級架構，就是「學習階層」（learning hierarchy）。（王秀玲，1990；張新仁，2003：261-265）

　　以「分數加減」的教學目標：「能做異分母分數加減」為例，進行工作分析。由上層目標逐次往下分析，達成此目標前應具備哪些計算能力，列舉如下：（參考王秀玲，1990）

9.能做異分母分數加減

8.能做通分、擴分、約分

7.能做同分母分數加減

6.能做假分數、帶分數互換

5.能分辨真分數、假分數、帶分數

4.能從分子大小判定同分母分數的大小

3.能用分數表示任意量等分後所得的部分（用分數表示任意除式）

2.能辨認分數並說出分數的意義

1.能說出等分的意義並會操作

如此分析，學習者學習「異分母分數加減」，其學習階層約略有九個層級。教師教導學生若能依此拾級而上，大部分的學生都可學習。

在學校的教學實務上，經常會碰到學習落後的學生，可能在學科某些內容的學習有障礙，尤其是數學。比較嚴重的話，要透過學校層次的補救教學來進行。此時，補救教學的教師，就必須會針對學生有困難的學習內容，進行「學習階層」分析，儘量分析更細的學習階層。然後再引導學生，由下往上，逐層學習，以跨過障礙。

第三節　學習的條件

Gagné認為學習的效果，受到學習者的內、外在條件所影響。因此，教師要瞭解影響學習的內、外在條件，並加以適當處理和運用。（王秀玲，1990；張新仁，2003：261）

一、學習的內在條件

學習的內在條件是指學習者在進行某一學習前，便已存在學習者自身的條件。內在條件大都為學生本身因素，例如：學習能力（智力）、性向、興趣、學習動機、先備知識、專注力、意志力、身體健康狀況等。這些內在條件的興趣、學習動機、先備知識，甚至於專注力和意志力，可透過學習和訓練來強化其基礎。智力，則難以改變；性向，有其穩定性；身體狀況，一般而言穩定，但會有變數。

教師在教學上，比較能掌握的是學習動機與先備知識兩項。學習動機不僅是在上課之始的「引起動機」的活動，吸引學生聚焦於學習活動；在教學過程中仍須持續引導學生持續學習，避免分心或倦怠。在先備知識上，上課之前，教師要掌握學生的先備知識。學生缺乏先備知識，教師在上課開始要先加以補充；學生已有先備知識，則上課之初要喚起學生的先備知識。

二、學習的外在條件

　　學習的外在條件則指學習者本身以外的，影響學習的各種外在刺激、情境及因素。例如：家庭背景、學習環境、學習資源、教材難易、評量、教材組織、教師教學品質、班級氣氛、同儕友伴、他人幫助、運氣等。在這些外在條件中，教師須認知哪些是可著力的，應本於職責加以提升和改善。

　　上述這些學習內、外在條件中，可就其改變性來分析。有些條件（因素）不易改變，如智力、家庭背景、性向等；有些因素比較容易改變，如身體狀況、先備知識、教學品質、班級氣氛等。在不易改變和易改變之間，是程度的差異，每個人的見解差異很大。茲分析如表10-1供參考。讀者可依自己的理解增減內、外在條件。

　　教師的主要職責是：對容易改變的條件，加以強化、改變及提升品質；對不易改變的條件，引導學生運用其他策略彌補或正面看待，以減低負面影響。

表10-1　學習內外在條件與改變程度分析

改變程度	內在條件	外在條件
不易改變	智力	家庭背景
	性向	學習環境
	學習風格	學習資源
	意志力	運氣
	成就動機	評量
	興趣	教材難易
	專注力	同儕友伴
	努力	教材組織
	先備知識	班級氣氛
易改變	身體健康狀況	教學品質

第四節　學習的內在歷程與教學

Gagné認為學習是一連串的事件，在個人思考中運作的歷程。教師的教學須依據學生的這種學習內在歷程，安排相應的教學程序，學生的學習才有效果。（王秀玲，1990；吳幸宜譯，1994：181；張新仁，1991，2003）

一、學習內在歷程

Gagné將學習者的內在歷程分為八個階段：（Gagné, Briggs, & Wager, 1992: 187-189）

(一)注意

學習者感官感受到外在環境刺激，會產生警覺狀態。眼、耳等五官始聚焦於此刺激，準備接收此刺激。

(二)期望

學習者產生動機，心理意圖達成自己或老師所設定的目標，即學習者對學習目標有所渴求。

(三)回憶舊記憶

將以往所學內容，與此目標相關的訊息，提取到工作記憶中，即回憶舊知識和經驗。

(四)選擇性知覺

學習者會注意與目標有關的學習內容或訊息，會特別去閱讀、搜尋、比較等。

(五)編碼

將訊息編碼、意義化，轉入長期記憶中儲存，成為學習者的知能。

(六)行為反應

在班級或其他有關場域，表現出可觀察的行為。

(七)增強

行為的反應達到原先期望的目標，個人覺得滿足；或是得到教師及他人的增強或回饋。

(八)恢復和類化

學習者能將所學，從長期記憶中提取和檢索出來（學習保留）；或者能運用到實際的情境（遷移）。

二、教學事件

Gagné指出：對應學生的八個內在學習歷程，教師的教學事件則有九項。參考相關的文獻及作者之經驗，將九項教學事件的任務說明如下：（任慶儀，2019：19-20；沈翠蓮，2001：181-186；張新仁，2003：268-273；Gagné, Briggs, & Wager, 1992: 11-12, 189-198, 203; Seel, Lehmann, Blumschein, & Podolskiy, 2017: 50）

(一)引起注意

引起注意（gain attention）在提供刺激並確定學生接收到此項刺激，引發其好奇心。這是在教學開始的引起動機。教師可透過講故事、播放影片、提出疑難問題、運用偶發事件等，引起學生的好奇心。教師也可運用語言、行為動作、裝扮等，引起學生的注意。例如：在社會科有關認識原住民的單元，教師穿原住民服裝來上課。上述的引起動機，大都跟教學內容有關。但有時純為引起學生的注意。

例如：有位教師與來賓走到教室門口，探頭說：「各位同學，請問你們歡迎朱老師進入課室嗎？噢！我搞錯了，不是你們這一班。」說完假裝離開。學生很失望、緊張，齊聲說：「沒有錯，歡迎朱老師。」甚至有2位學生跑出來攔截。教學過程顯示，學生認真，師生關係很好。（趙志成，2007：9）

(二)告知學習目標

告知學習目標（inform learner of the objectives）是教師在教學的開始，要告訴學生，本次學習目標，並描述期望的學習結果或表現是什麼。例如：教師指出今天要學習的是「認識臺灣的地形」，期望學生能瞭解臺灣有哪些地形、位置及名稱，以後旅遊時，可實際觀察這些地形。

這樣的教學目標和學習期望的陳述，有助於學生建立自己的「學習期望」，引導學生認知教材重點，並強化其理解與記憶。由於學習類別不同，教師告知學習目標的方式也有不同，有的口頭告知，有時須展示成果。

(三)喚起舊經驗

喚起舊經驗（stimulate prerequisite recall）在引發學生從長期記憶中，回憶先前所學的概念和原則，以作為理解及學習新教材的基礎。此一過程即回憶先備知識。喚起舊經驗的方式有：(1)教師提問，要求學生回憶過去所學有關的知識或技能。(2)教師提問，引導學生回憶過去與此有關的生活經驗。(3)教師引導複習過去所學與此有關的知識或技能。此一動作，無非是期望新的學習，能與舊知識和經驗連結，讓學習內容更顯得有意義。

第二和三步驟，在教學實務上，有的老師會先喚起舊經驗，再告知學習目標。

(四)呈現學習材料

呈現學習教材（present learning material）是指教師要清楚呈現所要學習的教材。清楚呈現要注意清晰、明瞭及具體，且有邏輯組織或有條理，讓學生容易學習並成為自己的知識架構。技能也是如此。呈現教材的方式有：講述（配合講義和簡報檔）、圖表、模型、影音媒體、示範等，各種方式互相搭配交互運用。過程中可運用小組學習、討論、問答等方式。

(五)提供學習輔導

提供學習輔導（provide guidance for learning）是協助學生，將所獲得學習內容與訊息轉換成有意義的形式，例如：語意編碼、概念連結等，讓學生容易將學習內容儲存在長期記憶中。教師提供學習輔導的作法有：(1)在教學過程中提供多樣的實例（正例或反例）；(2)對關鍵的內容與概念要突顯出來；(3)與生活做連結；(4)引導運用學習策略，如語意編碼、記憶術、概念圖、心智圖等。

(六)引發表現

引發表現（elicit performance）是讓學生透過學習表現，應用所學概念或原則或練習技能。學生經過上述步驟的學習，是否真的學會，或學習程度如何？教師須提供學生表現的機會，一方面確認其學習結果，一方面讓學生有表現的機會。例如：概念與原則的學習，要求學生說明並舉例；語文訊息的學習，要求學生敘述情節或摘述大意；數學的學習，則出若干題目讓學生練習；動作技能，則讓學生展示或表演一遍。

(七)提供回饋

提供回饋（provide feedback）是針對學生的學習結果，提供正確和錯誤的訊息，以利修正調整。學生的學習表現，是否正確，有時學生自己無法知道，尤其是技能的學習。提供回饋不是僅提供對或錯的結果，而是要提供細部的錯誤所在和正確的作法。例如：作文教學指出，這樣的比喻不恰當，要改成……；數學解題指出，這個步驟不對，應當是……；樂器吹奏指出，附點八分音符拍子不足，像八分音符；羽球教學指出，手的動作要充分再向後拉、再往前揮。提供細部的錯誤或不足的訊息，學生才能修正調整；否則，長期錯誤會造成迷思，或難以改正。

提供回饋還有另一種意涵，是指對學生正確學習結果加以讚美肯定，有時用點頭、微笑示意也可以。有些情形，學生的學習結果沒有完全對或正確，也可以讚美，以激發學生學習的信心。

(八)評估表現

　　評估表現（assess performance）是再確認學生的學習結果，是否達到預期的目標。評量的方式可採用口頭問答、小考（紙筆）等。在教學上常會發現，經老師的講解說明、舉例示範及練習，學生似乎會了；詢問學生也回答「懂了，會了」。不過，這樣結果並不保證真的學會。因此，教師有必要提供學生多次行為表現的機會，例如：提供類似但較複雜的問題再練習，或提供獨立練習的機會。

(九)促進保留與遷移

　　促進保留與遷移（enhance retention and transfer）有兩層意義。一是指提供重複或多重的練習，以促進學習者內化並長期保留。二是提供不同且新的任務之學習，或引導學生將課堂的知識應用到真實的情境中，以促進學習的遷移。學習保留與遷移是學習的重要任務，課堂學習的知識能夠遷移，讓知識產生意義，有助於保留記憶；而知識的累加，更有益於後續更大的學習。

三、教學事件的階段

　　Gagné等人於2005年將九項教學事件區分為三個教學階段。（引自Seel, Lehmann, Blumschein, & Podolskiy, 2017: 50）

(一)學習準備階段

　　學習準備階段是指進入新教材（單元）學習前的預備工作。這個階段包含在教學開始的引起動機，以及後續的告知學習目標和喚起舊經驗，包括教學事件的(一)至(三)項。

(二)獲取與表現階段

　　這是新教材（單元）學習的中心。這個階段包含教師呈現教材，提供學習輔導及引發學生表現或練習，包括教學事件的(四)至(六)項。

(三)學習遷移階段

　　這是新教材（單元）學習的表現與遷移。這個階段在進一步提供學習回饋，讓學習達到精熟水準，並有表現的機會；同時也能提供不同的任務，讓學習能夠產生遷移作用，包括教學事件(七)至(九)項。

　　將學習內在歷程、教學事件及教學階段的關係，整理如表10-2。

「表10-2」Gagné學習歷程與教學歷程三階段九步驟之關係

八個學習內在歷程	九項教學事件	三個教學階段
1.注意	1.引起注意	學習準備階段
2.期望	2.告知學習目標	
3.回憶舊記憶	3.喚起舊經驗	
4.選擇性知覺	4.呈現學習教材	獲取與表現階段
5.編碼	5.提供學習輔導	
6.行為反應	6.引發表現	
7.增強	7.提供回饋	學習遷移階段
	8.評估表現	
8.恢復和類化	9.促進保留與遷移	

結語

　　Gagné從訊息處理的觀點，指出訊息處理的模式，有助於我們理解訊息的記憶與反應過程。學習內、外在條件之分析，提醒教師掌握影響學生學習的因素，尤其是充足學生先備知識。而學習內容的階層分析，可確保學生有效地學習教材。最後，依據學生內在學習歷程的教學事件（歷程）設計，是一種有邏輯順序的教學歷程，是大部分的認知領域學科的有效教學。

第十一章

Ausubel的教學理論

◆ 本章內容
第一節 有意義的學習
第二節 前導組體
第三節 學習的類型
第四節 講解式教學

　　David P. Ausubel（奧斯貝）（1918-2008）是美國認知心理學家和教育學者。提倡「有意義的學習」（meaningful learning）、「前導組體」（advanced organizer）及「講解式教學」（expository teaching）。（林寶山，1990：172）

　　他認為教育心理學者、教育學者及教育工作者的任務，是釐清學生學習新知識前的先備知識，以及如何組織學習材料，將新經驗建立在舊經驗上，從而產生有意義的學習。（霍秉坤、黃顯華，2000；魏世台，1982）而新教材要能與學習者既有知識連結，在教材編輯與組織上，則須設計前導組體，作為引導新概念學習的基礎。教學上則運用此前導組體，「勾」起新教材概念的關聯，由上而下講解教材，引導學生逐次學習。

　　Ausubel的教學理論可以概括為：在教學的理念上倡導「有意義的學習」，在教學策略上運用「前導組體」之設計，教學實施上為運用前導組體的「講解式教學」。（沈翠蓮，2001：203）本章分四部分來敘述，包

括：有意義的學習、學習類型、前導組體及講解式教學。

第一節　有意義的學習

　　從學生的觀點來看，學習對學生而言有意義，是指學習的教材，能建立在學生既有的知識和經驗基礎之上，或者學習的結果能應用在學生的生活情境上。從教學原則的「準備原則」來看，是指學生在學習前的預備就緒狀態，包含心理的準備和學習的準備。心理的準備是指要有學習動機或心向；有心向的學習，才會主動找尋新舊知識的關聯性；學習的準備是指要具備學習單元的先備知識和經驗。此先備知識、經驗及學習心向，也是Ausubel有意義學習的重要條件。

一、什麼是「有意義的學習」

　　Ausubel認為有意義的學習，是指學習的材料能配合學生既有的認知結構，學習才會有意義。這需要教師將學習材料加以組織，使之與學習者既有的知識連結以產生意義。這種學習才是理解的學習，才是真正的學習。此觀點特別強調，教材必須先加以組織，使成為有意義，然後才能產生有效的學習。（引自張春興，1996：235；陳啟勳，2000；魏世台，1982）

　　因此，對學習者而言，有意義的學習是指學習材料與學習者既有認知結構之連結情形。連結程度強，則意義性高；連結程度弱，則意義性低；若無法連結，則沒有意義。

二、有意義的學習條件

　　從上述「有意義的學習」分析，有意義的學習的關鍵在學習材料與「既有的知識」的關聯，但學習者的主觀意願很重要。因此，有學者認為有意義的學習包含兩個要素：一為提供給學習者的是含蘊意義的材料，二是學習者願意從事有意義的學習的心向。（霍秉坤、黃顯華，2000；魏世台，1982）這兩個因素中，前者涉及學習者的先備知識和學習材料；而學習心向則是連結兩者的關鍵因素。綜合學者之見解，有意義的學習包

含三個要素：先備知識、學習材料及學習心向。（沈翠蓮，2001：205；陳啟勳，2000；霍秉坤、黃顯華，2000）

(一)先備知識

先備知識是學習者在長期記憶中已有的相關知識、概念或策略，它是學習新知識的基礎架構。教師在教學前，應先釐清學生已有的先備知識，編寫教材或進行教學設計時，才能配合學生的知識點，設計連結方式。

(二)學習材料

學習材料須與學習者先備知識或概念架構關聯，更重要的是學習材料對學習者具有潛在意義，能夠與學習者已有的認知結構連結起來。這種連結是實質的而非任意的。實質是指材料的潛在意義不在於字詞的聯繫，而是在意義上相同的概念；非任意性是指其連結具有合理的或近乎合理的基礎。因此，學習材料的編輯與設計，成為有意義的學習的重要課題。

(三)學習心向

學習心向是指學習者表現出把新學的材料，與已有的知識建立連結的意向。即學習者做好準備，主動搜尋新知識並和個人既有的概念架構連結。（沈翠蓮，2001：203-204；霍秉坤、黃顯華，2000）學習心向在新舊知識連結上，影響連結的廣度和強度，包括注意訊息量、建立連結情形。

1.注意訊息量

依訊息處理的觀點，學習者接收與處理新的學習材料，是在短期記憶的「工作記憶」中。因此，學習者的動機和專注度，將影響其注意訊息（學習材料）量的大小，也影響學習的總量。

2.建立連結情形

新舊知識的連結歷程，從訊息處理觀點，可分為兩個歷程：

(1) 建立內在連結

學習者將進入工作記憶的外來訊息（學習材料）重新組織，使訊息之間具有一致性的關聯。如此，比較容易納入學習者的認知結構。這也是學習者個人對訊息的統整作用。

(2) 建立外在連結

學習者將長期記憶中的先備知識提取至工作記憶中，與外來訊息連結或統整，並以自己的語言文字將訊息表達出來。（陳啟勳，2000）這是學習者將訊息內化的作用。

不過，這種連結關係建立之順利和強度情形，教師的教材編輯和「提示」很重要。所謂「提示」就是Ausubel強調的「前導組體」之設計。

第二節　前導組體

有意義的學習是Ausubel教學理論的核心之一。而有意義的學習之進行，教材組織與設計很重要，其中的關鍵就是前導組體的設計。

一、前導組體的意義

在Ausubel有意義的學習觀點中，前導組體扮演很重要的角色。它是學習新教材和先備知識的橋梁，具有引導學習新教材的作用。

前導組體是什麼？綜合相關的文獻（沈翠蓮，2001：220；林進材，1999：105；張新仁，2003：225；陳英俄、鄭芬蘭，2000；霍秉坤、黃顯華，2000），歸納其意義為：教師在教導新的教材之前，提供給學生一種引導性的材料，它要比新的學習材料更加抽象、普遍及涵蓋性，並且能清晰地反映認知結構中，原有的概念和新的學習任務之聯繫。

此一意義的內涵，有三個要素：一是呈現在新教材之前的引導性材料；二是比新的學習材料更抽象、普遍及涵蓋性的概念；三是聯繫認知結構與將要學習的新知識。

二、前導組體的特徵

從上述前導組體的意義與要素分析中，瞭解到：前導組體是引導性材料，本身不是教材；且比學習材料較抽象；它的作用是連結新舊知識。進一步閱覽文獻（陳英俄、鄭芬蘭，2000；霍秉坤、黃顯華，2000），分析前導組體的特徵有：

(一)為一組簡短的文字或圖解的資料

教師在教學前，必須先閱覽並組織教材，再進行設計能提示或引導學生學習的文字或其他形式資料。此形式可以是文字、問題、口述、故事、概念架構圖、圖表、流程圖、影片、圖片等。影片、圖表、概念架構圖的前導組體設計需要時間，教師在課堂實際教學，時間相當有限。因此，必要時以口頭或講演的方式呈現前導組體，也是較好的方法。（沈翠蓮，2001：208；林寶山，1990：175；陳英俄、鄭芬蘭，2000；霍秉坤、黃顯華，2000）

(二)在呈現教學內容本身之前

學生在學習新教材時，對新教材的概念知識可能較陌生，無法與原來的知識架構連結。教師必須提供前導組體的引導性材料。例如：
- 在教「負數加減」前，教師先介紹「數線」。（張新仁，2003：227）
- 在教導閱讀障礙學生閱讀〈媽祖的故事〉文章，先提問「有沒有跟媽媽拿香拜拜經驗？」等問題，並提示「臺灣宗教分類圖」。（李佳蓁、江秋樺，2008）
- 在音樂欣賞中，教師介紹小提琴欣賞，學生對小提琴陌生，教師可簡單圖示西洋樂器架構圖，並指出小提琴是弦樂家族一員。

(三)相對於將學習的內容，有較高一層的抽象性、普遍性及涵蓋性

一般而言，前導組體的材料，要比學習教材抽象性高。這樣的作用是讓新的知識概念，在整個概念架構中，有依存或碇泊的處所。例如：在音樂課介紹小提琴，其前導組體是弦樂家族，或再加上管弦樂家族。又如，

在國語課介紹「譬喻的種類」，其前導組體是「修辭」的概念及種類，讓學生瞭解譬喻是修辭方式之一。

(四)能使舊知識與新學習之間有明確的連結

前導組體的設計是依據學習的教材而來，且其應比學習教材高一層次的抽象，學生容易關聯。且有時提供概念架構圖，讓學生更清晰新教材概念的關係位置。若是提供圖片或影片，讓學生會有更清晰的印象。例如：在國文課講解〈愛蓮說〉的「出淤泥而不染」、「濯清漣而不妖」等難詞，教師呈現「蓮花生態圖片或簡短影片」，學生就會比較清晰理解此語詞。（沈翠蓮，2001：208）

(五)為學生所能掌握，且以其熟悉的語言來陳述

前導組體的設計是要在課堂上給學生閱讀、瀏覽、觀看，或教師說明的文字或提問問題，必然要以學生能理解的方式與語言來陳述。

因此，前導組體扮演「學生將要學習的內容」與「學生已有的知識結構」之間的橋梁，而產生有意義的學習（如圖11-1）。（霍秉坤、黃顯華，2000）

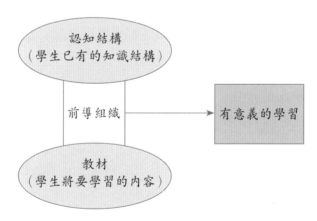

圖11-1　前導組體與有意義的學習之關係

資料來源：霍秉坤、黃顯華，2000，102頁。

三、前導組體的類別

Ausubel將前導組體分為兩類，一是說明式前導組體（expository organizer），二是比較式前導組體（comparative organizer）。前者是針對學習者陌生的材料，後者是針對學習材料與學習者舊經驗有所關聯。參考相關文獻，說明如下：（沈翠蓮，2001：210-211；張新仁，2003：226-228；陳英俄、鄭芬蘭，2000）

(一)說明式前導組體

當學習材料是學習者相當陌生時，採用說明式前導組體，可經由相關概念的引介，在學生的認知結構中，形成一個適當的「概念碇泊所」來含攝（包含）新的學習材料。也就是提供高一層次的背景知識，作為先備知識，以利理解和學習新的訊息。

例如：在介紹印度的「世襲制度」（種性制度）之前，教師要先說明「社會階層」的概念與形成。（張新仁，2003：226）。世襲制度是一種社會階層制度，即「社會階層制度」是「世襲制度」的上位概念。因此，以「社會階層制度」概念來含攝「種性制度」概念，同時也是「種性制度」概念的碇泊所。

又如，社會課介紹「政府組織」單元，有些教師會先提示：「國家的定義，指出國家的組成應具備人民、領土、主權及 政府 四個要素」。此一說明式前導組體是將「政府組織」碇泊在「國家」概念下，為國家四個要素之一。

(二)比較式前導組體

當學習材料與學生舊經驗有所關聯時（這種關聯未必為學生所自知），且具有若干程度的熟悉時，可採用比較式前導組體，來比較新教材與舊知識（即現有認知結構）之間的異同，並進行統整。一方面有助於新教材碇泊於認知結構中相似的概念，一方面透過比較，避免新舊材料之間的混淆不清。

例如：教導「除法」時，可讓學生瞭解「乘法」與「除法」的相同點與不同點。（張新仁，2003：227）

　　又如，在教導「英國政府架構」單元時，學生之前已學過「美國聯邦政府組織」。因此，教師設計比較式前導組體如下：（霍秉坤、黃顯華，2000）

- 英國政府架構
  我們在上一單元提及美國聯邦政府的三個部門：行政、立法和司法。行政部門的主要功能是執行法律；立法部門（參議院）是通過法律；而司法部門則是按憲法保障人民的權利。我們在這單元會學習三個功能相似的英國政府：行政、立法及司法。

第三節　學習的類型

　　Ausubel從兩個層面分析學習的類型，一是「訊息內容的接納方式」區分為：有意義的學習和機械式的學習；二是從「訊息內容的呈現方式」區分為：接受式學習和發現式學習。（引自張新仁，2003：221；魏世台，1982）以下先敘述兩個層面的學習，再說明從兩個層面之關聯所呈現的四種學習類型。

一、有意義的與機械式的學習

　　「有意義的學習」（meaningful learning）是指：學習者能知覺到新的學習內容和原有認知結構中的舊知識有所關聯，並能將新舊知識連結，經由學習後，內化為認知結構的一部分。（張新仁，2003：221）有意義學習能夠順利進行，教師對教材的「加工」很重要。即教師對各種訊息先加以邏輯組織後，再以最後的形式提供給學習者；學習者將它與已有的知識相關聯，納入現有的認知結構中。例如：在國文的「文言文」課文中，教師製作「文言文詞性解釋單張」，讓學生易於理解課文。（MAPS教學）

　　「機械式學習」（rote learning）是指：對於字母、符號、名稱等基礎的學習，或者其他學習內容，學習者無法將它與舊經驗產生關聯，僅能

以反覆記誦與練習，幫助記憶。但這種學習所記憶的，可能較零碎孤立，難以與舊知識建立認知結構。因此，容易遺忘。

雖然Ausubel倡導有意義的學習，但他也承認有些機械式學習的功能。例如：學習字母、數學符號、化學元素、特殊事物的名稱，以及各學科的基本知識等。（張新仁，2003：222）

二、接受式與發現式學習

接受式學習（reception learning）是指：學習內容經由教師邏輯組織之後，以最後的形式（final form）呈現，有系統地提供給學習者學習。換言之，把學習內容的形式、數量、圖文、順序、組織等，統整成一個學生可以接受的學習材料，對學生而言，就是有意義的學習。

在學校教育中，知識的傳遞是學校的重要目標之一。尤其是中小學的教育，學科基礎知識的學習是後續學習的根本。而要傳遞大量的知識，最經濟、最有效的方法則為「接受式學習」。

接受式學習偏於教師中心的教學。在學校的教學中，直接教學法（策略）、精熟學習教學法、課堂的講述歷程等，對學生而言，是一種接受式學習。

「發現式學習」（discovery learning）是指：學習者自行探究、搜尋以獲取資訊，並將它與已有的知識相關聯，納入現有的認知結構中，或藉以發現學科教材組織架構。（沈翠蓮，2001：205；張新仁，2003：222）

學校中的問題解決教學、批判思考教學、創造思考教學、探究教學等，偏向學生中心的教學，可以說是發現式學習。

然而，依Ausubel的觀點，接受式的學習不等同於機械式的學習。例如：教師在教導壘球規則時，用表格呈現說明壘球和棒球的差異，讓學生明瞭其異同。又如，在國語教學中，教師逐次講述課文自然段，並引導學生把性質相近的自然段，提取為意義段的主題。

而發現式的學習，也不一定是有意義的學習。例如：讓學生探討學生的體重與智力的關係。又如，科學展覽時，學生依照過去他校的主題和方法步驟，依樣畫葫蘆，得出結果。（張新仁，2003：224；魏世台，

1982）

三、兩層面四類學習

　　從上述的「有意義—機械式」和「接受式—發現式」兩個向度，可分成四種學習類型：有意義的接受式學習、機械式的接受式學習、有意義的發現式學習及機械式的發現式學習，如表11-1。

┌表11-1┐　Ausubel的兩層面四類學習

		訊息內容的接納方式	
		有意義的	機械式的
訊息內容的呈現方式	接受式	1.有意義的接受式學習：各種訊息先加以邏輯組織後，再以最後的形式提供給學習者；學習者將它與已有的知識相關聯，即納入現有的認知結構中。	2.機械式的接受式學習：各種訊息以最後的形式呈現，提供給學習者；學習者將它記憶起來。
	發現式	3.有意義的發現式學習：學習者獨自獲得各種訊息，然後再將它與已有的知識相關聯，即納入現有的認知結構中。	4.機械式的發現式學習：各種訊息是由學習者獨自獲得，隨後將它記憶起來。

資料來源：林寶山，1990，173頁。

(一)有意義的接受式學習

　　有意義的接受式學習是指，將各種訊息先加以邏輯組織後，再以最後的形式提供給學習者；而學習者將它與已有的知識相關聯，即納入現有的認知結構中。就此而言，接受式的學習能夠成為有意義，主要是在於教材的組織及教師的引導。

　　而且Ausubel認為個人所擁有的知識來源，是接受的多於發現的。因此，Ausubel的教學理論，著重於如何使用有意義的接受式學習，以達最高的效果。（魏世台，1982）這種有意義的接受式學習，就是Ausubel主張的「講解式教學」。

(二)機械式的接受式學習

機械式的接受式學習是指，各種訊息以最後的形式呈現，提供給學習者；學習者將它記憶起來。在學校這樣的學習方式可能較少。有些學生可能在考前來不及理解消化，就機械式地把解題記下來。

(三)有意義的發現式學習

有意義的發現式學習是指，學習者獨自獲得各種訊息，然後再將它與已有的知識相關聯，即納入現有的認知結構中。例如：在自然科昆蟲教學單元中，課後學生自行到社區郊外，依課堂所學觀察紀錄，發現一隻在「臺灣昆蟲圖鑑」查不到的昆蟲——新發現或外來種。

(四)機械式的發現式學習

機械式的發現式學習是指，各種訊息是由學習者獨自獲得，隨後將它記憶起來。例如：學生自行在網路搜尋世界棒球明星及全壘打數，然後把它記下來。又如，學生依照氧氣製造實驗的方法和步驟，製造出氧氣。不過，這種學習，就某些情況或對初學者而言，還是有其價值或作用。

第四節　講解式教學

在第三節指出，Ausubel倡導「有意義的接受式學習」。他在其著作中曾多次提及我們無意貶低發現式學習；但我們相信學生獲得的學科知識，主要是通過適當設計講解式教學和材料，所進行「有意義的接受式學習」。（引自霍秉坤、黃顯華，2000）此有意義的接受式學習，即「講解式教學」。

一、講解式教學的意義

講解式教學法（expository teaching）是由教師將學習內容組織成最後的形式，透過說明學習目標與建立心向，並有系統地呈現前導組體和學習材料，引導學生進行有意義的學習歷程。（沈翠蓮，2001：210-217；張新仁，2003：229-230）

　　講解式教學法中，教師扮演呈現、引導及講解教材的角色；學生則扮演知識的接收者，其主要任務在於精熟所教授的教材內容。這種角色就外顯行為而言雖非主動，但事實上卻扮演著「認知上主動者」的角色。

二、教學準備

　　教學準備是教師教學前重要的任務。前導組體教學準備工作，包括準備教學材料、瞭解學生的先備知識及設計前導組體。（沈翠蓮，2001：218-220）

(一)準備教學材料

　　一般課堂的教學材料是依據教科書，有些教師自編教材。在教材準備上，教師要分析單元教材並加以組織後，摘要出主要概念（參考教師手冊）。若需要的話繪製概念構圖，作為教學開始的提示，或結束前的統整提示用。在準備過程中，要瞭解學生的先備知識的水準。

(二)瞭解學生的先備知識

　　瞭解學生的先備知識，可參考過去的教科書，確定學生過去已學過有關的單元。通常在教師手冊的單元開始，都會列出已學過的單元。有時，教師會在前一週（次）上課提問學生，以瞭解學生對下個單元先備知識的水準。瞭解學生的先備知識及教材分析後，即可設計前導組體。

(三)設計前導組體

　　本章第二節說過，前導組體有兩種：說明式和比較式。若教師確認將要學習的單元，對學生而言是全新的主題或較難的單元，則採用說明式的前導組體設計方式；若將要學習的單元與學生的舊經驗關聯性高，或相同主題、相同層次只是內容範圍不同，則可採用比較式的前導組體設計方式。

　　教師還要思考前導組體呈現方式，採用文字、口述、圖表、圖片、影片等。採用文字和口述比較簡單，但還是須撰寫口說的文字敘述。而採用圖表等方式，則要花一些時間製作。

三、教學歷程

　　講解式教學的歷程，Joyce, Weil和Calhoun（2015）根據Ausubel的觀點，提出前導組體的模式（講解式教學）有三個活動階段。階段一是呈現前導組體，階段二是呈現學習任務或學習材料，階段三是強化認知結構。而階段三乃在測試學習材料和已有知識之關聯，以產生主動學習歷程。三個階段的教學歷程，摘要如表11-2。

表11-2　前導組體模式三階段

階段1： 呈現前導組體	〔闡明本課目標〕 ・呈現前導組體 　—辨別定義屬性 　—舉例 ・喚起學習者相關知識和經驗
階段2： 呈現學習任務或學習材料	〔呈現教材〕 ・維持注意力 ・說明內容組織 ・說明學習材料的邏輯順序
階段3： 強化認知結構	〔運用統整貫通原則〕 ・促進主動的接受學習 ・引發對學習材料之批判 ・澄清

資料來源：Joyce, Weil, & Calhoun, 2015, p. 207.；沈翠蓮，2001，217頁。

　　參酌張新仁（2003：230-233）和沈翠蓮（2001：220-225）的講解式教學步驟，歸納說明如下：

(一)建立心向

　　建立心向就是引起動機。教師可參考本書第十三章第一節「動機技巧」，並依據教材內容、學生狀況及教學當時情境來進行。通常引起動機會在上課一開始進行，但有時也會先提示即將學習的目標是什麼；或預告學習的結果，如學會某種能力、完成作品、設計成果等。

(二)說明目標和教學流程

　　接著教師說明本單元（課）的學習目標。若是簡單一節課的目標，可用口頭陳述；若是整個單元（課）的教學目標，最好用簡報投影呈現。學生瞭解學習目標後，若教學流程與過去不太一樣，可用流程圖示這次的教學流程。

(三)呈現前導組體

　　在呈現前導組體之前，教師若不太確知學生的起點行為，可透過正式的「前測」或是非正式的「口頭問答」，來確認學生是否擁有適當的認知結構，足以瞭解新的教材。或可適當修改「口述」的前導組體，通常是有經驗的教師才可能臨機應變。

　　依教學準備前設計好的前導組體，運用口述呈現；運用簡報投影文字、圖片、圖表等，加上教師講述說明等。呈現前導組體有兩種情形：

1. 說明式前導組體

　　當學習材料是學習者陌生的內容時，可運用說明式前導組體提供適當的先備知識，包括為新的概念下定義，陳述一個原則，或是提供一段相關的背景知識。

　　例如：在第二節敘述的前導組體的例子中，教導閱讀〈媽祖的故事〉文章、「負數加減」單元、「政府組織」單元等的教學中，乃應用這種前導組體。

2. 比較式前導組體

　　當學習材料與學習者已有知識或經驗相關時，可運用比較式前導組體，使新舊知識發生關聯。實際教學常用的方法，為類推和比較兩個有關的概念。

　　例如：在第二節敘述前導組體的例子中，教導「除法」時，與「乘法」做比較；教導「英國政府架構」時，與「美國政府組織」做比較。可瞭解內閣制與總統制的差別。

(四)呈現教學材料

依照說明式和比較式的前導組體，教材的呈現有些差異。前者採用漸進分化呈現教材，後者採用統整連結呈現教材。

1.漸進分化呈現教材

教材呈現的順序由上而下，從教導一般性概念循序漸進到具體事例。這種「演繹式」的教學順序（deductive teaching approach），有別於Bruner主張由教師呈現具體事例，然後學生自行發現這些事例所屬的類別。

Ausubel認為「漸進分化」的好處是，新的訊息較容易為學習者同化與保留。因為在學習者的認知結構中，較高抽象性與概括性的概念，可提供現成的掛鉤，掛上較具體特殊（新教材）的訊息，也就是新教材概念的「碇泊所」。

2.統整連結學習教材

在引導學生對學習材料的統整連結，過程中進行「辨別異同」是很重要的，這有助於學生的理解和記憶。新舊知識相似之處，能瞭解彼此之間的關聯性；新舊知識相異之處，能區辨彼此之間的差異性，有利於新舊知識的統整連結，這都有助於學習的記憶。然而當新的學習與舊的知識十分相似，且未能作明確的區分與辨別時，學習所得保留的時間便較短，容易遺忘。

(五)檢視理解情形並擴充思考力

教師檢視學生的理解情形，在教學過程大都以口頭提問方式；教學將結束前，可以採測驗、作業、學生互評方式。

口頭評量是快速、簡便瞭解學生的學習情形，不過是抽樣式的口頭評量。在過程中若學生的回答不夠充足，可進一步再口頭探究，例如：（沈翠蓮，2001：224）

1. 釐清問題

學生的陳述不夠清楚，教師要瞭解其真實理解情形。再提問：「用你自己的話說看看！」、「請舉例說明你的意思」、「請重說你的答案」、「你的意思是……」。

2. 證明問題

教師要求學生說明其意見的理由或證據，例如：「你這樣認為的理由是什麼？」、「你這種陳述有何依據？」、「你提出這樣的建議有何證據？」。

在確認學生獲得學習之後，教師可進一步延伸學習。例如：比較過「英國政府架構」與「美國政府組織」後，教師可進一步拋出問題讓學生思考：兩種政府組織，有何優點或缺失？

(六)評量

評量可在一次上課（一至二節）結束前進行，通常是對基礎而重要的學習，要立即讓學生精熟；也可能在單元結束前10分鐘進行，以各種形式的小考進行；也可以作業練習的方式進行。教師必須在每單元結束前，確保學生已學到預期的學習目標。

結語

Ausubel教學理論的特色是「前導組體」。此理論倡導「有意義的學習」，主張教材組織設計中「前導組體」的重要，並運用前導組體於「講解式教學」，產生有意義的學習，是適合認知領域類學習教材的教學。

伍 策略與技巧篇

本篇內容

教學策略

◆ 本章內容
第一節　世界咖啡館之運用
第二節　桌上遊戲在教學之運用

　　本書第二章第三節指出教學策略是指：教師決定要達成某種學習目標，思考運用何種資源和最佳的手段，以促成學習者達到預期的學習目標。在此意義下，教學上所能運用的策略，其實很多。例如：同儕教導、案例教學、翻轉學習、實地體驗、參觀訪問、混齡教學、世界咖啡館、桌上遊戲……。限於篇幅，僅介紹世界咖啡館和桌上遊戲之運用。世界咖啡館是比較複雜的討論方式，能擴大成員交流建立社群及意見多元連結與創新，與討論技巧分開，專節介紹；桌上遊戲可促進學生的學習動機和效果，為近幾年教師喜歡運用的策略。

第一節　世界咖啡館之運用

　　世界咖啡館（world café）是由Brown, Isaacs及世界咖啡館社群（2005）所提出的一種深度討論方式。自1995年起，全球六大洲有數萬人參與過世界咖啡館匯談，情境從上千人的旅館大廳到十多人的溫馨客廳，（p. 5）包括企業組織、政府機關等運用此對話方式來探索問題或激發創新思維。

一、世界咖啡館的意義與功能

　　世界咖啡館是採用咖啡桌分組方式，在輕鬆的氛圍中，小組成員真誠對話，並在小組間輪動交流，讓觀點相互連結，以產生團體智慧的多元對話方式。咖啡館對話的基本假設是：人們本身已具備足夠的智慧和創造力，可以面對眼前困難的挑戰。（高子梅譯，2007, 2014, 2019：41）這種討論方式，成員有多元交流對話，透過小組連結觀點，且進行多回合對話，會有一般討論意想不到的效果。

　　世界咖啡館的對話，可以發揮以下的功能：(1)分享知識並激發創新思維：透過成員間知識的分享，在不同觀點的交流與連結，經常會激發出創新思維。(2)探索生活中的議題或問題。(3)探索（組織）面臨的重大挑戰或危機。(4)建立社群。透過多元且深入的對話，讓成員間建立更好的關係，產生團體的認同感。(5)創造演說者和聽眾之間有意義的互動。（高子梅譯，2007, 2014, 2019：221）

　　上述的功能也適用於教育情境。而在教師的教學情境中，世界咖啡館適合探討與學生個人有關的經驗、觀點、意見等。例如：有關校園霸凌、友善校園、性別平等、人際關係、生命教育、社團活動等議題。

　　世界咖啡館可以用在只有90分鐘的研討會，也可用在好幾天的會議；可以單獨舉辦，也可以成為大型會議的一個活動。（高子梅譯，2007, 2014, 2019：220；以下僅引註2019年版）在學校，可運用在課堂教學的問題討論（二至三節），或研習課程中議題的對話活動。適用的團體人數從12人以上到上百人之間。J. Brown和D. Issacs稱，曾主持過1,200人的咖啡館。（221頁）不過，在學校實施上，因為沒有助理及相關支援，個人認為以不超過七、八十人為原則，四十幾人一班最理想；人數最少應有20人以上。

　　世界咖啡館之實施會有一規劃設計者。此人通常是會議的主持人、研討會主持人、研習的主講者、或授課教師，為世界咖啡館主持人，負責引導整個對話的進行和收成。在咖啡館內分為若干小組（咖啡桌），以4-6人為原則，不低於4人也不要超過8人。咖啡桌主持人（以下稱「桌長」）引導咖啡桌成員，在各回合當中分享個人見地、積極聆聽。原則進行三回合的對話，每回合20-30分鐘。

二、世界咖啡館的設計原則

　　「對話」是世界咖啡館的核心流程，有別於一般的正式會議或研討會。其對話核心流程如何運作有七項原則，說明如下：（高子梅譯，2019：82-211; Brown, Isaacs, & World Café Community, 2005: 42-153）

(一)原則一：設定背景

　　設定背景（set the context）乃在釐清咖啡館對話的目的，設定議題的範圍界線。設定背景為咖啡館主持人的任務。在釐清目的時，主持人要思考：此項咖啡館匯談（匯集眾人的對話）有何重要的意義？為什麼重要？其重要性，或許可以為咖啡館取個名字來彰顯其目的，例如：領導咖啡館、產品開發咖啡館。在教育上可有民主素養咖啡館、教學策略咖啡館等。設定背景是提供有助於創造個別和集體意義的參考架構，好讓整個團體在這個議題範圍裡，思考問題並展開同步學習。

　　咖啡館之目的和議題設定後，則可確認邀請的對象及人數。在企業組織或政府機關的重要會議，已有法定的參加會議人員。若要採用世界咖啡館型態，則主持人要思考：為達到所要求之目的，還可以再找誰來參加這場對話？另外，還須考慮邀請兩種對象：(1)可能被這場對話結果影響到的人；(2)持「不同觀點」的人。

　　在學校課堂上實施世界咖啡館，教學者就是咖啡館主持人，研習或教學目標即是咖啡館對話的目的；學員或學生就是與會對象，比較單純。但學員或學生須事先瞭解議題的內容與範圍。

(二)原則二：營造好客的空間

　　營造好客的空間（create hospitable space）包含物理空間和心理氛圍。即要求有一舒適且大小適合的場所，並在環境布置上，讓人感受舒適及放鬆心情，以引發參與者有非正式且親密的感覺。咖啡桌以4-5人為原則，圓或方皆可。鋪上桌巾，上面放置小花瓶及鮮花，並提供大張壁報紙、彩色簽字筆等。各桌之間有適當的空間，讓主持人方便巡視。在企業界辦理，有較多經費，若可以的話，儘量像真正的咖啡館，提供咖啡、飲料、甜點及輕鬆的音樂。在學校中，若有4人的討論桌最好；若無，則合

併四張個人桌為一組。其他的布置儘量達到舒適及放鬆即可。

(三)原則三：探索重要的問題

　　探索重要的問題（explore questions that matter）是指要去思考和設計「重要的問題」架構。精心設計的問題架構，能導引對話者的意向與焦點，將其能量直接關注於真正重要問題。而如何擬定「重要的問題」是主持人的重要任務。好的問題能讓與會者「不由得不」繼續深入探索，此乃決定對話成功與否的關鍵。

　　一個有利的問題，應當具備幾個特點：(1)它簡單明瞭能集中焦點；(2)它能引人深思；(3)它能釋出能量──即能激發與會者之意見；(4)它能讓我們嗅出其中的基礎前提──即釐清問題的假定；(5)它能開啟新的未來的種種可能性。（高子梅譯，2019：224）。

　　除此之外，所設計的問題應是正面的陳述。例如：「一所好的學校可以是一所什麼樣的學校？」此問題應比「學校所面對的最大問題是什麼？」要好（高子梅譯，2019：132）。又如，「企業應該用什麼方法來防止人才的流失？」這樣的提問，則不如「企業應該如何留住最好的人才？」（高子梅譯，2019：128）。

　　世界咖啡館可進行三至四個回合。若沒有很多的時間，以三回合為原則。每個回合可探索不同的問題，也可三個回合探索一個問題，視問題範圍及探索深度而定。在學校的教學實施上，可考慮：(1)三個回合探索一個問題（問題廣且須深度探索）；(2)三個回合探索三個問題；(3)將一主題（議題）分為若干較小問題，分配給不同咖啡桌探索。

(四)原則四：鼓勵大家貢獻己見

　　鼓勵大家貢獻（encourage each person's contribution）己見是指桌長或與會每一成員，應鼓勵及支持每一人貢獻想法和觀點；同時允許在聆聽他人意見或沉思後再貢獻己見。經驗發現，若有「匯談石／棒」（talking stone/stick）來象徵支持談話物件，人們將更自在地說出心底的話，他人也能聽得更深入。匯談石的作用是：人們取得匯談石，他人不得打斷其談話，即使談話者在沉思，也須專注聆聽。此設計讓「說」與「聽」者皆有理解思考的空檔，避免言談節奏快速，聽而未能解，解而無暇思。

匯談石在每回合開始時，以桌長的順時鐘方向傳遞輪流發言。一輪發言完畢後，置於咖啡桌中間。若要補充或表達其他意見，可主動取得；並在談話結束時放回中間或當禮物送給他人，他人若沒意見也可略過（pass）。每人必須聆聽他人的想法、觀點或假設，並連結到來自他獨特的貢獻。

(五)原則五：交流與連結不同的觀點

交流與連結不同觀點（cross-pollinate and connect diverse perspectives）。每一回合匯談結束後，與會者在各桌間移動座位，接觸新的人，擴展思想圈子。同時也是帶著觀念的種子，從一張桌子換到另一張桌子，連結了彼此的思想、觀念與疑問，形成反覆性的對話網路。（高子梅譯，2019：167）這種對話與合作學習的方式是世界咖啡館的特色，如同「異花授粉」（cross-pollinate）的對話，促使觀念大為交流，並產生共同智慧（co-intelligence）。（168頁）這種咖啡館匯談模式和更換座位方式，可降低與會者「堅持」自我立場和固執己見的可能機率。（229頁）

(六)原則六：共同聆聽以獲致模式、洞見及深層問題

共同聆聽以獲致模式、洞見及深層問題（listen together for patterns, insights and deeper questions），即探究事物的本質或深層問題。世界咖啡館強調聆聽：專注聆聽握匯談石者之談話，且不得打斷其發言，允許他可停頓以思考真正要表達的觀念。此種共同聆聽，除了聆聽他人談話內容之外，同時透過各桌不同觀點的相互聆聽，獲得意義的連結或形成模式，以及從聆聽中產生新的洞見或深層問題。（高子梅譯，2019：183; Brown et al., 2005: 127-128）

因此，在咖啡對話中，強調分享聆聽（shared listening）的重要：即透過共同聆聽以獲得集體智慧和洞見，這是小組個別成員單獨無法獲得的。在此，主持人應鼓勵每一咖啡桌，當他們在共同探究的過程中，花一點時間反思：我們對話的核心是什麼？（高子梅譯，2019：229）避免僅是各自抒發情緒，或意見散開無焦點。

(七)原則七：收穫並分享集體的發現

　　收穫並分享集體的發現（harvest and share collective discoveries）。
世界咖啡館的設計在促成集體的知識分享及創造。在結束所有回合咖啡館
對話之後，進行全體對話，是收成和分享集體心得的階段。（高子梅譯，
2019：207）

　　此時讓與會者休息，參觀各桌討論結果的文字和塗鴉紀錄；或由專業
工作人員彙整各桌討論結果呈現在大壁報紙，展示於牆上，讓與會者瞭解
本次咖啡館對話的觀點與架構，便於進行全體對話。

　　在進行集體對話時，咖啡館主持人所提的「催化性問題」是很重要
的，可幫忙彙整全體意見。例如：「在各桌所呈現的這些經驗中，讓我們
學到什麼？」、「在這些觀點的陳述中，有何共同的模式或關聯？」、
「從這些問題中，能引發我們何種新的契機或行動？」。

　　總之，世界咖啡館進行的七個原則是：(1)設定背景；(2)營造好客的
空間；(3)探索重要問題；(4)鼓勵大家貢獻意見；(5)異花授粉連結不同觀
點；(6)共同聆聽以獲致模式、洞見及深層問題；(7)收穫並分享集體的發
現。（Brown et al., 2005: 174）

三、世界咖啡館的規範

　　上述七項原則是世界咖啡館流程進行的各項準備及指引方向。而在世
界咖啡館進行匯談過程中，咖啡館主持人及參與成員，應瞭解一些規範，
才能有效進行。

(一)主持人的角色

　　世界咖啡館的設計規劃及進行，主要由世界咖啡館主持人負責。他／
她有幾項重要的角色或任務。（高子梅譯，2019：222-230）

　　1. 設定咖啡館的目的及參與者（原則一），以及結合外在資源與條
　　　件，布置好環境空間（原則二）。

　　2. 尋找和構思出重要的問題。（原則三）

　　3. 咖啡館對話開始前，歡迎與會人員；說明咖啡館的匯談規範、基
　　　本禮節及進行流程。

4. 陳述本次咖啡館的目的，以及討論的議題或問題。必要時給咖啡館一個名稱。
5. 掌握各回合討論的時間，引導參與者在回合之間換桌轉場順利。
6. 主持三回合對話後的全體成員大匯談。

(二)桌長的產生

桌長的產生有兩種方式，一是推舉的，二是指定的。

1. 推舉的方式

在第一回合討論前，同桌成員進行簡短自我介紹（姓名、單位）後，推舉一位桌長，主持第一回合議題討論。原則上第二、三回合討論，不換桌長。若要換桌長，在第二回合開始前，新成員自我介紹後，原桌長匯報第一回合討論結果，再推舉新桌長來主持第二回合討論。中小學班級內彼此認識，則省略自我介紹。

2. 指定的方式

有時為了討論及主持的效果，桌長可由會議主持人或授課教師事先指定。如此事先指定，桌長可先熟悉咖啡館討論和主持的規範，提高討論的效果。

(三)桌長的角色

咖啡桌主持人（桌長）在回合討論中，原則上不換桌，其他來往討論者為「貴賓」。桌長要接待前來討論的貴賓，主持討論並鼓勵貴賓進行議題討論；桌長本身也要貢獻意見。桌長不更換，主要是期望較能掌握該桌討論的成果，瞭解其脈絡與緣由。桌長接待成員及主持討論有幾項原則：
1. 引導成員進行議題討論，必要時補充不足之處或提出逆向思考。
2. 運用滙談石引導成員都有發言與貢獻見地的機會。原則上桌長先發言，再依順時針方向傳遞滙談石；並確保握有匯談石者可從容發言，他人不得打斷。原則上，第一輪每人都要發言。
3. 引導成員表達意見後，將想法或觀點，用文字、符號或圖畫呈現在桌布上。

4. 在第一輪發言完畢後，將匯談石置於咖啡桌中間。再鼓勵成員取得匯談石，針對上一輪發言加以「補充或回饋意見」。最後，歸納第一回討論結果的重點或發現，讓成員帶著第一回合討論的觀點，到第二回合的咖啡桌交流。

5. 第二回合進行討論前，桌長邀請貴賓先自我介紹。隨後，桌長針對在座成員報告上一回合的討論重點。第二、三回合的討論如同前述。

6. 鼓勵成員發言，並依每一回合規定成員發言的時間，控制成員的發言，俾讓成員均有發言機會。

(四)對話的規則

參與世界咖啡館匯談的成員，必須瞭解幾個基本的對話規則。

1. 鼓勵取得匯談石的成員，提出個人的想法與經驗；而其他成員應積極聆聽，以理解分享者的見解，且不得打斷其發言。

2. 聆聽後，應分享自己的想法，以促成各種想法之間的連結。透過共同聆聽，集體發現經驗當中的模式、觀點及更深層的問題。

3. 成員將自己所言所想，藉由文字、繪圖或塗鴉，呈現在桌布上。

4. 在回合之間的換桌，桌長須留在原桌，其他成員帶著回合間討論的想法，到其他桌次去，擔任「意義大使」（ambassadors of meaning）。成員到次回合咖啡桌討論，儘量不與上回合成員同桌，以促使意見、觀點的散播交流（異花授粉）。

四、世界咖啡館實施過程

世界咖啡館在匯談的運用歷程主要有三部分：一是目的與問題陳述，二是三回合匯談，三是分享集體發現。而周維萱（2018）以世界咖啡館的教學，探討大學生接受「公民參與態度」培育課程對公民參與態度之成效，其實驗教學歷程約略為四個過程：(1)問題準備：設計討論問題；(2)問題瞭解：呈現問題之事實；(3)三回合反覆討論；(4)集體回饋與反思，其中「問題準備」應是教學前的準備。因此，匯談的歷程主要仍是三部分。

在教育部推動「教師專業發展評鑑」（於2017年已轉型）之過程，其中教學輔導教師研習系列課程的「在職進修課程」中，2016年臺中教育大學教學團隊運用世界咖啡館引導學員分享。參與這次世界咖啡館的學員為中小學教師（含主任和校長），先前已經完成30小時的教學輔導教師培訓課程。在校內已有夥伴教師，並對夥伴教師進行教學觀察，以協助其專業成長。來研習的學員帶著輔導的經驗和問題，而參加世界咖啡館。

參考相關文獻（周維萱、莊旻達，2013；高子梅譯，2007；Brown, Isaacs, & World Café Community, 2005），並以研究者帶領幾次世界咖啡館匯談之經驗，稍加修正匯談過程和討論的問題，將世界咖啡館實施的過程，分為下列八個步驟：(1)營造匯談氛圍；(2)咖啡館規範說明；(3)咖啡館目的與問題陳述；(4)第一回合匯談；(5)第二回合匯談；(6)第三回合匯談；(7)匯談結果展示及休息；(8)集體匯談——分享發現與反思。

在進行咖啡館匯談前，教學團隊仍有許多準備工作，包括：(1)構思討論問題；(2)準備音樂檔（連結至PPT）；(3)準備世界咖啡館簡介（PPT和講義）；(4)準備全開壁報紙、彩色筆、便利貼等文具；(5)準備桌椅（併桌4人一組）；(6)安排學員座位；(7)準備匯談棒——堅實深色的木棒／塊。其中(1)至(3)由授課教師準備，(4)和(6)由助理準備，(7)是當時未用，建議以後採用。

準備就緒後，依前述八個步驟進行世界咖啡館之匯談，敘述如下：

(一)營造匯談氛圍

上課開始，主持人先歡迎研習學員，肯定教學輔導教師在學校透過教學觀察，提升夥伴的教學專業，每位學員應獲得很多寶貴的經驗與瞭解。今天透過不同的對話方式——世界咖啡館，讓學員之間儘量有多重的交流對話。一方面讓學員認識他人（校）的經驗與效果，一方面透過多元的分享對話中，能否激發出新的觀念與發現。

今天採世界咖啡館的對話方式，我是咖啡館的主持人。本咖啡館有N桌，每一咖啡桌選一位學員擔任「桌長」，負責小組討論之進行。每位學員的想法、觀點及經驗都很重要，都能對本次討論有所貢獻。由於大家的貢獻，就會激發出新的觀念，而能共同學習。

(二)咖啡館規範說明

　　主持人接著說明世界咖啡館的規範（如上述「三」部分）。依照PPT的內容順序說明，學員對照講義閱讀及聽講，認識世界咖啡館。在學校教學情境中，學生第一次進行世界咖啡館對話前，教師至少花一至二節時間說明與演練。

　　特別強調每位學員（貴賓）應注意事項有：(1)貢獻小組－真誠發言與專注聆聽；(2)在桌布上寫下觀點－文字或畫圖；(3)擔任意義大使；(4)換桌時避免與前回合的人同桌。

　　桌長的任務則是：(1)新回合討論前引導自我介紹；(2)主持討論並運用匯談棒；(3)歸納討論結果並對新貴賓報告；(4)貴賓換桌時桌長不動。

(三)咖啡館目的與問題陳述

　　由於教學輔導教師上完30小時的培訓課程後，在學校須與夥伴教師相互進行教學觀察，藉此強化與改進教學行為。因此，本次咖啡館對話的議題為：教學觀察經驗與心得分享。可為此咖啡館命名為「教學觀察咖啡館」或「觀課咖啡館」。在此議題下，研擬了三個討論問題：

1. 在教學觀察過程中，有關「觀察」和「會談」的技巧，你有何體驗和收穫？
2. 就你的觀察經驗中，教師的教學行為和學生的學習表現，有何關聯性？
3. 教學觀察應當怎樣做，才能有效提升教師的教學專業？

　　在這三個問題中，前兩個是技術性層面，第三個問題是策略性問題。每一咖啡桌都要討論這三個問題。因此，提示學員，在一張大海報中，如何呈現這三個問題。

(四)第一回合匯談

　　在一回合討論前，主持人先請各桌自我介紹，並選出桌長。

　　接著，桌長提示匯談棒的使用方式。若是有經驗的匯談者，允許桌長微調匯談棒的使用規則。接著，開始對第一回合的問題發表經驗與心得：

　　◎在教學觀察過程中，有關「觀察」和「會談」的技巧，你有何體驗

和收穫？

　　特別提醒：取得匯談棒者，可從容發言，他人須專心傾聽。發言後，將發言的重點，用文字或圖形呈現在桌布上。原則上第一輪每人都要發言。發言結束，將匯談棒置於中間，桌長鼓勵成員回應或補充。

　　咖啡館主持人在各回合討論中，巡視各桌的討論情形，並解答桌長及與會人員的有關匯談規範的疑問。另外，也應在回合討論時間到之前，以訊號或手勢提示，讓桌長歸納該桌討論結果的發現或重點。時間到時，主持人提示：桌長不動，貴賓換桌，且儘量找不同的人同桌。

　　此後三回合匯談中，引導學員特別留意：踴躍貢獻意見、連結不同觀點及共同聆聽其中的模式與深層問題（原則四至六）。

(五)第二回合匯談

　　第二回合開始，桌長引導大家自我介紹後，接著報告第一回合本桌討論的結果。然後，開始討論第二個問題：

　　◎就你的觀察經驗中，**教師教學行為和學生學習表現，有何關聯性？**

　　在第二回合討論時，提示貴賓，將第一回合結果的想法或觀點，連結到第二回合；或將第一回合的問題，與第二回合的問題做連結。

　　其進行方式與規範，如同第一回合匯談。

(六)第三回合匯談

　　第三回合討論，如同第二回合。討論題目是：

　　◎**教學觀察應當怎樣做，才能有效提升教師的教學專業？**

　　在第三回合討論時，建議連結到第一、二回合討論的問題。

　　第三回合討論結束前，主持人應提示學員在休息時，順便參觀各桌的桌布，他們寫的或畫的內容、觀點及想法是什麼？以瞭解或掌握今天咖啡館學員的想法與觀點，便於集體匯談時有所發現。三回合匯談結束，請學員休息並回到原來的咖啡桌。

(七)匯談結果展示及休息

若是在大型的會議，有專業的人員和助理，可利用休息時間，整理各桌討論的結果重點，呈現在大海報上，張貼在四周牆壁，便於學員休息時瀏覽閱讀。這種情形，休息時間可稍微多些。

若沒有專人和助理協助，可省略此一過程。休息時間同樣拉長些，引導學員參觀各桌桌布所呈現的內容。

(八)集體匯談—分享發現與反思

三個回合匯談結束，學員也大略瞭解各桌討論情形後，再進行全體對話，由咖啡館主持人帶領。

這個過程最主要是讓與會者，在經過三回合的貢獻意見、連結觀點、共同聆聽及參觀各桌的結果後，有一沉澱反思的時間。主持人請學員寫下：有關此議題匯談中獲得的經驗、想法、觀念，以及之間的模式或問題。主持人可邀請願意分享者做口頭分享，以引發其他個別學員在團體中對話，藉此誘發全體學員有更多的想法與觀念，碰觸到其中的核心問題。

在教學現場有具體的教學目標，因此，這個過程可能有兩種情形：一是請各咖啡桌代表報告三回合討論的結果，最後再讓其他同學回應與補充；二是不同討論問題咖啡桌代表報告討論結果，其他咖啡桌成員提問或補充。問題逐一報告完畢，最後再作集體的回應與補充。

在建立社群的咖啡館，這個過程可由各咖啡桌代表，分享其經驗與心得，同桌成員補充，他桌提問或補充；如此依序逐桌進行，最後再從此集體分享經驗中，看看能否激發出新的想法與觀念。

五、世界咖啡館的應用與效果

有關世界咖啡館應用的期刊論文研究，搜尋圖書館「電子資源總覽」資料庫，共有11篇（2011-2019）。其中應用在大學的有3篇，企業界有3篇，醫護有2篇，學校組織人員（國中）1篇，其他2篇。茲分別從企業的應用、凝聚共識的應用及在教學的應用三方面來說明。

(一)在企業的應用方面

有一項中小企業人員的「創業計畫撰寫課程」，採用世界咖啡館的教學。研究發現：學員的創業計畫撰寫能力，顯著優於演講和案例研究的教學。（Chang, 2019）其他的研究也顯示，導入世界咖啡館方案的教學或教育訓練，可刺激團體參與者共同思考的體驗（黃淑惠、陳俊良，2018），以及能達成主管訓練的認知、技能及情意的學習目標（葉煥文，2013）。

(二)在凝聚共識的應用方面

以世界咖啡館應用在護理方面之探討，顯示世界咖啡館方式對護理主管人員的共識有其效果。（潘純媚，2011）這也是本文提到世界咖啡館第四個功能「建立社群」，即透過多元且深入的對話，讓成員間建立更好的關係，產生團體的認同感。而學校組織人員凝聚共識之探討，發現：(1)能匯集組織各部門多元意見以凝聚共識；(2)能打破各部門本位主義成見，促進跨領域溝通與理解；(3)能促進團隊間與組織內的學習。（李孟美，2013）

(三)在教學的應用方面

一項研究，以世界咖啡館討論方式應用在大學通識課程教學，相較於一般教學，顯示可提升大學生公民參與態度，但在學習成效則無差異。（周維萱，2018）另一項大學通識課程的研究，在「公民教育學習方案」十八週課程中，以37位選修學生，進行8次世界咖啡館的討論方式教學，每次240分鐘。研究結果發現，以世界咖啡館的教學可訓練學生：(1)平等尊重的聆聽能力，有助學生理解平等共同參與的重要性。(2)理性發言的能力，有助學生瞭解理性發言的深層意義。(3)系統性的思考脈絡，有助學生檢視自我，並建構新的思考模式；而且也有助於學生從「個體」到「集體」的認知建立。（周維萱、莊旻達，2013）因此，在教學上，可以把世界咖啡館的討論方式，當作訓練學生溝通表達與思考能力的有效教學策略。

在國民小學教學方面，陳彥沖（2013）在五年級「國際教育」的課程，其中有三個主題採用世界咖啡館的討論型態（另九個主題採用其他方

式）。研究結果指出：學生對世界咖啡館的「輕鬆彈性」討論型態，持正面肯定，且班級討論氣氛融洽。

六、結語

　　世界咖啡館是一種深度討論方式，參與成員在多回合對話中，連結不同觀點，會有一般討論意想不到的效果。在學校運用世界咖啡館的討論技巧，主要在引導學生：分享知識與激發創新思維、探索生活中的問題、建立友誼及社群關係。

　　目前世界咖啡館在國民中小學教學現場之應用不多，但相信此一討論型態，應可在國中以上的教學情境中應用，而國民小學高年級也可以嘗試使用。

第二節　桌上遊戲在教學之運用

　　本節在認識桌上遊戲及其在教學上的應用。首先說明桌上遊戲的意義與特性，其次敘述桌遊的要素，再次介紹桌遊的機制，復次簡介桌遊的種類，最後舉出桌遊在教學上應用的方式。

一、桌上遊戲的意義與特性

(一)桌上遊戲的意義

　　桌上遊戲（tabletop game）是指可以在桌上玩，而不需要依賴電子設備的一種遊戲，簡稱為「桌遊」。（許榮哲、歐陽立中，2016：29）這樣的用詞最主要是用來區別必須插電和使用電子設備的遊戲，例如：電腦遊戲、電視遊樂器等。桌遊也與需要道具和大動作的運動遊戲不同，例如：體操、墊上遊戲、球類遊戲等。桌遊強調面對面的人際互動，運用牌卡、圖板、各種配件，讓玩者在桌上進行遊戲。因為方便又有趣，成為家庭或朋友聚會，歡樂互動的遊戲方式。（侯惠澤，2018：17）而教師為提升學生學習興趣及人際互動，也可運用桌遊當作教材或教學策略。

　　桌遊大約從1978年開始在歐洲地區興起，以德國最為盛行。歐美的

家庭中，孩子從小就與父母玩桌遊。在遊戲體驗式學習中，孩子在很自然快樂的狀態下，把觀念和能力不著痕跡地內化。（許榮哲、歐陽立中，2016：29）

(二)桌遊的特性

桌上遊戲須運用多種思維方式、語言表達及情緒表現的能力。在遊戲中要依據規則來思考策略的運用，以及下一步該怎麼做；在過程中則須面對面的語言表達與互動，無論是正面的或是暗示的語言；在遊戲的關鍵時刻，有時要沉穩地控制情緒，有時要很亢奮地奔放情緒。

因此，桌遊不僅是一種遊戲，而且也是一種社交工具，重點在於遊戲過程中的互動，而不是取得最終勝利。（黑豬，2012）在過去還沒有出現「桌上遊戲」這個語詞時，就有象棋、撲克牌、圍棋、麻將等遊戲。這些遊戲都符合現代桌遊定義下的「桌上遊戲」。桌遊有多種玩法，適合不同年齡層、不同情境需求及人數。有簡單歡樂的，適合歡樂場合或年節家人聚會；有沉靜長時間思考的，適合成人挑戰或比賽。然而這些遊戲，人們都樂得一玩再玩（有時間的話）。

現在的桌遊內容廣泛，種類款式非常多，且設計精美，可以說從幼兒到老年都適合玩，都會喜歡玩。桌遊能普遍受到民眾的接受及喜歡，主要是它有六項特性：

1.面對面

桌遊是一種面對面的遊戲，有相當多的語言和非語言的人際互動。玩者必須相互溝通，或是影響他人改變想法，或是誘導他人隱藏身分。這種互動可以感受到人際的氣息與眼神，比起虛擬遊戲或網路遊戲，這種互動才是真實的。

2.安全性

桌遊僅在桌上或野外草地上玩。不插電，沒有螢幕藍光或輻射傷害眼睛的問題；也不是肢體運動型遊戲，沒有摔倒傷害的問題。

3. 時間和人數彈性

　　桌遊種類款式繁多，有的桌遊僅須10分鐘，有的需要數小時。在人數上，從2-10人都有。而有的桌遊，在時間和人數上都有彈性。

4. 上手容易

　　玩桌遊不難。有很多遊戲的門檻很低，容易上手。爾後再依自己的等級，選擇適合難度的桌遊。

5. 便利性

　　桌遊只要一個桌面或一個平面，簡單座椅或席地而坐即可。比較不受天氣、場所影響，也不需器材，非常方便。

6. 趣味性

　　桌遊讓人們暫時擺脫現實生活，進入遊戲世界，而遊戲設計本身就很有趣。遊戲方式上有競爭型、合作型、陣營型及綜合型，要完成任務須與他人溝通協調，也是有相當多挑戰。（許榮哲、歐陽立中，2016：31；侯惠澤，2018：33；詹孟傑，2020）

二、桌遊的要素

　　一款桌遊，能讓人一玩再玩，且經得起時間的考驗。分析其所具備的基本要件，是為桌遊的要素。許榮哲和歐陽立中（2016）認為桌上遊戲應有三大核心，也就是三個要素：規則、配件及樂趣。這三個要素可用一句話概括，即「運用規則讓配件成為有趣的遊戲」。然而，大多數的桌遊都有故事作為內容或背景，稱為主題。因此，歸納桌遊的要素有主題、規則、配件及樂趣。

(一)主題

　　主題是遊戲背後的故事內容或背景。例如：「三國志」是以三國時代歷史人物和事件作為遊戲背景。從遊戲中學習歷史，或者要先瞭解一些三國歷史，才能感受遊戲的意義與樂趣。

(二)規則

規則是指遊戲進行的方式。任何遊戲都需要規則，若不遵守規則，就玩不下去了。遊戲的規則來自遊戲機制的設計。一種桌遊常包含多項的機制，形成桌遊的規則。例如：「妙語說書人」的機制有：行動選擇、故事敘述及投票，遊戲規則就有：(1)說書人選牌—說書；(2)玩家選牌猜測；(3)玩家投票；(4)計分。

(三)配件

配件是指遊戲中使用的物件，例如：棋子、骰子、牌卡等。每一款桌遊，都有各式種類、大小、數量等不同的配件。

(四)樂趣

樂趣即耐玩性，是指遊戲有趣和挑戰，讓人想繼續玩下去，或下次想再玩。此一要素為桌遊能普遍或歷久不衰的原因。

三、桌遊的機制

機制（mechanism）是指遊戲運作的方式，也就是遊戲的玩法。機制是桌遊運作的靈魂。機制的種類很多，且不斷推陳出新。在2014年5月29日止，桌遊論壇（Board Game Geek, BGG）網站列了五十一種桌遊機制。（林子淳，2014）目前在BGG網站看到的桌遊機制（board game mechanics）已經有一百八十二種之多。

由於桌遊的機制眾多，無法在此逐一介紹。從教育的觀點，侯惠澤（2018：29-32）介紹常見的十種遊戲機制，簡要說明如下：

(一)卡牌管理

卡牌管理（hand management）是幾乎所有卡牌遊戲都會用到的機制。玩者透過管理手上卡牌打出的順序、組合方式及取捨原則等，以便在遊戲中換取資源或分數，獲取勝利。通常玩者手中會有自己一套牌（各自牌庫），桌面上也會有「公用牌庫」，讓玩者依序輪流抽取。抽取方式可有抽一取一，沒有選擇；也可以抽N取X（N>X）。

(二)行動點數分配

行動點數分配（action point allowance）是指玩者在每回合會得到一定數量的點數，依擁有的點數多寡與可選擇的行動種類，來規劃執行不同的行動。行動點數分配方式有三種：1.一對一：即玩者擁有的點數，僅能選擇指定的一項行動。2.多選一：玩者的點數，有多種行動選擇，但只能選擇一項行動。3.多選多：玩者擁有較多點數，可同時選擇多種行動。

(三)工人擺放

「工人」即是一種標示物（或配件）。工人擺放（worker placement）是指玩者放置個人有限數量的標示物（工人）到圖板上的區域，通常會把其他玩家的標示物排除在外，以獲得遊戲資源或執行區域的效果，以取得在該區域的優勢。例如：「石器時代」遊戲一開始，每位玩者（部落酋長）有5個村民，玩者可以派工人發展農業（農業升級）、獲取工具、生出新工人，或蒐集食物、採集資源等以獲取分數。

(四)擲骰

擲骰（dice rolling）即玩者透過擲骰所示的點數進行遊戲，這是依隨機因素決定行動。擲骰的使用方式有五種：1.決定拿到資源的數量；2.決定玩者可行動的次數；3.判定玩者執行該行動的成功或失敗；4.決定前進的步數或地點；5.執行骰子上面所代表的行動。

(五)板塊放置

板塊放置（title placement）。板塊就像一塊塊的拼圖。玩者以所獲得的板塊拼放在圖板上，以獲得分數、資源，或是藉此來觸發其他遊戲機制。例如：「卡卡頌」中，藉由板塊拼出的城堡和道路，並依規則計算獲得分數。

(六)交易

交易（trading）。如同商場的買賣。玩者與玩者之間，或玩者和遊戲內的銀行之間，透過遊戲貨幣，或是以物易物來獲取符合所需的資源。

例如：「卡坦島」中，玩者可使用手中的物質與其他玩者換取不同資源。

(七)拍賣／競標

拍賣／競標（auction/bidding）即玩者藉由競價方式來標購物品或資源，或是拍賣遊戲資源以取得更進一步的優勢。

(八)模式識別

模式識別（pattern recognition）指玩者進行遊戲時須辨認的圖案樣式及其所代表的意義。當玩者發現其圖案和顏色與獲勝的條件有關，即可先行取得分數、遊戲資源，以獲取勝利。例如：「形色牌」（Set），每一張牌有四個特徵：顏色、形狀（符號）、數量及填充物。玩者須從桌面十二張卡中找出三張卡，它們必須有三個特徵相同或完全不同。

(九)角色扮演

角色扮演（role playing）指玩者可扮演遊戲中某個人物角色，並且可使用其不同能力。例如：在「瘟疫危機」（Pandemic）（2008年版）中，每位玩者要扮演一名獨特的角色，善用自己的特殊能力，來為團隊獲取勝利。

(十)說書

說書（storytelling）即玩者藉由遊戲提供的卡片內容、板塊等，用語言敘述一套故事，讓其他玩者來猜。例如：「妙語說書人」（Dixit）（2008年版）中，玩者依據要出的牌來說故事或描述，這個描述可以是一個字、一個詞、一句話、一首詩、一首歌、一個故事。其他玩者選擇符合故事內容的卡片來混淆，藉以得分。說書者也要有技巧，避免其他玩者全都猜到或沒人猜到。

四、桌遊的種類

桌遊的種類與款式繁多，且不斷地推陳出新。從分類中可以瞭解一款桌遊的性質，便於玩家選擇的參考。桌遊的種類區分，主要以「桌遊論壇」（Board Game Geek, BGG）的分類為依據。

在2014年BGG網站收錄的桌遊有七萬六百二十三種（截至2014.5.29止），並將桌遊分為八大類型：(1)派對遊戲（party games）；(2)策略遊戲（strategy games）；(3)主題遊戲（thematic games）；(4)戰爭遊戲（war games）；(5)抽象遊戲（abstract games）；(6)集換式遊戲（customizable games）；(7)兒童遊戲（children's games）；(8)家庭遊戲（family games）。（林子淳，2014：8-10；張禕中，2019：18）然而，新的桌遊出版迅速，目前BGG網站收錄達十二萬多種（截至2020.9.10）。

桌遊的分類，主要是參考BGG網站的八大分類。然而，有時也會因應用或需求不同，而有不同的分類方式。侯惠澤（2018）參考BBG網站桌遊的分類，以及玩家的感受，將桌遊分為五類：派對、經營類、棋弈（abstract strategy）、推理及探險。

另外，許榮哲和歐陽立中（2016）則從遊戲機制區分，將桌遊分為九大類，並從教育的觀點，列舉二至三款適合學習或教育上使用的桌遊。因內容繁多，此處僅列出桌遊名稱，有興趣者請參閱其著作。

1. 陣營類：例如：「砰！」（Bang!）、「阿瓦隆」（Avalon）。
2. 說故事類：例如：「從前從前」（Once Upon A Time）、「妙語說書人」（Dixit）。
3. 擲骰類：例如：「一根香腸」（The Eng Chiang）、「履歷」（CV）。
4. 交易類：例如：「種豆」（Bohnanza）、「卡坦島」（Catan）。
5. 競標類：例如：「地產達人」（For Sale）、「現代藝術」（Modern Art）。
6. 合作：例如：「花火」（Hanabi）、「瘟疫危機」（Pandemic）。
7. 板塊拼放：例如：「卡卡頌」（Carcassonne）、「紐約1901」（New York 1901）。
8. 區域控制：例如：「八分鐘帝國」（Eight-Minute Empire）、「侍」（Samurai）。
9. 風險管理：例如：「印加寶藏」（Inca Gold）、「皇家港」（Port Royal）。

桌遊的設計，大都為商業銷售用的。但雖是商業銷售的桌遊，除了基

本的「樂趣」之外，一款桌遊能持續不墜，應有其價值。其價值就是創造一種氛圍，並增進玩者的人際關係與各項能力，包括邏輯思考、記憶、反應速度、聯想、溝通表達、團隊合作、問題解決等能力。因此，桌遊才廣為教學者和學習者所喜愛。

　　本章介紹桌遊，主要是從教育的觀點，瞭解桌遊如何應用在教學上。因此，篩選適合教育或教學應用的桌遊，並依據學習領域和教育的需求來區分，對教師而言，是值得參考的資訊。

　　根據一些教師和桌遊愛好者之經驗與瞭解，篩選適合國民小學以上教學可應用的桌遊，並依學習領域：國語、英語、數學、科學、社會、音樂及美術等科目來區分，列舉所知可應用的桌遊如表12-1。此僅就「中華桌上遊戲教育發展協會」所蒐集或持有的。

┌表12-1┐ 可應用於各學科教學之參考桌遊

應用學科	桌遊名稱	品牌（出版）	適合年齡	適用人數	使用時間（分鐘）
國語	畫言巧語（Pictoril）	尖端桌遊	6+	2-6	10-20
	說夢人（When I Dream）	艾賜魔袋	8+	4-10	30以上
	語破天機（Concept）	艾賜魔袋	10+	4-12	40
	妙語說書人（Dixit）	新天鵝堡	8	3-6	30
	漢字傳說（Hanzi）	愛樂事	7+	2-5	15
	字字轉機（Anomia）	2PLUS	8+	3-6	30-45
英語	字母翻翻（Zoo alphabet）	The Brainy Band	5+/8+	2-5	10
	韻腳對對（Rhyme Time）	Simple Rules	6+	2-6	15
	機智PK王（Player King）	玩城品WIP	7+	3-4	15
數學	收納達人（Get Packing）	艾賜魔袋	6+	2-4	15
	數字急轉彎（7ATE9）	新天鵝堡	8+	2-4	5-10
	奶油還是派（Piece o'Cake）	新天鵝堡	8+	2-5	20
	柴犬屋（Shiba Inu House）	Li-He x Facio	6+	1-5	15-30
	角力棋（Abalone）	艾賜魔袋	7+	2	30

應用學科	桌遊名稱	品牌（出版）	適合年齡	適用人數	使用時間（分鐘）
科學	熊熊公園（Bärenpark）	艾賜魔袋	8+	2-4	30
	流轉大地（Terra Shifter）	尖端桌遊	10+	1-4	40
	生態公園（Formosa）	2PLUS	8+	3-5	15-20
	可可亞（Cacao）	玩樂小子	8+	2-4	45
	電力啟動（Power On）	山頂洞人實驗室	6+	2-4	30-50
社會	原民部落（Indigenous people of Taiwan）	Li-He x Facio	8+	3-6	15-30
	埃及考古：新旅程（Archaeology: The new Expedition）	艾賜魔袋	10+	2-5	20
	鐵道任務：美國（Ticket to ride US）	艾賜魔袋	8+	2-5	30
	注意施工中（Caution Construction）	新天鵝堡	5-99	2-4	15
音樂	音樂派對（Music Party）	想要設計工作室	7+	2-6	15-20
	跑吧怪獸（Monster Run）	想要設計工作室	10+	2-4	30-45
	DOREMI	玩坊	8+	2-6	30
美術	四季之森（Harvest Island）	大玩	8+	2-4	30
	花磚物語（Azul）	2PLUS	8+	2-4	30-45
	花見小路（Hanamikoji）	愛樂事	7+	2	15
	傳情話意（Telestrations）	2PLUS	6+	4-8	20-30

資料來源：修改自「社團法人中華桌上遊戲教育發展協會」提供之資料（2020.11.30）。

　　然而一款桌遊可能內容多元，可培養玩家多項能力。因此，將一款桌遊歸入某學科的教學，但同時也可培養其他領域的能力。例如：「妙語說書人」，主要為國語文的教學，讓玩者看圖說故事的想像與表達能力。

但從精美有劇情的圖片中，也是藝術欣賞與仔細觀察的美感經驗；而編造故事也顯示自我情緒（想法）的表達，以及人際互動。因此，「妙語說書人」主要應用在國語文科目，但同時也連結到美術和綜合活動領域。

除了從學科領域看桌遊外，學校的輔導室則從心理輔導觀點，將桌遊依其輔導用途加以區分。因此，同一款桌遊可以是國語文（或美術）教學用途，也可做輔導功能。例如：表12-1的「妙語說書人」，可讓玩者進行自我情緒（想法）表達，因此也是心理輔導中「情緒與想法」表達的桌遊。

而「生態公園」可讓玩者認識十種臺灣原生種的保護動物，可作為自然科教學用。但其遊戲的機制是風險評估——選擇與決定。因此，透過「生態公園」的遊戲，可讓孩子眼光放遠且懂得靈活，並培養孩子解決問題、自我精進及人際關係的素養，是啟發孩子天賦與好個性的桌遊。（王雅涵，2019：79）

五、桌遊在教學上的應用

由於桌遊的特性與機制，能激發玩者的興趣，並訓練各種能力。因此，桌遊在教學上有其功能，而為教師所應用。教師應用桌遊作為教學的策略或材料，主要是桌遊具備教學的四種功能：

第一，主動操作。學生在進行桌遊過程中，必須先對規則與內容深入瞭解、辨識、思考等，才能進行反應與操作，並與他人互動。這種情形符合學習金字塔的主動學習。

第二，情境體驗。桌遊透過模擬真實社會情境，讓學生在模擬情境中學習解決問題，藉著對情境的理解與體驗，獲得替代性的真實經驗。

第三，從玩中學（learning by playing）。好的桌遊或好的桌遊教學，可讓學生在遊戲中，不知不覺地獲得知識、技能及態度的學習。

第四，學會接受輸贏。每一回合遊戲結束，大都有輸贏。玩家要學會「贏」時，表達喜悅與謙虛；在「輸」時，表現接納與祝賀。

桌遊的種類款式繁多，遊戲機制也很多，在教學上的應用，可以有三種情形：一是直接應用桌遊教學；二是教材融入桌遊物件；三是運用桌遊機制（遊戲方法）。

(一)直接應用桌遊教學

桌遊本身就是學科的內容或學科能力的培養。因此，可直接運用桌遊在教學上。例如：「魔球聯盟」是《親子天下》為小孩子數學學習而設計的桌遊（編輯部，2016年3月），可用於數學教學；「機制PK王」（Play King）可以直接用於國小高年級的英語教學（紀佩羽，2016）。而「數字急轉彎-7吃9」（7 ATE 9）是簡單的數字進位加減遊戲，可用於低年級數學教學。以下以此款桌遊的教學應用來說明。

「數字急轉彎」是一款遊戲簡單且攜帶方便的桌上遊戲，類似撲克牌，為「新天鵝堡」出版。此桌遊基本上是刺激與反應速度的遊戲，可作為數學的心算練習遊戲，只要會簡單加法和減法的數學基礎能力即可。遊戲規則簡單，適合8歲以上的人玩，時間約5分鐘。

1.「數字急轉彎」內容

「數字急轉彎」是一種紙牌，有三種顏色。每一種顏色紙牌有數字1-10共十張，三種顏色共三十張紙牌。而三種顏色紙牌右上角有標示「+, –」符號：綠色牌為「+, –1」，即加1或減1；藍色牌為「+, –2」，即加2或減2；紅色牌為「+, –3」，即加3或減3。

2.遊戲方式說明

遊戲時，依出現紙牌的數字（全部是黃色數字），再看右上角的「+, –」兩種運算數字，得出你要出的下一張牌。其可能的情形歸納有三種：

(1) 加減結果在10以內

例如：綠色紙牌7（綠色牌為+, –1），有兩種可能答案8或6。即7 + 1 = 8；或7 – 1 = 6。

(2) 加減超過10

例如：藍色紙牌9（藍色牌為+, –2），有兩種可能答案1或7。即9 + 2，超過10，則減去10，因此為9 + 2 – 10 = 1；或9 – 2 = 7。

(3) 不夠減

例如：紅色紙牌1（紅色紙牌為+, –3），有兩種可能答案4或8。即1 + 3 = 4；或1 – 3，不夠減，先加10，然後再減3，因此為10 + 1 – 3 = 8（可想成10 – 3 + 1）。

3. 教學應用

「數字急轉彎」桌遊可訓練低年級學生13以內數的加減。每一張紙牌至少要有兩種計算思考歷程——「加」或「減」；而第(2)和第(3)種情形，則要有三種計算思考歷程——超過10，則減10；不夠減，則先加10。藉此計算思考變化，可訓練學生基本加減及心算能力。

4. 教學設計

以下敘述以國小一年級下學期學生為對象，設計兩節的「心算高手」教學。這樣的教學有兩個目的：第一，提升學童對數學的興趣。以此桌遊可訓練低年級學童的基本運算能力。當計算或心算能力增加，可促進低年級學童對數學的學習興趣。第二，作為增強活動的遊戲。學生熟悉此款桌遊玩法，可在後續的班級課堂教學中，作為學生學習表現良好時的增強遊戲活動。

由於要讓學生熟悉此款桌遊，安排兩節的桌遊教學。第一節在熟悉此遊戲，採「輪流出牌」方式；第二節依原遊戲規則設計，採「搶快出牌」，提高學生的遊戲興致。教學活動設計如表12-2。

〔表12-2〕　「心算高手」桌遊教學設計

社團法人中華桌上遊戲教育發展協會　桌遊教學設計

設計完成日期：110年3月11日

科目	數學	教學節數	二節課（80分鐘）	教學年級	國小一年級（下）
單元名稱	心算高手（18以內的加減）	教材來源	數字急轉彎（新天鵝堡）	設計者	李青香
				教學者	
單元目標	1.知道「數字急轉彎」桌遊中卡片的運算方法。 2.明瞭「數字急轉彎」桌遊的遊戲設置方式。 3.瞭解「數字急轉彎」桌遊的規則和玩法。 4.熟練18以內的基本加減（含進位加法及退位減法），並流暢計算。				

教學準備	教師：1. 桌遊：「數字急轉彎」七盒。 2. 教具：18以內加減心算卡，各十五張。 3. 遊戲卡三張（放大版）如下： 　　 　　綠色　　　　藍色　　　　紅色　　　（數字都爲黃色） 4. 練習卷：二十八張（18以內加減）。 學生：第一節異質分組：4人一組，各組安排一位計算能力較強者先當組長。 　　　第二節同質分組：4人一組，將計算能力相當者安排在同一組。

目標編碼	教學流程	時間（分鐘）	教學資源	評量
	【第一節】 壹、準備活動 1. 老師在黑板上貼出七張心算卡（包含加法及減法），從各組中抽選1人上臺，分別在心算卡下方寫出各題的答案。	5	心算卡	每個小朋友能寫出答案
4	2. 老師帶領全班一起檢視各組答案，正確的組別可獲得1分。 3. 老師展示「數字急轉彎」桌遊說：「接下來我們要用這款桌遊來玩一場心算大賽，看看誰是厲害的心算高手。」		「數字急轉彎」桌遊	小朋友能檢查答案的正確性
1	貳、發展活動 一、遊戲卡算法說明 老師在黑板展示三張放大版的遊戲卡，逐一說明每張遊戲卡的意思，並教導小朋友如何算出該卡的兩個答案。 中間「黃色數字」加上或減去「角落的數字」。（如遊戲方式說明）	5	放大版遊戲卡	小朋友能說出每張卡片的兩個算式及答案

1, 4	二、遊戲卡算法練習 1.發給各組四張遊戲卡（均包含上述三種類型），請組長將它們面朝下放置在各組的場中央。 2.聽候老師指示，各組同時打開第一張研究討論5秒後（此時各組組長可以協助指導同組夥伴），輪流請各組的第一位小朋友負責說出該卡的兩個算式及答案，正確的組別可獲得加分。（每個正確答案加1分） 3.重複進行上述活動，分別由各組的其他3位小朋友輪流負責說出其他三張遊戲卡的兩個算式及答案。	5 遊戲卡	各組能說出每張卡片的兩個算式及答案
2	三、配件與擺放說明 老師在黑板上說明並示範「數字急轉彎」桌遊配件及擺放方式。（請參閱「遊戲說明書」） 1.將所有遊戲卡洗勻後，翻開最上面的一張（面朝上）放在場中間，當作「中央牌堆」。 2.把剩餘遊戲卡（面朝下）平均發給所有玩家，作為每個人的牌庫，放在自己面前。	2 遊戲卡	小朋友能專注聆聽
3	四、規則說明 老師說明並示範「數字急轉彎」的遊戲方法及規則~先進行第一種玩法： 1.每人先從自己的牌庫上方拿取五張為手牌（若小朋友手太小，不方便握牌，也可以將手牌正面朝上，攤開擺放在自己面前，以方便找答案）。 2.依順時針方向「輪流出牌」。 3.輪到的回合，檢查手中（或面前）的五張遊戲卡的黃色數字，是不是場中央那張遊戲卡算出的兩個答案之一。	5 遊戲卡	小朋友能專注聆聽

	(1)若正好是，則可把此卡覆蓋在場中央那張遊戲卡上方，並說出算式及答案，之後再從自己牌庫補一張回手牌。 (2)若無牌可出，則直接跳過。 4.接下來每位玩家須隨著場中央那張遊戲卡的變換，來打出符合正確答案的手牌。 5.出錯牌的人須收回自己的那張牌。 6.若大家都無法出牌時，則從中央牌堆的底部抽一張放到最上方，繼續輪流。 7.最快將自己手上及牌庫的遊戲卡全部出完的人獲勝，遊戲即宣告結束。		
1, 4	五、遊戲準備 1.請小組長開盒發下遊戲卡，並完成遊戲的設置。 2.老師快速提問，複習規則及玩法： ‧每個人要先做什麼動作？ ‧再來看什麼？怎麼算？ ‧怎樣才可以打出手牌？輪流出牌還是同時出牌？ ‧遊戲什麼時候結束？ ‧誰是最後贏家？ 3.老師說明遊戲時間共10分鐘，時間一到老師會拍手二下，大家就停止遊戲。若時間未到就已結束遊戲的小組，可重新再玩一次。	3	「數字急轉彎」桌遊七盒	各組能完成遊戲設置 小朋友能回答遊戲玩法及規則要點
1, 4	六、遊戲開始 1.各組開始進行遊戲，老師巡視行間檢視並指導。 2.遊戲停止後，請各組獲勝的小朋友（7位）起立接受全班的掌聲。	10		各組能依規則進行遊戲，並說出算式及答案
	參、綜合活動 一、統整遊戲心得 提問後，請2-3位小朋友發表想法。	3		小朋友能舉手發表

	1.你喜歡玩這款遊戲嗎？爲什麼？ 2.在計算出卡片的答案時，你覺得簡單？還是困難？爲什麼？ 二、指導各組小朋友整理並收拾物品	2	各組能完成
	~~ 第一節結束 ~~~~~		
	【第二節】 壹、準備活動 1.老師告訴全班：「這節課老師會再教大家第二種玩法，全班要重新分組，讓大家能跟不一樣的同學進行比賽」。 2.老師進行重新分組（同質）。	5	
2,3	貳、發展活動 一、說明「搶快出牌」玩法 老師說明並示範「數字急轉彎」的遊戲方法及規則，進行第二種玩法——輪流出牌改「搶快出牌」。 1.先完成遊戲的設置。 2.所有玩家齊喊：「1，2，3開始！」 3.每位玩家同時從自己的牌庫翻開一張卡當手牌（可以將手牌正面朝上，攤開擺放在自己面前）： (1)若手牌上的黃色數字正好是場中央那張遊戲卡算出的兩個答案之一，即可「說出算式」及「答案」，並立刻打出此牌覆蓋其上。 (2)若手牌上的數字不是場中央那張遊戲卡的兩個答案之一，則繼續抽自己的牌庫。 4.接下來每位玩家則須隨著場中央那張遊戲卡的變換，來快速打出符合正確答案的手牌，先出先贏，慢出或出錯牌的人須收回自己的那張牌。	5	遊戲卡	小朋友能專注聆聽

	5.若大家都無法出牌時，則從中央牌堆的底部抽一張放到最上方，重新喊：「1，2，3開始！」 6.最快將自己手上及牌庫的遊戲卡全部出完的人獲勝，遊戲即宣告結束。		
2, 3	二、遊戲準備 1.請小組長開盒發下遊戲卡，並完成遊戲的設置。 2.老師快速提問，複習規則及玩法 ・這次的玩法是輪流出牌？還是搶快出牌？ ・其他規則和第一種玩法一樣嗎？ 3.老師說明遊戲時間共10分鐘，時間一到老師會拍手二下，大家就停止遊戲。若時間未到就已結束遊戲的小組，可重新多玩幾次。	3'	「數字急轉彎」桌遊七盒	各組能完成遊戲設置 小朋友能說出第二種玩法的不同處
1, 4	三、遊戲開始 1.各組開始進行遊戲，老師巡視行間檢視並指導。 2.遊戲停止後，請各組獲勝的小朋友（7位）起立接受全班的掌聲。	10'		各組能依規則進行遊戲，並說出算式及答案
	四、進行紙筆心算測驗 1.請各組將收拾好的桌遊拿到臺上交給老師。 2.全班恢復成原來未分組之座位安排。 3.老師先說明後，再發給每人一張心算練習卷 (1)寫完姓名後，考卷先覆蓋。 (2)老師喊：「開始！」才能翻開作答。 (3)限時3分鐘，老師喊：「時間到！」就停止作答。 (4)由每排的最後1位小朋友收回該排考卷給老師。	2' 3' 2'		各組能完成 全班能復原

4	(5)老師改完後，再找時間發給大家，看看誰是屬害的心算高手（分數最高）。 4.全班開始進行紙筆心算測驗。 參、綜合活動 老師提問：請2-3位小朋友發表想法。 1.你喜歡哪一種玩法？為什麼？ 2.在寫練習卷時，覺得自己算得比以前快的請舉手？說說你的感受？ ~~~~~ 第二節結束 ~~~~~	5' 5'	心算練習卷二十八張	能在3分鐘內完成測驗 小朋友能舉手發表

(二)教材融入桌遊物件

即依照原來桌遊的規則和圖板，以單元教材的內容概念、原則等，取代原來的配件（物件）、牌卡等之用詞。主題則儘量取性質與桌遊相近的單元內容。教師（或學生）須篩選單元重要的概念（語詞）、原則等，製作牌卡、配件等。

例如：為提升國中生英語學習動機和學習投入，一位國中教師應用坊間六款桌遊，五款改編，一款直接應用，採用準實驗方式在英語課堂教學，其中有兩次教學是改編自「UNO」桌遊。其教材融入桌遊的設計和遊戲方法簡要如下：（石裕惠，2016）

1.教材融入桌遊

為提升學生的英語字彙量，將UNO桌遊的數字卡，替換為英語字彙。兩次UNO桌遊教學為「Final Ⅰ」和「Final Ⅱ」。「Uno」西班牙語之意是「一」，玩家剩下一張牌時要喊「Uno」，設計者改為喊「Final」。

第一次教學以英語基本字彙1200字為內容，包含十類主題：職業、場所、交通工具、國家、動物、科目名稱、食物、身體部位、球類運動及季節。第二次教學則再加入2000字彙中的進階單字，也是十個主題：情緒形容詞、服飾配件、文具、餐具、疾病、月分、樂器、天氣狀況、自然

景觀及方位。其他的牌卡不變，包括暫停牌卡、迴轉牌卡、+2牌卡、萬用牌卡及王牌。

　　2.遊戲方法

　　遊戲玩法與UNO原來的玩法相同。只是原本抽到各種顏色數字牌卡才開始，改為抽到主題單字牌卡才開始。

　　其次，玩者只要出主題字彙牌卡，要將單字念出來並且造句。例如：桌上的牌是「藍色的turtle」──動物，玩者可以出同為「藍色的」dumpling或是同為「動物主題」的snake，出牌同時念出此單字並造句。最後，玩家手上剩下一張牌時，要喊「Final」；若未喊，須在排堆中抽取兩張。

　　遊戲結束計分：最先出牌完畢者，得10分，第二位8分，第三位6分，第四位4分；其餘不加不減。經過幾回合遊戲後，計算總得分。

　　教學者經兩週「UNO桌遊」和六週其他桌遊教學發現：實驗組學生的學習投入程度顯著高於教學實驗實施前，但實驗組與控制組在英語學習動機和學習投入的表現，並無顯著差異。（石裕惠，2016）

(三)運用桌遊機制

　　運用桌遊機制是指在教學過程中，運用某一桌遊的機制（遊戲方法），以提升學習效果和學習動機。因為在教學上，我們只要運用其遊戲方法，至於遊戲內容或牌卡的內容，就以學科單元（課）的內容來替換。此時，教師（或學生）就必須篩選單元（課）重要的概念（語詞）、原則等，作為遊戲內容或牌卡的內容。

　　茲舉一位國小三年級教師（陳怡婷，2018）的國語課為例。在教學過程中應用「心臟病遊戲」方法，來提升學生的「字」、「語詞」辨識與記憶能力。其教學設計說明如下：

【第一次活動】

1. 遊戲名稱「正確字心臟病」──即以自製的「字」牌卡，取代撲克牌。
2. 學生製作「字」牌卡。要求學生觀察課文單字，容易寫錯的地

方，包含部首、筆畫、部件、結構等。由學生自製牌卡，一張正確的單字，要有數張混淆易錯牌卡。例如：特別的「特」，右上方的部件是「士」而非「土」

3. 蒐集全部牌卡後，確認符合遊戲所需。

4. 遊戲準備。遊戲分組進行，依心臟病遊戲方法，將卡片平均分給各小組。

5. 遊戲開始。各小組卡片均分給小組成員。每人輪流翻一張牌卡，看到正確的字卡就拍，拍錯須將桌上的卡片收回。最先出完手上牌卡為獲勝者。

【第二次活動】

1. 遊戲名稱「正確語詞心臟病」——即以自製的「語詞」牌卡，取代撲克牌。

2. 學生製作「語詞」牌卡。要求學生依據課文，篩選語詞，製作語詞卡。一張正確的語詞，要有數張混淆易錯牌卡。例如：正確的語詞「棋弈」，錯誤語詞「棋奕」、「旗弈」、「祺弈」。

第3-5過程與前面相同。

【第三次和第四次活動】

略。

透過這樣的遊戲活動，教學者覺得：學生都比平時更加專注，而且很認真找容易讓同學混淆的字或語詞。同時教學者也建議：(1)遊戲進行應以同質分組較佳，否則，後段的學生搶不過前段優秀學生。(2)可讓學生參與教學遊戲的設計，增加學生參與感，並喜歡遊戲。（陳怡婷，2018）

作者認為透過學生搜尋容易混淆的「字」、「語詞」，學生會認真區辨「正確」和「錯誤」的「字和語詞」。因此，對字和語詞的辨別能力會較清楚，也記憶深刻。然這種遊戲並不能每「課」玩，畢竟一課的「字」、「語詞」量有限。建議教完一個單元三課再進行遊戲，當作生字新詞學習的增強複習。

六、結語

　　桌遊應用在教學上有其功能，普遍為中小學教師使用。有關桌上遊戲的學位論文研究有很多，在教育學門就有157篇。僅2020年就有23篇有關桌遊教學研究的學位論文。

　　桌遊應用在教學的效果為何？一項桌上遊戲教學效果的後設分析指出：桌遊教學在學業成就有二十七個效果層面，其中有二十四個是正數，整體效果量為0.494，效果介於微量與中度間。學習動機有二十三個效果層面，其中有二十個是正數，整體效果量為0.381，其效果也是介於微量與中度間。表示桌上遊戲融入教學在學業成就和學習動機層面上，大多優於一般講述式教學。（陳巽，2020）

　　另外，一篇有關桌遊融入英語教學的期刊論文，蒐集桌遊在英語教學效果的碩士論文（至2018.3）。在二十一篇論文中，有十四篇顯示有助於提升學生的學習成效，有十篇顯示有助於提升學生的學習動機和興趣。（石裕惠、蔡文榮，2019）

　　從前面後設分析桌上遊戲教學的效果，以及後面在英語教學的效果，顯示桌上遊戲應用在各學習領域、學習階段及各類型學生的教學，有其效果。然而，桌上遊戲應用在教學也應審慎思考兩個問題，茲分述如下：

　　第一，教師須隨時記得一節課或一單元（課）的教學目標。桌遊是教學的工具或手段，教學目標的達成才是教學主要任務。除了以桌遊內容和目標為單元（主題）的教學材料和目標之外，桌遊在教學上是潤滑作用或提升學習動機之用，僅能在單元教學的部分時間來進行。教師在運用桌遊時，要隨時留意教學的主要目標。

　　第二，避免使教室成為遊戲場。教師為了提升學生學習的動機與興趣而運用桌遊教學，但若目標偏離（如第一點所述），遊戲成分偏多，或教師未能控制場面，可能造成班級教學歡樂有餘，效果不足。（詹孟傑，2020）

第十三章

教學技巧

◆ 本章內容
　第一節　講述技巧
　第二節　發問技巧
　第三節　討論技巧

　　教學技巧（teaching skills）指的是單一分離的具體操作或行為要領，在教學過程中經常會用到，如講述、發問、板書、說故事等。一般《教學原理》書中介紹的教學技巧（術），包括動機的技巧、講述技巧、發問技巧、討論技巧、集中焦點技巧、教學媒體運用技巧、教室管理技巧、作業指導。（李春芳，1997；呂錘卿，2015；林寶山，1998；黃光雄主編，1990：287-369）其中教室的管理可歸到「班級經營」課程中；作業指導偏向學科的指導，教學原理談得比較少。本章僅介紹教師應具備三種最基本的教學技巧：講述、發問及討論。

第一節　講述技巧

　　講述技巧在運用上非常方便、經濟、省時、自主性及有系統。（王財印、吳百祿、周新富，2009：138）講述也有許多的功能，任何教學都要用到講述的技巧。講述可在教學開始前，引起學生的動機；在單元開始教學時介紹概念和學習目的；在教學過程中對教材內容或概念做說明與解

釋；在單元教學結束前做複習與整理。這些都需要教師運用講述的技巧來完成。

　　教學的實務上，教師在每次的上課中，往往運用多種的教學方法。例如：合作學習、問題解決、練習、欣賞、表演、實驗等，但是都得靠教師的講述技巧來貫穿整個教學活動。因此，好的講述是教師的基本功（essential technique），教師熟練講述的原則與要領，不但能使教學生動，而且也能掌握班級秩序。然而再好的講述技巧也不應占據一整節課，而是要能引發師生對話和學生主動學習。（王政忠，2017：104）歸納講述的要領分為七個方面，包括教師準備、教材準備、陳述技巧、輔助措施、語言運用、肢體儀態及結束整理。（王才印等，2009：144-147；李春芳，1997：195-198；呂鍾卿，2015：156-162；林寶山，1998：145-149）

一、教師準備

　　教師在進行講述前，應做下列的準備工作：(1)編選教材；(2)熟悉教材和相關資料；(3)瞭解學生起點行為，即分析學生已有的經驗；(4)設定或分析單元目標；(5)熟悉教學活動與流程；(6)擬定並熟悉講述大綱。

二、教材準備

　　教師若運用講述的方式來介紹概念或說明內容，對於所陳述的教材內容應當注意三個原則：(1)教材適合學生程度；(2)教材條理井然和層次分明；(3)教材能有縱向和橫向關聯。縱向關聯是指學科或學習領域內，前後的邏輯關係，橫向關聯是學科或學習領域之間的相關性。

三、陳述技巧

　　有關陳述技巧，可從下列八項技巧來說明：

(一)在一時間單位內只陳述一個重點

　　一個單元可能分好幾個綱要或重點，教師應依每一綱要或重點之繁簡、難易，分配若干時間來陳述。講述時即依事先擬定的邏輯或難易順序

說明。在一個單位時間內把一個重點、概念交代清楚，不可跳脫，以免學生無法進入老師的思考層次。有這樣的時間及重點控制，也可避免講述時之離題現象。

(二)陳述清楚，逐步引導

教師依教材之組織及條理，將重點陳述清楚。陳述完後，還要進一步確信學生是否熟悉教材內容，才能進入另一教材要點之學習。如此循序漸進，逐步引導，才能對整個教材完全的瞭解。

(三)在艱深處做說明、解釋或舉例

教材難免有比較困難、複雜、抽象的地方，學生無法只聽一次講解，就能明白；也無法於短時間內就能熟悉。因此，教師應多花一些時間重複說明、解釋、或舉一些學生能理解的具體例子來說明，使學生有思考的時間。

(四)適時提問學生

教師講述時可適時穿插發問，一方面檢視學生是否瞭解，一方面可促使學生專注聽講。

(五)講述生動化

教師講述時，要注意生動，切忌平鋪直述，而多用形容、描寫、比喻、擬人化、例證、反詰、懸疑等方法，並加強抑揚頓挫語調，以增加學習興趣。

(六)適時的強調重點

教師在說明重要概念時，可以用暫時停頓或提高音調的方式來引起學生特別的注意，並使學生能有時間作筆記、劃記或其他思考反應。

(七)講述的時間不宜太長

在中小學階段，正題講述的時間以10-20分鐘為原則。年幼的學生可

能只有5-10分鐘的專注力。一般而言，年級越長，對學科越有興趣，專注力時間越長。

(八)適時運用集中焦點的技巧

講述可能因時間過長、內容單調、學生疲倦而分散注意。教師在講述途中，可運用集中焦點的技巧。集中焦點是指教師用語言、動作或其他方式，把學生的注意力，拉到教學的活動上來。

四、輔助措施

輔助措施是指能使講述效果大為提升的一些配合準備事項。包括：

(一)同時提供講演綱要或書面資料

在講述過程中，除口頭講述外，最好能再提供講述大綱或其他相關的書面資料，如此將有助於學生的聽講、記憶和瞭解。

(二)事先提供相關資料

教師在教學前如能提供教材、補充教材、參考資料給學生，並要求學生事先預習，再經教師的講解說明，效果更好。

(三)運用教學媒體

在正式的講述和演講時，教師常使用各種教學輔助器材，包括圖表、實物、模型、簡報（連結網路資源、影像、聲音及圖片）、影片等。如此可使教學活動生動而富有變化，亦可增加學生的注意力，避免學生覺得枯燥。

五、語言運用

教師在教學中，語言的運用主要有下列六項技巧：

(一)口齒清晰而響亮

口齒清晰，發音正確，使學生聽得清楚明白，不致發生誤解。另

外，聲音要響亮清脆而不尖銳，使最後一排的學生都能夠聽得清楚，自然容易集中學生的注意力，也容易提高學生的學習興趣。如果教師的聲音較小，應當不時的走動身體，到教室中間，使音量能達到教室的後面，或利用擴音器，以補助音量之不足。不過使用擴音器對教師的肢體語言表達有所不便；且音量不宜過大，因為音量過大，學生容易疲勞。

(二)說話流暢而自然

教師講話要流暢，聲音要自然，如行雲流水般，聽起來順暢、悅耳，引人入勝，如此必能提高學生聽講的興趣。說話絕對不可吞吞吐吐，結結巴巴，拖泥帶水，顛三倒四，反反覆覆，會使聽者感到厭煩。

(三)用語適切而淺顯

教師在講述課文時，不論措辭用語，均須特別注意，否則會給予學生不良的印象。教師用語要優美典雅，不可粗俗，更不可冷嘲熱諷，語帶譏笑，使學生的心理受到傷害。另外，教師在講解時，所用的語言一定要切合學生的程度，不可太深或太淺，遇到艱深難懂的專門術語，要深入淺出地為學生解釋。對國小中低年級，語言要兒童化，例如：說到「父親」、「母親」，便可改用「爸爸」、「媽媽」等語氣為妥。

(四)速度快慢適中

教師講述的速度要適中，有時可配合講述之情節或內容調整速度。當講述緊張而急促的故事情節時，可加快速度並拉高聲音；當講述抽象概念、複雜原理時，應放慢速度並用聲音強調重點，使學生瞭解前後語詞之邏輯關係。而一般的演講，在50人的室內每分鐘的語速大約在180-200個字（張正男，1985）。教學時為了讓學生充分理解，速度應稍慢一些；對低年級速度更要慢些。

(五)聲調要變化而有致

教師講話時，不要平鋪直敘如誦經般，聲調應有變化。配合講述內容情節，注意聲調高低，抑揚頓挫、快慢急徐得宜。講述切忌從頭到尾，採

取同一的聲調和速度。說話的聲調,常表達心中的情意和感受。一般來說高亢的聲音表示慷慨激昂,急促的聲音表示興奮,柔和的聲音表示愉快,低沉的聲音表示哀怨,莊重的聲音表示肅穆,顫抖的聲音表示悲傷,快疾的聲音表示緊張,徐慢的聲音表示寧靜,大叫的聲音表示驚懼,嘆息的聲音表示感嘆,加重的聲調表示使人注意。教師應視教材的內容,配合以上的聲調來進行。

(六)避免口頭禪

講話時帶有口頭禪,讓人覺得說話者語言不夠成熟,也使人看出沒有準備和信心,更嚴重的是影響表達之流暢和條理性。因此,教師應當避免這些無謂的口頭禪,如「這個」、「那個」、「那麼」、「嗯」、「然後」、「對不對」等。

教師在班級前講臺上進行教學,如同演員般,口語表達能力很重要。可根據上述要領來練習,或參加口才研習班,或溝通表達訓練課程,強化自己的語言表達。

六、肢體儀態

教師上課就像是演說。演說必定有說(講)也要有演;演而不說是啞劇,說而不演是朗讀。一般來說,演說的肢體儀態有三大原則:端莊大方、優美自然及配合內容(張正男,1985)。茲根據過去之經驗和觀察,提出四個重點。

(一)保持良好儀態

教師要有良好的儀態,包括服飾整潔、穿戴得宜;態度大方、和藹愉快;坐站有樣、動作合度;精神振作、篤實誠懇。講臺上常見不良儀態有:雙手撐在講桌上,脖子內縮,且長短腳站;講臺下後仰或側靠著講桌;雙手交叉胸前等。

(二)注意講述時的動作

講述的動作要自然大方、從容不迫,不輕浮。有時候,教師會有一些

習慣性的動作，例如：手弄粉筆、手插褲袋、手理頭髮、手捏鼻子、眼看天花板、或其他反覆動作等，這些不雅的動作均應避免。

(三)眼神與學生保持接觸

教師在講述時，要隨時與學生保持眼神接觸。如此可以維持學生之注意力，並瞭解其反應情形。另一方面，從學生的眼神中獲得回饋，評估學生的瞭解和專注情形，以改進自己的講述缺失。

(四)適當運用肢體語言

教師在描述、形容、敘說和說明教材內容時，也常藉手勢的補助，以增進學生的瞭解。如講到「信心」、「力量」、「高」、「大」時，都可用手勢來表示。在講述故事或劇情時，為增加戲劇的效果，可誇大肢體語言，吸引學生的注意力。

七、結束整理

講述結束前，應引導學生歸納本單元所學習課程的重點，或由教師作扼要之重點提示，使學生能有一完整的概念，瞭解講述的中心要旨。教師在每一單元或每一次上課結束前，可運用三種技巧作為結束：一是歸納若干重點以口頭陳述，二是以提問方式做重點整理，三是預告下一單元及準備事項。

第二節　　發問技巧

教師在教學當中，經常要提問題問學生。因為發問在教學過程中占有很重要的地位，如引發學生學習動機、啟發學生思考、促進學生參與學習活動、檢視學生理解情形。教師也經常以提問的方式，來瞭解學生的理解程度或做單元結束前的綜合整理。因此，發問在教學上是相當重要的技巧。教師在發問技巧上，至少應瞭解問題的類型、提問的技巧、候答的技巧及理答的技巧。歸納學者的意見（王才印等，2009：157-165；李春芳，1997：212-219；林寶山，1998：222-224；張玉成，1993：94-

116；黃光雄主編，1990：300-309）及個人教學實務經驗所得，敘述如下：

一、問題的類型

不同的問題類型，能引發學生的不同反應，產生不同的效果，達成不同的預期目標。因此，要成為一位勝任的教師，應該認識各種問題的類型，瞭解不同問題類型的功能。而在提出問題前，教師應當經常想到：針對此一教學活動的目標，我現在應該問哪一類的問題？因此，在探討發問技巧前，應該先瞭解問題的類型。茲舉兩種問題的分類方法來說明。

(一)從問題的答案來區分

對問題類型的區分，比較常見的方法是依問題有無固定答案來區分，有閉鎖式問題和開放式問題；另一名稱為聚斂性問題（convergent question）和擴散性問題（divergent question）。

1. 閉鎖式問題

這類問題在引導學生朝向某一思考方向，答案通常就在學生所學習的資料或知識中，大都不要求有新的發現。回答問題經常須依賴回憶的方式，答案通常是可預期的而且較為簡短，並且只有一個標準答案，這個答案就是發問者事先準備好的答案。例如：

「臺灣最高的山是哪一座？標高多少？」
「種子的構造可分為哪幾部分？」

2. 開放式問題

這類問題能激發學生可從各種不同的觀點和角度，探索各種可能性，而有新的發現或創造。開放式問題要破除墨守成規，不拘泥於既有的習性去思考。答案通常不固定，並且強調容多納異，讓學生有發揮的空間，沒有唯一的標準答案。即使發問者事先已有自己的答案，也不排除其他可能的的答案。例如：

「學校要培養學生的民主素養，應當有哪些積極和消極的作為？」
「如何增進學生的記憶能力？」

(二)從問題內容性質來區分

教師在教學過程中的提問，主要是依據教學內容。因此，可依據 Bloom 的認知領域學習目標六個層次，將問題的類型區分為四種。

1. 認知記憶性問題

這類的問題大都是學科的基本知識。學生回答問題時，只須對事實或概念作回憶性的重述，或經由認知、記憶和選擇性回想等歷程，從事再認的行為。例如：

「臺灣有哪五大山脈？」

「立方體有幾個邊？幾個頂點？」

2. 推理性問題

學生回答問題時，須對以前所接受或所記憶的資料，從事分析及統整的歷程。此類問題因須依循固定思考結構進行，故常導致某一預期的結果或答案。例如：

「帶了一包乖乖去爬山，為什麼到了高山包裝會膨脹？」

「為什麼鐵軌的連接處有縫隙？」

3. 批判性問題

回答問題時，學生須先設定標準或價值觀念，依據此標準或價值，分析和評析事物或方案的好壞或可行程度，並加以評斷或選擇。例如：

「小學生在學校上課，可否攜帶手機？」

「你認為各縣市在跨年時，有必要競相辦理跨年活動嗎？」

4. 創造性問題

學生回答問題時，須將要素、概念等重新組合，或採新奇、獨特觀點做出異乎尋常之反應。此類問題並無單一性質的標準答案。例如：

「臺灣地區各鄉鎮市有許多的垃圾無處可倒，有何解決辦法？」

「若複製人體的技術非常普遍時，法律又無法禁止，人類社會將會變成如何？」

二、提問題的技巧

　　教師對學生發問，並非即興式，而是要遵守某些規則，才會收到預期的效果。下列七個原則可作為參考。

(一)各類問題兼顧

　　良好的發問，應當包含認知領域六個層次的各類問題，或是上述所提的四個類型的問題。

(二)運用有序

　　教師在提問題時，應當注意內容要有連續性；問題的難度由淺到深，由簡單到複雜。內容具連續性，學生才能從問題中獲得系統的知識；難度由淺到深，由簡單到複雜，學生才能拾級而上，達到預期的學習目標。

(三)注意語言品質

　　教師的語言表達應清晰、速度適中、音調和緩，並注意用字遣詞，勿把汙穢當幽默，肉麻當有趣。

(四)不重述問題

　　在提問時，教師不要習慣性地重述問題，這樣學生會預期老師重述問題，養成學生對老師所提問題不專心聽的習慣。

(五)多數參與

　　教師在提問題時，為使全體學生都能注意反應，首先必須把握先發問後指名的原則。其次，應該多用高原式策略（plateaus strategy），若無特殊目的，避免尖峰式策略（peaks strategy）。高原式策略，則是教師提出問題，指名多位學生回答，加以歸納後。必要時，再針對這些答案提出深入一層的問題，同樣指名多位學生回答。例如：
　　　　師：我們的環境有哪些汙染？（學生舉手）
　　　　　　　指名A生回答：空氣；
　　　　　　　指名B生回答：噪音；

　　　　　指名C生回答：水。
　師：環境汙染有三類——空氣、噪音、水。（教師歸納）
　師：空氣汙染源主要有哪些？（學生舉手）
　　　　　指名D、E、F等回答。
　師：都市的噪音汙染有哪些？（學生舉手）
　　　　　……

　　尖峰式策略，是指教師提出一個問題並指名回答後，陸續提出較深入之問題由同一人回答，直到某一階段後，才指名他人回答另一系列問題。例如：

　師：我們的環境有哪些汙染？（學生舉手）
　指名G生，回答：空氣。
　師：還有哪些？（對G繼續問）
　G生：噪音和水汙染。
　師：你認為空氣汙染源主要有哪些？（對G繼續問）
　G生：汽機車、工廠……之排放廢氣體。
　師：這些汙染的廢氣體，對人體有何影響？（對G繼續問）
　G生繼續回答……

　　你可以想像一下，當教師採尖峰式策略與G生來回問答，焦點只有G生一人，其他的學生或者聽問答的內容，或者看自己的書，或者無事。而高原式策略，學生則等待指名回答，且有較多的學生可以表現。

(六)運用指名回答的技巧

　　教師提問後，指名學生回答有三個小技巧：(1)先提問題後，指名回答；(2)多人舉手回答中，應給較少發言者優先的機會；(3)依問題的難易，指名不同能力的學生回答，使能力差者也有表現的機會。

(七)運用轉問和反問

　　這是指處理學生提問的策略。轉問是指學生向老師發問時，老師不直接回答學生，而是指名或請其他學生回答。此一策略的用意有：(1)促使學生專注傾聽學生的發問；(2)其他學生本身就能回答；(3)讓學生回答，培養學生表達能力。反問是指學生向老師發問時，老師不回答問題，由他

自己回答。此一策略是在老師瞭解提問學生的情境下才運用，用意是讓發問者本身有表現機會或讓發問者有機會自行思考問題。

三、候答的技巧

　　教師提出問題後，等待學生回答或反應的這段過程，叫做候答。候答應注意下列要點：

(一)候答時間不宜過短

　　教師提出一個問題後，應有適當的停頓，至少3秒鐘，讓學生有思考的時間。尤其是推理性層次以上的問題，問題越難，候答時間應越長（4-7秒）。

(二)注意學生的反應

　　教師在候答時，應注意學生的眼神、姿態等身體語言，以瞭解學生的理解情形，並請準備回答的學生回答。

(三)教師要有耐心等候學生回答

　　教師要瞭解，有時候學生回答問題需要較長思考時間，回答也不一定很完整。因此，教師要有耐心等候或聽學生回答，並以正向、肯定的表情等候學生，讓學生有信心回答。

(四)教師避免自問自答

　　我國的學生普遍不太踴躍發言或回答問題，又加上有時教師急躁之故，常發現教師提問1-2秒後，學生不語，教師就自己回答。教師應瞭解這種情形，耐心等候並激勵學生回答，必會改善這種現象。有的教師在講述過程中，也有自問自答的習慣，好像是講述的延伸。教師應嚴謹看待提問的作用，對學生提問應當有明確的目的，否則就繼續採取講述方式。

四、理答的技巧

　　教師對學生所提出的答案或反應，做適當的處理，叫做理答。理答時

應注意下列四個原則：

(一)注意傾聽

學生回答問題，教師注意傾聽，眼神看著學生，給予點頭微笑，並要求全班同學注意聽。這表示對回答者的重視與尊重，養成學生聆聽別人說話的習慣，瞭解他人的意見和想法。必要時，可請沒有注意聽的學生複述回答的內容。

(二)給予鼓勵

無論學生回答正確與否，都要給予鼓勵。在過程中用轉動手勢，引導繼續回答。若回答正確，應給予讚美和肯定；回答錯誤或不會回答，也應當給予鼓勵、提示或給予圓場（找臺階下），以建立學生的自信心。

(三)匡補探究

匡補是當學生回答問題而有所不足時，教師運用手勢或語言引導學生再補充，必要時由教師補充說明。所謂探究的技巧，是指當學生回答問題時，教師針對學生回答內容，認為有值得進一步瞭解、分析、批判等之必要，再用不同的問句，繼續引導學生探究。例如：教師問：「我們的地球為什麼會暖化？」學生：「因為地球吸收了過多太陽的熱，但是散不出去，就形成了……」教師補充：「……溫室效應，溫室就是栽培植物花卉的暖房。」這是匡補技巧。教師繼續問全班：「現在的地球為什麼會吸收過多太陽的熱？」學生：「因為汽機車、工廠、發電廠排放太多的二氧化碳。」這就是探究技巧。

(四)歸納答案

教師對不同學生的回答內容作歸納或總結。學生所提意見或回答內容，有對有錯，良莠不齊，總結時不妨只歸納出正確的、可接受的部分，其餘可略而不提。

綜合上述發問技巧之運用，首先要瞭解問題的類型，其次瞭解提問題的要領，再次要知道候答和理答的技巧。但還有一個很重要的前置作業，

就是教師在備課前,要編擬各類重要的問題。在問題類型中,編擬認知記憶性的問題比較簡單,可直接就知識的內容來提問。至於推理性的、批判性的及創造性的問題,就要花心思才能編出好的問題。

第三節　討論技巧

討論是一種教學的「技術或技巧」(technique),但也有人稱為教學「方法」(method)。討論技巧可採用小組討論或全班討論。小組討論是在一個班級中,分成幾個小組或小團體,為達成教學目標,分派不同角色,透過語言表達、傾聽對方及觀察手勢表情等的過程,彼此溝通意見以獲致某種結論。

小組討論有許多方式,包括六六討論法、腦力激盪法、討論會法、任務導向討論法、滾雪球(二、四、八)討論法、辯論法等。(王才印等,2009:242-245;李春芳,1997:205-210;呂錘卿,2015:167-174;林寶山,1998:155-162;周新富,2014:224-227;黃光雄主編,1990:205-210)其中的腦力激盪法在本書第五章第四節「創造思考教學」中介紹。本節僅介紹六六討論法和討論會法兩種。

一、六六討論法

六六討論法(Phillips 66)是由美國密西根州立大學的J. D. Phillips所提倡的方法。此法是以6人為一小組,每人針對討論議題發言1分鐘,在6分鐘內獲致結論。其特色是能很快地成立討論小組,並且不需要給學生討論前的準備,學生也不必熟練團體討論的技巧。因此,對於剛形成的團體極為適宜。

六六討論法的成員最好是6人,可由教師分派或由學生志願組成。小組形成後立即在1分鐘內選出主持人,然後由教師在1分鐘內指示所要討論的問題,學生針對所要討論的問題,在6分鐘內歸納出小組的意見或主張。六六討論法很適合討論具有爭議性的問題,以培養學生依理據來論述的能力。例如:根據資訊處理理論,該不該要求學生背書?學生中午是否應該午睡?安樂死是否該合法化?等。

以康軒出版社《國民小學社會教師手冊》（五上第五冊）（2019年出版）第四單元第一課「權利人人享」為例，說明六六討論法之應用。本課教師手冊第46-47頁活動二「自由的真諦」有一討論題目：「憲法第12條規定：人民有祕密通訊之自由。那麼，父母是否有權拆閱你的信件？為什麼？」（修改）這個討論題目適合用六六討論法來進行。茲說明討論進行的過程。

(一)分組

將學生分為6人（也可4人）一組，並選出主席、記錄、報告3個人。3個人的任務如下：

1. 主席：其任務是維持討論秩序、控制發言主題及時間、排除離題及超過時間之發言、歸納本組之意見。
2. 記錄人：記錄組員的發言重點，但亦應發言。記錄紙格式，如表13-1。
3. 報告人：代表小組報告討論之結果。

表13-1　小組討論紀錄表格式

＿＿＿縣（市）＿＿＿（學校）上課分組討論記錄（第＿＿組）

一、日期：＿＿年＿＿月＿＿日（星期＿＿）第＿節　班別：＿＿年＿＿班

二、小組人員分配　　指導教師：＿＿＿＿＿＿＿＿＿

主席：＿＿＿＿　　報告：＿＿＿＿　　記錄：＿＿＿＿

組員：＿＿＿＿　　組員：＿＿＿＿　　組員：＿＿＿＿

三、討論主題：

＿＿＿＿＿＿＿＿＿＿＿

四、討論記錄：

＿＿＿＿＿＿＿＿＿＿＿

(二)解說題目

　　教師揭示討論題目，將題目事先寫在長條紙上，於說明時揭示在黑板上，或以PPT呈現。以本課「權利人人享」為例，將討論題目揭示如下：

　　「憲法第12條規定：人民有祕密通訊之自由。那麼，父母是否有權拆閱你的信件？為什麼？」

　　教師首先說明題目的旨意，「祕密通訊自由」是指個人通訊之對象、時間、方式及內容等事項，不受國家及他人任意侵擾之權利。而在現代社會中，「通訊方式」可包含信件、手機通話、電子郵件、Line……。既然憲法保障人民有「祕密通訊自由」，那麼，父母可以檢查你的信件嗎？（可否的問題）前已說過，六六討論法可針對有爭議性的論題，讓學生發表正反兩方面的看法，最後達到綜合性的意見。因此，教師應指導學生，提出個人認為「可以拆閱（檢查）信件」或「不可以拆閱（檢查）信件」的論點或法理依據。

(三)進行討論

　　當小組人員準備就緒，題目也解說完畢後，教師詢問小朋友有無疑義。若無疑義，教師用很清楚的口令宣布「開始討論」，並按下計時器，時間限制6分鐘。教師可規定由主席的順時鐘方向輪流發言，強迫學生一定要表達意見，並在1分鐘之內說完。討論時，若正反意見人數相同，主席應就論點較有力的一方，或提出折衷的論點，作為本組的結論。討論時間到時，教師應宣布：「時間到，停止討論」。

(四)綜合報告

　　由報告員上臺報告該組討論之結果，提出該組的論點，同組成員補充。

(五)總結

　　在綜合報告時，小組討論的結果可能有三種情形：(1)父母有權拆閱（檢查）你的信件、手機通訊內容等，並陳述很多論點和理由；(2)父母

不能拆閱（檢查）你的信件、手機通訊內容等，並陳述很多論點和理由；
(3)有的小組可能提出折衷的看法，指出在「必要時」才檢查。教師聽完
學生的報告，做結論如下：

1. 「人民有祕密通訊之自由」，但必要時，國家仍可採取限制手
   段。此限制應有法律依據，且限制之要件應具體、明確，不得逾
   越必要之範圍。
2. 民法規定：父母對於未成年之子女，有保護及教養之權利與義
   務。因此，若有必要時，父母可以拆閱（檢查）未成年子女的書
   信（通訊）。
3. 雖然依民法規定，父母可檢查未成年子女的信件等。但原則上，
   父母應該（會）尊重子女的通訊自由，除非必要，才進行檢查。

二、討論會法

　　討論會通常是使用在可以從不同角度去討論的主題，或者需要應用高
層次思考能力的問題上。這種小組討論技巧提供學生從不同角度來交換彼
此對問題的意見。教師可以應用此種討論來協助學生針對爭議性的問題提
出暫時性的解決策略或各類替代性的方案。不過，採取這種討論並不需要
去獲致全體一致的結論。

　　討論會的主題應事先由教師選定，但應與教學目標及學生的經驗有關
聯。如此的主題可以使學生有意願和興趣去討論，以找出解決之道。教師
也可以先引導學生，透過腦力激盪來尋找討論的題目。

　　負責參加討論會的成員，必須對於主題具有基本的認知和理解，並且
事前有充分的準備，搜尋閱讀有關此一主題的文獻，並加以整理。

　　參加討論會的人數只要二或三人即可，通常是由教師事先指定，類似
研討會的引言人。但是出席討論會的學生數可以多些，大約為5-15人或全
班學生。在討論時，主持人（裁判）先介紹主題、討論會成員，並且提醒
其他學生要注意聽講。其次是由討論會成員分別做5-10分鐘的簡短陳述來
表示各自的觀點。在陳述各自意見後，主持人即可開始進行公開的討論，
讓所有的學生能自由表示意見，學生可從公開討論中學得討論的技能。討
論到最後則是由討論者分別就討論的主題，提出結論及解決問題之道。

陸　教學專業篇

本篇內容

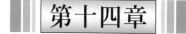

教學專業素養

◆ 本章內容
第一節　教師基本能力與素質
第二節　教師專業發展評鑑規準與專業標準
第三節　美國教師專業標準
第四節　教學專業素養內涵

　　教師主要的任務是教學工作，對實習教師、初任教師言，強化自己的教學專業是首要任務。爾後累積教學經驗且有適當年資後，再擴大專業服務範圍，如學校行政、教學輔導與服務等。雖然在現實教育情境下，初任教師經常要兼學校的行政（組長）事務，但仍要記得提升教學專業素養，建立自己的學科（或多學科）教學專業。

　　教學專業在概念上是教師專業的下位概念。因此，探討教學專業素養（pedagogical professional literacy），僅指教師在教學上應有的專業知識、能力及態度。在範圍上比教師專業素養略小，不包含教育（學校）行政等素養。然而，有關教師專業能力、指標、標準、素質等之建構與發展，已有很多的成果，從中可釐出教學專業素養的內涵。

　　本章分五部分敘述：一、教師基本能力與素質；二、教師專業發展評鑑規準與專業標準；三、美國教師專業標準；四、教學專業素養之內涵、五、結語。

第一節　教師基本能力與素質

一、教師基本能力研究

　　師資培育在師範專科（師專）時代，教育部為確保師資生的教學能力，改進師專的培育課程，乃參考美國1970年代能力本位訓練與教育（competency-based training and education）的師資培育理念，委託臺灣省國民學校教師研習會進行「國民小學教師基本能力之研究」。

　　研究結果提出國民小學教師基本能力為四大領域：基本學科能力、教學能力、輔導能力及兼辦學校行政業務能力。每一領域區分為若干方面，每一方面再細分為能力項目，計有四百七十八項基本能力。其中「教學能力」分為七方面：（臺灣省國民學校教師研習會，1976；趙起陽，1991：231-265）

- ‧教學計畫；
- ‧教材編選；
- ‧普通教學法的應用；
- ‧教學技術；
- ‧教具應用；
- ‧教學評量；
- ‧教學研究與創新。

　　此項研究偏重「基本」能力的建構。因此，其後被批評流於技術層面的堆積，忽略學校教育真實及複雜情境的考量。（吳家瑩、黃喬偉，2009：196）然而，這七方面的教學能力，也是教學專業素養的能力部分主要內容。

二、教師基本素質研究

　　能力本位的師資培育，在檢核管控師資生的教學基本能力，確保未來的教學品質，有其功能。其後的學者，從師資生的整體素質觀點，對教師專業進行探討。簡茂發等人（1997）在《中小學教師應具備的基本素質》研究中，提出一套整體的教師素養架構。他們將教師的素質分為：「普通素養」、「專業知能」、「專業態度」及「人格特質」四個領域，

共一百七十二個項目。

　　此套教師素質中的「普通素養」，為一般大學生都應具備的素養；「人格特質」為從事與人有關的工作者應有的人格特質。而與教師專業直接關係者，則為「專業知能」和「專業態度」。「專業知能」又分為兩部分：「專業知識」和「專業能力」。因此，教師的專業素養包含三方面：

(一)專業知識

　　專業知識是身為教育專業人員的教師應具備的知識，包括五項專業知識：理論基礎、課程與教材、教育方法、教育管理及學習與發展。

(二)專業能力

　　專業能力是教師展現於工作上的表現，包括五項專業能力：教學能力、輔導能力、行政能力、溝通能力及研究能力。

(三)專業態度

　　專業態度是教師應有的理念和心理傾向，包括教育信念和教育態度兩項。

　　這些內容項目，大部分為教學專業素養的內涵。在此一架構下，當時他們所提的教師專業素養，即包含教師的專業知識、能力及態度，其概念與目前的觀點並無二致。只是概念架構下的項目與內涵，在目前的教育環境與觀點下，其見解有所差異。

第二節　教師專業發展評鑑規準與專業標準

　　本小節簡單介紹國內教師專業發展評鑑規準和專業標準，再介紹美國兩大教師專業標準。

一、教師專業發展評鑑規準

　　教育部為辦理中小學教師專業發展評鑑，於2007年公布《高級中等

以下學校教師專業發展評鑑規準》（簡稱：評鑑規準），作為學校教師進行教學觀察和評鑑的依據。除教育部的評鑑規準版本外（曾憲政、張新仁、張德銳、許玉齡，2007），同時還有其他學者的版本，配合教育部版四個層面的指標，同時並列於教師專業發展評鑑網以供參考。（呂錘卿，2000；呂錘卿、林生傳，2001；張新仁，2005；張德銳等，2000：57-60；潘慧玲等，2004）

2012年教育部微幅修訂評鑑指標，但維持原有四個層面十八項指標，檢核重點由七十三項減為六十九項。四個層面分別是：課程設計與教學、班級經營與輔導、研究發展與進修、敬業精神與態度。

2014年又啟動評鑑規準修訂。此時，教育部同時進行「中等學校教師共同專業標準」和「國民小學教師共同專業標準」研訂，作者也參與國小部分修訂。配合後來教師專業標準的訂定方向，將教師專業發展評鑑規準，調整為三個層面：課程設計與教學、班級經營與輔導、專業精進與責任，第二層有十項指標，第三層有二十八個檢核重點（包含三個選用檢核重點）。此三層面十項指標如表14-1。（教育部，2016b）

┌表14-1┐ 教師專業發展評鑑規準層面和指標（105年版）

A.課程教學與設計
　A-1參照課程綱要與學生特質明訂教學目標，進行課程與教學設計。
　A-2掌握教材內容，實施教學活動，促進學生學習。
　A-3運用適切教學策略與溝通技巧，幫助學生學習。
　A-4運用多元評量方式評估學生能力，提供學習回饋並調整教學。

B.班級經營與輔導
　B-1建立課堂規範，並適切回應學生的行為表現。
　B-2安排學習情境，促進師生互動。
　B-3瞭解學生個別差異，協助學生適性發展。
　B-4促進親師溝通與合作。

C.專業精進與責任
　C-1參與教育研究，致力專業成長。
　C-2參與學校事務，展現協作與影響力。

資料來源：教育部，2016b。

　　三個層面中，A層面為教學專業素養的主要內涵。分析此十項指標，為教師教學和服務的專業能力之表現。其中僅B-3前半「瞭解學生個別差異」是敘述教師應有的「專業知識」——即對個別差異的瞭解，但重點還是展現「協助學生適性發展」的能力。

　　從邏輯上來分析，教師顯現某種「專業能力」，表示已具備該項能力的「專業知識」。因此，以教師的專業能力表現來陳述其指標，雖沒有點出教師的專業「知識點」在哪裡，但也顯示教師已具備該項能力的知識。

二、教師專業標準

　　2012年教育部公布《中華民國師資培育白皮書》，揭示以「師道、責任、精緻、永續」為核心價值，並兼備「教育愛、專業力、執行力」的理想教師圖像。教育部據此研訂「教師專業標準」，作為師資培育職前課程和在職教師專業成長的指引。整合中等學校和國民小學教師共同專業標準，於2016年2月公布《中華民國教師專業標準指引》。（教育部，2016a）此項標準分兩個層次，第一層為「專業標準」有十項，第二層為「專業表現指標」有二十九項；即每一項「標準」之下再區分二至三項「表現指標」。

表14-2　中華民國教師專業標準（十項）

1. 具備教育專業知識並掌握重要教育議題。
2. 具備領域／學科知識及相關教學知能。
3. 具備課程與教學設計能力。
4. 善用教學策略進行有效教學。
5. 運用適切方法進行學習評量。
6. 發揮班級經營效能營造支持性學習環境。
7. 掌握學生差異進行相關輔導。
8. 善盡教育專業責任。
9. 致力教師專業成長。
10. 展現協作與領導能力。

資料來源：教育部，2016a。

　　教師專業標準和專業表現指標的訂定，是要作為職前師資培育和在職教師專業成長的指引。因此，包含了教師的專業知識、專業能力及專業態度。

　　在知識方面主要有：標準1，大都為教育專業知識層面；標準2，包含學科教學知識和能力。教師在知識層面的培育和把關，可透過評測要求來達到一定的水準。目前表現指標「2-1具備任教領域／學科專門知識」，在國小部分有師資生學科知能評量，包括國語、數學、社會及自然四科。

　　在能力方面有：標準3-5和部分標準7，為教學專業能力的表現；標準6和部分標準7，為班級經營和學生的輔導。標準10則為對經驗教師或具有年資的教師之期許，期望教師表現協作和領導能力。

　　在態度方面有：標準8是教師的專業態度表現，標準9是教師專業成長的指引，也反映教師的專業態度。

第三節　美國教師專業標準

　　有關教師專業標準或評鑑指標，在美國有兩個影響較大的教育專業機構，一個是「洲際教師評估及支持聯盟」（Interstate Teacher Assessment and Support Consortium, InTASC），另一個是「全國專業教學標準委員會」（National Board for Professional Teaching Standards, NBPTS）。（卯靜儒、陳佩英、蘇源恭，2008：59）。

　　本節介紹與一般教師教學專業素養有關的兩個標準，一是「InTASC模式的核心教學標準」（InTASC Model Core Teaching Standards），由美國「州立學校行政主管委員會」（Council of Chief State School Officers, CCSSO）所發展；二是NBPTS發展的優秀教師「五項核心主張」（Five Core Propositions）。NBPTS雖稱「核心主張」，但其內容與敘述和「標準」類似。（潘慧玲、張德銳、張新仁，2008：235）因此，本章視為標準或指標來介紹。

一、InTASC的教學標準

　　InTASC標準是由美國「州立學校行政主管委員會」（CCSSO）所發展。CCSSO包含美國五十州負責中小學行政主管組成的委員會，對各州的教師評鑑或證照取得的影響力很大，有很多州採用InTASC的標準作為初任教師評鑑的依據。（卯靜儒、陳佩英、蘇源恭，2008：61）

　　InTASC的教學標準有十項，包含教師在專業表現上的知識、技能及傾向（態度），並區分為四種面向：學習者及學習、學科內容與教學、教學實施及專業責任。敘述如下：（CCSSO, 2013）

(一)學習者及學習

1. 學習者之發展（learner development）：教師瞭解學習者的成長和發展，認識到在認知、語言、社會、情感及身體各方面間，其學習與發展的個別差異，並能設計適合其發展和挑戰的學習經驗。

2. 學習之差異（learning differences）：教師運用對學生個別差異及多元文化與社區的理解，以確保提供包容性的學習環境，讓每位學習者都能達到高標準。

3. 學習環境（learning environments）：教師結合相關人員創造支持個別和合作的學習環境，並鼓勵正向的社會互動、主動學習及自我激勵。

(二)學科內容與教學

4. 學科內容知識（content knowledge）：教師熟悉所教學科核心概念、探究工具及學科結構，並能創造學習經驗，使學科易於親近和有意義，確保學習者能精熟內容。

5. 學科內容之應用（application of content）：教師瞭解如何連結學科概念，運用多種觀點引導學習者進行批判思考、創造及合作解決問題——與地方或全球關聯的真實問題。

(三)教學實施

6. 評量（assessment）：教師熟悉並運用多元評量方式以引導學習者自我成長，掌握學習者的進步，並作為教師和學習者做決定的依據。

7. 教學計畫（planning for instruction）：教師依據學科內容、課程、跨學科技能及教學方法的知識，以及學習者和社區情境的知識，進行教學計畫，以支持學生達成精確的學習目標。

8. 教學策略（instructional strategies）：教師熟悉並運用各種教學策略，以激發學習者對學科內容及其關聯有深度的瞭解，以建構將知識做有意義的運用之技能。

(四)專業責任

9. 專業學習和倫理實踐（professional learning and ethical practice）：教師持續進行專業學習，依據事實評估自己的行為，特別是其決定與行動對他人（學習者、家庭、其他專業者及社區）的影響，並調整其行為以滿足學習者需求。

10. 領導與協作（leadership and collaboration）：教師追求適當的領導角色和機會，以承擔學生學習的責任，並與學習者、家庭、同事、其他學校教師及社區人員合作，確保學習者的成長，進而提升專業。

此標準一至八項是敘述教師在班級教學上應有的專業表現，標準九為教師的專業成長，以及反省（對相關人員的影響）與調整。標準十「領導與協作」則是在班級教學之外，擴大教師的專業服務與領導，其內涵與評鑑規準C-2（第十項），以及標準指引「10.展現協作與領導能力」的內涵相同。

二、NBPTS的五項核心主張

NBPTS的優秀教師「五項核心主張」（Five Core Propositions）是由美國「全國專業教學標準委員會」所制定。此一委員會成員29位，涵蓋學校教師（委員會認證）、教學專業人士、前國家教育專員、學校董事會領導、高等教育官員、教師公會領導及社區領導。目的在提供引領精熟教師的專業標準，針對年資3年以上教師給予各種領域專業教學的認證。目前有二十五種認證，涵蓋十六個學科領域。（NBPTS官網，2021.3.6）

NBPTS的專業教學標準，於1989年首次出版，最近更新為2016年。這五項核心主張，每項主張之下有二至五項標準，共十七項標準。其五項

核心主張和十七項標準如下：（NBPTS, 2016）

主張1：教師致力於學生及其學習。

1-1教師認知其學生的個別差異，並依此差異調整教學。

1-2教師瞭解學生的發展和學習。

1-3教師平等地對待所有學生。

1-4教師瞭解其使命不僅止於培養學生的認知能力。

主張2：教師熟悉所教的學科知識，以及其教學的方法。

2-1教師瞭解所教學科的發展、組織，以及與其他學科的關聯。

2-2教師具備傳授學科知識的知識（知能）。

2-3教師提供多種學習的管道。

主張3：教師負責管理與督導學生的學習。

3-1教師設法採取多種方法以達成其教學目標。

3-2教師安排各種情境和小組讓學生學習。

3-3教師重視學生投入學習。

3-4教師定期檢視學生的進展。

3-5教師重視學生學習的過程。

主張4：教師能有系統地思考自己的教學，並從經驗中學習。

4-1教師能做困難的選擇，以考驗其專業判斷。

4-2教師運用回饋和研究以改進其教學，對學生的學習產生積極地影響。

主張5：教師是學習社群的一員。

5-1教師與其他專業人士合作，以促進學校效能。

5-2教師與家庭一起合作。

5-3教師與社區一起合作。

此十七項專業教學標準主要聚焦在教師的教學。「主張1」聚焦於瞭解學生的發展和個別差異，並據此調整教學。其中比較特別的是標準1-3，強調教師要以平等對待學生（的差異），這是教師的專業倫理表現。第二是標準1-4，強調教師的教學不僅止於認知的學習，而在協助學生發展能邁向成功未來之良好性格。例如：引導學生認知：失敗是學習歷程的一部分，從失敗中培養堅韌和毅力，有助於發揮潛能。

「主張2」聚焦在熟悉學科知識及其教學，以及與其他學科的關聯。

這顯示教師要有多學科的知識，以及跨領域知識與教學能力。其他的專業標準也大都有這種敘述。「主張3」重點指出學生的學習是教師的責任，因此，要用各種方法讓學生投入學習，並檢視其學習過程與進展。此兩項都屬教師的教學能力表現。

　　「主張4」為教師的專業態度內涵。標準4-1考驗教師的專業判斷，其結果可能是專業倫理的問題；標準4-2則為教師專業成長（改進教學）列舉應有的作為。「主張5」強調教師須與學習社群合作。5-1指出要與其他專業人士合作，促進學校效能；5-2指出教師要與家長合作（尤其是小學），才能提供學生較佳的學習安排。

第四節　教學專業素養內涵

　　本書聚焦在教師的教學專業素養範圍，排除行政服務和協作領導之內涵。分析上述《高級中等以下學校教師專業發展評鑑規準》、《中華民國教師專業標準指引》、「InTASC模式的核心教學標準」及NBPTS「五項核心主張」四種教師專業標準與指標，並參考教育部（2019）公布修訂的《中華民國教師專業素養指引——師資職前教育階段暨師資職前教育課程基準》，其中的五項教師專業素養和十七項教師專業素養指標（以下稱「專業素養指標」）。歸納教學專業素養，依照素養的三面向知識、能力及態度來區分，整理出教學專業知識三項、教學專業能力八項，以及教學專業態度三項，共十四項指標。說明如下：

一、教學專業知識

1. 教師具備教育專業知識並掌握重要的議題

　　此項指標採用標準指引「指標1」的內容與敘述，為知識層面。教育專業知識和重要議題的知識，是所有教育人員取得專業證書之前應具備的基本知識，大都以紙筆測驗為主。

　　教育專業知識在師資培育課程，包括教育基礎課程和教育方法課程。教育基礎課程如教育概論、教育心理學、教育哲學、教育社會學、特

殊教育導論等；教育方法課程如教學原理、班級經營、課程發展與設計、輔導原理與實務、學習（教學）評量、（教育）議題專題等。

　　在中小學除了領域的教學外，因社會的發展而產生的議題，也是學生要認識與瞭解的，這些議題的增加與變動，教師也應掌握與瞭解，才能適時融入相關領域的教學。此項指標可涵蓋「專業素養指標3-4」的內涵。

2. 教師熟悉所教學科的發展、核心概念、學科結構，以及與其他學科的關聯

　　此項指標採用標準指引「指標2」的前半和NBPTS的2-1項指標之敘述，並納入「專業素養指標3-3」的內涵。強調除了學科本身的知識外，特別指出與其他學科的關聯。其目的在讓教師有跨科的瞭解，期望在進行學科教學時，教師能跨出學科的界線與性質相近或其他學科進行連結。這樣有助於學生跨領域的瞭解，以及統整課程設計與協同教學。

3. 教師具備學科教材分析與教學的知能

　　此項指標採用標準指引「指標2」的後半。身為教師不僅熟悉學科知識，更要能依據學生的認知成熟度和學習歷程，對學科的年級課程和單元教材進行分析，並以學科適合的方式，傳遞給學生。

二、教學專業能力

4. 教師能參照課程綱要、學生特質及學區情境，進行單元、主題或跨領域的教學設計

　　此項指標採用評鑑規準「指標A-1」的敘述，但稍加修改。首先是增加教學設計考慮的因素：社區的情境。此社區可僅指學校學區，也可擴大為學校所在的鄉鎮區或縣市。其次，教學設計除教師日常教學的「單元」之外，也包含彈性學習課程主題及議題學習，甚至於跨領域的教學設計。此一指標應已包含部分「專業素養指標3-1和3-2」。

5. 教師認識並瞭解所教學生的發展和學習

　　此項指標採用NBPTS「標準1-2」的敘述，並包含「專業素養指標2-1」主要內容。身為教師，首先要瞭解所教學習階段兒童或青少年的發展和學習。在教育基礎課程中有教育心理學等，對兒童與青少年的發展和學習有所認知與瞭解。此一指標強調教師實際認識並瞭解所教班級學生一般的發展和學習情形，以及個別學生特殊狀況的瞭解。「識人」是一項能力；認識與瞭解學生，則為教學設計和教學的開端。

6. 教師能清楚呈現教材內容並澄清迷思概念

　　此項指標採用評鑑規準「指標A-2」的意涵，只針對教師教學時，陳述教材內容能夠清晰明瞭；且在過程中對學生的回答或提問，存在著迷思概念時，教師能及時予以澄清。若教師對學科的概念不夠清晰，學科的知識架構不夠瞭解，學生陳述中顯示的迷思概念，教師可能不會察覺。清楚呈現教材內容用通俗的話就是「講清楚說明白」，這也是Borich（2011）有效教學關鍵行為之一「清晰授課」。

7. 教師能運用多種教學方法與策略以達成教學目標

　　此項指標採用NBPTS「標準3-1」的敘述，僅在教學方法外增加教學策略。本書講的教學方法是指有明確且固定教學步驟的一套教學；教學策略泛指教學方法以外，能達成某種學習目標的資源運用和有效的途徑或手段。

　　教學（學習）目標的類別有認知、技能及態度；各類學習目標有不同的層次。因此，為達成各類及不同層次的教學目標，教師須運用多種教學方法或策略來達成教學目標。

8. 教師能設計各種活動，讓學生實際參與，以獲得直接經驗的學習，如設計、發表、表演、實作、創客、問題解決等

　　此項是作者增加的。其實指標7的內涵已包含本項指標內容。增加此指標是挑出來強調，在較高層次的認知、技能及態度的學習，教師要設計讓學生有「直接經驗」的活動。這種直接經驗的學習，學生須主動參與，進行思考與討論，動手操作，並與小組成員分工合作等。此指標強調設計

讓學生有「直接經驗」的學習情境與機會。

9. 教師能運用增強、激勵等策略引導學生投入學習

　　此項指標採用NBPTS「標準3-3」的內容，再補充讓學生投入學習的作為。此指標強調在教學中，要能看到學生積極投入學習的過程。教師除了運用指標7和8的教學方法與策略外，期望有其他作為強化學生投入學習。如從外在物質和社會增強之獎勵，以及讚美、鼓勵、激勵等，引導學生產生內在動機而能主動積極投入學習。教學是一種「過程—成效」的概念，在過程中也許還不確定學習效果，但過程中缺乏投入學習，肯定沒有好的成效。因此，Borich（2011: 7）有效教學的關鍵行為之一，即是「引導投入學習」。

10. 教師瞭解學生的個別差異，包括智力、社會、動機、興趣、身體發
　　　展及學習的差異，並依此差異調整教學

　　此項指標採用NBPTS「標準1-1」的簡單敘述，並依InTASC「標準1」列舉學生個別差異的因素。在邏輯上，本指標「5.教師認識並瞭解所教學生的發展和學習」內涵就已包含個別差異。此指標乃強化教師對個別差異處理的細緻度。

　　本指標依據國內的情形，列舉學生的個別差異有智力、社會、動機、興趣、身體發展及學習。智力是一般學習的基礎，其差異影響學生的學習很大；社會的差異包含家庭背景、社區環境、族群（如原住民、新移民等）；學習上的差異則包含學習風格、學習策略、先備知識等。

　　教師應認識與瞭解班級個別學生的這些差異，並據此調整教學。如何調整？如InTASC「標準1」所說的：設計適合其發展和挑戰的學習經驗。學生學習能力低，則降低精熟的標準或指定較簡單的作業；學習能力較優者，可請其擔任小老師或指定課外延伸的作業。

11. 教師能運用多元評量方式評估學生能力，提供學習回饋並調整教學

　　此項指標採用評鑑規準「指標A-4」的內容和敘述，也包含「專業素養指標3-6」的內容。這一指標的意涵有二：首先是教師要熟悉並會運用多元評量方法，一來讓學生有多元表現，二來給不同能力學生都有表現的

機會，以此評估學生的學習表現。第二，透過形成性和總結性評量的回饋，教師應適度調整教學，包含目標、教材、方法等之調整。

三、教學專業態度

12. 教師能平等地對待所有學生

此項指標採用NBPTS「標準1-3」的內容與敘述。在國內的評鑑規準和標準指引都無類似的項目。教師專業倫理的「教師專業守則」第2條指出：「教師應維護學生學習權益，以公正、平等的態度對待學生，盡自己的專業知能教導每一個學生。」

教師面對學生的各種差異，如能力、家庭經濟、身體特徵、文化背景、族群、行為表現等之差異，應能夠平等地對待。此平等對待，不是對所有學生一視同仁（公平），而是依學生的差異，給予適合其能力的學習或表現機會。教師須辨析「平等對待」不同於「公平對待」；而公正則是指處理學生的問題時，能依程序並符合正義原則。

13. 教師能與家庭一起合作，致力於學生的學習與輔導

此項指標採用NBPTS「標準5-2」的內容，並補充其合作乃基於學生的學習與輔導。在國內談到親師合作，都只認為是班級導師的責任。事實上各科教師對於整體教學上，或個別學生的學習問題，需要與家長溝通合作者，應直接與家長合作。家長是學校教育的利益關係者（間接），教師應以學生的福祉為思考，而能與家長溝通合作。教師能否與家長溝通合作，教師的態度是關鍵因素。

14. 教師能進行教學省思、閱讀、研究等，致力教師專業成長

此項指標採用標準指引「指標9」的內容。教師專業成長途徑很多，這裡強調透過教學省思、閱讀及研究，促進專業成長。

教師在實習和最初幾年的任教中，雖是自己專長的學科，但對初次教學的單元、主題、年級等，應經常並持續進行教學省思，以改進和豐富自己的教學。持續二至三年的努力，應能成為該學科的教學專業者，建立專業自信。

　　另外，對於初任教師，雖不認為要求進行教學研究，但應閱讀學科和教育專業的文章和期刊論文。透過他人的經驗與視野，更可提升自己教學的廣度視野和深度理解。俟在教學上有自己的見解和專業自信後，期望能對有興趣的教學問題加以研究探討，成為學科教學專家。未來再擴大服務及影響層次──行政服務（課程與教學）和協作與領導。

　　以上十四項教學專業素養指標，其項目簡要呈現如表14-3。

┌表14-3┐　教學專業素養指標

一、教學專業知識

1. 教師具備教育專業知識並掌握重要的議題。
2. 教師熟悉所教學科的發展、核心概念、學科結構，以及與其他學科的關聯。
3. 教師具備學科教材分析與教學的知能。

二、教學專業能力

4. 教師能參照課程綱要、學生特質及學區情境，進行單元、主題或跨領域的教學設計。
5. 教師認識並瞭解所教學生的發展和學習。
6. 教師能清楚呈現教材內容並澄清迷思概念。
7. 教師能運用多種教學方法與策略以達成教學目標。
8. 教師能設計各種活動，讓學生實際參與，以獲得直接經驗的學習，如設計、發表、表演、實作、創客、問題解決等。
9. 教師能運用增強、激勵等策略引導學生投入學習。
10. 教師瞭解學生的個別差異，包括智力、社會、動機、興趣及身體發展與學習的差異，並依此差異調整教學。
11. 教師能運用多元評量方式評估學生能力，提供學習回饋並調整教學。

三、教學專業態度

12. 教師能平等地對待所有學生。
13. 教師能與家庭一起合作，致力於學生的學習與輔導。
14. 教師能進行教學省思、閱讀及研究，致力教師專業成長。

結語

上述為作者歸納的十四項素養指標，可作為教學專業者之期許與指引。主要的功能有三方面：

第一，檢核自己的教學專業知識

在教育專業知識方面：師資生應檢核自己在教育專業知識的準備度，何種專業知識較欠缺？需要自我學習還是修習課程？（指標1）

在學科知識方面：國民小學師資生的學科知識準備度如何？至少應有三個認知領域學科和一個藝能學科。中學師資生對要取得教師證書的學科專精度如何？有足夠的信心面對中學科目較艱難的知識問題嗎？（指標2）

在學科教材教法方面：對學科教材分析和教學法的瞭解如何？能實際進行學科教材分析和知識傳遞嗎？（指標3）

第二，指引自己的教學表現與省思

實習教師和初任教師，在實際進行教學前，可依指標4-11，引導自己應有的教學表現；在進行教學設計時，能將指標7-10顯現到教學過程的設計中；在教學後，能依這些指標進行省思自己的教學表現。

第三，觀察同儕教學的架構指引

教師在職前培育階段、實習導入階段及在職服務階段，都會有同儕教學演示或觀摩的機會。一般觀察他人的教學（觀課），學校會提供教學觀察評量項目表格作參考。然教師也可依據本指標5-12共八項，作為觀察同儕教學的參考架構。

教學研究

◆ 本章內容
第一節　教學觀察
第二節　教學行動研究
第三節　教學實驗研究

　　教師是專業人員，教學是引導他人學習的專業行為。身為教學工作者應經常閱讀教學的文章，也能看懂教學研究的期刊論文，以增進教學專業知識。必要時進行教學研究或試驗，成為某項教學專業的專家。教學研究從研究變項來看有四類：（謝寶梅，1997：366-368；簡紅珠，1990：424-426）

　　・先在變項：包括教師的背景和教師的特質。如教師的專業背景、教師的信念等。
　　・情境變項：包括學生的背景、學生的特質、學校與班級特徵。如學生的父母社經背景、學生的智力、學校地區、班級大小等。
　　・過程變項：包括課堂上的教學方法、師生行為互動等。如問題本位教學法、發問技巧、語言流動型態、教室氣氛等。
　　・結果變項：包括認知、技能及態度的改變。如學業成就、技巧熟練、語言表達能力、學習態度、自信與自尊等。

　　這種從教學變項所進行的研究，可探討教學變項的效果，以及這些變項之間的關係。目的在驗證某種教學或學習理論，偏向學術性的研究。本

章的教學研究，偏向教學實務及提升教師教學專業的研究。因此，本章重點在於簡介能增進師資生和教師教學專業實務的研究，包括教學觀察（觀課）、教學行動研究及教學實驗研究。

第一節　教學觀察

教學觀察（teaching observation）是指進入教學實務現場，有系統地蒐集教學實務現場資訊，以善意的角度提供觀察所得，與夥伴教師進行回饋與討論，藉此改進教學，提升教學效能。教學觀察是教師同儕相互提升教學專業的歷程。完整歷程為觀察前會談（計畫會談）、教學觀察及回饋會談，這也是臨床視導（clinical supervision）的三個歷程。（Gall, & Acheson, 2011: 7）為簡化用詞稱為「教學觀察與回饋」，或僅稱「教學觀察」。此教學觀察三部曲在目前中小學通用語詞為「說課、觀課、議課」。（張德銳，2017；陳嬪娟，2019）有時為簡化語詞，也僅以「觀課」來總稱。

一、觀察前會談

教師要進行「觀課」前，必須與教學者進行觀察前會談。討論以下幾個主要問題：

- ‧這節要上哪一單元（課）／第幾節？
- ‧這一節的教學重點是什麼？
- ‧在過程中會有哪些活動？運用何種策略或方法？
- ‧本節的教學流程如何進行？
- ‧這一節要觀察學生的何種行為？
- ‧如何確知學生已經學到想要教的？

觀察的重點，視教學者的需求而定。此歷程目前通稱為「說課」。說課是教師群體的教學研究活動。它是在沒有學生情況下，教學者對同儕教師或其他專家，陳述本單元（課）的教學重點與活動，特別強調運用的教學策略、教學設計、教學方法等，陳述教師的教學思考。（許佳，2002）

　　如果教學者與觀察者是同一學年或同一學科，此一歷程就可採「共同備課」的方式進行。教師同儕可針對不同單元進行共同備課。如此，觀課者更加深入瞭解教學者即將教學的內容、活動、流程、評量等。這種情況，共同備課就繼續延伸到說課，因為可能還有其他教師或輔導人員來觀課。若只有共同備課者進行觀課，則此共同備課就取代說課了。

二、教學觀察

　　教學觀察（觀課）乃指教師實際進入教學現場，依據教學者之需求，觀察並記錄教師的教學行為，以及學生的學習行為與表現之事實，作為後續回饋討論的依據。觀課者通常是同儕教師，有時包含輔導人員和教學視導人員（校長、主任、督學）。

　　教學觀察的方法有：選擇性逐字記錄（selected verbatim）、在工作中（at task）／投入行為（engaged behavior）、語言流動（verbal flow）、教室移動（movement patterns）、軼事記錄（anecdotal records）、法蘭德斯互動分析（Flanders interaction analysis system）。（林春雄等譯，2007；Gall, & Acheson, 2011: 157-235）觀課者可參考這些觀察方法來運用。不過，觀課者如何觀察，通常依據觀察前會談或教學者的需求。若觀課沒有特定目的和方法，作者建議用軼事記錄。軼事記錄是教學觀察的基本功。任何教學參觀都可用軼事記錄，記下觀察所見所思，作為回饋會談或摘記教學觀摩心得的材料。

　　除上述針對焦點的教學觀察工具外，教學觀察還要有一些參考架構，作為教學引導或改善的依據。學校進行的教學觀察，大都會提供教學觀察評量項目的表格。另外，下列三項參考架構可作為教學觀察的依據。

(一)有效教學五項關鍵行為

　　教師有效教學的關鍵行為，依據Borich（2011: 7）的歸納有五項：清晰授課、多樣化教學、任務取向、引導投入學習過程及確保學生成功率。其中「任務取向」是指教師的教學目標明確，活動直指目標，不岔開目標，也不受學生牽引。「引導投入學習」是指能將學生的時間聚焦在所安排的學習活動，即盡可能增加學生用於課堂學習的時間。「確保成功

率」是指教學過程中，學生能真正瞭解、正確完成練習或作業，並獲得回饋或增強。

(二)運用教學觀察指標

　　教育部版的教師專業發展評鑑規準（105年版），在指標之下有檢核重點（第三層）。其中有關教學的陳述有十四項，可視為教學表現指標，是教學觀察的很好參考架構。這些項目，都是可以在教師的課堂教學中顯現，但在一堂課的教學中，不一定顯示出所有項目。其中第十項，應在評量分析後，於後續的教學中調整。這十四項教學觀察指標，如表15-1。

［表15-1］　教師專業發展評鑑規準的教學觀察指標

1. 有效連結學生的新舊知能或生活經驗，引發與維持學生學習動機。（A-2-1）
2. 清晰呈現教材內容，協助學生習得重要概念、原則或技能。（A-2-2）
3. 提供適當的練習或活動，以理解或熟練學習內容。（A-2-3）
4. 完成每個學習活動後，適時歸納或總結學習重點。（A-2-4）
5. 運用適切的教學方法，引導學生思考、討論或實作。（A-3-1）
6. 教學活動中融入學習策略的指導。（A-3-2）
7. 運用口語、非口語、教室走動等溝通技巧，幫助學生學習。（A-3-3）
8. 運用多元評量方式，評估學生學習成效。（A-4-1）
9. 根據評量結果，適時提供學生適切的學習回饋。（A-4-2）
10. 分析評量結果，調整教學。（A-4-3）
11. 建立有助於學生學習的課堂規範。（B-1-1）
12. 適切引導或回應學生的行為表現。（B-1-2）
13. 安排適切的教學環境與設施，促進師生互動與學生學習。（B-2-1）
14. 營造溫暖的學習氣氛，促進師生之間的合作關係。（B-2-2）

註：後面括弧內的編碼，為原規準的編碼。

(三)運用教學素養指標

　　本書第十四章「教學專業素養」，提出教學專業素養十四項指標（參閱表14-3），其中第五至十二項共八項指標，作為教學觀察的參考架構。

三、回饋會談

回饋會談（議課）是針對先前觀課，觀察者基於專業與善意的觀點，對教師的教學與學生的學習，提供具體客觀的資料，摘述給教學者。在過程中應先肯定教師教學的表現，再提供具體事實資料。當教學者主動思考改進，而在方法或策略有所不足時，觀察者才適時提供具體意見。

教學觀察與回饋，是由教師同儕對教學者所提供的專業回饋，目的在提升教學專業。此三部曲「說課、觀課、議課」是一種同儕教練之三部曲，讓老師「有時間在一起思考教學問題」，它和「總結性教師評鑑」截然不同。（張德銳，2017）

第二節　教學行動研究

一、教學行動研究的意義

行動研究（action research）係將「行動」和「研究」結合起來的概念。其意涵是指實務工作者在實際工作情境中遭遇問題；為解決問題，研擬策略與方法，付諸實施，過程中進行反省及修正，以解決實際問題。行動研究有益於實際問題之解決，也增進實務工作者的實踐智慧。（蔡清田，2000）

教學行動研究（action research in teaching）就是用行動研究來探討教學實務問題。其意義是指「教師在教學情境中，覺察到教學實務問題，針對問題進行探究，研擬相關策略，有系統地付諸實施，並透過省思、回饋與修正歷程，達到解決教學問題，由此改善教師教學，增進教學效能。」（張德銳、丁一顧，2009）

行動研究是一種自我反省的螺旋循環歷程：計畫、行動、觀察及反省。（簡紅珠，2000）張德銳（2013）則根據教學實務與經驗，發展出教學行動的五個歷程，可供教師參考。此五個歷程是：「發現問題」、「診斷問題」、「擬定與實施行動計畫」、「選擇方法與分析資料」及「結論與省思」。然此歷程並非直線進行直抵結論，而是有多次循環與修正的歷程，直到較佳的問題解決方案。

二、教學行動研究的方向

教師選擇行動研究應有四個規準：一是須聚焦於自己的教與學之實務，二是須在自己控制範圍內，三是須自己所熱心關注的問題或議題，四是須自己願意去改變或改良者。至於行動研究問題，據王文科和王志弘（2017：537）的區分有四類：(1)改進學生學習的問題；(2)改進課程的問題；(3)改變或改進教學方法或策略，以及(4)個人專業成長問題。此四類中第一和三類，是本書教學研究要討論的問題。

因此，教師要進行教學行動研究，有三個方向可以思考：(1)改變或運用教學方法或策略問題。這部分大都是覺察到班級學生的學習困難，如成績落後、動機低落、能力欠缺、學習困擾等。(2)促進學生某種學習能力或習慣。例如：提升閱讀能力與習慣、提升學生的創造力、提升寫作能力（如兒童詩）等。即在學生表現上不是問題，只是基於教師個人理念，期望強化學生某種學習表現。(3)想要嘗試某種教材的教學。這部分也是教師認為這些教材或學習內容有價值（如繪本），想運用這種學習教材，來培養學生某種好的行為傾向、能力素養、價值觀念、態度等。茲以這三種方向，各舉一行動研究實例來說明。

(一)改變或運用教學方法或策略問題

研究實例：《應用同儕教導策略於國小六年級數學學習成效之行動研究》（劉瑜茜，2011）。此一研究是利用同儕教導，提升數學學習落後之學生。

問題覺察：研究者接新班級不久，發現班級學生對數學學習有兩個問題：一是對數學有恐慌感，尤其是評量的時候；二是學生的數學成績呈現兩極現象。也就是班上數學落後的四分之一，對數學感到困難並缺乏學習動機。

思索策略：班級學生的數學成績差異過大，須運用個別化（差異化）教學策略來改善。但教師的時間有限，「同儕教導」策略應當可以改善這種情形。一方面運用學生同儕的力量，幫助學習落後的學生；另一方面藉學生同儕的語言指導，降低學習落後者對數學的恐慌。

規劃與實施：策略已確定，但要如何實施？研究者必須先擬定方案再

逐步實施，包括配對、準備教材、教導者訓練、實際教學（教學技巧）、提供支持及回饋改進。

研究發現：同儕教導對提升同儕學習者的數學有顯著成效，但對教導者並無顯著成效；而對降低數學學習的焦慮也有顯著的成效。

(二)促進學生某種學習能力或習慣

研究實例：《PISA三層次提問融入國文教學提升國中生閱讀素養之行動研究》（丁美娟，2020）。此一研究是因應國中考試變革，亟須提升學生的閱讀素養。

問題覺察：自2014年，國中學生的「基本學力測驗」改為「教育會考」，研究者的學生遭遇重大挫折。除閱讀題組外，很多題目的題幹字數很多（60-200字）。因為考試內容的改變，研究者覺察應強化學生的「閱讀策略」，提升學生的「閱讀理解能力」。

思索策略：因應教育會考國文題型的改變，學生須大量閱讀，且能快速擷取內容，統整訊息，並進行連結與省思。為提升學生閱讀素養，參考MAPS三層次提問方法，以及PISA閱讀素養評量歷程，提出PISA三層次提問策略：「擷取與檢索」、「統整與解釋」及「省思與評鑑」。

規劃與實施：三層次提問策略確定，接著要規劃如何進行？首先是教師設計三層次的問題學習單：暖身預習題、基礎理解題及腦力激盪題。其次是引導學生「閱讀」、「自我提問」的自主學習。教學策略與過程的改變，學生要逐漸適應這種提問策略的教學。接著運用分組合作學習，教師提問──學生討論，完成三層次提問學習單。

研究發現：透過PISA三層次閱讀策略，學生的整體閱讀素養有顯著的提升。但也發現，中高能力組學生整體表現提升，待加強組則整體有退步情形。

(三)想要嘗試某種教材的教學

這類的行動研究主要是研究者的教育理念，覺得某種行為傾向、能力素養、價值觀念、態度等很重要，期望相關課程中，提供某種學習內容來培養。例如：生命教育、人權教育、環境教育、法治教育、批判思考等。

　　研究實例：《以生命教育繪本教學提升國小一年級學生尊重與關懷能力之行動研究》（謝金蓉，2011）。本研究是運用生命教育繪本來提升學童的尊重與關懷能力。

　　問題覺察：基於研究者的教育理念，認為生命教育很重要，且宜從小就培養孩子對生命的正向態度，並進而聚焦在生命教育中的「尊重」與「關懷」兩項能力與態度。

　　規劃與實施：針對「尊重」與「關懷」兩項，研究者挑選九本生命教育繪本，其內容能引導學生認識、瞭解及體會尊重與關懷。其次，研究者進行繪本教學設計、準備繪本、學習單等。教學實施主要是教師講述、閱讀繪本、提問討論等。

　　研究發現：學童在尊重的能力表現有：認識自我、肯定自我；能容忍、接納及讚美他人；反面禁止為不批評、嘲笑他人。在關懷的能力表現有：更懂得關懷自己；關懷家人及周遭的朋友；也能關懷陌生人、遠方親友及殘疾人士。

　　這種嘗試某種教材的行動研究，若持續進行嘗試，發展出明確的目標，以及有邏輯順序的一套完整教材（學習內容），其實就是課程發展。教師可藉此發展自己有興趣的議題課程或是主題課程。

第三節　教學實驗研究

　　教學實驗研究是針對某一種教學方法或策略，採用實驗設計的方式，進行嚴謹控制的教學，以驗證某種教學的效果。教學實驗研究目的在探索教學的過程變項和結果變項之間的因果關係。一般的教學實驗研究都採用準實驗設計（quasi-experimental design）的方式。在教育情境中，以班級為團體的實驗，都採用完整的受試者團體，而非隨機將受試者分派於實驗處理的設計。（王文科、王志弘，2017：351）即教學的實驗是原班級團體進行研究，無法隨機選取和分派。

　　教學的準實驗研究，通常有幾種情形，一是教師對某種宣稱有效的教學方法、策略或教學理論有興趣，想應用在自己的教學場域並驗證其效果。其次是教師對不同的教學方法或策略感到興趣，想要進行比較兩種教

學效果的差異。教師個人單獨進行的教學實驗研究，大都為第一種情形居多；第二種情形則需要2人以上的研究小組。茲以第一種的教學實驗研究來說明。

研究實例：《以ARCS動機模式與資訊科技融入國中地理科教學對國中生的學習動機與學習成就之研究》（林怡資，2014）。本研究在驗證「ARCS動機模式＋資訊科技融入」在地理科教學效果。

問題思考：研究者有感於國中考試偏多，造成學生「考焦」與「考澆」──考試造成焦慮和考試澆熄學習動力，即失去學習動機。而ARCS動機理論主要在激發學習者的動機與興趣，資訊科技則可促進學生的學習投入。因此，研究者想探究ARCS動機模式與資訊科技應用在地理科教學的效果──學習動機和學習成就。

研究設計：採「前實驗設計」的「單組前後測設計」，以國中三年級自己的班級33人為實驗教學。其實驗設計如下：

組別	前測	實驗處理	後測
實驗組	○1 ○2	X	○3 ○4

說明：○1為實驗前學習動機量表，○2為地理科成就測驗（第一次定期評量）；○3為實驗後學習動機量表，○4為地理科成就測驗（第三次定期評量）；X為實驗教學──實施ARCS動機模式和資訊科技融入地理科教學。

研究發現：ARCS動機模式和資訊科技融入國中地理科教學，對學生整體的學習動機和學習成就，都有顯著的提升效果。

結語

本章敘述的教學研究有教學觀察、教學行動研究及教學實驗研究。教學觀察乃跨過自己教室藩籬，學習他人的教學觀點與技巧。初期可觀摩同科或他科的一般教學方法與策略，繼而可針對同科的重要單元，深度相互觀摩與討論學科概念、原則及問題解決的教學。

　　教學行動研究和教學實驗研究，為學科教學的深度探討，是教師在教學專業的表現。除為了獲得學位的研究外，能繼續探索教學，或發展一套實用的教學教材。累積教學經驗與研究，成為學科教學專家，在教學上展現專業者的自信。若有興趣擴大服務，可往兩個方向發展：一是學校的課程教學領導者（主任、校長），二是縣市教育輔導團的學科（教學）輔導員。

參考文獻

一、中文部分

丁美娟（2020）。PISA三層次提問融入國文教學提升國中生閱讀素養之行動研究（未出版碩士論文）。臺中市：國立中興大學。

中國視聽教育學會（1988）。系統化教學設計。臺北市：師大書苑。

方志華（2012）。參訪日本「學習共同體」中小學之述評。臺灣教育評論月刊，**1**(11)，20-27。

方炳林（2005）。普通教學法（修正九版）。臺北市：三民。

方雅慧（無年代）。世界咖啡館匯談方法操作手冊。http://tainan.catholic.org.tw/9/2.pdf（2019.9.23）

毛連塭、陳麗華（1987）。精熟學習法。臺北市：心理。

王文科（2007）。課程與教學論（七版）。臺北市：五南。

王文科、王志弘（2017）。教育研究法（17版）。臺北市：五南。

王秀津（2015）。高年級級任與科任之協同教學實例。載於林惠真主編，為兒童創新的協同教學：九年一貫課程的現況與前瞻（35-126頁）。苗栗縣三灣鄉：桂冠圖書。

王秀玲（1990）。蓋聶的教學理論。載於黃光雄主編，教學原理（增訂三版）（39-59頁）。臺北市：師大書苑。

王秀玲（1997a）。主要教學方法——合作取向的教學方法。載於黃政傑主編，教學原理（153-162頁）。臺北市：師大書苑。

王秀玲（1997b）。個別化取向的教學方法。載於黃政傑主編，教學原理（162-174頁）。臺北市：師大書苑。

王金國（2013）。案例教學法與教師專業倫理。臺北市：高等教育。

王金國（2018）。以專題式學習法培養國民核心素養。臺灣教育評論月刊，**7**(2)，107-111。

王政忠（2014）。老師，你會不會回來（二版）。臺北市：時報文化。

王政忠（2015）。MAPS教學法。中等教育，**66**(2)，44-68。

王政忠（2016）。我的草根翻轉：MAPS教學法。臺北市：親子天下。

王政忠（2017）。我有一個夢：一場溫柔而堅定的體制內革命。臺北市：遠見天下文化。

王政忠（2020）。夢的實踐：MAPS種子教師教學現場紀實。臺北市：方寸文創。

王政忠（2021）。MAPS教學法再進化。未出版。

王為國（2017）。國小能源教育實施問題本位學習對提升學生學習動機之研究。教育研究月刊，**278**，79-94。

王財印、吳百祿、周新富（2009）。教學原理（二版）。臺北市：心理。

王財印、吳百祿、周新富（2019）。教學原理（三版）。臺北市：心理。

王國華（2000）。批判性思考。載於賈馥茗（總編），**教育大辭書（三）**（1021頁）。臺北市：國立編譯館。

王婉怡（2016）。合作學習與MAPS教學策略導入國中國文教學之行動研究（未出版碩士論文）。臺中市：靜宜大學。

王雅涵（2019）。用桌遊，陪孩子玩出天賦和好個性。臺北市：方言文化。

丘立崗主譯（2006, 2009）。**教學原理：學習與教學**（*Learning and teaching: research-based methods.* By Donald P. Kauchak, & Paul D. Eggen, 2003）（初版）。臺北市：學富文化。

出版者（1981）。梁祝故事說唱集（民間文學資料叢刊）。臺北市：明文。

卯靜儒、陳佩英、蘇源恭（2008）。美國中小學教師評鑑方案之分析：以加州和威州為例。載於潘慧玲主編，**教師評鑑理論與實務**（54-89頁）。臺北市：國立臺灣師範大學教育評鑑與發展研究中心。

臺灣省國民學校教師研習會（1976）。**國民小學教師基本能力研究報告**。板橋市：作者。

石裕惠（2016）。桌上遊戲融入國中英語教學對學生的學習動機與學習投入程度之影響（未出版碩士論文）。臺中市：國立中興大學。

石裕惠、蔡文榮（2019）。桌上遊戲融入國中英語教學對學生學習投入之研究。**師資培育與教師專業發展期刊**，**12**(1)，127-161。

任慶儀（2013）。**教學設計：理論與實務**。臺北市：五南。

任慶儀（2019）。**教案設計：從教學法出發**。臺北市：五南。

朱筠、劉智穎、晉耀紅（2015）。概念類別及其在漢英機器翻譯中的應用。**現代語文**（北京師範大學中文資訊處理研究所），**2015**(21)，116-119。

江玟嫻（2015）。國中綜合活動領域實施「問題本位學習」對九年級學生學習成效的影響（未出版碩士論文）。桃園市：中原大學。

何秀煌（1989）。思想方法導論（六版）。臺北市：三民。

何俊青（2003）。建構式概念教學在國小社會科之實驗研究。臺東師院學報，**14**（上），111-138。

何素華、黃德州（2009）。直接教學模式對國小智能障礙學生性騷擾防治學習成效之研究。**特殊教育與復健學報**，**21**，19-48。

何澍（2000a）。教學原則。載於賈馥茗（總編），**教育大辭書（六）**（1060-1061）。臺北市：國立編譯館。

何澍（2000b）。說話直接教學法。載於賈馥茗（總編），**教育大辭書（九）**（412-413頁）。臺北市：國立編譯館。

何澍（2000c）。教學設計。載於賈馥茗（總編），**教育大辭書（六）**（1062-1063頁）。臺北市：國立編譯館。

何澍（2000d）。解決問題教學法。載於賈馥茗（總編），**教育大辭書（八）**（832-833頁）。臺北市：國立編譯館。

何緼琪（2000）。同儕教學。載於賈馥茗（總編），**教育大辭書（三）**（188頁）。臺北市：國立編譯館。

余中榮、劉志慧（2005）。二語詞彙學習中元認知直接教學的研究。*Sino-US English Teaching*，**2**(8)，73-75。

吳文賢（2002）。國小推行班群協同教學之行動研究——以臺南市勝利國小為例（未出版碩士論文）。嘉義縣民雄鄉：國立中正大學。

吳和堂（2003）。主題式教學反省札記示例。**師友月刊**，**432**，44-46。

吳幸宜（譯）（1994, 2010）。**學習理論與教學應用**（*Learning and instruction: Theory into practice*, by M. E. Gredler, 1991）（初版）。臺北市：心理。

吳知賢（1984）。教學資料設計——概念學習之實際運用。**臺南師專學報**，**17**，375-384。

吳俊憲、黃政傑（2006）。合作學習的發展與前瞻。載於黃政傑、吳俊憲編，合作學**習：發展與實踐**（1-56頁）。臺北市：五南。

吳昭容、張景媛（2000）。訊息處理模式。載於賈馥茗（總編），**教育大辭書（六）**（177-178頁）。臺北市：國立編譯館。

吳家瑩、黃喬偉（2009）。從花蓮教育大學到東華大學：花師教育學院實施師資培育

所面對的挑戰與因應策略。**教育與多元文化研究，1**，175-215。

吳麗君等譯（2003）。**協同教學**（Team Teaching: What, Why, and How? by Francis J. Buckley）。嘉義市：濤石文化。

吳耀明（2012）。國小社會領域實施問題本位學習對提升學童學習成就之研究。**教育研究學報**（國立臺南大學），**46**(1)，43-67。

呂意仁（2007）。**專題本位學習對國小學生科學態度和創造力之影響**（未出版碩士論文）。臺中市：國立臺中教育大學。

呂鍾卿（1997）。國民小學班級學生投入行為之研究。**臺中師院學報，11**，137-166。

呂鍾卿（2000）。**國民小學教師專業成長的指標及其規劃模式之研究**（未出版博士論文）。高雄市：國立高雄師範大學。

呂鍾卿（2015）。教學技巧之應用。載於賴清標主編，**教育實習新論**（151-188頁）。臺北市：五南。

呂鍾卿、林生傳（2001）。國民小學教師專業成長指標及現況之研究。**教育學刊**（國立高雄師範大學教育學系），**17**，45-64。

李佳蓁、江秋樺（2008）。前導組體策略在學障學生閱讀理解之應用。**特教論壇，5**，43-56。

李咏吟、單文經（1995）。**教學原理**（二版）。臺北市：遠流。

李咏吟、單文經（1997, 2006）。**教學原理**（三版）。臺北市：遠流。

李孟美（2013）。**應用The World Café對話技術凝聚組織共識之研究**（未出版碩士論文）。臺北市：國立臺灣師範大學。

李宗薇（1994）。國小社會科概念教學之研究。人文及社會學科教學通訊，**4**(5)，136-157。

李宗薇（1997）。教學設計。載於黃政傑主編，**教學原理**（67-116頁）。臺北市：師大書苑。

李俊湖（2020）。深度學習。載於林佩璇主編，**教學原理：理論、實踐與專業**（225-239頁）。臺北市：師大書苑。

李春芳（1992）。協同教學法。中等教育，**43**(3)，54-59。

李春芳（1997）。教學技術。載於黃政傑主編，**教學原理**（185-254頁）。臺北市：師大書苑。

李祖壽（1980）。**教學原理與方法**。臺北市：大洋。

李緒武（1997）。**社會科教材教法**（三版）。臺北市：五南。

李緒武、蘇惠憫（1984）。社會科教材教法。臺北市：五南。

沈翠蓮（2001, 2020）。教學原理與設計（初版）。臺北市：五南。

周建智、黃美瑤、蘇晏揚（2009）。直接教學法與專題導向教學法對健康體適能認知之比較。北體學報，**18**，1-12。

周清樺（1987）。梁祝故事研究（上）（北京大學中國民俗學會民俗叢書154）。臺北市：東方文化。

周新富（2014, 2020）。教學原理與設計（初版）。臺北市：五南。

周維萱（2018）。以世界咖啡館討論模式提升大專學生公民參與態度及教學成效之研究。教育科學研究期刊，**63**(3)，37-67。

周維萱、莊旻達（2013）。世界咖啡館研究架構初探：教學場域之實證性分析。通識教育學刊，**11**，37-66。

林子淳（2014）。運用桌上遊戲教學對國小五年級學童人際互動能力之影響（未出版碩士論文）。臺北市：國立臺北教育大學。

林生傳（1988, 1995）。新教學理論與策略：自由開放社會中的個別化教學與後個別化教學（初版）。臺北市：五南。

林生傳（1996）。概念教學對概念發展的實驗效果：階次理論模式的概念教學實驗。教育學刊，**12**，31-70。

林生傳（1997）。我國學生概念發展的水準與特徵研究。教育學刊，**13**，47-82。

林生傳（2000）。教育社會學（三版）。臺北市：巨流。

林佩璇（2020）。差異化學習。載於林佩璇主編，教學原理：理論、實踐與專業（197-210頁）。臺北市：師大書苑。

林佩樺（2016）。國小四年級國語文實施學思達教學之研究（未出版碩士論文）。臺中市：國立臺中教育大學。

林怡資（2014）。以ARCS動機模式與資訊科技融入國中地理科教學對國中生的學習動機與學習成就之研究（未出版碩士論文）。臺中市：國立臺中教育大學。

林芳菁（2010）。繪本故事講述與討論對幼兒利社會道德推理之影響。臺中教育大學學報：教育類，**24**(1)，107-127。

林春雄、陳雅莉、王欣華、胡峻豪、詹婷姬、許允麗及王慧娟（譯），呂木琳校訂（2007）。臨床視導與教師發展：職前與在職的應用（*Clinical supervision and teacher development: Preservice and inservice applications*, by K. Acheson & M. D. Gall, 2003）。臺北市：五南。

林清山譯（1991）。**教育心理學：認知取向**（*Educational psychology: A Cognitive approach*, by Richard E. Mayer, 1987）。臺北市：遠流。

林進材（1999）。**教學理論與方法**。臺北市：五南。

林進材、林香河（2012, 2016）。**寫教案：教學設計的格式與規範**（初版）。臺北市：五南。

林進財（2004）。**教學原理**。臺北市：五南。

林維真（2012）。專題式學習。**圖書館學與資訊科學大辭典**。取自國家教育研究院雙語詞彙、學術名詞暨辭書資訊網（http://terms.naer.edu.tw）。

林寶山（1988, 1994）。**教學原理**（初版）。臺北市：五南。

林寶山（1990, 1994）。**教學論：理論與方法**（初版）。臺北市：五南。

林寶山（1998）。**教學原理與技巧**。臺北市：五南。

邱淵、王鋼、夏孝川、洪邦裕、龔偉民及李亞玲譯（1989）。**教學評量**（*Evaluation to improve learning*, by B. S. Bloom, G. F. Madaus, & J. T. Hastings）。臺北市：五南。

侯惠澤（2018）。**寓教於樂：知識主題桌上遊戲設計——含118人力銀行桌遊**。新北市新莊區：臺科大圖書。

宣崇慧、盧台華（2010）。直接教學法對二年級識字困難學生識字與應用詞彙造句之成效。**特殊教育研究學刊**，**35**(3)，103-129。

施春輝（2009）。**專題本位的教學與學習對國小五年級兒童「力與運動」單元學習影響之研究**（未出版碩士論文）。臺北市：國立臺北教育大學。

洪有義（1989）。**價值澄清法**（五版）。臺北市：心理。

洪樹旺（2018）。**研發MAPS教學法王政忠老師推動翻轉教育為偏鄉孩子築夢**。取自吳尊賢文教公益基金會的部落格〔https://thwu2758.pixnet.net/blog/post/462946952（2020.12.11）〕。

紀姵羽（2016）。**桌上遊戲應用於英語教學對國小六年級學生英語學習成效影響之研究**（未出版碩士論文）。臺中市：國立臺中教育大學。

孫邦正（1978）。協同教學法。載於楊亮功主編，雲五社會科學大辭典——第八冊教育學（四版）（122-124頁）。臺北市：臺灣商務印書館。

徐南號（1975）。**普通教學法**。臺北市：張風真。

徐南號（1996, 1998）。**教學原理**（初版）。臺北市：師大書苑。

徐照麗（2002）。教學設計。載於賴清標主編，**教育實習**（二版）（111-179頁）。臺北市：五南。

徐綺穗（1995）。概念教學模式之探討。**國立臺南師範學院初等教育學報**，**8**，199-218。

殷海光（1973）。思想方法（再版）（大林學術叢刊4）。臺北市：大林。

殷海光（1988）。**邏輯新引**。臺北市：水牛。

殷海光（2020）。**邏輯新引**。臺北市：五南。

郝永崴、鄭佳君、何美慧、林宜真、范莎惠及陳秀玲（譯）（2007, 2008）。**有效教學法**（*Effective teaching methods*, by G. D. Borich, 2004）。臺北市：五南。

馬國俊（2016）。學習金字塔模型在民族高校三維動畫製作教學中的應用。*Research & Exploration in Laboratory*，**35**(12)，174-177。

馬國華、王雲充、黃純政、陳怡君、吳至翔及吳姵錡（2017）。使用學習金字塔的概念對提升醫院兒童物理治療實習生臨床教學成果及溝通能力的效果探討。**物理治療**，**42**(2)，189-190。

高子梅譯（2007, 2014）。**世界咖啡館**（初版、二版）（*The world café: Shaping our futures through conversations that matter*, by Juanita Brown, David Isaacs, & World Café Community, 2005）。臺北市：臉譜。

高子梅譯（2019）。**世界咖啡館：用對話找答案、體驗集體創造力，一本帶動組織學習與個人成長的修練書**（三版）。臺北市：臉譜。

高紅瑛（2000）。協同教學的理念與實踐。**教育研究月刊**，**77**，57-62。

高廣孚（1988）。**教學原理**。臺北市：五南。

國家教育研究院（2015）。十二年國民基本教育課程綱要核心素養發展手冊。臺北市三峽區：國家教育研究院。

崔光宙（1990）。欣賞教學法。載於黃光雄主編，教學原理（增訂三版）（229-256頁）。臺北市：師大書苑。

張世忠（2015, 2019）。**教學原理：統整、應用與設計**（初版）。臺北市：五南。

張正男（1985）。**演說與辯論**。臺北市：文笙。

張民杰（2001）。**案例教學法：理論與實務**。臺北市：五南。

張玉山（1995）。問題解決教學活動之理論與實例。**中學工藝教育**，**28**(8)，23-32。

張玉山（2000）。科技創造力教學模式在勞作課程中的應用。**生活科技教育**，**33**(12)，20-28。

張玉成（1988）。**開發腦中金礦的教學策略**。臺北市：心理。

張玉成（1993, 1995）。**思考技巧與教學**（初版）。臺北市：心理。

張玉成（2000）。批判思考教學。載於賈馥茗（總編），**教育大辭書（三）**（1022-1024頁）。臺北市：國立編譯館。

張芬芬（1994）。如何延長學生在課堂投入課業的時間。載於黃政傑、李隆盛（主編），**班級經營——理念與策略**（51-66頁）。臺北市：師大書苑。

張芬芬（2000）。價值。載於賈馥茗（總編），**教育大辭書（九）**（491-492頁）。臺北市：國立編譯館。

張春興（1981）。**心理學**（七版）。臺北市：東華。

張春興（1989）。**教育心理學**（第22版）。臺北市：東華。

張春興（1990）。**現代心理學：現代人研究自身問題的科學**（上下）。臺北市：東華。

張春興（1996, 1997）。**教育心理學——三化取向的理論與實踐**（修訂版）。臺北市：東華。

張春興（2009）。**現代心理學：現代人研究自身問題的科學**（重修版）。臺北市：東華。

張春興、林清山（1982）。**教育心理學**（二版）。臺北市：東華。

張春興、林清山（1991）。**教育心理學**（22版）。臺北市：東華。

張哲榕（2014）。**學校音樂欣賞教學模式之建構與詮釋**（未出版博士論文）。臺北市：國立臺灣師範大學。

張清濱（1999）。怎樣實施協同教學。**師友**，**387**，43-47。

張清濱（2009）。**教學原理與實務**。臺北市：五南。

張清濱（2020）。**教學原理與實務**（二版）。臺北市：五南。

張新仁（1991）。蓋聶的教學理論，載於黃光雄主編，**教學理論**（二版）（58-87頁）。高雄：復文。

張新仁（2000）。概念教學模式。載於賈馥茗（總編），教育大辭書（八）（584-586頁）。臺北市：國立編譯館。

張新仁（2003，2012）。Ausubel有意義的學習理論與教學應用。載於張新仁主編，**學習與教學新趨勢**（初版）（217-248頁）。臺北市：心理。

張新仁（2003, 2012）。Gagné學習條件理論與教學應用。載於張新仁主編，**學習與教學新趨勢**（初版）（249-285頁）。臺北市：心理。

張新仁（2005）。中小學教師教學評鑑工具之發展編製。載於潘慧玲主編，**教育評鑑的回顧與展望**（91-130頁）。臺北市：心理。

張新仁、黃永和、汪履維、王金國及林美惠（2013）。**分組合作學習教學手冊**。臺北市：教育部國民及學前教育署。

張新仁主編（2019）。**分組合作學習：自發、互動、共好的實踐**。臺中市：教育部國民及學前教育署。

張碩宇（2020）。何謂美感教育？美感教育的方式？**臺灣教育評論月刊，9**(11)，7-10。

張禕中（2019）。**桌上遊戲創新設計之研究：以食農教育二十四節氣為例**（未出版碩士論文）。臺中市：臺中教育大學。

張德銳（2013）。**教學行動研究：實務手冊與理論介紹**。臺北市：高等教育。

張德銳（2017）。教學觀察與回饋三部曲：備課、觀課、議課。**師友月刊，597**，40-44。

張德銳、丁一顧（2009）。教學行動研究及其對中學教師專業成長態度影響之研究。**課程與教學，12**(1)，157-181。

張德銳、邱惜玄、高紅瑛、陳淑茗、管淑華、蕭福生（2002）。**協同教學：理論與實務**。臺北市：五南。

張德銳、蔡秀媛、許籐繼、江啟昱、李俊達、蔡美錦、李柏佳、陳順和、馮清皇、賴志峰（2000）。**發展性教學輔導系統：理論與實務**。臺北市：五南。

張輝誠（2015）。**學・思・達：張輝誠的翻轉實踐**。臺北市：天下雜誌。

張輝誠（2018）。**學思達增能：張輝誠的創新教學心法**。臺北市：親子天下。

張輝誠（2019）。正名「學思達講義」。取自學思達Sharestart〔網站http://lte-taiwan.weebly.com（2020.12.3）〕。

張輝誠（2020a）。學思達教學法簡介。取自學思達Sharestart〔網站http://lte-taiwan.weebly.com（2020.11.27）〕。

張輝誠（2020b）。**學思達教學五步驟之多元變化**。202011.26上傳。取自https://medium.com/學思達sharestart/學思達教學五步驟之多元變化-7c6f482c8300（2020.12.3）

張霄亭（1995）。經驗金字塔。載於胡述兆總編，**圖書館學與資訊科學大辭典**（中冊）（1924-1925頁）。臺北市：漢美。

張霄亭、朱則剛、張鐸嚴、洪敏琬、胡怡謙、方郁琳及胡佩瑛（2001）。**教學原理**（再版）。臺北縣蘆洲市：國立空中大學。

教育部（1998）。國民中小學九年一貫課程綱要總綱。新北市三峽：國家教育研究

院。

教育部（2014）。十二年國民基本教育課程綱要總綱。新北市三峽：國家教育研究院。https://www.naer.edu.tw/bin/home.php（2019.9.23）

教育部（2016a）。中華民國教師專業標準指引。臺北市：教育部。

教育部（2016b）。高級中等以下學校教師專業發展評鑑規準（105年版）。臺北市：教育部。

教育部（2019）。中華民國教師專業素養指引——師資職前教育階段暨師資職前教育課程基準。臺北市：教育部。

莊秀貞（1977）。協同教學法與教學團。今日教育（臺灣師大），**32**，49-53。

許佳（2002）。說課：一種有效的教研活動形式。中國教育學刊，**2002**(3)，60-61。

許慈祥（2020）。MAPS教學法在國中國文文言文教學實踐之研究（未出版碩士論文）。花蓮縣：慈濟大學。

許榮哲、歐陽立中（2016）。桌遊課：原來我玩的不只是桌遊，是人生。臺北市：遠流。

許誌庭（2012）。國小教師對融入式道德教學模式的認知及實施現況之探討。**課程與教學**，**15**(4)，189-215。

許學仁（1996）。國語科直接教學法。載於黃政傑主編，國語科教學法（41-50頁）。臺北市：師大書苑。

郭玉霞（2000a）。情意領域教學。載於賈馥茗（總編），**教育大辭書（六）**（843-844頁）。臺北市：國立編譯館。

郭玉霞（2000b）。欣賞教學法。載於賈馥茗（總編），**教育大辭書（四）**（549頁）。臺北市：國立編譯館。

郭玉霞（2000c）。熟練學習（精熟學習）。載於賈馥茗（總編），**教育大辭書（九）**（727頁）。臺北市：國立編譯館。

郭生玉（1989）。**心理與教育測驗**（四版）。臺北市：精華。

郭有遹（1989）。創造的定義及其所衍生的問題。**創造思考教育**，1989，10-12。

郭建鵬、彭明輝、楊凌燕（2007）。正反例在概念教學中的研究與應用。**教育學報**（北京師範大學），**3**(6)，21-28。

陳光紫、曾瑞成（2017）。PBL及直接教學模式對大學生桌球動作技能及學習態度之比較。**體育學報**，**50**(1)，69-81。

陳李綢（2000a）。教學策略。載於賈馥茗（總編），**教育大辭書（六）**（1066-1067

頁）。臺北市：國立編譯館。

陳李綢（2000b）。教學目標。載於賈馥茗（總編），**教育大辭書（六）**（1049頁）。臺北市：國立編譯館。

陳怡婷（2018）。桌遊運用於國小國語文教學之實務分析。**語文教育論壇（中華民國語文教材與教法學會）**，**16**，8-12。

陳奎憙（2001）。**教育社會學導論**。臺北市：師大書苑。

陳姵樺（2020）。**運用學思達教學法於國小六年級國語文教學之研究**（未出版碩士論文）。臺中市：國立臺中教育大學。

陳建樺（2010）。**問題本位學習對四年級學童問題解決、批判思考及概念改變之影響**（未出版碩士論文）。桃園市：中原大學。

陳彥沖（2013）。**班級討論型態之創新應用：於小學教育現場實踐之行動研究**（未出版碩士論文）。臺北市：國立臺灣師範大學。

陳英俄、鄭芬蘭（2000）。前導組體。載於賈馥茗（總編），**教育大辭書（五）**（47-48頁）。臺北市：國立編譯館。

陳祖耀（2003。**理則學**。臺北市：三民。

陳啟勳（2000）。有意義的學習。載於賈馥茗（總編），**教育大辭書（三）**（469頁）。臺北市：國立編譯館。

陳巽（2020）。**桌上遊戲融入教學對學生學習成效影響之後設分析**（未出版碩士論文）。臺北市：國立臺北教育大學。

陳惠媛（2009）。**以「專題本位教學與學習」策略探究國小四年級學童「運輸工具與能源」科學與技術認知之概念學習**（未出版碩士論文）。臺北市：國立臺北教育大學。

陳毓凱、洪振方（2007）。兩種探究取向教學模式之分析與比較。**科學教育月刊**，**305**，4-19。

陳嫦娟（2019）。教師專業成長三部曲「說課、觀課、議課」之探究。**臺灣教育評論月刊**，**8**(3)，97-100。

陳漪真、佘永吉（2018）。直接教學法結合繪本教材對提升國中學習障礙學生英語字彙學習之成效。**身心障礙研究季刊**，**16**（3&4），201-219。

陳維民（2020）。國小數學課程──小數乘以小數。載於臺中市國民教育輔導團編，**素養導向教學設計參考手冊──第二冊**（65-74頁）。臺中市：臺中市教育局。

陳龍安（2008）。**創造思考教學的理論與實際（六版）**。臺北市：心理。

陳麗華（2017）。問題本位學習融入翻轉教室對國中生之數學學習成效與學習動機之行動研究（未出版碩士論文）。新北市：淡江大學。

單文經（1990）。道德討論教學法。載於黃光雄主編，**教學原理**（183-199頁）。臺北市：師大書苑。

曾世杰、陳瑋婷、陳淑麗（2013）。大學生以瞬識字及字母拼讀直接教學法對國中英語低成就學生的補救教學成效研究。**課程與教學**，**16**(1)，1-33。

曾榮光（2010）。批判思考的批判——香港高中通識教育科教學實踐的爭議。**教育學報（香港中文大學）**，**38**(1)，95-117。

曾憲政、張新仁、張德銳、許玉齡（2007）。**高級中等以下學校教師專業發展評鑑規準**。教育部委託專案報告。新竹：新竹教育大學。

黃永和（2020）。合作學習。載於林佩璇主編，**教學原理：理論、實踐與專業**（105-120頁）。臺北市：師大書苑。

黃光雄（1990）。精熟學習法。載於黃光雄主編，**教學原理**（126-136頁）。臺北市：師大書苑。

黃光雄主編（1990）。**教學原理**（增訂三版）。臺北市：師大書苑。

黃光雄等（譯）（1985）。**教育目標的分類方法**。高雄市：復文。

黃秀雄（2000）。價值澄清。載於賈馥茗（總編），**教育大辭書（九）**（505-506頁）。臺北市：國立編譯館。

黃建一（1989）。**我國國民小學價值教學之研究**。高雄市：復文。

黃政傑（1997）。教學的意義與模式。載於黃政傑主編，**教學原理**（1-25頁）。臺北市：師大書苑。

黃政傑、吳俊憲主編（2006）。**合作學習：發展與實踐**。臺北市：五南。

黃政傑、林佩璇（1996）。**合作學習**。臺北市：五南。

黃政傑主編（1997）。**教學原理**。臺北市：師大書苑。

黃淑惠、陳俊良（2018）。凝聚創新商業模式共識研究之服務設計：The World Café焦點對話。工業設計，**138**，38-42。

黃富順（2000）。基本心理能力測驗。載於賈馥茗（總編），**教育大辭書（六）**（691頁）。臺北市：國立編譯館。

黃富順、李咏吟（2000）。個別化教學。載於賈馥茗（總編），**教育大辭書（五）**（684-685頁）。臺北市：國立編譯館。

黃琡惠、吳耀明（2010）。國小社會領域實施問題本位學習對提升學童學習動機之研

究。臺中教育大學學報（教育類），**24**(1)，129-153。

黑豬（2012）。**就是愛玩桌遊：精選全球最暢銷35種桌上遊戲規則‧贏家秘技‧必備知識**。臺北市：高寶。

楊坤原（2001）。創造力的意義及其影響因素簡介。科學教育月刊，**239**，3-12。

楊坤堂（1996）。學習風格教學。特教園丁，**12**(2)，5-8。

楊建生（2005）。論音樂欣賞教學中的情感教育和興趣教育。中國教育科學探究，**3**(6)，40-41。

楊康宏（2019）。**大學課程的多元教學與實務**。臺北市：五南。

溫明麗（1998）。**批判性思考教學：哲學之旅**。臺北市：師大書苑。

葉丙成（2015）。**為未來而教：葉丙成的BTS教育新思維**。臺北市：天下雜誌。

葉玉珠、葉碧玲及謝佳蓁（2000）。「中小學批判思考技巧測驗」之發展。**測驗年刊**，**47**(1)，27-46。

葉煥文（2013）。**探討運用世界咖啡館匯談方式對主管管理訓練成效影響之研究**（未出版碩士論文）。臺北市：國立臺灣師範大學。

詹孟傑（2020）。桌遊融入教學之省思。**臺灣教育評論月刊**，**9**(5)，118-124。

賈馥茗、鍾紅柱、陳如山、林月琴、梁志宏、黃恆、吳翠珍、簡仁育及侯志欽（1991）。**教育心理學**。臺北縣蘆州鄉：國立空中大學。

廖宏勳、黃美瑤（2009）。問題導向模式教學與直接教學對高中生在體育課程身體活動量之影響。大專體育學術專刊，**98**年度，223-229。

趙志成（2007）。**有效教學策略的應用**。香港：香港中文大學。

趙起陽（1991）。**教育實習**。臺北市：五南。

劉瑜茜（2011）。**應用同儕教導策略於國小六年級數學學習成效之行動研究**（未出版碩士論文）。臺中市：國立臺中教育大學。

歐用生（1990）。價值澄清法。載於黃光雄主編，**教學原理**（增訂三版）（199-216頁）。臺北市：師大書苑。

歐用生（1991）。瑞斯的教學理論。載於黃光雄主編，**教學理論**（二版）（205-229頁）。高雄市：復文。

歐用生（1992）。**國民小學社會科教學研究**（六版）。臺北市：師大書苑。

歐陽教（1977）。**教育哲學導論**（再版）。臺北市：文景。

歐陽教（1978）。**德育原理**。臺北市：華視文化。

歐陽教（1990）。教學的觀念分析。載於黃光雄主編，**教學原理**（增訂三版）（1-27

頁）。臺北市：師大書苑。

潘純媚（2011）。「世界咖啡館」在會員共識的應用。**高雄護理雜誌，28**(1)，1-10。

潘慧玲、王麗雲、簡茂發、孫志麟、張素貞、張錫勳、陳順和、陳淑敏、蔡濱如
（2004）。國民中小學教師教學專業能力指標之發展。**教育研究資訊，12**(4)，
129-168。

潘慧玲、張德銳、張新仁（2008）。臺灣中小學教師評鑑／專業標準之建構：歷程
篇。載於潘慧玲主編，**教師評鑑理論與實務**（230-279頁）。臺北市：國立臺灣師
範大學教育評鑑與發展研究中心。

編輯部（2016年3月）。提升數學力的7款桌遊。**親子天下雜誌，76**期。取自「親子天
下」https://www.parenting.com.tw/magazine/1337（2021.3.1）

蔡子瑜、簡淑真（2003）。故事討論對幼兒道德推理影響之研究——以具「分享」內
涵之故事討論為例。**家政教育學報，5**，41-65。

蔡清田（2000）。行動研究及其在教育研究上的應用。載於中正大學教育研究所主
編，**質的研究方法**（307-333頁）。高雄市：麗文。

鄭英耀、王文中、吳靜吉、黃正鵠（1996）。批判思考量表之編製初步報告。**中國測
驗學會測驗年刊，43**，213-226。

鄭博真（2002a）。**國民小學實施協同教學之研究**（未出版博士論文）。高雄市：國立
高雄師範大學。

鄭博真（2002b）。**協同教學：基本概念、實務和研究**。高雄市：復文。

鄭蕙如、林世華（2004）。Bloom認知領域教育目標分類修訂版理論與實務之探討——
以九年一貫課程數學領域分段能力指標為例。**臺東大學教育學報，15**(2)，247-
274。

鄭靜華、范婷婷、李百怡及張燕（2011）。PPT課件設計原則和實用技巧。**中國教育技
術裝備，2011**(26)，115-117。

學思達編者（2020）。認識學思達——學思達專題。取自學思達Sharestart〔網站http://
lte-taiwan.weebly.com（2020.12.4）〕。

蕭福生（1999）。生動活潑的學習型態——協同教學。**教師天地，102**，52-57。

賴若函（2014）。張輝誠上課像選秀，激出六倍吸收力。今周刊，**910**。取自https://
www.businesstoday.com.tw（2020.11.28）

錢濤（1974）。協同教學法研究。**臺灣教育輔導月刊，24**(8)，18-23。

霍秉坤、黃顯華（2000）。教科書前導組體設計之探討。**課程與教學，3**(2)，95-

114+156。

謝明昆（1990）。道德成長的喜悅（再版）。臺北市：心理。

謝明昆（1994）。道德教學法。臺北市：心理。

謝金蓉（2011）。以生命教育繪本教學提升國小一年級學生尊重與關懷能力之行動研究（未出版碩士論文）。臺中市：國立臺中教育大學。

謝寶梅（1997）。教師效能。載於黃政傑主編，教學原理（363-402頁）。臺北市：師大書苑。

簡紅珠（1990）。教學研究的趨勢。載於黃光雄主編，教學原理（增訂三版）（423-444頁）。臺北市：師大書苑。

簡紅珠（2000）。協同教學法。載於賈馥茗（總編），教育大辭書（四）（289-290頁）。臺北市：國立編譯館。

簡紅珠（2000）。教學行動研究。載於賈馥茗（總編），教育大辭書（七）（162-163頁）。臺北市：國立編譯館。

簡紅珠（2000a）。技能領域。載於賈馥茗（總編），教育大辭書（三）（993-994頁）。臺北市：國立編譯館。

簡紅珠（2000b）。情意領域。載於賈馥茗（總編），教育大辭書（六）（830-831頁）。臺北市：國立編譯館。

簡茂發、李虎雄、黃長司、彭森明、吳清山、吳明清、毛連塭、林來發、黃瑞榮及張敏雪（1997）。中小學教師應具備的基本素質。教育研究資訊，5(3)，1-13。

魏世台（1982）。奧素柏認知教學理論之分析研究。國立臺灣師範大學教育研究所輯刊，24，153-160。

羅玉枝（2008）。不同教學方法透過籃球競賽活動對高中學生批判思考的影響。臺灣運動教育學報，3(1)，35-50。

譚大容（1989）。笑話、幽默與邏輯。重慶市：重慶大學。

蘇清守（1976）。協同教學的型態與評價。師友，109，23-25。

二、英文部分

Al-Nasr, Al-Badrawy A. Abo (2017). Role of engineering design in enhancing ABET outcomes of engineering programs at Taif University. *International Journal of Applied Science and Technology, 6*(1), 9-11.

Anderson, L. W., & Krathwohl, D. R. (Eds.) (2001). *A taxonomy for learning, teaching, and assessing: A revision of Bloom's taxonomy of educational objectives.* New York, NY: Longman.

Borich, G. D. (2011). *Effective teaching methods: Research-based practice* (7th ed.). Boston, MA: Pearson/Allyn and Bacon.

Brown, J., Isaacs, D., & World Café Community. (2005). *The World Café: Shaping our futures through conversations that matter.* San Francisco, CA: Berrett-Koehler.

Buckley, F. J. (2000). *Team teaching: What, why, and how?* Thousand Oaks, CA: Sage.

Carrabba, C. & Farmer, A. (2018). The impact of project-based learning and direct instruction on the motivation and engagement of middle school students. *Language Teaching and Educational Research, 1*(2), 163-174.

Chang, Wen-Long（張文龍）(2019). Influence of teaching methods on business plan writing abilities: Comparison of online lectures, case studies, and world café discussion courses. 科技與人力教育季刊，*6*(2), 1-17。

Council of Chief State School Officers (CCSSO). (2013). *InTASC Model Core Teaching Standards and Learning Progressions for Teachers 1.0: A Resource for Ongoing Teacher Development.* Washington, D.C., MA: Council of Chief State School Officers.

Dale, E. (1996). The cone of experience. In D. P. Ely & T. Plomp (Eds.), *Classic writings on instructional technology* (pp.169-180). Englewood, CO: Libraries Unlimited.

Dick, W., Carey, L., & Carey, J. O. (2009). *The systematic design of instruction.* (7th ed.) Upper Saddle River, NJ: Merrill/ Pearson.

Dick, W., Carey, L., & Carey, J. O. (2015). *The systematic design of instruction.* (8th ed.) (kindle edition) Upper Saddle River, NJ: Pearson.

Dunn, R. S. & Dunn K. (1992). *Teaching elementary students through their individual learning styles: Practical approaches for grades 3-6.* Boston, MA: Allyn & Bacon.

Dwyer, F. (2010). Edgar Dale's cone of experience: A quasi-experimental analysis. *International Journal of Instructional Media, 37*(4), 431-437.

Ennis, R. H. (1991). Goals for a critical thinking curriculum. In A. L. Costa (Ed.), *Developing minds.* (Rev. ed.) (pp.68-71) Alexandria, Va: Association for Supervision and Curriculum Development (ASCD).

Ennis, R. H. (2001). Goals for a critical thinking curriculum and its assessment. In A. L.

Costa (Ed.), *Developing minds: A resource book for teaching thinking.* (pp.44-46) (3rd ed.). Alexandria, VA: ASCD.

Estes, T. H., Mintz, S. L., & Gunter, M. A. (2011). *Instruction: A models approach.* (6th ed.) Boston, MA: Pearson.

Gagné, R. M., Briggs, L. J., & Wager, W. W. (1992). *Principles of instructional design.* (4th ed.) Fort Worth, TX: Harcourt Brace Jovanovich College.

Gagné, R. M., Wager, W. W., Golas, K., & Keller, J. (2005). *Principles of instructional design.* (5th ed.) Belmont, CA: Wadsworth.

Gall, M. D. & Acheson, K. A. (2011). *Clinical supervision and teacher development: Preservice and inservice applications.* (6th ed.) Hoboken, NJ: Wiley.

Gardner, H. (1995). Reflections on multiple intelligence: Myths and messages. *Phi Delta Kappan, 77*(3), 200-203; 206-209.

Gardner, H. (1998). A multiplicity of intelligences. *Scientific American, 9*, 19-23.

Gillies, R. M. (2007). *Cooperative learning: Integrated theory and practice.* Thousand Oaks, CA: SAGE.

Halstead, J. M. & Taylor, M. J. (Eds.)(1996). *Values in education and education in values.* London, UK: Falmer.

Jackson, J. (2016). Myths of active learning: Edgar Dale and the cone of experience. *Journal of the Human Anatomy and Physiology Society, 20*(2), 51-53.

Johnson, D. W., Johnson, R. T., & Holubec, E. J. (1994a). *Cooperative learning in the classroom.* Alexandria, VA: Association for Supervision and Curriculum Development.

Johnson, D. W., Johnson, R. T., & Holubec, E. J. (1994b). T*he new circles of learning: Cooperation in the classroom and school.* Alexandria, VA: Association for Supervision and Curriculum Development.

Joyce, B. R., Weil, M., & Calhoun, E. (2015). *Models of teaching.* (9th ed.) Upper Saddle River, NJ: Pearson.

Lord, T. (2007). Revisiting the cone of learning: Is it a reliable way to link instruction method with knowledge recall? *Journal of College Science Teaching, 37*(2), 14-17.

Morrison, G. R., Ross, S. M., & Kemp, J. E. (2007). *Designing effective instruction.* (5th ed.) New York: J. Wiley.

Morrison, G. R., Ross, S. M., Morrison, J. R., & Kalman, H. K. (2019). *Designing Effective Instruction.* (8th ed.) (Kindle Edition) Hoboken, NJ: John Wiley & Sons.

National Board for Professional Teaching Standards (NBPTS)(2016). *Five core propositions.* From: https://www.nbpts.org/standards-five-core-propositions/ (2020.8.28)

Raths, L. E., Harmin, M., & Simon, S. B. (1978). *Values and teaching: Working with values in the classroom.* (2nd ed.) Columbus, Oh: Charles E. Merrill.

Rosenshine, B. V. (1986). Synthesis of research on explicit teaching. *Educational Leadership, 43*(7), 60-69.

Seel, N. M., Lehmann, T., Blumschein, P., & Podolskiy, O. A. (2017). *Instructional design for learning: Theoretical foundations.* Rotterdam, The Netherlands: Sense Publishers.

Skowron, J., & Danielson, C. (2015). *Powerful lesson planning: Every teacher's guide to effective instruction.* New York, NY: Skyhorse Publishing.

Slavin, R. E. (1995). *Cooperative learning: Theory, research, and practice.* (2nd ed.) Boston: Allyn and Bacon.

Snow, R. E. (1994). Individual differences and instruction. In T. Husen & T. N. Postlethwaite (Eds.) *The international encyclopedia of education: Research and studies* (pp. 2759-2769). Oxford: Pergamon Press.

Wikipedia (2020, October). *Cone of learning* (*learning pyramid*). From: https://en.wikipedia.org/wiki/Learning_pyramid (2021.1.19)

附錄　教學原理參考試題

（各主題試題來自各類教育行政和教檢考試，未標示者為作者所出；或許有漏失標示之題目）

▷ 緒論

【選擇題】

1.(　　)一位歷史老師對《易經》有一些瞭解，因此，從易經的八卦推衍，年底選舉哪位候選人當選，哪位落選，向學生陳述其預測。這種教學違反哪一項教育規準？　(A)合認知性　(B)合價值性　(C)合自願性　(D)合邏輯性。

2.(　　)下列哪一項活動符合教育的規準？　(A)指導學童打落水狗，看誰打得準　(B)指導學童喝汽水比賽，看誰喝得快又多　(C)指導學童探索為什麼天空會下雨　(D)實施重賞重罰制度，提升學童學業成績。
〔94特考—五等〕

3.(　　)老師指定的作業內容，不能違反社會善良風俗，這符合教育規準中的哪一項？　(A)合認知性　(B)合價值性　(C)合自願性　(D)合邏輯性。
〔97特考—五等〕

4.(　　)宣傳不是教學、說謊不是教學、制約訓練不是教學，以上論述是較強調教學的：　(A)認知性　(B)價值性　(C)覺知性　(D)目的性。
〔108金門縣國小〕

5.(　　)歷史老師教導學生不教片段事實，而重述完整事件經過，這符合教育規準中的哪一項？　(A)合認知性　(B)合價值性　(C)合自願性　(D)合邏輯性。
〔96特考—五等〕

6.(　　)下列哪一項不是教學的規準？　(A)覺知性　(B)興趣性　(C)目的性　(D)釋明性。
〔93新北市〕

7.(　　)下列對於教學規準的敘述，哪一項是不適切的？　(A)上課開始老師指出學習的重點，是合目的性　(B)為符合釋明性，教師必須運用單槍投影來呈現教材　(C)上課開始老師講一個故事引發學生學習興趣，是合覺知性　(D)為符合覺知性，教師應引導學生回憶舊經驗或

提供先備知識。

8.( ) 教師在教學時透過文字、圖示說明，甚至於用概念圖，將抽象難懂的教材陳述清晰讓學生瞭解，這是符合何種教學規準？ (A)覺知性 (B)興趣性 (C)目的性 (D)釋明性。

9.( ) 教學應顧及學習者的認知能力與學習意願，此係屬於教學規準中的哪一項？ (A)目的性 (B)覺知性 (C)釋明性 (D)價值性。

〔92雲林縣國小教甄〕

10.( ) 學生對數學缺乏學習興趣，林老師每次進行數學新單元的教學開始，都會舉實例說明數學在生活上處處都運用到，讓學生產生學習數學的動力。林老師這種作法，符合下列哪一項教學規準？ (A)覺知性 (B)自願性 (C)目的性 (D)釋明性。

11.( ) 有關教學方法的選用，以下何種不正確？ (A)依據教學目標選用教學方法 (B)依學生特性選用教學方法 (C)依據教學內容與環境選用教學方法 (D)依據教師年齡選用教學方法。

12.( ) 下列有關「教學觀念」的敘述，何者為錯誤？ (A)任何教學均應建立教學目標 (B)教學就是教師傳授給學生知識和技能的活動 (C)教學自主是指教師在教學情境中依其專業判斷，自己做成各種教學決定，不受外力的不當干預 (D)教學應該適應個別差異和個別需求。

13.( ) 下列與教育及教學有關的概念，哪一個概念範圍最大？ (A)學習 (B)教學 (C)教育 (D)訓練。

14.( ) 身為教師，下列教學信念何者最為合理？ (A)我自己不能犯任何錯誤 (B)我在教學上必須跟其他老師競爭 (C)學生問的問題，我都要無所不知 (D)我應該對學生學習成就負起責任。 〔105教檢〕

15.( ) 近年來，教師的教學觀由「教師教什麼」轉變為「學生學什麼」。此一轉變最接近下列何種理念？ (A)教師是教學的決定者，而學生是學習者 (B)教師先確定教學目標，再關心教學內容 (C)教師先瞭解教學內容，再分析學生學習到什麼 (D)教學的產生是因有學生，才需要教師進行教學。 〔105教檢〕

16.( ) 下列與教學概念關係的敘述，哪一項不正確？ (A)所有的教學都是教育活動 (B)宣傳不是一種教學活動 (C)所有的學習都是教學活動 (D)有些訓練不是教學活動。

17.(　　) 教師認為「傳道、授業、解惑」的教學工作不是價值中立的，並從
而分析其中存有的意識型態。此一教育觀點較屬於下列何種理論？
(A)目標決定論　(B)社會適應說　(C)兒童中心說　(D)批判教育學。

〔105教檢〕

18.(　　) 下列哪一項不是G. D. Borich所提出的有效教學必備「關鍵行為」的
內容？　(A)清晰授課　(B)有效提問　(C)引導學生投入　(D)確保學
生成功率。

【問答題】

1.新加坡教育部課程規劃與發展司副司長林泰萊（Tay Lai Ling）曾說過：
「我們走了很長一段路才讓我們的教育和學習方法有所改變，但是還有更
長的路等著我們的教師和學生。我們教育部有一句新標語，希望能鼓勵更
多的改變出現。這句標語是：『少教多學！』」有人認為臺灣的小學教學
現場，通常教師「教得多」，而學生卻「學得少」。請至少列出二項可能
造成此現象的原因（4分），並提出其對應的解決策略（6分）。

〔104教檢〕

2.教師為了提升學生的學習成效，在選用教學方法時，應考慮哪些要素？請列
舉五項要素並說明之。（10分）　　　　　　　〔108-2中學教檢〕

3.教學是一複雜的活動，它包含很多內涵。請您分析教學活動包含哪些要
素？列出三個您認為最重要的要素，為什麼？

4.在教育上，與「教學」相關的概念有哪些？它們之間有何區分？

學習與教學原則

【選擇題】

1.(　　) 教師期望對學生的自我期望與行為發展產生影響，此種現象稱之為
何？　(A)蝴蝶效應　(B)霍桑效應　(C)比馬龍效應　(D)從眾效應。

2.(　　) 王老師最近上到「分數除以分數」時，發現班上部分學生學習有困
難。王老師藉由學生學習表現的分析，往前從「分數除以整數」進
行教學。此教學行為較屬於下列何種觀點的應用？　(A)合作學習中

的「社會互賴」　(B)行爲主義中的「制約學習」　(C)教學事件中的「先備知識」　(D)社會學習理論中的「觀察學習」。　〔105教檢〕

3.(　) 在學習理論中強調動機，可視爲下列哪一個教學原則的重要依據？　(A)準備原則　(B)類化原則　(C)社會化原則　(D)應用原則。

4.(　) 張老師得知其班級學生對日本電視劇「半澤直樹」非常著迷，於是在進行社會學習領域教學時，將「半澤直樹受到分店長淺野陷害，被迫承擔因非法融資5億而造成銀行損失的責任」作爲例子，來讓同學進行分組討論，探討社會經濟活動中所牽涉的道德議題。張老師的作法符合下列何種學習經驗選擇的原則？　(A)動機原則　(B)經濟原則　(C)繼續原則　(D)練習原則。　〔108-1國小教檢〕

5.(　) 陸老師在教導七年級數學「質因數分解」主題之前，先喚起學生在國小時學習因數的舊經驗後，再進行該主題的教學活動。此種教學方式符合下列哪一項學習原則？　(A)自動原則　(B)準備原則　(C)熟練原則　(D)時近原則。　〔109中學教檢〕

6.(　) 近年來，Salman Khan所創辦的可汗學院（Khan Academy）受到全世界的矚目，其課程理念主要著重下列何者？　(A)學生到實務現場進行體驗與實作　(B)學生利用社區的多元環境進行廣泛學習　(C)學生透過網路觀看教學影片進行自主學習　(D)教師主導學習內容，學生負責聆聽與提問。　〔104教檢〕（與自學原則性質相似）

7.(　) 教師指導學生進行技能練習時，下列哪一種作法較不適當？　(A)視需要安排分散練習　(B)先要求速度，再要求準確　(C)協助學生發展相關的程序性知識　(D)事先決定哪些技能有練習的價值。　〔103教檢〕

8.(　) 當學生表現出正確的學習反應後立即給予獎賞，使其獲得滿足感，從而強化反應，建立正確行爲。此種原則，乃E. L. Thorndike學習定律中的何者？　(A)配合律　(B)練習律　(C)準備律　(D)效果律。　〔108高雄市國小〕

9.(　) 讚美可以增進學生的學習動機，進而提升教學效果。下列何者最符合有效讚美的原則？　(A)以我的觀察，這件事你整體做得相當不錯！　(B)上次你的演講很流暢，我特別喜歡你的題目！　(C)你能解釋自己對「$a2 + b2 = c2$」的算法，很好！　(D)你的英文單字背誦進

步了，還比小華多記了五個，讚！

〔108-1國小教檢〕（效果律的應用）

10.(　　) 陳老師認為要讓學生自主且持續的投入學習，關鍵在於引發學生的
內在動機而非外在動機。若想要引發學生內在動機，下列作法何者
不適切？　(A)透過科學影片的製作，讓學生對科學相關知識更加關
注　(B)關注學生的表現，適時提供鷹架，以提高學生的學習效能及
自信心　(C)利用線上遊戲進行學習，讓學生藉由爭取遊戲排行榜的
獎品而更加投入學習　(D)透過同儕互教，讓能力較佳者從教導同儕
中獲得榮譽感，學習落後者因為進步獲得成就感。　〔109中學教檢〕

11.(　　) 比較負增強和懲罰，下列敘述何者正確？　(A)前者的目標是減低反
應次數，後者則是增加　(B)前者是在合宜的行為後施予，後者是在
不合宜的行為後施予　(C)前者可由取消正增強達成，後者可由移開
嫌惡刺激達成　(D)兩者都可以有效的塑造合乎社會規範的行為。

〔100臺南市〕

12.(　　) 利用已知的經驗學習未知的事物，為哪一種教學原理的運用？
(A)熟練　(B)準備　(C)類化　(D)自動。

13.(　　) 教材的選擇，依據學生已有的經驗、能力及程度為出發點；教材的
組織，由心理組織逐漸到論理組織；教材的排列，由易至難、由近
至遠、由簡單至複雜、由具體至抽象、由已知到未知，這是教學中
哪一種原則的運用？　(A)準備原則　(B)類化原則　(C)社會化原則
(D)熟練原則。　　　　　　　　　　　　　　　〔106中區聯盟國小〕

14.(　　) 方老師這學期想嘗試讓學生有更多「做中學」的體驗。下列有關
「做中學」的目的，何者較不適切？　(A)提高學生的外在學習動機
(B)提供學生活用知識的機會　(C)增加知識、技能與態度並重的學習
情境　(D)改善教學內容與學生生活經驗脫節的問題。

〔109中學教檢〕

15.(　　) 教師在教國語一個單元時，如「春遊阿里山」，除教導文章內容、
結構及敘寫技巧外，還激發學生環保的態度。這種激發「環保態
度」是同時學習原則的何種學習？　(A)主學習　(B)副學習　(C)輔
學習　(D)類化學習。

16.(　) 教師在進行一項教材內容的教學時，經常企圖讓學生學到此教材內容外，也有其他面向的學習，因此有所謂主學習、副學習及輔學習。這是教學的何種原則？　(A)熟練原則　(B)統整原則　(C)類化原則　(D)同時學習原則。

17.(　) 讀諸葛亮的「出師表」，激發出愛國的情操，這是屬於何種學習目標？　(A)主學習　(B)副學習　(C)正學習　(D)輔學習。

18.(　) 下列何者是較偏重學生為中心的教學策略？甲、體驗學習　乙、翻轉教室　丙、協同教學　丁、講述教學　(A)甲乙　(B)甲丙　(C)乙丁　(D)丙丁。　〔109中學教檢〕

19.(　) 依據學習金字塔的原則，下列哪一種活動的學習效果最好？　(A)運用小組成就區分法的合作學習　(B)配合教材觀看影片教學　(C)安排小組討論學習內容　(D)進行同儕相互教導。

20.(　) 有關學習金字塔原則應用之敘述，下列哪一項不適切？　(A)基礎知識的學習很多時候需依賴聽講和文字閱讀　(B)參觀與觀察的學習只是一種被動的學習　(C)具體真實經驗之學習要與抽象概念連結並統整　(D)提供多感官的學習可促使學生主動涉入的學習。

21.(　) 下列何者最符合文化回應教學的特性？　(A)運用臺北101大樓教導學生計算體積　(B)運用臺北市地圖，教導學生規劃一日遊行程　(C)透過鹽水蜂炮祭教導學生有關「安全」的概念　(D)透過《賽德克·巴萊》電影引導原住民學生探索自我。　〔104教檢〕

22.(　) 下列敘述何者符合文化回應教學法之原理？　(A)教學目標主要在提升弱勢族群之學習成就　(B)教學目標主要在批判社會中主流文化之價值　(C)不同文化背景的學生，不能在同一組進行學習　(D)教師應認知學生的背景與文化，進行多元文化教學。　〔103教檢〕

【問答題】

1.什麼是直接教學法？舉一個單元（課）的教學為例，說明直接教學法的教學進行步驟？

2.何謂同時學習原則？舉一個單元（課）的教學為例，說明同時學習原則之應用？

教學目標

【選擇題】

1.( ) 下列對於單元目標和具體目標的敘述,哪一項是錯誤的? (A)單元目標層次較高,行為目標層次較低 (B)教師要提示單元目標和具體目標給學生 (C)單元目標較抽象,行為目標較具體 (D)單元目標可再分析出具體目標。

2.( ) 「張老師利用簡報軟體向學生說明『象形』與『指事』造字法則,再進一步綜合比較,讓學生對這兩個法則不至於混淆。」下列何者最能表達前述的教學重點,並符合行為目標敘寫的基本要求? (A)學生能分辨「象形」與「指事」造字法則的不同 (B)教師能設計「象形」與「指事」造字法則的簡報軟體 (C)學生能利用簡報軟體說明「象形」與「指事」的造字法則 (D)教師協助學生操作「象形」與「指事」造字法則的簡報軟體。 〔102教檢〕

3.( ) 「曾經被視為快樂之國的不丹,為何該國國民現在越來越不快樂?」此問題可引導學生達到B. Bloom認知目標分類的哪一層次? (A)理解 (B)應用 (C)分析 (D)評鑑。 〔102教檢〕

4.( ) 賴老師在教授「登鸛鵲樓」這一首詩時,下列哪一個教學目標屬於B. Bloom認知目標中的「分析」層次? (A)能用自己的話解釋這首詩的意義 (B)能欣賞這首詩,說出自己的感受 (C)能指出這首詩的組織結構及修辭技巧 (D)能運用這首詩的平仄和對仗自行創作。 〔106教檢〕

5.( ) 陳老師希望提升學生的思考能力,預擬了幾個問題。下列哪一個問題的認知層次最高? (A)地震時,正確的反應步驟為何? (B)地震時,需要關閉家中哪些設備? (C)地震時,是否應該立即跑到戶外? (D)地震時,家中最安全的避難地點為何? 〔109國小教檢〕

6.( ) 教師希望教導學生「適切辨識網路資訊的價值性」。針對此一教學目標,下列敘述何者較為適切? (A)設計線上標準化測驗題庫,請學生上網練習 (B)請學生上網蒐集某議題的正反意見,並加以分類 (C)透過教學平臺,投票表決文章內容的真偽與價值 (D)提供學生立場不同的網路文章,請其提出比較與評論。 〔106教檢〕

7.( ) 下列敘述何者屬於認知目標中的「創造」層次？ (A)能計算早餐食物中所含的熱量 (B)能選擇適當的營養素，設計出健康的食譜 (C)能知道食物中所含的營養素並拒絕垃圾食物 (D)能就同學設計的食譜，選出最符合健康原則的食譜。 〔101教檢〕

8.( ) 陳老師規劃了兩週八堂課的「水資源」主題探索課程，帶領學生到社區進行水汙染考察活動。課程結束後，請小朋友提出解決社區水汙染方法的書面報告。此報告的評量目標屬於下列何種認知層次？ (A)瞭解 (B)應用 (C)分析 (D)創造。 〔103教檢〕

9.( ) 依據L. Anderson等人對認知領域在知識層面分類架構中的主張，小華知道看地圖比閱讀文字更容易辨認方位，此表示他具備了下列哪一種知識？ (A)事實知識 (B)概念知識 (C)過程技能知識 (D)後設認知知識。 〔104教檢〕

10.( ) 王老師要求學生在完成實驗之後，於學習單上寫下自己在實驗操作表現上的優缺點及可改進之處。「自述實驗操作表現上的優缺點及可改進之處」較偏向於認知目標中哪一類知識？ (A)事實知識 (B)概念知識 (C)程序知識 (D)後設認知。 〔109中學教檢〕

11.( ) 吳老師查詢十二年國教數學領綱，找到「R-5-1三步驟問題併式」此學習內容條目。請問這是屬於L. Anderson與D. Krathwohl（2001）教育目標分類「知識向度」中的哪一項？(A)事實知識 (B)概念知識 (C)程序性知識 (D)後設認知知識。 〔108中區聯盟國小〕

12.( ) 李老師引導學生閱讀《小王子》一書時，期待他們閱讀後可以描述三件自己印象最深刻的事情及個人的感受，並說明原因。此屬於下列何種目標？ (A)行為目標 (B)表意目標 (C)認知目標 (D)技能目標。 〔108-2國小教檢〕

13.( ) 「學生能積極參加學習活動」此屬於情意領域目標的哪一層次？ (A)接受 (B)反應 (C)評價 (D)組織。 〔99教檢〕

14.( ) 依據B. Bloom認知目標層次分類，以下四個學習目標由高至低排序應為下列何者？甲、能解釋不同情緒的特徵與表現方式；乙、能說出情緒的定義與內涵；丙、能判斷他人的情緒，表現出合宜的行為；丁、能舉例說明情緒對人際關係的影響 (A)丙甲丁乙 (B)丙丁甲乙(C)丁甲乙丙 (D)丁丙甲乙。 〔109國小教檢〕

15.( ) 爲因應臺灣的食安問題，王老師在教學時強調「選擇營養的食物，而非選擇便宜的食品。」此目標符合情意領域目標分類的哪一個層次？ (A)反應 (B)形成品格 (C)價值評定 (D)價值組織。

〔104教檢〕

16.( ) 張老師設計「減少塑膠用品的使用」課程，下列有關減塑之情意目標的敘述，何者較適切？ (A)品格形成：學生能遵守校規不帶一次性餐具到校園中 (B)接受：學生會與家長討論如何外帶餐點，以達減塑目的 (C)價值組織：學生對於海洋生物受到垃圾危害的情形，感到難過 (D)價值判斷：學生對於飲料店禁用塑膠吸管的政策，提出自己的觀點。

〔108-2國小教檢〕

17.( ) 國語課議論文的評量問題：「請分析此篇議論文是否爲一篇好的議論文，請從議論文的基本要素加以說明」。此問題的認知層次相當於B. Bloom認知領域目標的哪一層次？ (A)理解 (B)分析 (C)綜合 (D)評鑑。

〔108高雄市國小〕

18.( ) 「學生能精確、迅速完成生物課的解剖任務」，此表現較符合動作技能領域目標的哪一層次？ (A)知覺 (B)創新 (C)機械化 (D)複雜反應。

〔108-1國小教檢〕

19.( ) 黃老師想落實學生兼具知識、技能及情意等三面向的學習，他規劃在課堂上引導學生認識海洋的塑膠汙染源，並透過影片讓學生感受塑膠危害的嚴重性。黃老師可以再增加下列何種學習活動？ (A)請學生舉例說明政府推動的減塑措施 (B)利用回收的寶特瓶製作日常生活物品 (C)比較各國海域所遭遇的塑膠汙染現況 (D)請推動減塑措施的業者來說明其作法。

〔109中學教檢〕

20.( ) 在李老師的指導下，大明學會了網球的各種抽球手法。到了戶外球場與同學相互抽球時，大明能夠調整抽球的手法，連續抽出好球。依據E. Simpson的技能領域目標分類，大明達到下列哪個目標層次？ (A)適應 (B)創作 (C)指導練習 (D)複雜反應。 〔108-2中學教檢〕

21.( ) 依照技能目標的分類架構，下列何者層次最高？ (A)在三分鐘內，能畫出極爲勻稱的平行四邊形 (B)在老師說明後，能調整平行四邊形的正確輪廓 (C)在揭示徒手畫平行四邊形後，學生能複製這種圖形 (D)在四邊形圖形中，能正確地鑑定其中三種平行四邊形。

〔104教檢〕

22.(　　) 有一行為目標為「學生在地球儀上，指出北美洲五大湖中三個湖的位置」。「湖的位置」屬於行為目標中的哪一個要素？　(A)條件　(B)標準　(C)結果　(D)行為。　　　　　　　　　〔108-2中學教檢〕

23.(　　) 「能利用字典在十分鐘內查出本課所有生字的字義」，其中「生字的字義」，屬於下列哪一種「行為目標要素」？　(A)行為　(B)結果　(C)條件　(D)標準。

24.(　　) 「能利用字典在十分鐘內查出本課所有生字的字義」，其中「查出」，屬於下列哪一種「行為目標要素」？　(A)行為　(B)結果　(C)條件　(D)標準。

25.(　　) 「能利用字典在十分鐘內查出本課所有生字的字義」，其中「能利用字典」，屬於下列哪一種「行為目標要素」？　(A)行為　(B)結果　(C)條件　(D)標準。　　　　　　　　　　　　　　　　　〔99教檢〕

26.(　　) 某教師在為學生安排博物館參觀課程時，不準備設計學習單來檢核學生的學習結果，而認為只要學生能夠全程參與這項活動就達到了效果。這位教師所注重的是下列何種課程目標的達成？　(A)態度目標　(B)經驗目標　(C)知識目標　(D)技能目標。　　　〔100臺南市〕

27.(　　) 下列何者最符合素養導向教學的理念？　(A)以蛙泳方式完成100公尺接力，最快完成的小隊獲勝　(B)參加故宮博物院〈奧賽美術館〉特展，並撰寫活動學習單　(C)以全臺大停電為例，討論造成的原因、限電影響與解決策略　(D)閱讀教師指定的〈南極冰棚崩解危機〉文章，再進行地理知識測驗　　　　　　　　〔107教檢例題〕

28.(　　) 有關十二年國民基本教育課程綱要總綱中，提到學習重點、學習表現和學習內容等三個重要的素養概念。試問三者間的關係為何？　(A)學習重點＝學習表現＋學習內容　(B)學習表現＝學習重點＋學習內容　(C)學習內容＝學習重點＋學習表現　(D)學習重點＝學習表現＝學習內容。　　　　　　　　　　　　　〔109中區聯盟國小〕

【問答題】

1. L. W. Anderson等人在2001年修訂B. Bloom的教育目標分類方式，將認知領域的分類區分為兩個層面：認知歷程和知識。在認知歷程層面區分為哪些層次，請依序列出層次名稱，並各舉一個例子？

2. L. W. Anderson等人在2001年修訂B. Bloom的教育目標分類方式，將認知領域的分類區分為兩個層面：認知歷程和知識。在知識層面區分為哪幾類，請列出其名稱，並各舉一個例子？

3. 請以國語科或數學科為例，依據行為目標五要素寫一項「行為目標」，並指出「哪一個語詞」是「哪一個要素」？

4. 以你專精的領域為例，找十二年課程綱要的一項學習表現，分析其教學目標？

教學設計

【選擇題】

1. (　) 下列何者不是教學設計的主要目的？　(A)為編擬評量工具的依據　(B)為學生學習的教材　(C)為教師同儕備課討論的依據　(D)為教師的教學做準備。

2. (　) 下列哪一項不是教學設計的主要目的？　(A)為教師的教學指出方向　(B)為教師的教學作準備　(C)作為教師評鑑的依據　(D)作為與參觀者的溝通依據。

3. (　) 系統取向的教學設計是採用何種的理論觀點？　(A)行為取向　(B)建構取向　(C)社會學習取向　(D)認知取向。

4. (　) 學生在學習某一新事物前已有的行為稱作：　(A)基礎行為　(B)預備行為　(C)起點行為　(D)先前行為。

〔90桃雲高屏國小〕〔92臺南市國小〕

5. (　) 在教學設計時，學習目標的決定不必設定下列哪一事項？　(A)學習者特性　(B)表現水準　(C)個別學習差異　(D)班級大小。

〔中市93〕

6. (　) 教學設計時要分析學生的特質，下列哪一項不是分析學生特質的重

點？ (A)分析學生的課程經驗 (B)分析學生個人的家庭經濟 (C)分析學生相關學科的先備知識 (D)分析學生的文化背景。

7.( ) 在目前一般學校教育情形下，教學設計第一步工作為何？ (A)進行教學分析 (B)檢查起點行為 (C)選定教學內容 (D)確定教學目標。 〔90臺中縣國小〕

8.( ) 下列對J. E. Kemp教學設計模式的敘述，何者不正確？ (A)此模式適用於商業、軍事、醫療、政府及教育情境的教學設計 (B)內圈九個要素之間沒有箭頭連接，表示之間沒有邏輯順序關係，從任何要素開始都可以 (C)模式是以整個教學系統的思考在做教學設計 (D)學校因教學情境性質的差異，不一定考慮全部九項要素。

9.( ) 有關教學設計的方法，W. Dick與L. M. Carey提出了下列何種模式？ (A)螺旋模式 (B)線性模式 (C)三階段模式 (D)系統取向模式。 〔109臺南市國小〕

10.( ) 下列何者最符合素養導向教學設計與實施原則？ (A)設計學習單，讓學生進行文具的選購，做加法進位的演算 (B)參觀科學教育館並聆聽導覽後，回家整理參觀筆記及心得進行分享 (C)藉由地震的新聞報導，讓學生蒐集與討論防災資料，並實際應用於防災演練中 (D)因應耶誕節，請學生閱讀相關的英語繪本進行單字學習，並完成耶誕卡片著色活動。 〔108-2小教檢〕

11.( ) 下列何者較合乎素養導向教學的精神？ (A)在氣候變遷主題單元中，引導學生進行資料蒐集、分析與分享 (B)在環境保育主題單元中，檢驗學生完成教師指定環保任務的比率 (C)進行自然領域教學時，請學生完成教材中的實驗步驟，再對照科學原理 (D)在數學領域教導線對稱概念時，說明線對稱的定義，再讓學生核對生活中的實例。 〔109國小教檢〕

12.( ) 教師進行素養導向教學設計時應掌握之原則，以下何者正確？甲、進行「以終為始」的課程設計 乙、減少學生嘗試與冒險的機會 丙、洞悉問題本質、瞭解學生的位置 丁、重視電腦技能、完整背誦的能力 戊、指導學生學習策略、重視學習方法的培養 (A)甲乙丁 (B)乙丁戊 (C)甲丙戊 (D)乙丙丁。 〔109臺南市國小〕

13.( ) 教師進行素養導向教學設計時應掌握之原則，以下何者正確？甲、

任教領域教材與生活情境連結　乙、以教師的教導和說明爲主
丙、重視學習過程學生的參與　丁、偏重技能和態度的學習　戊、
重視實踐力行學習遷移　(A)甲、乙、丁　(B)乙、丁、戊　(C)甲、
丙、戊　(D)乙、丙、丁。　〔110北市國小〕

14.(　) 十二年國民基本教育課程綱要強調素養導向的教學，需要考量到什
麼？下列哪一項是錯的？　(A)需要以學生爲主體，考量學生的身心
發展需求及學習風格　(B)呼應十二年國教三面九項的核心素養，並
轉化領綱的學習重點　(C)注意各版本教科書的內容，須配合學校課
程計畫，按時教學、考試、評量與補救教學　(D)適時輔以相關議題
融入，並讓學生在生活情境，眞實運用所學。　〔107新北市國小〕

15.(　) 下列是一位老師在教學過程中提供學生完成之學習任務：「請同學
設計問卷，調查全校七年級同學的家庭型態，並且將調查結果製作
成長條圖與圓餅圖，並據此進一步判斷媒體宣稱『現今社會有近半
數國中生，都來自單親家庭』的說法是否爲眞？」請問這個學習任
務所能達到之最高認知目標層次爲何？　(A)瞭解　(B)應用　(C)分
析　(D)評鑑。　〔110北市國小〕

16.(　) 老師在教學過程之中爲瞭解學生學習情形所進行的平時測驗是屬
於？　(A)形成性評量　(B)總結性評量　(C)診斷性評量　(D)安置性
評量。　〔93屏縣〕

17.(　) 教師在教學過程之中，抽問幾位學生以瞭解學生是否眞的學會所教
的內容。這是屬於何種評量？　(A)診斷性評量　(B)安置性評量
(C)總結性評量　(D)形成性評量。

18.(　) 設計教學活動時，評量的實施應考慮與下列何項密切配合？　(A)教
學目標　(B)資源運用　(C)教學情境　(D)教學活動。　〔93中市〕

19.(　) 林同學在大學四年級的集中教學實習時，實習指導教授要求編寫教
案給實習輔導教師（中小學）審閱後才能上臺試教。林同學應當編
寫哪一種方式的設計？　(A)詳案設計　(B)簡案設計　(C)思考設計
(D)學習單設計。

【問答題】

1.教學設計應考慮的內容要素有哪些？以單元教學設計的觀點說明之。

2.教學設計如何進行學習者特性分析？以你熟悉的一個單元爲例，説明如何分析？

3.教師教學時大多會採用現有的教科書，但有時仍須發展自編教材。試述教師須自編教材的理由（至少三項）。　　　　　　　　　　　〔108-2國小教檢〕

4.請説明《十二年國民基本教育課程綱要總綱》之「C2人際關係與團隊合作」核心素養的意涵（2分），並以校園動植物生態調查爲範圍，規劃一項學習任務（含過程與結果），讓學生展現該項核心素養（8分）。

〔109國小教檢〕

5.以你專門的學科（或國、數、英學科），選擇教科書的一個單元，依本書教學設計的要素和格式，撰寫詳細的教學設計（詳案）。

概念教學

【選擇題】

1.(　　)「人是會運用符號思考的動物」此一定義中，下列哪一項是錯誤的？　(A)「人」是被定義概念　(B)「是」可以省略　(C)「會運用符號思考的動物」是下定義概念　(D)「運用符號思考」是種差（人與動物不同之處）。

2.(　　)下列哪種教學法是教師能定義一個概念，選擇概念所包含的屬性特徵，準備正反例和學生一起討論，促使學生能夠詳細定義概念辨別屬性差異？　(A)直接教學法　(B)合作學習教學法　(C)概念獲得教學法　(D)協同教學法。　　　　　　　　　　〔92雲林縣國中〕

3.(　　)下列對概念的敘述，哪一項是錯誤的？　(A)「貪官」是一種連言概念　(B)「時鐘」是具體概念而「宅男」是抽象概念　(C)「原則」就是指出兩個概念間的關係方向　(D)「生物」和「非生物」兩者是反對概念。

4.(　　)下列對概念的敘述，哪一項是錯誤的？　(A)「傑出校友」是一種連言概念　(B)「好球」是選言概念　(C)「黑」和「白」是反對概念　(D)「哺乳動物」和「動物」兩者是矛盾概念。

5.(　　)下列對概念意涵的敘述，哪一項是錯誤的？　(A)概念是一個名稱，

一個符號　(B)概念是指稱看不見的現象　(C)概念是代表具有共同屬性的一類事物的全體　(D)概念包括抽象概念和具體概念。

6.(　　) 「孔子是古代的賢人」這個敘述中，下列對有關概念的敘述，哪一項是錯誤的？　(A)賢人是「屬」概念，孔子是「種」概念　(B)孔子是單稱概念，人是類概念　(C)賢人是絕對概念　(D)古代是相對概念。

7.(　　) 「你想當老師就得先修讀教育學程」，依邏輯語法是屬於何種複合概念？　(A)連言概念　(B)選言概念　(C)條件概念　(D)雙條件概念。

8.(　　) 對於「時鐘」這個概念，下列哪一項是它的主要屬性？　(A)可掛在牆上　(B)可放在桌上　(C)要有秒針　(D)能顯示時刻。

9.(　　) 下列何者是概念獲得教學法的主要重點？　(A)培養學生精確學習事物的態度　(B)提供師生間、學生間的觀念互換　(C)啟發學生發現原則、解決問題的歷程　(D)要求學生能區分概念的屬性及正例和非正例。　　　　　　　　　　　　　　　　　　　　　〔96教檢／改〕

10.(　　) 下列何者是概念獲得教學法的重點？　(A)學生能區分正、反念和屬性　(B)師生間、學生間的觀念互換　(C)啟發學生探索事物、真理的歷程　(D)鼓勵學生去調查一個範圍的主題。　　　　　〔96教檢〕

11.(　　) 在概念獲得教學模式中，老師的教學過程為：提示概念名稱、列出關鍵屬性、呈現正例與非正例、整理概念屬性、評量與回饋。這是概念的何種教學模式？　(A)演繹說明式　(B)演繹發現式　(C)歸納說明式　(D)歸納發現式。

12.(　　) 在概念獲得教學模式中，老師的教學過程為：呈現正例和非正例、詢問分類、詢問關鍵屬性、詢問名稱（概念）。這是概念的何種教學模式？　(A)演繹說明式　(B)演繹發現式　(C)歸納說明式　(D)歸納發現式。

13.(　　) 概念獲得教學模式中，下列哪一項是歸納發現式教學的主要過程？　(A)呈現正例和非正例、詢問分類、詢問關鍵屬性、詢問名稱　(B)呈現正例和非正例、詢問關鍵屬性、詢問分類、詢問名稱　(C)界定概念、呈現正例與非正例、辨明屬性、整理概念屬性　(D)呈現正例與非正例、界定概念、辨明屬性、整理概念屬性。

14.(　　) 下列對概念獲得教學模式中之敘述，哪一項是正確的？　(A)選定目標（概念名稱）、列出關鍵屬性、舉出正例和非正例、回饋評量，是歸納發現式　(B)呈現正例和非正例、詢問分類、詢問關鍵屬性、詢問名稱、回饋評量，是演繹說明式　(C)選定目標（概念名稱）、舉出正例和非正例、列出關鍵屬性、回饋評量，是演繹說明式　(D)呈現正例和非正例、詢問分類、詢問關鍵屬性、詢問名稱、回饋評量，是歸納發現式。

15.(　　) 張大東是教育系三甲班代，也是熱舞社團員。有一次教育系召開班級幹部會議籌備重要活動，卻又碰到熱舞社排定的演出。請問張大東面對的是何種衝突？　(A)沒有衝突　(B)角色間衝突　(C)角色內衝突　(C)角色外衝突。

16.(　　) 在臺灣自然環境的單元中，丘老師將有惡地地形的縣市作爲正例，將沒有該地形的某些縣市作爲非正例，讓學生找出正例自然環境的共同特徵。丘老師所採行的是哪一種教學方法？　(A)交互教學法　(B)概念獲得法　(C)創造思考教學法　(D)問題解決教學法。

〔108-2中學教檢〕

【問答題】

1.概念教學有所謂「演繹說明式」的教學模式，請舉一實例說明此一模式的教學過程？

2.概念教學有所謂「歸納發現式」的教學模式，請舉一實例說明此一模式的教學過程？

3.陳述兩個概念之間的關係稱爲「原則」。請寫出教學或教育的五個原則。例如：學生用在課業學習時間越多，學業成績越高。（註：不要和教學上的「應然規範」混淆，例如：教學首先要引起學生學習動機。）

4.概念有不同的分類，如：連言概念、選言概念；抽象概念、具體概念；矛盾概念、反對概念；屬概念、種概念。請寫出各組不同分類概念的例子。

5.試述迷思概念（misconceptions）的意義（4分），並舉例說明教師在教學中如何協助學生澄清其迷思概念（6分）。　〔102教檢〕

問題解決教學

【選擇題】

1.(　　) 下列何者不屬於「思考啟發取向的教學方法」？　(A)問題解決教學法　(B)編序教學法　(C)探究教學法　(D)創造思考教學法。

2.(　　) 若欲達到「設法降低學校周遭噪音」的學習目標，下列何者較為適用？　(A)問題解決教學　(B)概念獲得教學　(C)角色扮演教學　(D)理性探究教學。　〔102教檢〕

3.(　　) 在教學歷程中，教師藉由引導學生透過分析、思考、歸納而自行獲得答案，此種教學方法是屬於何種教學？　(A)直接式教學　(B)講授式教學法　(C)發現式教學法　(D)個別化教學法。　〔92臺南市國中〕

4.(　　) 有關問題導向學習的敘述，下列何者最不適切？　(A)學習者必須負起學習的責任　(B)重視原理原則的講述與練習　(C)重視小組團隊合作以解決問題　(D)教學過程強調問題的引導與解決。　〔105教檢〕

5.(　　) 對於問題導向學習的敘述，下列何者錯誤？　(A)可作為課程統整的方法　(B)醫學院運用的教學方法之一　(C)主要步驟以教師的講述為主　(D)以問題陳述作為討論的題材。

6.(　　) 王老師以紫斑蝶為主題，讓學生到花田觀察並探究紫斑蝶的生態。請同學自行提出假設，並加以驗證，最後撰寫其發現。此屬於下列何種教學法？　(A)案例教學法　(B)概念獲得教學法　(C)專題導向教學法　(D)問題解決教學法。〔108-2國小教檢〕（本題將現象的探討視為專題導向學習，但若是探討「如何搶救紫斑蝶生態？」依題旨應為問題解決教學。）

7.(　　) 在問題解決教學中，選擇問題是很重要的，下列何者非教師主要的考慮？　(A)這個問題對課程而言適切嗎？　(B)所需的資料學生可以找到嗎？　(C)能在限定的時間內完成嗎？　(D)所得結果能夠展示嗎？

8.(　　) 為使學生活用知識於真實情境的問題解決，陳老師參考「問題本位學習」設計教學，他的想法哪項違背問題本位學習所建議的原則？　(A)安排學生進行小組協同學習　(B)邀請學生參與部分問題設定與實作任務內容設計　(C)提供解決問題所需資訊，對學生問題必仔細回答　(D)可以運用科技與他人、社區的人展開合作。

〔107新北市國小〕

9.(　) 隨著資訊與溝通科技快速發展，楊老師採用「問題導向學習」的課程設計方式來設計教案，利用與學生生活實際相關的問題為起點，引發學生一步一步的學習該學科所需要的知識和技能。請問這是屬於哪一種類型課程設計模式？　(A)學生中心取向　(B)學科中心取向　(C)領導中心取向　(D)發展中心取向。　　　　　　〔107中區聯盟國小〕

10.(　) 李老師以「問題導向學習」設計教學活動時，有關「問題導向學習」的敘述，下列何者不恰當？　(A)問題要採用結構性的設計　(B)主要是解決問題的實際經驗　(C)問題能衍生出多種解決方案　(D)問題對學生來說是有意義的。　　　　　　　　　　　　〔108臺南市國小〕

11.(　) 有關問題導向學習（Problem Based Learning）的敘述，下列何者錯誤？　(A)重視原理原則的示範與練習　(B)學習者必須負起學習的責任　(C)重視團隊合作以解決問題　(D)教學過程強調引導討論與解決。　　　　　　　　　　　　　　　　　　〔106中區聯盟國小〕

12.(　) 對於問題本位學習的敘述，下列何者錯誤？　(A)以待解決的問題作為學習的題材　(B)以問題為中心可使課程進行統整　(C)是醫學院經常運用的教學方法　(D)教學過程以教師陳述和解決問題為主。

13.(　) 無論是杜威提出解決問題的思考步驟，還是問題解決教學的過程，第一個步驟是？　(A)分析和界定問題　(B)發現事實（問題）或遭遇問題　(C)尋找可能解決方案　(D)驗證或確認解決方案。

14.(　) 針對「問題導向教學」被視為是結合知識以及培養技巧的學習方式。在教學過程中，老師的角色通常為何？　甲、課程設計者　乙、活動引導者　丙、方案解決者　丁、評鑑回饋者　戊、營造競爭情境者　(A)甲、乙、丙　(B)乙、丙、戊　(C)丙、丁、戊　(D)甲、乙、丁。　　　　　　　　　　　　　　　　　　　　　　〔110北市國小〕

15.(　) 確認問題、陳述研究目標、蒐集資料、解釋資料、形成暫時性的結論、應用與評鑑，此一流程屬於下列何種教學？　(A)合作教學　(B)價值教學　(C)探究教學　(D)直接教學。　　　　　　　　　〔103教檢〕

16.(　) 菁莪高中在討論素養導向的校訂課程時，期望能培養學生「系統思考與解決問題」的核心素養。下列哪一種課程設計較為適當？　(A)探究社區環境及善用資源，以規劃並執行社會行動方案　(B)推動跨領

域的閱讀教學活動，以解決閱讀能力低落問題　(C)鼓勵自然科學實驗社團的學生，參觀全國性科學博覽會　(D)為了解決資源浪費的問題，舉辦全校環保歌曲創作比賽。　〔108-2中學教檢〕

17.(　)陳教授擬運用J. Dewey《思維術》中的反省思維五階段，引導師培生自我精進教學素養。請問正確的執行順序為何？甲、疑難的情境（提示）；乙、確定疑難究竟在何處（問題）；丙：提出解決問題的種種假設（假設）；丁、推斷每個步驟所含的結果，探明何種假設能解決困難（推理）；戊、進行實驗、證實、駁斥或改正這個命題（驗證）　(A)提示—問題—推理—假設—驗證　(B)問題—提示—推理—假設—驗證　(C)問題—提示—假設—推理—驗證　(D)提示—問題—假設—推理—驗證。　〔107新北市國小〕

18.(　)林老師這學期以專題探究方式帶領學生探討「營養」的主題。他希望可以透過核心問題來激發學生持續進行思考、探究，並激盪出更多的問題與討論。下列何者較適合作為核心問題？　(A)我們應該吃些什麼才算營養？　(B)你吃的東西可以避免肥胖嗎？　(C)五大類食物群包含哪些營養素？　(D)聯合國的均衡飲食標準是什麼？　〔108-2國小教檢〕

19.(　)黃老師在教導環境生態變遷與物種發展的關係時，先引導學生觀察不同時期家鄉環境的照片，接著讓同學分組討論，歸納現在與過去的差異及其衍生的課題，並上臺分享。之後，再請各小組提出保護本土的生態計畫。黃老師的教學較符合下列何者？　(A)概念教學法　(B)直接教學法　(C)差異化教學　(D)問題導向教學。　〔108-2中學教檢〕

20.(　)張老師透過一篇〈塑膠垃圾汙染海洋〉的文章，將環境教育議題融入國語文教學，並依據國語文領域綱要核心素養「國-E-A2透過國語文學習，掌握文本要旨、發展學習及解決問題策略、初探邏輯思維，並透過體驗與實踐，處理日常生活問題」，設計教學活動。下列何者最能夠呼應此核心素養內涵？　(A)各組學生募寫報導文章並增加插圖　(B)學生分組將文章內容製作成簡報並上臺報告　(C)設計學習單，幫助學生熟悉與使用文章中的語詞和句型　(D)分組討論文章的重點，並嘗試提出改善海洋汙染的方法。　〔108-1國小教檢〕

21.(　　) 劉老師針對「零食的成分、生產與食用安全」讓全班進行討論，再由學生分組進行資料蒐集，最後提出確保食用安全的解決策略。此屬於下列哪一種教學方法？　(A)價值澄清　(B)交互教學　(C)批判思考教學　(D)問題導向學習。　　　　　　　　　〔104教檢〕

22.(　　) 「基隆廟口小吃地圖」的教學設計中，教師讓學生透過訪談、踏察、資料蒐集等行動進行學習，最後彙整學習結果，進行報告。此作法較屬於下列何者？　(A)精熟學習　(B)交互學習　(C)專題導向學習　(D)批判導向學習。　　　　　　　　　　　　〔104教檢〕

【題組型】

23.閱讀下文後，回答甲、乙二題。本文：針對新聞常報導「PM2.5」，錢老師想設計一份「我們的環境」課程，帶領學生透過發現環境汙染問題、選擇與界定問題、建立假設、蒐集及分析資料並提出解決策略等歷程，引導學生學習。　　　　　　　　　　　　　〔109國小教檢—題組文本〕

23-1甲.錢老師的教學設計較屬於下列何者？　(A)解釋教學　(B)探究教學　(C)創造思考教學　(D)文化回應教學。　　　　　〔109國小教檢—題組甲〕

23-2乙.下列何者不適合作為錢老師教學設計的「核心問題」？　(A)如何為PM2.5下定義？　(B)PM2.5如何對人體造成傷害？　(C)如何改善PM2.5的空氣汙染？　(D)空氣中的PM2.5是如何產生的？〔109國小教檢—題組乙〕

【問答題】

1.J. Dewey在《思維術》一書中提出解決問題有五個步驟。請說明這五個步驟的內涵及其在問題解決教學上的意義？

2.問題解決教學法可以培養學生何種素養？請以一項待解決的問題為例，說明問題解決教學進行的步驟。

3.王老師想要以「嚴重特殊傳染性肺炎（COVID-19）防疫」為主題，進行專題導向式學習（project-based learning）的教學。(1)請寫出專題導向式學習的教學特色（至少二點）。(2)以該主題及上述的教學法寫出教學步驟，並簡述其教學活動重點。　　　　　　　　　　　　　　　〔109中學教檢〕

批判思考教學

【選擇題】

1.(　) 下列對批判思考意涵的敘述，哪一項是錯誤的？　(A)要論斷某事件或措施合理或正確與否，應先提出論斷的評準　(B)真假的問題要用科學的方法來證實　(C)我們以宗教、黨派、利益等評準來審視事物，是無法避免的　(D)事實問題與價值問題是不同範疇的問題。

2.(　) 有關批判思考教學的敘述，下列何者最適切？　(A)教學成效可以立即看到　(B)教學方式以標準答案最主要　(C)教師應提供多元資源，引導學生自行思考　(D)教師具專家角色，學生是等待充填的容器。
〔105教檢〕

3.(　) 當我們在評斷一項事物是否「合理的、正確的、應該的、對的」，我們首先要確立的是什麼？　(A)瞭解這項事物是誰提出的　(B)釐清這項事物的主要目的　(C)提出讓大眾信服的評準—評斷標準　(D)建立演繹推論的方法。

4.(　) 下列何者係批判教育論最強調的教學方式？　(A)辯論式教學　(B)對話式教學　(C)發現式教學　(D)角色扮演。
〔桃縣93〕

5.(　) 下列對事物分析之敘述，哪一項是錯誤的？　(A)「真」或「假」的問題要用科學的方式來證實　(B)「正確」或「錯誤」的敘述要用邏輯的方法來推演　(C)「價值」的問題可由科學來驗證其好或壞　(D)「事實」的問題可由科學來驗證其真或假。

6.(　) 下列哪一項是批判思考的能力？　(A)能分析事物爭論點之所在　(B)對事物喜歡尋求理由和原因　(C)對事物會從整體考慮而不做片斷解釋　(D)對事物力求精確可靠而不含糊。

7.(　) 下列哪一項策略的重點不在於培養學生的批判思考的能力？　(A)能分辨事實描述與意見論述　(B)能辨認出隱藏的假設　(C)對訊息或問題，能尋求清楚地陳述　(D)能區分科學問題和價值選擇。

8.(　) 下列哪一項策略之重點不在於培養學生之批判思考「態度」？　(A)能有開闊的心胸，接納他人的意見　(B)能留意或避免二分法產生的錯誤和偏見　(C)能尋求理由和原因　(D)能發問並回答具有澄清性或挑戰性的問題。

9.( ) 下列哪一項是批判思考的態度？ (A)能把握問題的重點 (B)能判斷資訊來源可信度的能力 (C)能發問並回答具有澄清或挑戰性的問題 (D)願意接納證據和理由並改變立場。

10.( ) 下列對「服務貿易協議」所持的態度，哪一項是比較正確的？ (A)許多大學生和輿論都反對，我也反對它 (B)我要瞭解它對臺灣產業的傷害和可能受制於大陸的嚴重性 (C)我要瞭解它對臺灣產業之利弊和對臺灣整體之影響情形 (D)我對經貿議題不瞭解，只有相信政府經貿官員的專業判斷和考慮。

11.( ) 全球各地出現氣候異常現象，許多科學家視之為溫室效應的後果。為促進學生挑戰「人定勝天」的觀點，啟發其環境保護的意識與責任感，教師較適合採用下列何種教學觀？ (A)效能導向 (B)學科導向 (C)目標導向 (D)批判導向。 〔99教檢〕

12.( ) 張老師打算藉由小紅帽故事來培養學生的批判思考能力。下列哪一項教學活動最為適切？ (A)摘記小紅帽的故事內容 (B)忠實地演出小紅帽的故事內容 (C)針對小紅帽故事中的精彩字詞造句 (D)討論小紅帽故事中不符常理的地方。 〔100教檢〕

13.( ) 據臺灣參加2018年教與學國際調查（TALIS）報告，下列哪一項是我國各教育階段的教師在課堂較少使用的項目？ (A)對學生學習期待 (B)設定教學目標 (C)不斷練習 (D)批判性思考。

〔109新北市國小〕

【問答題】

1.在學生的批判思考能力之培養方面，你認為教師在教學上應當有哪些作為？

2.在學生的批判思考態度之培養方面，你認為在學校教育和教師教學上可以有哪些作為？

3.批判思考素養是指具備批判思考的「能力」和「態度」。請各舉出一個你認為最重要的批判思考能力和態度，並說明為什麼重要？

4.過去您在學校受教過程中，可能偏重記憶式的學習。但現在及未來的學校教育，應當強調批判思考能力的培養。試論述您如何提升自己本身的批判思考能力？

〔97特考三等〕

創造思考教學

【選擇題】

1.(　) 創造思考是一種能力，下列有關創造力的特徵，何者為確？ (A)獨創、流暢、結構、變通、精密 (B)精密、敏覺、獨創、流暢、變通 (C)獨創、流暢、有效、精密、敏覺 (D)獨創、流暢、變通、精密、系統。

2.(　) 下列作法何者最符合「創造思考教學」？ (A)形塑自由與民主式的教室氛圍 (B)在同質性高的小組中進行腦力激盪 (C)對學生回應提供價值性批判，以引導正確觀念 (D)提問時以封閉式問題為主，以提高學生的信心。 〔100臺東縣代理〕

3.(　) 呂大明在面對問題的情境中，能很快地提出很多他人意想不到的解決問題策略？就此敘述而言，請問呂大明具備何種創造力特質？ (A)獨創和變通 (B)流暢和縝密 (C)流暢和獨創 (D)變通和縝密。

4.(　) 教師問「磚塊有什麼用處？」嬋嬋在三分鐘內說出32種用途，數量為全班之冠。她在創造力的哪一層面表現較佳？ (A)變通性 (B)原創性 (C)精密性 (D)流暢性。 〔97教檢〕

5.(　) 當一個人思想已是「山窮水盡」時，忽然能「柳暗花明」的轉到另一類思考稱之為何？ (A)流暢力 (B)獨創力 (C)變通力 (D)精進力 (E)鎮定力。 〔93新竹市國小〕

6.(　) 有關創造力的敘述，下列何者是正確的？ (A)高智力者有高創造力 (B)創造力的發展受遺傳的影響大於環境 (C)創造力是智力結構中的聚斂思維 (D)社會規範與傳統標準會阻礙創造力的發展。 〔97教檢〕

7.(　) 在創造思考的心理歷程中，靈感之產生，頓悟之形成，屬於哪一階段？ (A)準備期 (B)醞釀期 (C)豁朗期 (D)驗證期。 〔94特考五等〕

8.(　) 經過幾天的思考，王老師靈機一動，想出了校慶活動的新點子，這屬於創造思考的哪一個階段？ (A)豁朗期 (B)醞釀期 (C)準備期 (D)驗證期。 〔95教檢〕

9.(　) 當小明「靈感一現」想出了百思不解的問題解答方法，這屬於創造

思考歷程的哪一階段？　(A)準備期　(B)醞釀期　(C)豁朗期　(D)驗證期。 〔93雲林縣國小〕〔101教檢〕

10.(　) 下列何者較屬於創造性問題？　(A)臺灣地區新生兒的人數統計結果如何？　(B)為什麼臺灣地區新生兒的人數逐年減少？　(C)如果政府提供生育補助，有助於提高生育率嗎？　(D)臺灣地區新生兒的人數逐年減少，有何解決辦法？ 〔106教檢〕

11.(　) 下列有關創造思考教學方法的敘述，哪一項比較不合適？　(A)鼓勵學生表達不同意見　(B)對學生的各種看法應立刻下正確的判斷並給予回饋與指導　(C)是一種鼓勵教師因時制宜變化教學的方法　(D)詢問開放性問題，讓學生發揮想像力。 〔100國北教實小〕

12.(　) 創造思考教學的程序包括五個重要的步驟：甲.評估各類構想、乙.選擇適當問題、丙.組成腦力激盪小組、丁.進行腦力激盪、戊.說明應該遵守規則。其正確的實施順序為下列何者？　(A)甲丙丁戊乙　(B)乙丙戊丁甲　(C)丙乙丁甲戊　(D)丁戊甲丙乙。 〔96教檢〕

13.(　) 下列何者是正確的腦力激盪法原則？　(A)學生必須深思熟慮後再提出答案　(B)對他人的意見提出批評　(C)鼓勵學生勇於發表自己的見解　(D)提出的想法越少越好。 〔95教檢〕

14.(　) 下列何者為腦力激盪法的重要原則？　(A)提出的觀念重質而不重量　(B)對於每個意見先不作批評　(C)討論時間的長短不需考量人數多寡　(D)不重視有關討論技巧的養成。 〔97特考五等〕

15.(　) 由於班級學生的生活常規每況愈下，教師擬運用「腦力激盪」引導學生找出解決方法，其運用之最關鍵原則為何？　(A)掌控時間　(B)規定大家參與　(C)運用菲力浦六六討論法　(D)對於各種解決方法先不做價值判斷。 〔101教檢〕

16.(　) 為使腦力激盪法進行成功，教師應指導學生遵循一些原則。下列何者為非？　(A)不怕標新立異的意見　(B)先求意見的量再求質　(C)不批評他人意見　(D)提出意見要縝密。

17.(　) 張老師採用腦力激盪法，引導學生討論校慶園遊會的設攤計畫。下列作法何者較不適切？　(A)為便於彙整意見，分組討論結束前應依據各種意見的可行性，予以篩檢　(B)討論前充分說明園遊會設攤的規範和班級討論的規則，並鼓勵學生廣泛的發表意見　(C)各組討論

時，每位學生均可自由表達意見，構想越多越好，且須記下所有的
意見，並適時統整　(D)進行綜合性評估和最後決定時，須公布所有
意見，並協助全班瞭解每個意見，以便依據票選結果設攤。

〔104教檢〕

18.(　) 創造思考教學法所採取的腦力激盪術，乃是利用集體思考，促使每
位學生都能積極參與並儘量發表意見，而教師在教學過程中，為鼓
勵學生發言，應對學生之發言採取什麼原則？　(A)延遲評價　(B)積
極批判　(C)冷眼旁觀　(D)相互挑剔。　〔96特考五等〕

19.(　) 葉老師採取腦力激盪法，引導學生思考「如何使雞蛋從五樓落到一
樓而不會摔破？」他要學生提出各種可能的策略，且這些策略的差
異性越大越好。葉老師的引導較能激發哪一種擴散思考的能力？
(A)精進力　(B)變通力　(C)想像力　(D)流暢力。　〔108-2中學教檢〕

20.(　) 在創造思考技術中，先列出一件事物或物品的特質或重要部分，然
後再逐一檢視這些特質或重要部分可以作何改變。這是屬於哪一類
的技術？　(A)檢核表法　(B)型態分析法　(C)屬性列舉法　(D)腦力
激盪法。

21.(　) 老師為培養學生有創新思考以解決一種問題，要求學生從整體來思
考，先分析問題（或事物）的要素，再針對這些要素的改變及其可
能的結合關係中來解決。這是屬於哪一種創造思考？　(A)檢核表法
(B)型態分析法　(C)屬性列舉法　(D)分合法。

22.(　) 在創新教學的思考中，呂老師分析「一般教學活動」的特性有八個
要素，再從這八個要素中思考可能的創新教學策略。這樣的創造思
考比較像哪一種策略？　(A)腦力激盪法　(B)屬性列舉法　(C)型態
分析法　(D)糾合術。

23.(　) 培養學生創造力的方法很多，若將兩種沒有相關事務結合在一起，
成為一新事務，此法為何？　(A)腦力激盪法　(B)檢核表法　(C)強
迫聯想法（分合法）　(D)屬性列舉法。　〔93臺中市國中〕

24.(　) 教師為培養學生創造思考能力，在上課時提問：「蜜蜂和人在砍木頭
有什麼相似？」這是運用何種創造思考策略？　(A)檢核表法　(B)分
合法　(C)屬性列舉法　(D)型態分析法。

25.(　) 在創造思考策略中有所謂「SCAMPER（奔馳）」——代合調改用消

排,這是屬於哪一類的技術? (A)檢核表技術 (B)型態綜合思考術 (C)屬性列舉法 (D)腦力激盪法。

26.( ) 依據創造思考教學的原則,楊老師在寫作教學時較不會進行下列哪一項教學活動? (A)仿寫優秀的童話作品 (B)進行故事接龍的遊戲 (C)改編有名的童話故事 (D)讓學生自行創作故事結局。

〔108-1國小教檢〕

27.( ) 我國學者陳龍安提出創造思考教學模式四個步驟,此四個步驟是? (A)想、問、評、做 (B)問、想、做、評 (C)想、問、做、評 (D)問、想、評、做。

【問答題】

1.根據心理學家G. Wallas的見解,創造思考的歷程從開始到完成,需要經過哪些階段?

2.F. E. Williams提出很多創造思考教學策略,請舉出其中三種策略,並以一單元(課)為例,說明如何運用這三種創造思考教學策略?

3.陳龍安提出「愛的」(ATDE)創造思考教學方法,請舉教學實例說明這種創造思考教學的歷程?

價值澄清教學

【選擇題】

1.( ) 下列何種說法,比較符合價值澄清法的特性? (A)較關切價值形成的結論,而非價值形成的過程 (B)教師宜鼓勵學生依據大多數人的想法選擇價值 (C)基本前提是沒有人可傳輸絕對正確的價值給其他人 (D)價值形成是自我內省的過程,無須公開自己的選擇。

〔108-2中學教檢〕

2.( ) 下列何者屬於價值判斷的問題? (A)世界各國應如何防止地球快速暖化? (B)我們是否需要核四廠? (C)孤兒院都收留哪些類型的兒童? (D)有些人不喜歡搭飛機是因為飛機可能失事嗎?

3.( ) 下列何者不是「價值澄清法」的基本理念? (A)個人的價值觀須經

過自主的選擇後，才能生根　(B)在不同的選擇中作出最後決定，才
有真正的價值　(C)價值觀的培養為個人自我內省的過程，不須公開
(D)若不將價值觀付諸行動，不能代表已習得此價值觀。

〔94年國小教檢〕

4.(　　) 下列何者屬於價值判斷的問題？　(A)安樂死應該合法化嗎？　(B)孤
兒院都收留哪些類型的兒童？　(C)為什麼夏天臺北盆地不但炎熱
又經常下雨？　(D)有些人不喜歡搭飛機是因為飛機可能失事嗎？

〔100教檢〕

5.(　　) 下列哪一種教學方法較能促進學生的道德判斷能力？　(A)編序教學
(B)微型教學　(C)精熟學習　(D)價值澄清。　　　〔101教檢〕

6.(　　) 價值澄清法中所談的「價值」，是屬於何種性質領域？　(A)科學領
域　(B)實然領域　(C)法律領域　(D)倫理規範領域。

7.(　　) 下列對價值澄清教學法的敘述，哪一項並不符合此理論之要旨？
(A)價值澄清有其理論基礎　(B)它強調自由的選擇　(C)個人價值選
擇是隱私的，不可以公開　(D)教學重視過程，不強調結果。

8.(　　) 下列何者不是「價值澄清法」的基本理念？　(A)個人的價值觀須經
過自主的選擇後，才能扎根　(B)在不同的選擇中作出最後決定，才
有真正的價值　(C)價值觀的培養為個人自我內省的過程，不須公開
(D)若不將價值觀付諸行動，不能代表已習得此價值觀。

〔110北市國小〕

9.(　　) 由L. E. Raths所提之價值澄清法，包括三階段七步驟。李老師引導
「學生在班上向同學表示自己的選擇」，這是第幾個步驟？　(A)第
一步驟　(B)第三步驟　(C)第五步驟　(D)第七步驟。

10.(　　) 在L. E. Raths和S. B. Simon所提價值形成過程中，學生從多種選項
中，深思熟慮後加以選擇。這是價值形成的哪一步驟？　(A)自由選
擇　(B)三思而選擇　(C)公開表示選擇　(D)實踐自己的選擇。

11.(　　) 依據L. E. Raths和S. B. Simon的說法，個人價值的形成，通常經過哪
三階段？　(A)概念分析→建立通則→價值判斷　(B)概念分析→證明
應用→價值判斷　(C)選擇→行動→珍視　(D)選擇→珍視→行動。

〔93澎湖縣國小〕

12.(　　) 張老師請同學討論：「如果知道其他同學受到霸凌，在自己也有可

能受到威脅的情況下，是否應該主動告知師長？」同學充分討論各
種情況，並仔細思考各種結果後，公開表達自己的想法與作法。此
屬於價值澄清法中的哪一個階段？　(A)選擇　(B)珍視　(C)行動
(D)檢討。

〔103教檢〕（註：本題答案為A，是因為僅決定是否應告知師長）

13.(　) 一位學生說謊，老師運用澄清式訪問：「這樣的說謊，能解決問題
嗎？」此一問題屬於價值形成七個過程的哪一項？　(A)從不同途徑
選擇　(B)三思而選擇　(C)重視所做的選擇　(D)公開自己的選擇。

14.(　) 一位學生說謊，老師運用澄清式訪問：「這樣的說謊，會有哪些後
果？」此一問題屬於價值形成七個過程的哪一項？　(A)從不同途徑
選擇　(B)三思而選擇　(C)重視所做的選擇　(D)公開自己的選擇。

15.(　) 下列對價值澄清技巧中生活餡餅運用之敘述，哪一項是錯誤的？
(A)首先要將價值資源（時間、金錢）的使用加以分類　(B)要算出各
類別項目使用價值資源的百分比　(C)要和別人比較各類別項目的百
分比差異　(D)要思考價值資源的理想運用百分比，並確實實踐。

16.(　) 在六年級的綜合領域課程中，老師提出問題：「你將來想往哪方面
發展？」、「你想從事哪一種職業？」、「這種職業適合你嗎？」
這是何種價值澄清的技術？　(A)價值單　(B)等級排列法　(C)思考
單　(D)省思單。

17.(　) 在價值澄清式訪問中，老師問學生「你是如何有這種想法的？」這
是在價值形成哪一過程的問題？　(A)自由選擇　(B)從不同途徑中選
擇　(C)經過三思後的選擇　(D)珍視自己的選擇。

18.(　) 在價值澄清教學過程中，老師要求學生列出學生階段可能追求的價
值目標，如學業、健康、人際、快樂等，然後請學生思考自己的優
先順序。這是何種價值澄清的技術？　(A)價值單　(B)等級排列法
(C)思考單　(D)省思單。

19.(　) 老師在價值澄清教學過程中，問小朋友「今年的壓歲錢5萬，父母說
可以自由支配，你會如何使用？」這是何種價值澄清技術？　(A)價
值單　(B)等級排列法　(C)思考單　(D)省思單。

20.(　) 在社會課中，陳老師想運用角色扮演法進行教學，下列作法何者較
不適切？　(A)事先編寫好劇本且進行排練，以增加上臺的成功經驗

(B)教師宜選用學生熟悉的故事，讓學生較融入故事情境　(C)演出後可簡短討論，且演出者可變化角色以體驗不同感受　(D)演出的時間不用太長，若有不妥的情節，老師應適時引導。　〔108-2國小教檢〕

21.(　) 張老師提供了一份包括「親情、友情、財富、地位、功成名就、事業創新等內涵」的清單，請同學從自己的觀點，將這些內涵依其重要性加以排序，並寫下排序的理由。接著在小組討論過後，重新調整自己的排序，並與大家分享其排序的理由。張老師所採取的教學方法未包含下列何者？　(A)提問思考法　(B)討論教學法　(C)欣賞教學法　(D)價值澄清法。　〔109臺南市國小〕

22.(　) 吳老師想在課堂上引導學生以不同觀點討論「搭乘大眾交通工具，該不該讓座？」讓學生表達自己的選擇，再依不同情境進行同儕問答，引發深入思考，最後反思自己的選擇並行動。此屬於何種教學法？　(A)討論發表　(B)角色扮演　(C)概念獲得　(D)價值澄清。　〔108-2國小教檢〕

23.(　) 在上課時林老師鼓勵同學說出自己所經驗過的或擁有的價值與情感，並且公開表露個人價值觀，讓學生知道自己是如何瞭解、思考、評價和感覺。請問這是屬於價值澄清教學法中的哪一個時期？　(A)瞭解期　(B)關聯期　(C)評價期　(D)反省期。　〔96中等教檢、95年桃園縣國小〕

24.(　) 價值澄清法採用活動或問題方式，讓學生從學習過程瞭解自己與他人的信念，培養自我價值觀。在教學過程常以三步驟進行，這三步驟也是價值形成過程。若以選擇階段代表1、珍視階段代表2、行動階段代表3。下列哪一項是正確教學步驟呢？　(A)123　(B)132　(C)213　(D)312。　〔109新北市國小〕

【問答題】

1.E. Raths和S. B. Simon指出價值觀念的形成，有哪幾個階段和過程？試舉一實例來說明。

2.價值澄清技巧的「生活餡餅」書寫活動是如何進行？這樣的書寫活動能引導學生釐清何種價值？

3.價值澄清技巧的「等級排列法」書寫活動是如何進行？這樣的書寫活動能引導學生釐清何種價值？

4.價值澄清教學法的過程為何？請舉一實例說明其教學步驟？

道德教學

【選擇題】

1.(　　) 有關道德哲學的派別及其教育論述，下列敘述何者正確？　(A)主外派認為依內在動機，全由個體自己決定，才是道德責任之所在　(B)主內派主張服從道德規律與履行義務即是善，除此之外，無所謂善　(C)主外派認為道德的權威，自內而天生，如理性的命令　(D)主內派主張判斷行為的最後規準，乃是依行為所產生的快樂或痛苦而定。

　　　　　　　　　　　　　　　　〔100臺南市國小〕（註：本題只要邏輯分析即知答案）

2.(　　) 下列何者是屬於德育的教學活動？　(A)教導學生有效的分數四則混和計算　(B)教導學生吹奏好聽的直笛　(C)教導學生美聲朗讀一篇詩詞　(D)教導學生愛護美好的校園。

3.(　　) 德育與群育在教育目標分類中是屬於哪一領域？　(A)認知領域　(B)情意領域　(C)技能領域　(D)感覺動作領域。

4.(　　) 學校實施道德教育，不設專門科目，而由教師隨機施教的教學方式，這是何種方式的教學？　(A)啟發教學　(B)討論教學　(C)直接教學　(D)間接教學。

5.(　　) L. Kohlberg認為人類道德認知的發展，基本上應遵循著下列哪種原則？　(A)自律與他律並行原則　(B)他律而後自律原則　(C)自律而後他律原則　(D)規避與服從法律原則。　〔100臺中市神岡區國小〕

6.(　　) 哪一位學者的認知發展理論，可將道德發展階段區分為無律、他律、自律三階段？　(A) J. Piaget　(B) A. Bandura　(C) L. Kohlberg　(D) E. R. Erikson。

7.(　　) 設計道德兩難問題情境，提出道德發展三期六段理論的學者是：　(A) J. Piaget　(B) A. Bandura　(C) L. Kohlberg　(D) E. R. Erikson。

　　　　　　　　　　　　　　　　　　　　　　　　　　　　〔98初考〕

8.(　) L. Kohlberg的道德討論教學法，具備了下列哪一項特色？　(A)兩難式情境　(B)角色扮演　(C)藝術的鑑賞　(D)楷模示範學習。

9.(　) 美國道德心理學者L. Kohlberg的道德認知發展理論中，下列哪一個階段屬於道德「成規期」？　(A)避罰和服從導向　(B)人際關係和諧導向　(C)相對工具性導向　(D)社會契約導向。

〔108臺南市國小〕

10.(　) 大明對道路的使用，經常以是否會有交通警察取締告發，作爲行走的依據。請問大明的道德發展較接近哪一個發展階段？　(A)相對功利取向　(B)尋求認可取向　(C)避罰服從取向　(D)社會法制取向。

11.(　) 根據L. Kohlberg的理論，兒童因怕懲罰疼痛而遵守規範，這是屬於哪一個道德發展階段？　(A)道德成規前期　(B)道德成規期　(C)道德成規後期　(D)道德普遍自律期。

12.(　) 小華搭捷運時遇到一位老婆婆，他趕緊讓座，因爲他怕同車廂的乘客會罵他沒有愛心。小華的道德認知較符合L. Kohlberg道德發展理論的哪一個階段？　(A)尋求認可　(B)相對功利　(C)避罰服從　(D)社會法制。

〔100國小教檢〕

13.(　) 王老師根據L. Kohlberg的道德發展階段論，常用增強物表揚他班上三年級各方面表現好的學生。他的學生屬於柯爾伯格道德發展的哪一階段？　(A)避罰服從取向　(B)相對功力取向　(C)尋求認可取向　(D)遵守法規取向。

〔100臺東附小〕

14.(　) 明美小學剛畢業，對於是非善惡的價值判斷，相當聽從父母與師長的意見，而且會以父母師長的意見作爲個人行爲對錯的依據。試問就L. Kohlberg的道德發展階段而言，明美較接近哪一個發展階段？　(A)相對功利取向　(B)尋求認可取向　(C)避罰服從取向　(D)社會法制取向。

〔100新竹縣國小〕

15.(　) 根據L. Kohlberg的理論，兒童尋求別人認可，表現出別人讚賞的行爲，這是屬於哪一個道德發展階段？　(A)道德成規前期　(B)道德成規期　(C)道德成規後期　(D)道德普遍自律期。

16.(　) 依據L. Kohlberg的道德發展理論，多數國中生的道德發展處於哪一個階段？　(A)相對功利階段　(B)法律秩序階段　(C)懲罰與服從階段　(D)社會契約階段。

〔99初考〕

17.( ) 認定社會規範所訂定的事項是不能改變的，係屬於道德發展哪一階段的心理特徵？ (A)社會法制取向 (B)遵守法規取向 (C)尋求認可取向 (D)相對功利取向。 〔98初考〕

18.( ) 孔子在七十歲時體悟到「從心所欲，不逾矩」，這應是L. Kohlberg道德發展的哪一階段？ (A)法律與秩序導向 (B)人際和諧導向 (C)普效性道德原則導向 (D)民約法理導向。

19.( ) 道德兩難困境討論的教學中，兩難困境故事題材的選擇，下列哪項不是重要的規準？ (A)故事內容簡單只要有一至三個角色 (B)故事應當具有趣味性能吸引小朋友 (C)故事必須有兩個以上的論題，如親情、友情等 (D)故事應有兩個以上相衝突的解決方案。

20.( ) 下列哪一種道德教學方式會比較有效果？ (A)運用道德規範講述 (B)直接宣導道德規範 (C)對道德議題加以辯論 (D)運用道德兩難困境討論。

21.( ) 李老師長時間在其班級進行品德教育教學，她以幫助學生順利達到道德自律為目標。下列何者是學生自律的表現？ (A)意識到社會和學校的道德規範 (B)以相同行動反擊制裁犯過的同學 (C)思考並討論道德規範的理由 (D)相信隱含性的正義而努力行善。 〔100桃園縣國小〕

22.( ) 下列哪些作法是強調道德觀念的建立，而可稱為間接取向的道德教學？ (A)以兩難問題進行討論 (B)以講解德目內涵進行教學 (C)以價值澄清活動進行教學 (D)以學生到校率考核其勤惰（複選）。 〔93臺北縣國中〕

23.( ) 道德教學強調道德觀念的建立，而採取間接取向的教學。下列何者不是間接取向的教學？ (A)以兩難問題進行小組和全班討論 (B)以講述道德故事並提出故事中的道德問題問學生 (C)以分組方式引導學生進行價值澄清活動 (D)以等級排列法讓學生分析對事物重視情形。

【問答題】

1.道德討論教學的題材，應具有兩難性質的故事。這種兩難困境故事的選取，應考慮哪些原則？取材的來源可從哪些方面來尋找？

2.道德討論教學法的過程如何進行？請說明其教學步驟及重點？

欣賞教學

【選擇題】

1.(　　) 下列哪一項是欣賞教學之情意方面目的？　(A)拓展休閒興趣　(B)培養繪畫或演奏技巧　(C)認識藝術作品的形式和結構　(D)瞭解媒材（或樂器）之表現特徵。

2.(　　) 下列哪一種教學法以涵養情操為主要目的？　(A)單元教學法　(B)設計教學法　(C)練習教學法　(D)欣賞教學法。　　〔93臺南市國中〕

3.(　　) 如果教學的目的在培養學生的態度、理想和興趣，應當採取何種教學法？　(A)發表教學法　(B)練習教學法　(C)欣賞教學法　(D)思考教學法。

4.(　　) 音樂課程和教材內容，比較側重情感的陶冶時，音樂教師最宜使用何種教學法？　(A)練習教學法　(B)演講法　(C)欣賞教學法　(D)思考教學法。　　〔94普考〕

5.(　　) 藝術的欣賞是屬於何種的欣賞？　(A)真理　(B)善　(C)美　(D)智。　　〔92彰縣〕

6.(　　) 下列哪一項不是欣賞教學「認知方面」之目的？　(A)瞭解媒材的種類和運用　(B)提高藝術的欣賞品味　(C)瞭解藝術的歷史背景　(D)認識藝術的形式結構。

7.(　　) 在欣賞教學中，教師安排「梁祝小提琴協奏曲」之欣賞，這是屬於何種內容的欣賞？　(A)藝術之欣賞　(B)道德之欣賞　(C)理智之欣賞　(D)文學之欣賞。

8.(　　) 在社會或歷史的教學中，教師引導同學對「孔子行誼」的瞭解並欣賞之，這是屬於何種內容的欣賞？　(A)藝術之欣賞　(B)道德之欣賞　(C)理智之欣賞　(D)文學之欣賞。

9.(　　) 欣賞教學的種類，從內涵上可分為三種。下列何者不是這三種內涵之欣賞？　(A)藝術領域　(B)道德情操　(C)真理理論　(D)學習成果。

10.( ) 教師在藝術教學目標中，重點在讓學生熟練樂器演奏、繪圖技法或舞步動作。這是屬於藝術教育方面之何種目標？ (A)認知 (B)情意 (C)技能 (D)合作。

11.( ) 下列哪一項不是表演藝術的欣賞？ (A)樂器演奏 (B)書法展覽 (C)舞蹈演出 (D)歌仔戲演出。

12.( ) 下列哪一項的表演，不是二度創作的表演？ (A)音樂演奏（唱）家 (B)戲劇中的演員 (C)舞蹈中的舞蹈家 (D)音樂戲劇的作曲家。

13.( ) 對非音樂學系之大學生，教師安排「梁祝小提琴協奏曲」欣賞，應當採取何種方式的欣賞？ (A)簡介性欣賞 (B)結構性欣賞 (C)比較性欣賞 (D)版本性欣賞。

14.( ) 教師在進行欣賞教學過程中，指出創作者用某種媒材和技巧來表現其理念或情感，以引起欣賞者之理解、感動及崇敬之心。這是欣賞教學流程的哪個階段？ (A)引起動機 (B)提出欣賞對象 (C)誘發強烈情感 (D)感想與評鑑。

15.( ) 下列哪一個教學方式最能達到情意領域的目標？ (A)請學生仿作藝術家不同時期的作品，進行分析比較 (B)播放藝術家的紀錄片，請學生分享其對藝術家的瞭解 (C)引導學生藉由藝術家不同時期作品敘說自己的生命故事 (D)邀請藝術家到校分享創作理念並與學生共同創作校園藝術品。 〔108-1國小教檢〕

16.( ) 近年來，STEAM課程的發展在科學教育領域受到重視，其中的「A」是指什麼？ (A)技巧（Artifice） (B)算數（Arithmetic） (C)藝術（Art） (D)天文學（Astronomy）。

【問答題】

1.從欣賞的內涵言，欣賞教學的種類及內涵為何？請舉一欣賞對象加以說明。

2.中小學應重視藝術的欣賞教育。對非音樂和美術專長（班）的學生言，應當如何設計欣賞與安排教學？

3.欣賞教學法的教學過程，可分為哪些步驟？請提出一種欣賞對象，逐一說明每一步驟。

合作學習教學

【選擇題】

1.(　　) 合作學習和傳統的小組學習最大的區別在：　(A)前者強調團隊績
效，後者強調個別績效　(B)前者採同質性分組，後者採異質性分組
(C)前者採分擔式領導，後者採指派式領導　(D)前者自行負責，後者
分擔負責。　　　　　　　　　　　　　　　　　　　〔92原住民特考五等〕

2.(　　) 爲促進不同文化族群學生的互動，教師最宜採取下列何種教學方
式？　(A)合作學習法　(B)編序教學法　(C)直接教學法　(D)個別化
教學法。　　　　　　　　　　　　　　　　　　　　　　　　〔102教檢〕

3.(　　) 上課時將學生依其性別、能力等因素，分配到一異質小組中，教師
鼓勵成員彼此協助、相互支持，以提高學習成效，達成團體目標，
此種教學法稱之爲：　(A)合作學習教學法　(B)討論教學法　(C)協
同教學法　(D)發表教學法。　　　　　　　　　〔93臺中縣〕〔95中區〕

4.(　　) 下列對合作學習教學分組過程之敍述，哪一項是錯誤的？　(A)將學
生依成績高低排序　(B)以S型分配到各組　(C)調整身高和體重極端
者使各組均衡　(D)將人際關係對立者與鄰組程度相近者對調。

5.(　　) 有關合作學習的敍述，下列何者正確？　(A)合作學習就是透過學
生分組學習，以激發學生學習動機和效果的教學法　(B)合作學習教
學法已發展出許多方法，包括STAD、TGT、Jigsaw Ⅱ、TAI、LT及
PBL等　(C)教師依據學生的合作技巧，採取同質性分組，分派學生
至各小組　(D)教師依據學生小考的結果，係採取個人表揚方式。
　　　　　　　　　　　　　　　　　　　　　　　　　　　　〔東縣93〕

6.(　　) 下列何者不是合作學習的要素？　(A)合作情境　(B)正向相互依賴
(C)個人競爭　(D)組間競爭組內合作。

7.(　　) 下列對合作學習教學法過程中進步分數計算原則之敍述，哪一項是
錯誤的？　(A)進步分數沒有負分　(B)進步分數計算對成績優異者不
利　(C)進步分數是後測減前測分數經過轉換後的分數　(D)學習落後
者只要努力也可爲小組貢獻進步分數。

8.(　　) 下列何者較不屬於合作學習策略的應用？　(A)教師努力使小組的每一
個成員都有貢獻　(B)教師將學習活動成敗連結到團體的榮辱　(C)教

師安排能力相近的成員組成同一小組　(D)教師對已經將問題解決的小組給予認可。　〔104教檢〕

9.(　) 下列敘述何者是合作學習教學法所支持的措施？　(A)採同質化的小組分組，鼓勵組內合作　(B)採異質化的小組分組，鼓勵組內競爭　(C)採同質化的小組分組，鼓勵組內競爭　(D)採異質化的小組分組，鼓勵組內合作。　〔92桃園、南投、高雄縣國小〕

10.(　) 進行合作學習教學法時，下列哪一項不是其教學法的特性？　(A)異質性的小組　(B)分擔式的領導　(C)教學生社會技巧　(D)不講求個別績效。　〔93中師實小〕

11.(　) 下列哪一項不是合作學習教學法的類型？　(A)STAD　(B)Jigsaw II　(C)TGT　(D)CAI。

12.(　) 下列對合作學習教學法的敘述，哪一項是錯誤的？　(A)合作學習都採異質分組　(B)小組成就區分法是從個人進步分數來看小組的成績　(C)小組競賽法中能力系統的調整，是按競賽桌比賽的名次，重新分組　(D)在拼圖法第二代中，專家主題精熟後，必須回到小組做報告。

13.(　) 學生小組成就區分法、小組遊戲競賽法及拼圖法是屬於下列哪一種教學方法？　(A)合作學習　(B)討論教學　(C)分組學習　(D)團體教學　(E)建構式學習。　〔竹市93〕

14.(　) 全班教學、分組學習、小考與學習評量、學習表揚，這是何種合作學習法？　(A)學生小組成就區分法　(B)小組遊戲競賽法　(C)拼圖法　(D)一起學習法。　〔97特考五等〕

15.(　) 有關學生小組成就區分法（STAD）合作學習的敘述，下列何者較適切？　(A)由學生自主選擇分組成員　(B)競賽分數以各組成員總分計算　(C)教師可以先講述教材內容再進行分組討論　(D)測驗時能力高的同學需要協助能力低的同學。　〔109國小教檢〕

16.(　) 彭老師在教學上實施「學生小組成就區分法」，可以預期他在實施過程中不會進行的是：　(A)小組表揚　(B)異質分組　(C)計算進步分數　(D)專家小組討論。　〔108高雄市國小〕

17.(　) 老師本學期想嘗試運用合作學習法進行閱讀教學。下列步驟順序何者最適切？甲、針對閱讀文章進行全班的測驗　乙、依上學期語文

成績，將學生做異質分組　丙、引導學生閱讀文章，並進行閱讀策略教學　丁、學生分組討論，摘要寫出文章的主旨與大意　(A)甲丙丁乙　(B)乙丙丁甲　(C)丙丁乙甲　(D)丁丙甲乙。〔105教檢〕

18.(　) 蘇老師採取「全班授課、分組學習、實施小考、計算個別進步分數、小組表揚」的方式教學。蘇老師是應用下列何種合作學習教學法？　(A)拼圖法第二代　(B)團體探究法　(C)學生小組成就區分法　(D)小組遊戲競賽法。〔99初考〕

19.(　) 下列何者並非合作學習「拼圖法」之特徵？　(A)將學習單元分成多個不同主題　(B)同一個小組中每一個成員都是專家　(C)每一個單元完成後，均舉行小組成就測驗競賽　(D)重視異質分組。
〔92雲林縣國中〕〔93臺北縣國小〕

20.(　) 王老師教「認識社區」單元時，把學生五人編成一組，將教材內容分成休閒、文化、商業、機構、人口五個主題。各組分配到相同主題的同學組成專家小組，一起進行資料的蒐集與研讀。之後，學生再回到原來的小組，輪流報告自己所負責的主題，以協助組內同學瞭解所居住的社區。此屬於下列哪一種合作學習策略？　(A)拼圖法第二代　(B)小組協力教學法　(C)學生小組成就區分法　(D)合作統整閱讀寫作法。〔103教檢〕

21.(　) 合作學習教學法的拼圖法第二代，其教學流程為何？　a.全班授課　b.小組學習　c.專家小組研討　d.小組遊戲競賽　e.小考　f.團體表揚　(A)abef　(B)acbef　(C)abdef　(D)acef。〔96特考／修改〕

22.(　) 張老師上課採取「全班授課、專家小組研討、小組報告、實施小考、計算個別進步分數、小組表揚」的方式教學。張老師是應用下列何種合作學習教學法？　(A)拼圖法第二代　(B)團體探究法　(C)學生小組成就區分法　(D)小組遊戲競賽法。

23.(　) 合作學習主要係讓同學透過分組，小組成員於互動過程中達成共同目標，以下對於合作學習的優點分析，何者正確？　甲、使用合作學習較為節省上課時間　乙、學習者自由發表想法，於彼此交換意見時，有助重構自己的觀點　丙、採用分組方式的合作學習，學習情境較可促進高階的思考　丁、使用合作學習方法在促進學業成績有正向效果　戊、在同質性的分組中，能力低者可以透過能力高者

的協助解決問題 (A)甲、乙、丙 (B)乙、丙、丁 (C)丙、丁、戊 (D)丁、戊、甲。 〔110北市國小〕

24.(　　)下列哪一種合作學習教學法，是為適應學生的個別差異而設計，是一種合作的個別化教學方法？ (A)小組成就區分法 (B)共同學習法 (C)拼圖法 (D)小組協助教學。

25.(　　)合作學習教學法有不同的類型，「LT」是哪一種教學類型的英文縮寫？ (A)小組成就區分法 (B)小組遊戲競賽法 (C)小組協助個別化教學 (D)共同學習法。

26.(　　)合作學習教學法有不同的類型，「TAI」是哪一種教學類型的英文縮寫？ (A)小組成就區分法 (B)小組遊戲競賽法 (C)拼圖法 (D)小組協助個別化教學。

27.(　　)在合作式問題解決中，需要同時有社會技巧、認知技巧。以下何者為社會技巧？ (A)觀點替取 (B)工作調節 (C)知識建立 (D)情境模擬。 〔108臺南市國小〕

【問答題】

1.合作學習教學法應該有哪些要素？請列出這些要素並加以說明。

2.合作學習教學法有很多種不同型態，有何共同的特點？試舉一種合作學習法說明其教學過程。

3.簡述合作學習教學法中的「學生小組成就區分法」的教學過程？

4.合作學習教學中「遊戲競賽法」之操作，請說明其學科遊戲競賽的進行和能力系統的調整作法？

5.試以一個單元（課）為例，說明合作學習教學法中的「拼圖法第二代」的教學過程？

協同教學

【選擇題】

1.(　　)由兩個以上的教師和若干助理人員，共同組成一個教學團共同計畫教學的方式，稱之為何？ (A)道德教學 (B)設計教學 (C)編序教

學 (D)協同教學。 〔92彰化縣國小代理〕

2.( ) 由教師、實習教師、視聽教育人員等組成教學小組，共同研擬設計教學計畫，分工合作完成教學，此為： (A)合作學習法 (B)設計教學法 (C)協同教學法 (D)團體教學法 (E)建構式教學法。

〔竹市93〕

3.( ) 合作學習教學法與協同教學法的「主體」分別是： (A)學校、老師 (B)老師、老師 (C)老師、學生 (D)學生、老師。

4.( ) 某校一年級英語教師有三位，就其專長分配教學工作，李老師負責發音及拼字部分，林老師負責句子結構與語法，而張老師則負責英語歌曲及聽力練習部分。請問是何種教學法？ (A)個別教學法 (B)團體討論法 (C)探究教學法 (D)協同教學法。 〔93雲林縣國中〕

5.( ) 一種異於一般傳統的班級教學，而是由二個或二個以上之教師，和若干助理人員，共同組成一個教學團，發揮個人的才能，共同計畫，在一個或數個學科中，應用各種教學媒體和不同的方式，去指導學生學習。請問這是下列何種教學法？ (A)欣賞教學 (B)協同教學 (C)發表教學 (D)啟發教學。 〔94普考〕

6.( ) 下列何種教學法是一種編製模式，是由兩位或多位老師，另外可有或可無教學助理，共同合作計畫在一適當的教學場所，以及特定的時間裡，運用教學團隊裡各個老師的專才能力，對一個或多個班級進行教學和評量？ (A)直接教學法 (B)合作學習教學法 (C)協同教學法 (D)概念獲得教學法。 〔92雲林縣國中〕

7.( ) 協同教學主要採行下列哪些教學形式？ A.座位活動 B.編序教學 C.大班教學 D.小組討論 E.獨立學習 F.概念教學 (A)ABC (B)CDE (C)AEF (D)BDE。 〔雲縣93〕

8.( ) 適應教師的個別差異，組成教學團的教學方法為下列何者？ (A)協同 (B)啟發 (C)編序 (D)問題 教學法。 〔92屏東縣國中〕

9.( ) 下列哪一項不是實施協同教學所要達到的主要功能？ (A)發揮教師的專長 (B)為學生提供最佳的學習 (C)促進學生科技運用的能力 (D)可發展跨領域之統整性主題。

10.( ) 下列何者不屬於協同教學的特色？ (A)分工合作的專業對話 (B)彈性多元的教學模式 (C)單純有效的班級管理 (D)學生學習的個別適

應。　　　　　　　　　　　　　　　　　　　　　〔110北市國小〕

11.(　　) 下列哪些學校的作法符合協同教學法的精神？　甲校、藝術與人文
領域由音樂老師和美術老師共同設計統整的單元並實施教學　乙
校、健康與體育領域，宜由班級導師教授健康，體育教師教授體育
丙校、綜合活動領域打破班級界限，由班群三位導師共同設計課程
並實施教學　丁校、英語課由中外籍教師輪流授課　(A)甲丙　(B)乙
丙　(C)甲丙丁　(D)乙丙丁。　　　　　　　　　　　〔99教檢〕

12.(　　) 下列對協同教學法的敘述，何者較不正確？　(A)必須採用教階式的
教學團組織　(B)有兩個以上的班級同時進行　(C)可針對一科或更多
領域的教學　(D)有大班教學、小組討論等不同教學方式。

13.(　　) 社會領域的教師組成教學群，共同設計教學計畫，依專長分工合
作，並對班群的學生實施大班教學、小組討論或個別指導等方式的
教學，並採用拼圖法第二式進行。請問老師主要採用下列哪些教學
法？　甲、協同教學法　乙、學思達教學法　丙、練習教學法
丁、分組合作法　(A)甲乙　(B)丙丁　(C)甲丙　(D)甲丁。

〔108臺南市國小〕

14.(　　) 萬聖節即將到來，學校教師共同設計課程進行協同教學，由英語課
教導萬聖節的由來、家政課教導製作南瓜派、美術課教導製作萬聖
節賀卡，以上是屬於何種協同教學模式？　(A)循環協同教學　(B)主
題式協同教學　(C)跨校協同教學　(D)單一學科協同教學。

〔106中區聯盟國小〕

15.(　　) 協同教學主要採行下列哪些教學形式？　A.座位活動　B.編序教學
C.大班教學　D.小組討論　E.獨立學習　F.概念教學　(A)ABC
(B)CDE　(C)AEF　(D)BDE。　　　　　　　　　〔93雲林縣國小〕

16.(　　) 請問下列何者不是「協同教學法」主要的教學實施方式？　(A)大班
教學　(B)小組討論　(C)獨立學習　(D)角色扮演。

〔93臺北縣國中代理〕

【問答題】

1.什麼是協同教學法？協同教學法之所以稱之為「協同教學」，是具備哪些要
素？

2.依你對協同教學的瞭解，協同教學的類型或方式有哪些？

3.十二年課程綱要特別指出教師要進行「協同教學」。請說明協同教學在課程與教學上，可以發揮哪些功能？

個別差異與教學

【選擇題】

1.(　　) 下列哪幾種教學方法較具個別化教學的精神意涵？　甲、案例教學法　乙、編序教學法　丙、精熟學習法　丁、自學輔導法　(A)甲乙丙　(B)甲乙丁　(C)甲丙丁　(D)乙丙丁。　〔100新竹〕

2.(　　) 教師在教學計畫及教學過程中，要考慮到學生的個別差異。下列哪一項個別差異不是教師主要考慮的？　(A)身高與體重　(B)成就動機　(C)性向與興趣　(D)意志力。

3.(　　) 下列何者較不符合差異化教學的原則？　(A)進行分組教學時，由能力較高者指導能力較低者　(B)對於能力較高及能力較低的學生，另訂評量的標準　(C)提供多樣性的教材內容，以適合不同程度的學生使用　(D)允許能力較高者加速學習，並對能力較低者，進行補救教學。　〔108-2國小教檢〕

4.(　　) 差異化教學是教師回應學生的需求所實施的教學法，有關差異化教學的敘述何者正確？　(A)以課本和課程指引作為教學的主要依據　(B)評量的目的在瞭解有多少學生精熟教材的知識內容　(C)以學生的準備度、興趣、學習情況作為教學的依據　(D)由教師主導學生的學習行為、傳授全部的知識。　〔108新北市國小〕

5.(　　) 下列有關影響學生學習的個別差異因素中，有些是內在因素，有些是外在因素；在這些因素中，有些比較恆定不易改變，有些是比較容易改變。下列哪一項是比較容易改變的因素？　(A)學習策略　(B)智力　(C)性向與興趣　(D)成就動機和焦慮。

6.(　　) 下列有關影響學生學習表現的個別差異因素中，哪一項是內在的且教師比較容易著力的要素？　(A)成就動機　(B)班級文化　(C)興趣　(D)先備知識。

7.( ) 影響學生學習的個別差異因素中,有些是比較恆定的內在因素,有些是比較容易改變的外在因素。下列哪一項是內在且容易改變的因素? (A)學習策略 (B)智力 (C)性向與興趣 (D)成就動機和焦慮。

8.( ) 影響學生學習的個別差異有內、外在因素;這些因素中有的比較不易改變,有的比較容易改變。下列哪一項是外在且容易改變的因素? (A)學生讀書環境 (B)教師教學品質 (C)家庭社經背景 (D)學生學習策略。

9.( ) 下列哪一項不是個別化的教學方法? (A)精熟教學法 (B)小組協力教學 (C)凱勒計畫 (D)練習教學法。

10.( ) 吳老師擔任五年甲班的補救教學工作,該班雖然只有10位學生,但是每位學生的程度參差不齊,學習意願不高,且缺乏現成教材。面對此一教學現況,吳老師應優先考慮下列何者? (A)強調學科知識的吸收 (B)呼應學生的個別差異 (C)重視科技媒材的應用 (D)強調社會問題的反思。 〔104教檢〕

11.( ) 「人一能之,己十能之」可以對應何種教學方式? (A)編序教學 (B)問思教學 (C)案例教學 (D)精熟教學。 〔嘉縣93〕

12.( ) 運用個別化教學,主張任何教師幾乎能夠協助所有學生成功的學習。這是何種教學方法的基本精神? (A)啟發式教學法 (B)協同教學法 (C)精熟學習法 (D)講述教學法。

〔93桃園、南投、高雄縣國中〕

13.( ) 「精熟教學法」的本質是哪一類型的教學? (A)合作學習教學 (B)個別化教學 (C)創造思考教學 (D)開放教育教學。

14.( ) 哪一教學理論假定學生擁有足夠的學習時間,並訂有清楚明確的目標,則所有的學生都能熟稔在校學的大部分課程? (A)精熟學習論 (B)學習階層論 (C)發現學習論 (D)前導組織。

〔93臺北縣國小代理〕

15.( ) 精熟教學法能稱為個別化教學,主要是符合幾個要素。下列哪一個不是其要素? (A)有充實活動 (B)有評量活動 (C)學習時間有彈性 (D)有校正活動。

16.( ) 「精熟學習法」主要調整下列哪一個因素,來達成學生個別化學習

的需求？　(A)學習時間的彈性　(B)學生合作學習　(C)教師協同教學　(D)教學方法的多元化。　　　　　　　　　　　〔93雲林縣國中〕

17.(　) 精熟學習與傳統講述教學最大的差別在於下列何者？　(A)講述技巧　(B)運用強化作用　(C)實施校正活動　(D)編製總結性測驗。

〔108臺南市國小〕

18.(　) 精熟學習，所謂：學習程度等於學生實際花在學習上的時間，除以何者的函數？　(A)教師教學所用的時間　(B)真正學好所需時間　(C)學生課外所花的時間　(D)學生課堂上學習的時間。

〔106中區聯盟國小〕

19.(　) B. S. Bloom之「精熟學習法」主要透過哪一項因素的安排，來儘量滿足學生個別化學習的需求？　(A)教學方法的多元化　(B)學習時間的彈性化　(C)教師間的合作　(D)學生間的合作。　〔93中師實小〕

20.(　) 「精熟教學法」中對精熟標準之界定，下列哪一項不正確？　(A)一般以90分為精熟標準　(B)教材較難精熟標準可低於90分　(C)按個別學生之能力訂定不同的精熟標準　(D)採甲乙丙丁等第，而以甲等為精熟。

21.(　) 最適於「精熟學習法」的單元小考，是哪一種測驗方式？　(A)性向測驗　(B)人格測驗　(C)標準參照測驗　(D)常模參照測驗。

22.(　) 在「精熟教學法」中，學生學習完一個單元，未能通過形成性測驗的精熟標準，則會安排何種學習活動？　(A)充實活動　(B)校正活動　(C)加深活動　(D)課外活動。

23.(　) 下列何者是精熟學習法所主張的教學情境？　(A)教師對學生的一對一教學　(B)教師對班級學生的能力分組教學　(C)教師對班級學生的團體教學，再輔以學生的自我校正學習　(D)學生自己的自我學習，再輔以班級團體教學。

24.(　) 依據J. B. Carroll對學習的闡述，下列何者的敘述不正確？　(A)性向就是學習者學習某一學科所能達成的水準　(B)性向是學習者學習某一學科所需的時間量　(C)學習的精熟程度是，學生「真正用在學習的時間」與學習者「應該用在學習的時間」，兩者的函數　(D)每個人都能達到某種學習成就，只是所需的時間量不同。

25.( ) 比較F. S. Keller的「個人化教學系統」和「精熟教學法」之共同點，下列的敘述何者為非？ (A)都強調學習者達到精熟的標準 (B)學習材料都編有學習指引 (C)都相信學生能達成預期的學習成果 (D)成績評量都採標準參照的評量。

26.( ) 張老師想要讓學生能夠成為投入學習任務的精熟導向學習者。下列何者是張老師可以採取的作法： (A)注意學生的學習鼓勵得高分 (B)運用班級競爭制度激發學生投入 (C)提供清晰明確且具有挑戰性的學習目標 (D)設計有效的獎懲機制激勵學生學習。

〔108金門縣國小〕

27.( ) 曾老師將「二元一次聯立方程式」單元設計成一連串的小單元，再據以編製測驗題目。實施時，學生各自作答後，立即檢核對錯，以逐步完成全部教材的學習。曾老師的教學法較接近下列何者？ (A)微型教學 (B)編序教學 (C)闡釋型教學 (D)建構式教學。

〔108-2中學教檢〕

28.( ) 電腦輔助教學是根據何種教學法原理所設計的？ (A)建構式 (B)討論式 (C)啟發式 (D)精熟學習。 〔彰縣93〕

【問答題】

1.影響學生學習的個別差異因素有哪些？請分析其中兩項你認為最重要的因素，它是如何影響學生的學習？

2.精熟教學法是適應學生個別差異的一種教學方法。請說明實施精熟教學法的準備事項，以及它的教學步驟？

3.國小學生學科表現在班級中有雙峰化現象。針對學習能力佳及學習有困難的學生，教師要如何運用「差異化教學」的策略，提升其學習成效？（請針對上述兩類學生各寫出三項教學策略） 〔106教檢〕

蓋聶・奧斯貝教學理論

【選擇題】

1.( ) 剛才聽過的音樂，雖然已經停止演奏，仍覺得餘音裊裊。上述現象屬於訊息處理論的哪一種記憶系統？ (A)後設記憶 (B)感官登錄 (C)運作記憶 (D)長期記憶。 〔110北市國小〕

2.( ) 小明向林老師抱怨：「老師，你一次講太多而且講太快了，我都記不起來……」，根據訊息處理模式，林老師的教學，最可能忽略關注小明的哪一種記憶限制呢？ (A)感覺記憶 (B)工作記憶 (C)語意記憶 (D)長期記憶。 〔109中區聯盟國小〕

3.( ) 根據訊息處理模式，記憶可區分為感覺記憶、工作記憶和長期記憶。「小美正在看一臺車，她發現這臺車的造型是她不曾見過的。」在這個過程中，小美有動用到的記憶是： (A)只有工作記憶 (B)感覺記憶和工作記憶 (C)工作記憶和長期記憶 (D)感覺記憶、工作記憶和長期記憶。 〔108高雄市國小〕

4.( ) 下列有關記憶的敘述哪一個是正確的？ (A)長期記憶包括學習策略 (B)語意記憶以不同處理層次組織而成 (C)程序性記憶與語意記憶的儲存區相同 (D)情節記憶很容易提取。 〔100臺南市〕

5.( ) 下列有關訊息處理理論中「編碼」過程的陳述，何者錯誤？ (A)編碼是記憶術的一種策略 (B)編碼是一種將訊息意義化的過程 (C)編碼可將短期記憶轉化為長期記憶 (D)編碼是學生自行擬題、解題的過程。 〔102教檢〕

6.( ) 黃老師在教學中，常教導學生將課本所學的概念，組織成樹狀圖以幫助學習。黃老師的作法最有可能應用下列哪一種學習理論？ (A)社會學習理論 (B)行為學派學習理論 (C)訊息處理學習理論 (D)人文學派學習理論。 〔99教檢〕

7.( ) 老師教學生將上課重點整理成摘要表和樹狀圖的方式來幫助學習，請問此位老師教學生使用的是何種認知編碼策略？ (A)組織 (B)精緻 (C)複誦 (D)意元集組。 〔109臺南市國小〕

8.( ) 根據R. M. Gagné的學習條件論，當學生要進行語意性編碼時，老師應該進行下列何種教學作為？ (A)引起注意 (B)提供學習輔導

(C)呈現刺激　(D)提供回饋。　　　　　　　　　　　　〔108臺南市國小〕

9.(　　)「能正確比較十萬以內兩數的大小」，此較屬於蓋聶（R. Gagné）主張的哪一類學習結果？　(A)心智技能　(B)動作技能　(C)語文訊息　(D)認知策略。　　　　　　　　　　　　　　　　　　〔105教檢〕

10.(　　)「能正確讀出1-100的數字」，此屬於蓋聶（R. Gagné）主張的哪一類學習結果？　(A)認知策略　(B)心智技能　(C)語文訊息　(D)動作技能。　　　　　　　　　　　　　　　　　　　　　　〔104教檢〕

11.(　　)下列何者是R. M. Gagné主張有關心智技能學習的最高層次能力？　(A)問題解決學習（高層次原則學習）　(B)語文連結學習　(C)原則學習　(D)概念學習。　　　　　　　　　　〔93臺中市國中小〕

12.(　　)R. M. Gagné所謂的五種習得能力，是指下列中的哪五種？　a.事實知識　b.心智技能　c.價值體系　d.認知策略　e.語文知識　f.情意　g.態度　h.動作技能　(A)abcde　(B)bcdfe　(C)bdegh　(D)cdfgh。

〔92原住民特考五等〕

13.(　　)R. M. Gagné認為每一學科的教學都具有五種學習結果，下列何者不屬於這五種結果？　(A)反應傾向　(B)態度　(C)認知策略　(D)動作技能。

14.(　　)倡導學習階層學說著名的學者為下列何者？　(A)I. P. Pavlov巴夫洛夫　(B)R. M. Gagné蓋聶　(C)B. R. Bloom布魯姆　(D)A. H. Maslow馬斯洛。

15.(　　)R. M. Gagné認為要增進學生學習效果，必須提供相關的學習條件。「教師的增強」屬於下列何種學習條件？　(A)內在條件　(B)外在條件　(C)中介條件　(D)先備條件。　　　　　　　　　〔102教檢〕

16.(　　)依照R. Gagné的學習條件論，下列有關內在學習歷程的敘述，何者正確？　(A)教師提醒學生注意本課各種修辭法及其差異，此為「期望」　(B)教師請學生回想過去所學的各種修辭法並加以比較，此為「選擇知覺」　(C)教師請學生將課文中各種修辭法整理成表格以比較並釐清其差異，此為「語意性編碼」　(D)教師問學生本課文中各種譬喻法的差異，並針對其回答給予回饋與鼓勵，此為「類化」。

〔109中學教檢〕

17.(　　)王老師最近上到「分數除以分數」時，發現班上部分學生學習有困

難。王老師藉由學生學習表現的分析，往前從「分數除以整數」進
行教學。此教學行為較屬於下列何種觀點的應用？　(A)合作學習中
的「社會互賴」　(B)行為主義中的「制約學習」　(C)教學事件中的
「先備知識」　(D)社會學習理論中的「觀察學習」。

18.(　) R. M. Gagné認為老師在進行教學時，包含一些教學事項。下列哪一
項是最先要進行的？　(A)喚起舊經驗　(B)提供教材內容　(C)引起
學生注意　(D)提示教學目標。　　　　　　　　　〔93嘉義縣國小〕

19.(　) 下列哪一項不屬於「導引學習心向」的作法？　(A)教學方法宜多樣
以激發學習動機　(B)複習舊知識以奠定新學習的基礎　(C)明白告訴
學生這堂課的學習目標　(D)揭示教學重點並做有系統的介紹。

〔108-2中學教檢〕

20.(　) 下列有關教學理論的配對，何者較正確？　(A) D. Ausubel—前導組
體　(B) B. Skinner—互動學習理論　(C) R. M. Gagné—解釋性教學
(D) A. H. Maslow—能力本位教育。　　　　　　〔95桃園縣國中〕

21.(　) 有些教科書在各單元的開始，會先以一至兩頁的篇幅簡介這個單元
的學習目標、單元架構、內容重點或主要問題等。此種設計方式是
下列哪一種概念的應用？　(A)編序教學　(B)前導組體　(C)螺旋式
課程　(D)近側發展區。　　　　　　　　　　　　　〔103教檢〕

22.(　) D. Ausubel設計出下列哪一個概念，藉以在學習者認知結構中引出或
形成一個相關的概念架構，以便接納新知識的學習？　(A)前導組體
(B)訊息處理　(C)接受式學習　(D)發現式學習。　〔95中等教檢〕

23.(　) 根據「有意義學習」的概念，影響學生學習的首要因素為何？　(A)教
學目標　(B)先備知識　(C)學習材料　(D)學習態度。　〔102教檢〕

24.(　) 根據有意義學習的原則，我們在教學時，先複習相關教材，主要的目
的是為了：　(A)提升學生的注意力　(B)增進學生的記憶力　(C)提
升學生的參與　(D)增進學生先備知識。　　　　〔106中區聯盟國小〕

25.(　) 下列對前導組體的敘述，哪一項是不正確的？　(A)在教導新的教
材前，提供給學生的引導性文字或圖解材料　(B)前導組體是比新的
學習教材更加抽象、普遍性的材料　(C)當學習教材為學習者較陌生
時，採用比較式前導組體　(D)前導組體是提供新教材概念學習的碇
泊所。

26.(　　) 採直接教學法時，如果以「前導組體」呈現整體內容，最適用於哪
個步驟？　(A)呈現新教材　(B)指導練習　(C)複習與檢討　(D)敘述
教學目標。　　　　　　　　　　　　　　　　　　〔110北市國小〕

27.(　　) 爲了促使學生有意義的學習，在D. P. Ausubel的直接教學法中，特
別強調哪一項原則的運用，使其和學生的意義學習產生關聯？
(A)前導組合的運用　(B)家庭環境的配合　(C)學生精熟學習的過程
(D)先備知識的配合。（原答案爲D，後改爲A, D，應當是A較適切）
　　　　　　　　　　　　　　　　　　　　　　　〔107中區聯盟國小〕

【問答題】

1.R. M. Gagné將認知學習的結果分爲五方面，請說明這五類學習結果並舉一
例子？

2.R. M. Gagné的學習階層是指什麼？請以一項教材爲例，分析其學習階層？

3.R. M. Gagné認爲學習的效果，受到學習者的內、外在條件所影響。(1)分析
影響學習者的內在、外在條件有哪些？(2)瞭解影響學習者的內、外在條件
後，教師的任務又是什麼？

4.R. M. Gagné依據學習者內在學習歷程，提出九項教學事件（歷程）。請舉
一教學主題爲例，說明這九項教學的任務是什麼？

5.D. P. Ausubel重視「有意義的接受式學習」，主張「講解式教學」。
Ausubel爲什麼主張講解式教學，其價值在哪裡？

發問技巧

【選擇題】

1.(　　) 對問題無法依既定法則循序處理，而是憑個人經驗探索答案，這是
下列何種思維？　(A)聚斂思維　(B)擴散思維　(C)定向思維　(D)試
探思維。　　　　　　　　　　　　　　　　　　〔100新北市國小〕

2.(　　) 張玉成根據B. S. Bloom的認知領域學習目標六個層次，加以歸併提
出發問問題四個類型。下列何者正確？　(A)認知記憶、應用、批
判、創造　(B)認知記憶、推理、綜合、創造　(C)記憶、推理、評

鑑、創造　(D)認知記憶、推理、批判、創造。

3.(　)「芬蘭的首都是哪一個城市?」、「臺灣的西邊是哪一個海峽?」此類問題屬於下列何者?　(A)擴散性問題　(B)聚斂性問題　(C)綜合性問題　(D)評鑑性問題。　〔98教檢〕

4.(　)「書架上有20本書,大明買走了6本後,還剩下幾本?」此屬於下列何種問題?　(A)記憶性問題　(B)聚斂性問題　(C)擴散性問題　(D)評鑑性問題。　〔102教檢〕

5.(　)老師問:「保特瓶除可裝水外,還有哪些用途?」這個問題是屬於下列哪一類型?　(A)聚斂型　(B)擴散型　(C)綜合型　(D)理解型。　〔96特考五等〕

6.(　)廖老師向學生提問:「讀完《狼來了》的故事,你們覺得牧羊童說謊的次數與故事的結局是否有關係呢?為什麼?」此問題的性質屬於下列何者?　(A)理解性問題　(B)應用性問題　(C)分析性問題　(D)評鑑性問題。　〔106教檢〕

7.(　)上社會課時,老師要學生對改善臺中市區空氣汙染三個方案中,指出哪一個方案較佳?這是屬於哪一類的問題?　(A)認知記憶性問題　(B)推理性問題　(C)創造性問題　(D)批判性問題。

8.(　)下列何者較能引導師資生進行高層次思考?　(A)評論近十年教育改革的利弊得失　(B)說明皮亞傑認知理論的主要內容　(C)比較統編制與審定制教科書制度的差異　(D)舉例說明教學實驗中兩個變項的因果關係。

9.(　)老師問:「學生到校上課是否應當穿學校制服?」這是哪一類的問題?　(A)應用性問題　(B)分析性問題　(C)評鑑性問題　(D)創造性問題。

10.(　)下列何者較屬於創造性問題?　(A)臺灣地區新生兒的人數統計結果如何?　(B)為什麼臺灣地區新生兒的人數逐年減少?　(C)如果政府提供生育補助,有助於提高生育率嗎?　(D)臺灣地區新生兒的人數逐年減少,有何解決辦法?　〔106教檢〕

11.(　)老師提出這樣的問題:「小朋友,我們在學校接受教育就是要學習方法,如何讓我們的學習更有效,你有何策略?」這是屬於哪一類的問題?　(A)認知記憶性問題　(B)應用性問題　(C)分析性問題

(D)創造性問題。

12.(　) 張老師在教導學生進行數學解題時，除了請學生進行解題之外，在
　　　解題之後，還會請學生思考：「在剛剛的過程中，自己是怎麼想
　　　的？」、「如果再重新解題一次，自己會有哪些修正？」此種作法
　　　較能培養學生下列何種能力？　(A)概念理解　(B)問題界定　(C)聚
　　　斂思考　(D)後設認知。　　　　　　　　　　　　　　　〔102教檢〕

13.(　) 「有效提問」是實踐「有效教學」的關鍵，以下哪一項不是有效提
　　　問的目的？　(A)讓學生的想法可以獲得表達機會　(B)為了節省教學
　　　時間與縮短備課的時間　(C)讓教學更活化，讓學習更有勁　(D)讓學
　　　生與教師可以進行溝通、互動。　　　　　　　　　〔107新北市國小〕

14.(　) 發問技巧中教師應注意提問原則，下列哪一項不是提問原則？　(A)各
　　　類問題兼顧　(B)學生回答不完整者加以補充　(C)應注意多數參與原
　　　則　(D)避免多重問題。

15.(　) 老師問「哺乳類動物有何特徵？牠們如何養育後代？」這樣的提問
　　　有何缺失？　(A)多重問題　(B)重述問題　(C)偏向認知記憶問題
　　　(D)問題超出學生程度。

16.(　) 教師向班級學生發問問題，何者較適當？　(A)向全班發問，候答一
　　　段時間，再指名回答　(B)指名發問，候答一段時間，再依序請當事
　　　者及舉手者回答　(C)向全班發問，勿須候答時間即指名回答　(D)指
　　　名發問，勿須候答時間及要求回答。　　　　　　　〔92嘉義市國小〕

17.(　) 在課堂中，老師發問時，候答時間須多久，才足以引發學生思考而
　　　回答？　(A)1-3秒　(B)4-7秒　(C)8-15秒　(D)30秒。
　　　　　　　　　　　　　　　　　　　　　　　　　　〔93屏東縣國小〕

18.(　) 國文老師指定學生閱讀一本少年小說。上課時，老師問美美：「這
　　　篇小說的情節和人物特性有什麼關聯？」美美滿臉疑惑。於是老師
　　　又問：「從故事的情節發展中，你覺得主角有什麼特質？」國文老
　　　師使用的是下列哪一種提問策略？　(A)延伸　(B)提示　(C)釐清
　　　(D)證明。　　　　　　　　　　　　　　　　　　　〔109中學教檢〕

19.(　) 教師向學生提問：「作者在本課中的哪些句子運用了譬喻法？」學
　　　生如果不會，教師繼續說：「譬喻法通常會在句子裡使用『像』、
　　　『好像』、『如』、『似』、『彷彿』等字。」此種方式屬於下列

何種技巧的運用？　(A)轉引　(B)轉問　(C)迅速提示　(D)深入探究。　〔108-1國小教檢〕

20.(　) 教師提問後，學生回答不正確時，下列何種處置方式較不適切？ (A)教師再將題目複述一次　(B)提供學生線索並略加以提示　(C)建議學生暫停回答，再多加思考　(D)教師提出個人觀點，修正學生的錯誤。　〔104教檢〕

21.(　) 張老師在課堂上與學生討論時，為了釐清小明所講的內容，下列老師的提問，何者較為適切？　(A)你可以舉個例子，來補充你的答案嗎？　(B)你的答案很好，再想想有沒有別的答案？　(C)你答非所問，請再次思考題目並重新回答　(D)你的答案和我的不一樣，猜猜我的答案是什麼？　〔108-2國小教檢〕

22.(　) 下列有關發問的原則與技巧何者為正確（先檢視下列提供之選項，然後挑選出正確的答案）a.先發問再指名、b.多用轉問以吸引更多學生加入、c.利用反問幫助學生深入思考、d.開放性問題應多於封閉性問題　(A)abc　(B)acd　(C)bcd　(D)abcd。　〔92臺中市國中〕

23.(　) 下列對發問技巧的敘述，何者較不適當？　(A)向全班發問，候答一段時間，再指名回答　(B)多人舉手，指名最少說話的同學回答 (C)教師應當儘量運用尖峰式策略　(D)教學過程中運用發問做形成性評量。

24.(　) 依據下方師生的問答情形，該位老師採用何種發問技巧？〔教師：腳踏車由哪些零件構成？甲生：輪子。教師：輪子有什麼功能呢？甲生：省力、行走方便。教師：腳踏車一定要有輪子嗎？甲生：對，一定要有輪子。〕　(A)轉問　(B)反問　(C)高原策略　(D)尖峰策略。　〔106中區聯盟國小〕

25.(　) 下列哪些方法可促進學生踴躍發言？　甲、提供增強物　乙、依座號順序輪流發言　丙、提出符合學生生活經驗的問題　丁、儘量提出批評，以激勵學生反省　戊、對於較沉默的學生，鼓勵轉述他人之發言內容　(A)甲乙丙　(B)甲乙丁　(C)甲丙戊　(D)乙丙丁。　〔102教檢〕

【問答題】

1. 在發問技巧中有關問題的類型，從問題內容性質來區分，參考 B. S. Bloom 的認知領域學習目標六個層次，可將問題歸納為四種類型，請說明有哪四種類型？並各舉一問題來說明？

2. 在發問技巧中之提問技巧，什麼叫做「高原式策略」和「尖峰式策略」？請各舉一實例。

3. 在發問技巧中，教師對學生的提問應當注意哪些技巧？（提問技巧）

討論技巧

【選擇題】

1. ( ) 下列何者為討論教學法的特性？ (A)以教師為中心 (B)重視知識記憶 (C)培養思考能力 (D)注重教學效率。 〔96教檢〕

2. ( ) 古代希臘哲學家蘇格拉底善用「產婆術」激發內在想法，此屬下列何種教學法？ (A)問答教學法 (B)講述教學法 (C)案例教學法 (D)發現教學法。 〔94教檢〕

3. ( ) 教師運用「討論教學法」進行教學時，以下哪一情境較適用？ (A)成員不熟悉問題時 (B)研議有爭議性的問題時 (C)培養團體意識時 (D)欲傳遞知識技術時。 〔93臺南縣國小代理〕

4. ( ) 以具有爭議性的問題來訓練學生表達自己觀點的快速討論方法為下列何者？ (A)六六討論法（Phillips 66） (B)滾雪球（二、四、八）討論法 (C)腦力激盪法 (D)主題式討論法。

5. ( ) 李老師上課時拋出一個開放性的問題，學生紛紛舉手，人人都想爭著表達意見。李老師很希望在最精簡的時間內，讓最多學生都能有機會發表。你認為在這個時候他最適合採取下列哪一種討論教學形式，以達到這項目的？ (A)拼圖法 (B)六六討論法（Phillips 66） (C)任務小組討論法 (D)辯論法。

6. ( ) 有關討論教學法的敘述，下列何者最適切？ (A)無法達到情意的目標 (B)學生的先備知識不重要 (C)教師應對討論內容做歸納 (D)教師不宜介入學生的討論。 〔105教檢〕

7.(　　) 有關討論教學法的敘述，下列何者最適切？　(A)無法達到情意的目標　(B)學生的先備知識不重要　(C)教師要事先擬定具有啟發性的問題　(D)教師應讓學生自由討論不必做歸納。　〔105教檢／改〕

8.(　　) 有關新進教師「討論教學」能力之提升，下列哪一種方式效果較差？　(A)利用教師在職進修機會，說明「討論教學」的優點及應用　(B)教師研習時，採取討論的方式，讓教師從過程中體驗學習　(C)拍攝教學現場討論的真實影片，提供教學工作坊的案例討論　(D)在教師社群中，進行有關「討論教學」觀察實作的課堂研究。
〔109國小教檢〕

9.(　　) 六六討論法的主張為何？請從下列選項中挑出正確敘述：　A.請組員於討論前充分準備　B.小組成員六人每人都要發言　C.教師在六分鐘內提示討論主題　D.以具有爭議性的問題為關注重點　E.小組討論六分鐘　F.討論結束每組指派一人陳述該組的論點　(A)ABCE　(B)ACDF　(C)BCEF　(D)BDEF。

10.(　　) 張老師採用腦力激盪法，引導學生討論校慶園遊會的設攤計畫。下列作法何者較不適切？　(A)為便於彙整意見，分組討論結束前應依據各種意見的可行性，予以篩檢　(B)討論前充分說明園遊會設攤的規範和班級討論的規則，並鼓勵學生廣泛的發表意見　(C)各組討論時，每位學生均可自由表達意見，構想越多越好，且須記下所有的意見，並適時統整　(D)進行綜合性評估和最後決定時，須公布所有意見，並協助全班瞭解每個意見，以便依據票選結果設攤。
〔104教檢〕

【問答題】

1.張老師是國小高年級導師。她發現班上各組同學的向心力不高，組員之間很容易產生衝突，討論的表現也不佳。請提出四種可以改善上述狀況的策略，並加以說明之。　〔103教檢〕

教學策略及其他

【選擇題】

1.(　　)教師為提升後段學生的學習成就，運用優秀學生來教導後段學生的導生制（小老師制）。這種教學措施稱之為？　(A)教學技巧　(B)教學策略　(C)教學方法　(D)教學模式。

2.(　　)古代希臘哲學家蘇格拉底善用「產婆術」激發內在想法，此屬下列何種教學法？　(A)問答教學法　(B)講述教學法　(C)案例教學法　(D)發現教學法。　　　　　　　　　　　　　　　　　　　〔94教檢〕

3.(　　)吳老師擔任五年甲班的補救教學工作，該班雖然只有10位學生，但是每位學生的程度參差不齊，學習意願不高，且缺乏現成教材。面對此一教學現況，吳老師應優先考慮下列何者？　(A)強調學科知識的吸收　(B)呼應學生的個別差異　(C)重視科技媒材的應用　(D)強調社會問題的反思。　　　　　　　　　　　　　　　　〔104教檢〕

4.(　　)在社會學習領域教學中，下列何種作法最能體現「閱讀理解策略融入領域教學」的精神？　(A)每週安排一節課，到圖書室自由選讀　(B)配合教育部規劃，推動「晨讀15分鐘」　(C)設置「班級圖書角」，運用彈性學習節數進行共讀　(D)在課堂上指導學生做摘要，並以概念圖呈現課文內容。　　　　　　　　　　　　　　〔104教檢〕

5.(　　)下列何者是較偏重學生為中心的教學策略？　甲、體驗學習　乙、翻轉教室　丙、協同教學　丁、講述教學　(A)甲乙　(B)甲丙　(C)乙丁　(D)丙丁。　　　　　　　　　　　　　　〔109中學教檢〕

6.(　　)下列何種情境適用於講述教學法？　(A)大班級教學情境以節省教學時間　(B)教材難度為學生已熟悉的內容　(C)提供學生探索和操作的機會　(D)重視學生思考和發現的過程。　　　　　　　　〔99初考〕

7.(　　)樂樂國小想推動「資訊融入教學」。下列何種作法較符合「資訊融入教學」的意涵？　(A)成立資訊社團，與地方科技團體共享資源，建立伙伴協作關係　(B)購置充足的科技資訊設備，學生可隨時透過網際網路學習新知　(C)設計資訊科技之相關主題課程，使學生熟悉網路世界的各種知識　(D)讓學生結合資訊科技與課堂學習結果，製作校園特色植物尋寶圖。　　　　　　　　　　　〔108-1國小教檢〕

8.(　　) 下列有關媒體輔助教學的理念，何者正確？　(A)教學媒體的使用應配合教學目標　(B)使用越多教學媒體，教學成效越佳　(C)使用越新的教學媒體，教學成效越佳　(D)教學媒體的使用，最重要的是其方便性。　〔102教檢〕

9.(　　) 下列有關教學資源的敘述，何者最為適切？　(A)上課時，使用的教學資源越多越好　(B)經費、設備、時間都屬於教學資源　(C)使用教學資源可以讓教師與學生變得更加輕鬆　(D)讓學生在家使用網路蒐集資料，是公平的方式。　〔103教檢〕

10.(　　) 兩個教學活動間的交替稱為轉換過程。下列哪些是影響教學活動轉換困難最為關鍵的因素？甲、學生還處在前一個教學活動中，沒有準備好進入下一個活動；乙、一節課有許多不同的活動要進行，學生容易出現適應不良的狀況；丙、老師或學生未能依照預訂的時間，因此延遲了下一個活動的開始時間；丁、學生通常會對下一個活動感到很興奮，因此會想想快結束現在這個活動；戊、學生未被清楚告知在教學活動的轉換過程中，應該要遵循的行為或規則是什麼　(A)甲乙丙　(B)甲丙戊　(C)乙丙丁　(D)乙丁戊。　〔106教檢〕

【題組型】

11.閱讀下文後，回答下列兩題。本文：張老師上課時先解釋什麼是經、緯線，向學生指出地球儀上的國際換日線、赤道的位置。之後以「倫敦」為例，讓全班同學練習找出其經、緯度，並請一位同學回答，以確認學生是否瞭解。接著張老師再以「臺北」為例，請學生找出經、緯度，然後給予回饋。最後，老師發下學習單，上面列有許多組經、緯度，請學生找出對應各組經、緯度的城市，規定在下課前完成。　〔108-2國小教檢一本文〕

11-1(　　) 下列何者不是張老師教學時所重視的事項？　(A)力求講解的清晰　(B)吸引學生的注意力　(C)促進學生之間的對話　(D)以具體的例子輔助說明。

11-2(　　) 張老師在課堂上請學生找出「倫敦」、「臺北」的經、緯度，再給予回饋，其主要用意為何？　(A)引導學生進行練習　(B)促使學生腦力激盪　(C)強化學生學習統整　(D)比較兩個城市的位置。

【問答題】

1.近年來翻轉教室（flipped classroom）的風潮盛行，試說明應用翻轉教室於教學現場的優缺點（至少各兩項）。　　　　　　　　　　　〔105教檢〕

答案 教學原理參考試題選擇題答案

緒論 p.463		學習 p.465		目標 p.469		設計 p.473		概念 p.476		問題 p.479		批判 p.483		創造 p.485		價值 p.488	
1.	A	1.	C	1.	B	1.	B	1.	B	1.	B	1.	C	1.	B	1.	C
2.	C	2.	C	2.	A	2.	C	2.	C	2.	A	2.	C	2.	A	2.	B
3.	B	3.	A	3.	C	3.	A	3.	D	3.	C	3.	C	3.	C	3.	C
4.	A	4.	A	4.	C	4.	C	4.	D	4.	B	4.	B	4.	D	4.	A
5.	A	5.	B	5.	D	5.	D	5.	B	5.	C	5.	C	5.	C	5.	D
6.	B	6.	C	6.	D	6.	B	6.	C	6.	C	6.	A	6.	D	6.	D
7.	B	7.	B	7.	D	7.	D	7.	C	7.	D	7.	C	7.	C	7.	C
8.	D	8.	D	8.	D	8.	B	8.	D	8.	C	8.	D	8.	A	8.	C
9.	B	9.	C	9.	D	9.	D	9.	D	9.	A	9.	D	9.	C	9.	C
10.	A	10.	C	10.	D	10.	C	10.	A	10.	A	10.	C	10.	D	10.	B
11.	D	11.	B	11.	C	11.	A	11.	A	11.	A	11.	D	11.	B	11.	D
12.	B	12.	C	12.	B	12.	C	12.	D	12.	C	12.	D	12.	B	12.	A
13.	A	13.	B	13.	B	13.	C	13.	A	13.	B	13.	D	13.	C	13.	C
14.	D	14.	A	14.	B	14.	C	14.	C	14.	D			14.	B	14.	B
15.	D	15.	C	15.	D	15.	D	15.	B	15.	C			15.	D	15.	C
16.	C	16.	D	16.	D	16.	A	16.	B	16.	A			16.	D	16.	C
17.	D	17.	D	17.	C	17.	D			17.	D			17.	A	17.	A
18.	B	18.	A	18.	D	18.	A			18.	A			18.	A	18.	B
		19.	D	19.	B	19.	A			19.	D			19.	D	19.	A
		20.	B	20.	A					20.	D			20.	C	20.	A
		21.	D	21.	A					21.	D			21.	B	21.	C
		22.	D	22.	C					22.	C			22.	C	22.	D
				23.	B					23-1	B			23.	C	23.	D
				24.	A					23-2	A			24.	B	24.	A
				25.	C									25.	A		
				26.	B									26.	A		
				27.	C									27.	B		
				28.	A												

道德 p.492		欣賞 p.495		合作 p.497		協同 p.500		個別 p.503		蓋奧 p.507		發問 p.510		討論 p.514		策略 p.516	
1.	B	1.	A	1.	C	1.	D	1.	D	1.	B	1.	B	1.	C	1.	B
2.	D	2.	D	2.	A	2.	C	2.	A	2.	B	2.	D	2.	A	2.	A
3.	B	3.	C	3.	A	3.	D	3.	A	3.	D	3.	B	3.	B	3.	B
4.	D	4.	C	4.	C	4.	D	4.	C	4.	A	4.	B	4.	A	4.	D
5.	B	5.	C	5.	A	5.	B	5.	A	5.	D	5.	B	5.	B	5.	A
6.	A	6.	B	6.	C	6.	C	6.	D	6.	C	6.	C	6.	C	6.	A
7.	C	7.	A	7.	B	7.	B	7.	A	7.	A	7.	D	7.	C	7.	D
8.	A	8.	B	8.	C	8.	A	8.	B	8.	B	8.	A	8.	A	8.	A
9.	B	9.	D	9.	D	9.	C	9.	D	9.	A	9.	C	9.	D	9.	B
10.	C	10.	C	10.	D	10.	C	10.	B	10.	C	10.	D	10.	A	10.	B
11.	A	11.	B	11.	D	11.	A	11.	D	11.	A	11.	D			11-1	C
12.	A	12.	D	12.	C	12.	A	12.	C	12.	C	12.	D			11-2	A
13.	C	13.	A	13.	A	13.	D	13.	B	13.	A	13.	B				
14.	B	14.	C	14.	A	14.	B	14.	A	14.	B	14.	B				
15.	B	15.	C	15.	C	15.	B	15.	B	15.	B	15.	A				
16.	B	16.	C	16.	D	16.	D	16.	A	16.	C	16.	A				
17.	B			17.	B			17.	C	17.	C	17.	B				
18.	C			18.	C			18.	B	18.	C	18.	B				
19.	B			19.	C			19.	B	19.	A	19.	C				
20.	D			20.	A			20.	C	20.	A	20.	D				
21.	C			21.	B			21.	C	21.	B	21.	A				
22.	AC			22.	A			22.	B	22.	A	22.	D				
23.	B			23.	B			23.	C	23.	B	23.	C				
				24.	D			24.	A	24.	D	24.	D				
				25.	D			25.	B	25.	C	25.	C				
				26.	D			26.	C	26.	A						
				27.	A			27.	B	27.	A						
								28.	D								

國家圖書館出版品預行編目資料

新教學原理與設計/呂錘卿著.--初版.--臺北
市：五南圖書出版股份有限公司，2022.01
面；公分

ISBN 978-626-317-347-7(平裝)

1.教學理論　2.教學設計　3.教學法

521.4　　　　　　　　　　110018292

114J

新教學原理與設計

作　　者 — 呂錘卿（72.5）

發 行 人 — 楊榮川

總 經 理 — 楊士清

總 編 輯 — 楊秀麗

副總編輯 — 黃文瓊

責任編輯 — 陳俐君、李敏華

封面設計 — 王麗娟

出 版 者 — 五南圖書出版股份有限公司

地　　址：106台北市大安區和平東路二段339號4樓

電　　話：(02)2705-5066　　傳　　真：(02)2706-6100

網　　址：https://www.wunan.com.tw

電子郵件：wunan@wunan.com.tw

劃撥帳號：01068953

戶　　名：五南圖書出版股份有限公司

法律顧問　林勝安律師

出版日期　2022年1月初版一刷
　　　　　2024年3月初版三刷

定　　價　新臺幣650元